Au croisement des cultures de droit occidentale et musulmane

Le pluralisme juridique dans le code tunisien des obligations et des contrats

Bonner Islamstudien

Herausgegeben von
Stephan Conermann

Band 15

Raja Sakrani

Au croisement des cultures de droit occidentale et musulmane

Le pluralisme juridique dans le code tunisien des obligations et des contrats

ebv
Hamburg

EB-Verlag

Bibliografische Information der Deutschen Nationalbibliothek

Die Deutsche Nationalbibliothek verzeichnet diese Publikation in der Deutschen Nationalbibliografie; detaillierte bibliografische Daten sind im Internet über http://dnb.d-nb.de abrufbar.

Satz/Layout: Rainer Kuhl

ISBN 10: 3-936912-77-7
ISBN 13: 978-3-936912-77-7

Internet: www.ebverlag.de
E-Mail: post@ebverlag.de

Druck und Bindung: buch bücher dd ag, Birkach
Printed in Germany

Table

TITRE II

Pluralisme juridique et méthode législative

TITRE III
Critique du pluralisme comme méthode législative

Abréviations

En Langue Française

A.H.F.D.S.J.: Annales d'histoire des facultés de droit et de la science juridique
al.: alinéa
A P.: Avant-projet
A.P.D.: Archives de philosophie du droit
A.R.S.S.: Actes de la recherche en sciences sociales
A.S.S.R.: Archives des sciences sociales des religions
Art. (art.): Article
B.A.G.B.: Bulletin de l'Association G. Budé
B.E.A.: Bulletins des Études arabes (Intermédiaire des Arabisants)
B.S.L.C.: Bulletin de la société de législation comparée
Chron.: Chroniques
COC: Code des obligations et des contrats
CSP: Code du statut personnel
Dalloz: Recueil Dalloz
DROITS: Droits, Revue française de théorie juridique
D.S.: Droit et société
éd.: édition
Égypte/M.A.: Égypte/Monde arabe
H.M.: Horizons maghrébins
IBLA: Revue de l'institut des belles lettres arabes
J.C.P.: Jurisclasseur périodique, édition générale
J.D.I.: Journal du droit international
J.I.B.: Journal international de bioéthique
J.O.R.T.: Journal officiel de la République tunisienne
L.G.D.J.: Librairie générale de droit et de jurisprudence
p. (pp.): page
PP.: Projet préliminaire
P.U.F.: Presses universitaires de France
R.A.: Revue africaine
R.Al.: Revue algérienne
R.A.S.J.E.P.: Revue algérienne des sciences juridiques, économiques et politiques

R.A.T.M de Lég. & de JSP: Revue algérienne, tunisienne et marocaine de législation et de jurisprudence
R.B.: Revue Beryte
R.I.D.A.: Revue internationale des droits de l'antiquité
R.I.S.S.H.: Revue information et statistique dans les sciences humaines
R.C.L.J.: Revue critique de législation et de jurisprudence
R.D.I.L.C.: Revue de droit international et de législation comparée
R.D.soc.: Revue de droit social
R.E.S.: Revue de l'enseignement supérieur
R.F.d'his. D'Outre-mer: Revue française d'histoire d'Outre-mer
R.H.F.D.: Revue d'histoire des facultés de droit
R.H.M.: Revue d'histoire maghrébine
R.his.D.fr.étrang.: Revue historique du droit français et étranger
R.I.D.C.: Revue internationale de droit comparé
R.I.E.: Revue internationale de l'enseignement
R.I.E.J.: Revue interdisciplinaire d'études juridiques
R.I.P.I.C.: Revue juridique et politique indépendance et coopération
R.M.D.E.D.: Revue marocaine de droit et d'économie du développement
R.R.J.: Revue de la recherche juridique. Droit prospectif
R.T.D.: Revue tunisienne de droit
R.T.D.Civ.: Revue trimestrielle de droit civil
R.S.H.D.: Revue de science historique du droit
S.I.: Studia Islamica

En Langue italienne

A.S.M.A.E.: Archivo storico-diplomatico del Ministero degli Affari Estreni
O.M.: Oriento moderno
R.S.O.: Rivista degli studi orientali
S.D.: Sociologia del diritto

En Langue Espagnole

Awraq. R.E.P.I.H.A.C.: Revista editada por el istituto Hispano-Arabe de cultura

En Langue Allemande

AcP: Archiv für die civilistische Praxis
Bd.: Band
BGB: Bürgerliches Gesetzbuch
Halbb.: Halbband
Hrsg. von: herausgegeben von
MWG: Max Weber-Gesamtausgabe
O.R.: Orientalistische Literaturzeitung

En Langue Anglaise

J.M.A.I.: Journal of modern African studies
L.R.: Law Review
M.R.: The Maghreb Review
S.S.L.: Scandinavian Studies in Law

En Langue Arabe

R.J.L.: Revue de jurisprudence et de législation
R.Z.: Revue zeytounienne

Translittération employée

ح: h (H)
خ: kh (KH)
ذ/ض/ظ: đh (Đh)
ع: ʿ
غ: ğh (Ğh)
ق: ķ Ķ
ک: k K

Remerciements

La naissance de ce livre est le fruit d'un long parcours qui a duré plus de dix ans. En partant de Tunis pour la France et ensuite l'Allemagne, je me suis rendu compte que j'étais, sans le savoir, en train de retracer – mais à l'envers cette fois – un chemin que David Santillana, « ein charismatischer Rechtsschöpfer » avait tracé pour la Tunisie, un siècle plutôt. Dans ce parcours long et ardu, qui a commencé par une thèse de doctorat pour devenir enfin un livre, ma gratitude va à celles et ceux qui ont rendu cette naissance possible. Je suis particulièrement reconnaissante à Hamadi Redissi et à Asma Nouira (Faculté de Droit et des Sciences politiques de Tunis) ; à Philippe Malaurie qui a dirigé ma thèse à l'Université Panthéon-Assas (Paris II) et qui m'a beaucoup soutenu. L'accès aux sources allemandes a été facilité par le Max-Planck Institut für Europäische Rechtsgeschichte à Frankfurt am Main (octobre 2001 et août 2003). Je dois citer particulièrement Valérie Lasserre-Kiesow pour son soutien précieux et sa disponibilité. Je remercie vivement la Fritz Thyssen Stiftung et la Fondation Maison des Sciences de l'Homme d'avoir attribué la bourse Clemens Heller qui m'a permis de mener à terme ce travail. Je tiens à exprimer ma reconnaissance à Stefan Conermann, directeur de l'Institut für Asien- und Orientwissenschaften de l'Université de Bonn, qui avec le soutien de la Fondation Annemarie Schimmel, ont rendu la parution de ce livre possible. Merci également au EB-Verlag et à Rainer Kuhl pour son travail rigoureux et sa patience. Enfin, merci à Werner Gephart pour son encouragement et ses conseils précieux. Qu'ils trouvent ici tous l'expression de ma gratitude.

Introduction

Lorsqu'en mai 1900[1], David Santillana traverse la Méditerranée – le « centre de la terre »[2], berceau de civilisations unies et séparées par cette même mer – pour se rendre en Tunisie, rencontrer les *Ulama* de Tunis et leur « expliquer le Code »[3], le destin de la codification tunisienne se rapproche de son plus grave tournant. C'est moyennant une *volonté politique de rationalisation* du droit civil qu'un homme, un « vrai législateur »[4], ouvert sur le droit musulman ainsi que sur les divers systèmes juridiques européens, avait été chargé de la création décisive, la lourde tâche de rédiger un code.

(1) Cet homme, était-il de « ce qu'il y a de proprement admirable dans le mécanisme même de la loi, dans le *légiférer* abstrait »[5] ou, était-il plutôt admirateur du pouvoir politique pour que lui devienne si « précieux le masque des lois »[6]? Ce juriste qui a concentré en sa personne la pluralité et la richesse de la Méditerranée – car c'est la terre tunisienne qui accueillit sa naissance et c'est celle de l'Italie qui recueillera sa dépouille – ignorait-il que « légiférer est un plaisir d'une qualité plus exquise que commander »[7]? Était-il l'expression de

---

1 Aux termes d'une brève note: « Vous avez bien vouloir exprimer le désir que M. Santillana vienne à Tunis pour expliquer le Code aux *ulemas de Tunis*. J'ai l'honneur de vous faire connaître que M. Santillana consent à venir. Il sera ici dans le courant du mois de mai » [je souligne]. Feuille de renseignements à Monsieur le Résident Général en date du 19. 4. 1900, signé par M. Roy. Après le dépouillement des correspondances adressées aux Résidents Généraux entre 1886 et 1906, notamment, ainsi que de celles des différentes directions du Secrétaire Général du Gouvernement tunisien, cette note relative explicitement à David Santillana est le seul document historique retrouvé dans les fonds du *Centre des Archives diplomatiques de Nantes. Ministère des Affaires Étrangères. C.A.D.N.*, Fonds: Tunisie – Premier versement, n° 319, Dossier. S. Voir: ***Annexe 1***.

2 Lat. mediterraneus: Se disait d'une mer intérieure qui est située au milieu des terres. C'est autour de la Méditerranée que se développèrent et s'épanouirent les civilisations de l'antiquité classique grecque et romaine. « Platon comparait les hommes à « des fourmis ou des grenouilles autour d'un étang ». Quand on s'éloignait des rives de la mer intérieure, on entrait dans le pays hostile des Barbares ». *Encyclopédia Universalis Corpus XIV*, p. 702.

3 C'est le terme employé dans la correspondance de Roy, *op. cit.*

4 Le vrai législateur selon Jean Carbonnier est « celui qui rédige les lois, non pas celui qui les édicte ». Jean CARBONNIER, *Essais sur les Lois*, Répertoire du Notariat defrénois, Paris, 2ème éd., 1995, p. 233.

5 *Ibid.*, Préface, p. 8.

6 *Ibid.*, p. 9. En effet, rédiger des lois est une « invention [...] trop belle: la ruse s'en est emparée. Ceux qui dirigeaient la tribu ne furent pas longs à s'apercevoir des avantages qu'il y avait pour eux à gouverner par les lois plutôt qu'à visage découvert », *Ibidem.*

7 Et l'auteur d'ajouter: « Ce n'est plus l'ordre grossier que le maître jette à l'esclave, le chef au soldat, l'impératif immédiat et sans avenir. Non, c'est la *loi*, l'ordre sans visage, qui se veut universel et éternel, à l'instar, à l'égal de la divinité, l'ordre lancé dans l'espace et dans le temps, à la rencontre d'une foule anonyme et d'invisibles générations ». J. CARBONNIER, « La passion des Lois au siècle des Lumières », in: *Essais sur les Lois*, *op. cit.*, p. 240.

la société tunisienne ou, plutôt l'étranger[8] auquel les autorités du Protectorat français avaient confié la mission de légiférer? Mais David Santillana était-il réellement un étranger? Il est possible d'admettre avec Carbonnier qu'une « acculturation juridique même manquée, n'est explicable que parce qu'il y aurait eu, quelque part dans la société réceptrice, même réticente, une attente de droit étranger. La xénophilie juridique serait-elle donc, quoique moins consciente, aussi naturelle que son contraire, le nationalisme du droit? »[9]. Ainsi, certains ont vu dans le « Code Santillana » une œuvre née prématurément, un code plutôt en avance sur son temps. Ce juriste aurait su faire de sa codification une innovation à la fois juridique et sociale. Le conseil de Platon trouve parfaitement sa place ici même: « C'est d'enchantement que vous avez besoin, mais les enchantements sont cachés dans la vaste Grèce, ou même chez les Barbares; il vous faut fouiller tous ces pays pour découvrir votre enchanteur »[10].

Fidèle au conseil de Platon, Santillana n'a pas manqué de fouiller plusieurs pays pour rédiger le Code tunisien des obligations et des contrats (COC). Mais ce n'est pas tout. Le romantisme allemand du XIX^{è} siècle trouve un écho dans cette codification. En effet, c'est vers les années 1810 que « la poussée du ro-

---

8 L'étude du phénomène de la réception remonte à une date relativement récente: elle se rattache à l'allemand Paul Koschaker et à son ouvrage publié en 1947: *Europa und das römische Recht.* Dans son ouvrage, l'auteur attire l'attention sur le rôle du facteur politique tout en l'associant à ce qu'il appelle: « la qualité du droit reçu ». Selon lui, les juristes allemands qui ont accompli la réception du droit romain n'étaient pas uniquement guidés par l'attachement à la haute qualité du droit romain. Mais par ce qu'il appelle l'idée politique et culturelle de Rome *(Politische, Kulturelle Romidee).* C'est l'idée que *l'imperium romanum* subsiste dans l'Empire allemand. (P. Koschaker, *op. cit.*, C.H.Beck, 2ème éd., München, Berlin, 1966, pp. 45-134). Et l'auteur de signaler une observation analogue, quant à la réception du Code civil français, car il ne s'agit pas de mettre en cause les hautes qualités du Code civil français, c'est peut-être la meilleure codification de droit privé qu'on ait jamais réalisée. Cependant, ce n'est pas à cause de ses hautes qualités que le Code civil a été reçu dans de nombreux pays, mais parce qu'il a été le code de l'Empire français. Néanmoins, les idées de Koschaker, notamment sur le rôle du facteur politique qui détermine la réception, ont été largement contestées: «[...] si la réception d'un droit ne dépend aucunement de sa qualité et se ramène entièrement à l'influence du facteur politique, comment peut-on s'expliquer les destinées si différentes du Code civil [...] Comment expliquer le maintien en vigueur du Code civil, après la chute de l'Empire, en Belgique, aux Pays-Bas, dans le canton de Genève [...] Comment expliquer surtout que d'autres Etats italiens qui, en 1815, ont rapidement abrogé le droit français se sont donné peu après de nouveaux codes modelés précisément sur le Code Napoléon » ». Imre ZAJTAY, « La Réception des droits Étrangers et le droit comparé », in: *R.I.D.C.*, 1957, n° 4, p. 697. Voir aussi sur le phénomène des « législateurs étrangers » *Essais sur les Lois*, (A beau mentir qui vient de loin ou le mythe du législateur étranger), *op. cit.*, p. 228: « [...] Pour savoir ce qu'il convient de planter ou de ne pas planter dans une terre, le mieux est de s'adresser aux paysans du cru.[...] Pour des esprits pratiques, les avantages du législateur autochtone sont évidents: il connaît, il comprend, il partage les mœurs, les besoins, les sentiments du pays; il parle comme ceux qui l'écoutent; même ses mensonges sont les leurs ».

9 *Ibidem.*

10 PLATON, *Les Lois*, éd. de Places, Paris, 1951, T. VIII, 951 b.

mantisme y escortait l'éveil du nationalisme. Contre la rationalité cosmopolite de l'*Aufklärung*, partout c'était l'appel à la nation, à l'histoire, aux forces irrationnelles. En termes de sources du droit, cela conduisait à une glorification de la coutume, du droit sorti spontanément des profondeurs populaires »[11]. Dans cette perspective, la volonté de faire du COC un code moderne sans être, pour autant, déraciné, aide à mieux comprendre la démarche du codificateur. En choisissant les sources (parmi lesquelles, celles qui jaillissent de l'âme de la société: la coutume, les considérations morales et éthiques...), Santillana – usant de tout son art législatif – cherchait à les doter d'un monde fermé et harmonieux: celui du code, où les sources multiples renvoient de l'une à l'autre.

(2) Promulgué le 15 décembre 1906[12] et toujours en vigueur, le COC doit incontestablement sa particularité à une technique législative inédite et à ses sources à la fois riches et diversifiées. Il faut le dire dès maintenant: les sources du COC sont riches et plurielles, harmonieuses et antagonistes, à la fois éclatantes et éclatées. Elles s'inspirent de la pensée juridique européenne (française, allemande, italienne, suisse...) et des compilations des jurisconsultes musulmans. C'est la synthèse entre les sources qui a fait de cette œuvre un code éclectique. Mais ce sont ces sources aussi qui, par leur diversité extrême, l'ont fragilisé en plusieurs endroits. Outre leur pluralité, la codification tunisienne s'est trouvée au carrefour de plusieurs codifications européennes et partant de plusieurs techniques législatives[13]. La rencontre la plus problématique était

---

11 J. CARBONNIER, « La passion des Lois au siècle des Lumières », in: *Essais sur les Lois*, *op. cit.*, pp. 254-255.

12 *Code tunisien des obligations et des contrats – Avec les décrets du Bey du 15 décembre 1906 et 30 juin 1907. Accompagné d'observations critiques* d'Émile LARCHER, Typographie Adolphe Jourdan, Alger, 1907. Il existe une autre édition du COC, originale, puisque les 1632 articles du code sont présentés en deux colonnes. Voir: Protectorat français-Gouvernement tunisien. *Code tunisien des obligations et des contrats*, G.Vendal, Éditeurs, Tunis, 1906.

13 La technique législative est définie comme l'« art de faire les lois; partie de la science législative qui a pour objet la mise en œuvre des options de la politique législative et qui consiste non seulement dans la rédaction du texte de loi ou plus généralement dans sa mise en forme (présentation formelle, plan, titres, divisions, articulat, etc.), mais dans le choix et l'agencement des modes d'énoncé de la règle de Droit et des procédés techniques de sa réalisation (énoncé d'une *clausula generalis* ou d'une énumération, assimilation, fiction, présomption, canon, etc..) ». *Vocabulaire juridique*, Association Henri Capitant, publié sous la direction de Gérard Cornu, P.U.F., 7ème éd., revue et augmentée, Paris, 1998, p 487. Pour l'éd. Quadrige du Vocabulaire juridique, (3 ème éd. 2002), voir: pp. 515-516. Certains auteurs assimilent la technique législative à la légistique. C'est l'avis par exemple de Luzius Mader. Selon ce juriste: « Elle s'intéresse principalement aux aspects formels de la législation. La question fondamentale à laquelle elle se propose de répondre est comment exprimer un contenu normatif donné. L'expression de ce contenu normatif doit respecter les exigences du droit d'une part et de la communication de l'autre. Outre les problèmes liés à la rédaction des textes légaux (intelligibilité des textes, terminologie, définitions légales, etc.), la légistique aborde donc notamment les questions de la structure des normes, de la systématique des actes législatifs, du choix du niveau normatif et de l'insertion de nouveaux textes légaux ou réglementaires dans

celle du droit musulman et du droit européen. Le codificateur tunisien a trouvé dans la codification européenne deux modèles majeurs: la codification civile allemande de 1896[14] et le Code civil français. N'est-il pas vrai que la notion de technique législative et « le problème qu'elle soulève ne paraissent s'être nettement révélées à la conscience des jurisconsultes qu'à la suite de l'élaboration du Code civil allemand »[15], pour paraphraser François Gény?

Dans une étude comparative consacrée aux techniques législatives française et allemande, un auteur estime que « le recul marqué que subit, au tournant du siècle, l'influence internationale du Code civil ne fit que s'amplifier. On a pu dire, en effet, que si « le Code civil français domine toutes les codifications étrangères du XIXe siècle », « au contraire, les codifications du XXe siècle s'en écartent pour une très large part ». Détrôné par le BGB, privé de son rôle de code modèle, le Code civil semblait, selon certains auteurs, être en proie à « la révolte des législations étrangères ». [...] Dès 1900, le BGB qui symbolisait une renaissance de la codification pouvait devenir à son tour, – ironie du sort –, un modèle pour un Code civil en passe d'être deux fois réformé »[16]. De ce fait, comment peut-on montrer que le COC n'était pas à l'abri de cette influence législative allemande[17]? Conçu selon une démarche synthétique et pluraliste,

---

l'environnement normatif préexistant ». L. MADER, « La législation: Objet d'une science en devenir? », in: *La science de la législation*, Travaux du Centre de philosophie du droit (4 avril 1987), Travaux de Recherches de l'Université de Droit, d'Economie et de Sciences sociales de Paris, Imp. J. Beutier, P.U.F., 1ère éd. 1988, p. 15. De même, il convient de signaler les intéressants travaux réalisés par le pénaliste suisse Peter Noll, notamment dans son ouvrage *Gesetzgebungslehre* (Reinbek, 1973). À suivre l'auteur une méthode législative fondée sur le « modèle de l'action individuelle consciente » se trouve au cœur de la question: savoir comment des situations sociales peuvent être influencées dans le sens voulu par le biais de normes légales. Laquelle méthode, est par la suite opposée à la technique législative qui a une fonction auxiliaire par rapport à la première dans la mesure où elle n'est qu'un moyen permettant de réaliser l'objectif recherché par le législateur.

14 Le codificateur tunisien avait certainement travaillé sur le projet du code civil et commercial allemand. La promulgation du BGB a eu lieu après la préparation de *l'Avant-projet*.

15 François GÉNY, « La technique législative dans la codification civile moderne (A propos du centenaire du code civil) », in: *Le code civil. 1804-1904. Le livre du centenaire* publié par la société d'études législatives, Rousseau, Paris, T. II, p. 989. Voir aussi et à titre d'exemple: R. HOUIN, « La technique de la réforme des Codes français de droit privé », in: *R.I.D.C.*, 1956, n°1, pp. 9 et s; René SAVATIER, « Destin du Code civil français », in: *R.I.D.C.*, 1954, n°4, pp. 637-664. En fait ce numéro de la Revue international de Droit comparé a été consacré au cent-cinquantenaire du Code civil. Le thème de la technique et des réformes législatives était au centre de plusieurs études publiées à cette occasion.

16 Valérie LASSERRE-KIESOW, *La technique législative. Étude sur les Codes civils français et allemand*, Préface de Michel Pédamon, L.G.D.J., Paris, 2002, pp. 5-6. Dans ce contexte historique et juridique de la codification du COC, le débat sur la technique législative s'est visiblement amplifié.

17 Le BGB a exercé une forte influence sur le Code civil japonais de 1898, le Code civil brésilien de 1916, le Code siamois de 1925, le Code chinois de 1929, le Code civil italien de 1942, le Code civil grec de 1940-1946.

cette codification n'implique pas uniquement la technique normative déployée. Car la création de la loi est aussi la science, et l'art, d'écrire de bonnes lois et de bons codes.

(3) Dans la mesure où les données historiques offriront au lecteur les repères indispensables permettant de comprendre la suite de l'analyse, un aperçu sur l'histoire tunisienne en matière de codification ainsi que sur les circonstances de la création du COC, sera l'objet d'un bref exposé. Soumise depuis plusieurs siècles aux conquêtes et aux passages de différentes civilisations, la Tunisie a vu passer sur son sol différents modes d'organisation de la justice ainsi que plusieurs systèmes de droit. Des romains aux arabes musulmans, en passant par les byzantins et les vandales. Régie par le droit musulman à partir du VIII^{è} siècle P.C.[18], le pays « connaîtra vers le début de la seconde moitié du XIX^{è} siècle les premières tentatives de codification d'un droit tunisien »[19]. Le Code civil et criminel du Royaume tunisien[20] fut promulgué en 1861. Cette codification n'est pas sans rapport avec le *Mouvement réformateur*[21] lancé par le Ministre Kheïreddine[22]. En effet, ce code n'est que l'une des lois issues de la

---

18 « Le phénomène religieux a été très proche du phénomène juridique. Or, si le droit romain a été élaboré dans un accord avec les divinités protectrices de Rome, il a été senti d'une manière autonome, cependant, par rapport à elles et l'avènement du christianisme et son installation dans le monde romain, n'ont rien changé à cette donnée. La source du droit y a été pensée humaine et autonome. Au contraire, dans le système du droit musulman, le travail des juristes consista à élaborer tout le système du droit en référence aux règles données par Dieu dans sa Révélation, aux données scripturaires ». Jeanne LADJILI-MOUCHETTE, *Histoire juridique de la Méditerranée. Droit romain-Droit musulman*, Imprimerie officielle de la République tunisienne, Tunis, 1990, p. 24. Sur la pluralité des systèmes juridiques (notamment romain et musulman) dans la civilisation méditerranéenne: P. CATALANO, « Résistance des traditions, pluralité des ordres et rencontre des systèmes juridiques dans l'aire méditerranéenne », in: *R.B.*, 1981, n° 6, pp. 7-19.

19 Ridha MEZGHANI, « La codification en Tunisie », in: *R.J.P.I.C.*, *La codification et l'évolution du droit – XVIIIème siècle. Congrés de l'I.D.E.F., Louisiane 3-9 novembre 1985-1986*, p. 451.

20 *Code civil et criminel du royaume tunisien*, Traduction de l'Arabe, Imprimerie de Dagand, Bône, 1860.

21 Sur la situation politique, économique, sociale et juridique – à la veille des réformes – et dans une perspective comparatiste entre les trois pays du Maghreb. Lucette VALENSI, *Le Maghreb avant la prise d'Alger. Questions d'histoire*, Flammarion, Paris, 1969.

22 Sur la question, la littérature historique et juridique foisonne. On citera seulement: André RAYMOND, « La France, la Grande-Bretagne et le problème de la réforme à Tunis (1855-1857) », in: *Études maghrébines: Mélanges Charles-André Julien*, P.U.F., Paris, 1964, Vol. II, pp. 137-164; Béchir TLILI, *Culture idéologique et penseurs tunisiens dans la première moitié du XIXe siècle*, Thèse de doctorat de Lettres, Faculté des Lettres et sciences humaines, Université de Nice, 1970; Leon Carl BROWN, *« The Islamic Reformist Movement in North Africa »*, in: *J.M.A.S.*,1964, T. II, 1, pp. 55-63; Arnold GREEN, *« The tunisian Ulama and the Establishment of the french Protectorate*, 1881-1892 », in: *R.H.M.*, 1974, n° 1 – janvier, pp. 14-25; André DEMEERSMAN, « Doctrine de Khéreddine en matière de politique extérieure », in: *IBLA*, 1958, n° 81, pp. 13-29; du même auteur: « Au berceau des premières réformes démocratiques en Tunisie », in: *IBLA*, 1958, n° 77, pp. 1-12; Mongi SMIDA, *Khérédine: Ministre réformateur*, Maison tunisienne de l'édition, Tunis, 1971; M. S. MZALI et Jean PIGNON, *Khérédine, homme d'État: Mémoires*, Maison tunisienne de l'édition, Tunis, 1971.

Constitution du 10 septembre 1857 *(Le Pacte fondamental)*[23]. Œuvre modeste (664 articles) entachée d'imperfections de technique et de fond, le Code de 1864 fut abrogé par le décret beylical du 30 avril 1864, suite aux émeutes qui avaient éclaté dans le pays. Après l'instauration du Protectorat français en 1881, la Convention de la Marsa du 8 juin 1883 établit, pour les autorités françaises, la base juridique permettant de procéder aux réformes jugées utiles y compris dans le domaine judiciaire[24].

Le premier Code ainsi promulgué est le Code foncier du 1er juillet 1885. « Dénué de toute inspiration « nationaliste » française ou tunisienne, ce code se présenta sur le plan de la codification comme une *œuvre discordante*. Il n'est vecteur d'aucun processus culturel ou historique. C'est un Code d'opportunité purement technique. Les juristes français, ses promoteurs, y renoncent même à un des principes sacrés du Code civil français: celui du transfert *solo consensu* de la propriété, relayé par l'effet constitutif de l'inscription, pure règle prussienne. Ce code est un mélange inédit de droit australien, français, musulman et prussien. Sa cohérence a pourtant été établie et ses dispositions survivent jusqu'à nos jours. Il fut même un « modèle » que la France fera circuler au Maroc, au Liban, en Syrie et dans plusieurs pays africains francophones »[25]. Mais il ne pouvait s'étendre directement ni au droit des contrats ni à celui de la famille. Le formalisme des pays romano-germaniques méconnu par la Tunisie vu l'absence du précédent du droit romain, était une véritable naissance. C'est de son succès que s'est affirmée la volonté française de doter le pays de lois inspirées des principes généraux de la législation métropolitaine et adaptées aux conditions nationales particulières[26].

---

23 Voir notamment l'ouvrage du célèbre chroniqueur IBN ABI-ĐHIAF (qui a participé lui-même à ces réformes) *Ithâf ahl azzamân fi ma'ârifati akhbâri moulouki tounis wa 'âhd al'amân (Chronique des Rois de Tunis et du Pacte fondamental)*, Imprimerie officielle du gouvernement tunisien, en 8 Vol., 1963-1966; et d'un point de vue judiciaire, Mahmoud CHAMMAM, *Aperçu sur l'histoire de la justice en Tunisie* (en langue arabe), éd. al-wâla, Tunis, 1992, pp. 38-75.

24 L'article 1er de cette Convention dispose que: « Son Altesse le Bey de Tunis s'engage à procéder aux réformes administratives, judiciaires et financières que le gouvernement français jugera utiles ». La préservation, quoique formelle de la souveraineté tunisienne en matière législative, était indispensable. Un auteur explique que: « c'est avec quarante années d'expériences que les français abordent la Tunisie. Pour faire accepter l'expédition à un parlement et à une opinion peu favorables, Jules Ferry dut promettre qu'au contraire de l'Algérie la Tunisie ne serait ni un gouffre pour les finances publiques, ni un terrain de manœuvres pour des effectifs militaires en accroissement constant, ni une colonie de peuplement [...] il imagina le système du protectorat. En droit, l'État tunisien subsistait et le symbole en fut son rattachement [...] au Ministère des affaires Étrangères ». Denise BOUCHE, *Histoire de la colonisation française*, Fayard, Paris, 1996, pp. 122 et s.

25 Kamel CHARFEDDINE, «Esquisse sur la méthode normative retenue dans l'élaboration du code tunisien des obligations et des contrats», in : *R.I.D.C.*, 1996, n° 2, pp. 424-425.

26 Sur la particularité de la codification tunisienne en matière foncière, voir par exemple: Georges SOULMAGNON, *La loi tunisienne du 1er juillet 1885 sur la propriété immobilière et le régime des livres fon-*

(4) Le processus de codification du COC fut lancé en 1896. C'est le 6 septembre de cette année qu'une Commission fut « chargée de codifier la législation civile, commerciale et pénale de la Tunisie sur le type des codes français »[27]. Le premier Projet soumis à la Commission de codification des lois tunisiennes en 1897[28] fut rejeté. Aucun rapport introductif ni Avant-propos ne fut joint au Projet, il n'existe même pas une trace écrite des discussions qui ont débouché sur le refus. C'est dans l'Avant-propos du second Projet publié en 1899, que le membre et rapporteur de la Commission David Santillana a consacré quelques lignes à cette phase: « Un projet préliminaire de Code civil et commercial a été établi en 1897 par M.Santillana; il a été soumis à un examen attentif de la Sous-commission qui, pendant le printemps et l'été de 1898, y a consacré plus de trente séances. Elle a confié à son rapporteur, M. D. Santillana, le soin d'établir le texte d'un Avant-projet destiné à servir de base aux délibérations d'une Commission spéciale plus étendue».

D'abord, il faut le dire tout de suite: David Santillana est bel et bien l'auteur des deux projets, sa qualité de codificateur du COC ne doit pas faire l'ombre d'un doute[29]. De surcroît, la revendication de la paternité du code nous parvient de sa propre plume dans l'Avant-propos: « C'est cette nouvelle rédaction qu'on présente ici; les notes aussi bien que le texte de ce projet sont l'œuvre du rapporteur »[30]. Né à Tunis en 1855, d'une formation imprégnée de plusieurs cultures, ainsi que d'une parfaite connaissance aussi bien de la langue arabe que du droit musulman, David Santillana était aussi très proche de la famille

---

ciers, Sirey, Paris, 1933; Raja SAKRANI, *Atta'ssil al-fikhî li kânoun al-amwal* (Sources et légitimation musulmanes du droit foncier), Mémoire pour l'obtention du D.E.A., Faculté de Droit et des sciences Politiques de Tunis, 1999.

27 *Travaux de la Commission de codification des Lois tunisiennes. Code civil et commercial tunisien. Avant Projet discuté et adopté au rapport de M. D. SANTILLANA*, Imprimerie générale J. Picard et Cie, Tunis, 1899, Fasc. I, Avant-propos, p. I.

28 *Projet Préliminaire de Code civil et commercial tunisien soumis à la Commission de Codification des Lois tunisiennes. Par David SANTILLANA* – Membre de la Commission, Imprimerie générale (J. Picard et Cie), Tunis, 1896, 526 articles.

29 Après plusieurs années de doute et de controverse doctrinale, les juristes tunisiens unanimes admettent de nos jours que Santillana est le vrai père du COC. Voir en ce sens à titre d'exemple: Mohamed Larbi HACHEM, « Le Code des Obligations et des Contrats: Cent ans de solitude? », in: *Mélanges en l'honneur de Mohamed CHARFI*, Centre de publication universitaire, Tunis, 2001, pp. 231-232; Mohamed ZINE, « Centenaire de la codification en Tunisie. Le code des obligations et des contrats », in: *La codification*, Actes du colloque organisé le 27 et 28 octobre 1995 par l'ordre des avocats du barreau de Toulouse et l'Institut d'études judiciaires de la Faculté de droit de Toulouse, Dalloz, Paris, 1996, pp. 187-195; Slaheddine MELLOULI, « Contribution à l'étude des sources: La jurisprudence, source de la loi », in: *R.T.D.*, 1995, spéc. p. 189; K.CHARFEDDINE, « Esquisse sur la méthode normative retenue dans l'élaboration du code tunisien des obligations et des contrats », *op. cit.*, pp. 425-426.

30 *Avant-propos* de *l'Avant-projet*, *op. cit.*, p. I.

beylicale régnant en Tunisie à l'époque. Il a même assumé plusieurs fonctions politiques et culturelles avant d'être appelé par le Résident général français René Millet, en 1896, à faire partie de la Commission de codification des lois tunisiennes[31]. La présente étude se penche sur un projet de code[32] et un code promulgué sept ans après, sans aucune trace des travaux préparatoires de la Commission et des minutes de ses discussions[33].

(5) Aucune nomination spéciale ni même définition précise de la tâche confiée à Santillana. Dans le Projet préliminaire de 1897, le seul indice est relatif à sa personne en tant que « membre de la Commission ». Quant à l'Avant-projet de 1899 – et outre la mention dans l'Avant-propos: « ...les notes aussi bien que le texte de ce projet sont l'œuvre du rapporteur » – la composition de la Commission de codification des Lois tunisiennes est fixée de la manière suivante: « M.M. Roy, Consul de France de 1ère classe, Secrétaire général du Gouvernement tunisien, Président de la Commission; Padoux, Consul de France de 2ème classe, Adjoint au Secrétaire général du Gouvernement tunisien; Berge, Président de Tribunal de 1ère classe, Directeur des services judiciaires du Gouvernement tunisien; Anterrieu, Juge au Tribunal de Tunis, Président du Tribunal Mixte immobilier de Tunisie; Santillana, Avocat »[34].

Un manuscrit du Résident général en Tunisie, intitulé:« Travail de Législation musulmane »[35], est très révélateur dans la mesure où il représente l'un des rares, voire le seul document officiel qui renseigne au moins sur deux questions fondamentales: celle de la politique législative française en Tunisie, d'une part, et la collaboration de quelques « membres indigènes connus pour leur science juridique et appartenant l'un au rite malékite et l'autre au rite hanéfite »[36] dans cette codification, d'autre part. C'est précisément dans cette conception de concordance avec le droit musulman, que la volonté des autorités du Protectorat s'est orientée en premier temps vers le modèle des codes

31 Sur la vie de D. Santillana, sa formation, ses tendances politiques et ses œuvres, voir: ***Annexe 2***.

32 Il s'agit de *l'Avant-projet* de 1899.

33 La disparition de ces documents des *Archives Nationales tunisiennes*, est bien étrange. La liste des documents disparus contient: 1- Projet du Code Civil et Commercial tunisien de 1899 (version française), dossier 517, carton 142; 2- Traduction arabe du Code Commercial à partir de l'article 1835, dossier 518, carton 142; 3- Code de Commerce et minutes de commentaires en langue arabe, dossier 519, carton 142; 4- Minute au crayon du Projet Civil et Commercial tunisien, dossier 520, carton 142; 5- Observations de Cheikh El Islam à propos de plusieurs articles du Code Kheïreddine, dossier 521, carton 142; 6- Traduction arabe intégrale de l'Avant-projet de 1899, dossier 522, carton 142; Copie française du Projet de Santillana (1961 articles seulement), dossier 523, carton 142.

34 *Avant-projet*, *op. cit.*, Voir la page qui précède l'Avant-propos de David Santillana.

35 Manuscrit « Travail de Législation musulmane », *Archives Diplomatiques de Nantes, Ministère des Affaires Étrangères. C.A.D.N.*, Fonds: Tunisie – Premier versement, n° 1252. Voir: ***Annexe 3***.

36 *Ibid.*, p. 3.

ottoman et égyptien. En effet, « Une codification complète sera établie par les juristes du Secrétariat général du gouvernement tunisien pour être appliquée aux indigènes tunisiens par le tribunal de l'Ouzara et les tribunaux indigènes séculiers de province. Elle comprendra: a) Le code civil en laissant de côté toutes les matières qui relèvent du statut personnel [...]; b) Le code de commerce; c) Le code de procédures civile et commerciale; d) Le code pénal; e) Le code d'instruction criminelle. Les codes devront être établis sur le type des codes français correspondants, en apportant à ceux-ci les simplifications et les perfectionnements qui seront désirables même en France et ceux que comporte la situation de la Tunisie. Ces codes ne devront rien comprendre qui ne puisse être mis en accord avec le droit musulman. Cette condition n'est pas limitative ainsi (que le prouve) l'examen des codes ottoman et égyptien qui ont adopté tous les principes de notre législation et ont été (déclarées) par les autorités religieuses conformes au droit islamique »[37]. Parce qu'elle était issue d'une volonté politique française, la codification du COC était une ouverture, non seulement sur les « perfectionnements » législatifs désirables même en France, mais aussi sur les tentatives musulmanes de codification. En d'autres termes, ce que les juristes tunisiens ont longtemps considéré comme un choix législatif exclusif de Santillana – qui aurait peut-être trahi la politique législative du Protectorat – doit subir une nouvelle lecture à la lumière de ce manuscrit. Cependant, ce qui est curieux c'est que le nom de Santillana n'a pas été mentionné. Il semble que même sa participation n'était pas envisageable puisque la commission qui devait réaliser ce travail était composée de quatre membres français[38], deux membres indigènes et « un secrétaire interprète que choisira la commission ». Peut-on pencher vers l'hypothèse que Santillana ait été choisi par la commission comme secrétaire interprète, mais que devant l'impossibilité de commencer les travaux « par une étude de la Réforme législative dans l'Empire ottoman et en Egypte pour [établir] un projet de codification »[39] en « se restreignant aux membres français »[40], on lui ait confié cette lourde tâche compte tenu de ses connaissances juridiques et de sa maîtrise de la langue arabe? Une hypothèse tout à fait plausible. Mais ce n'est pas tout. Le rôle d' « un conseil de jurisconsultes indigènes présentés par le Cheikh el Islam »[41] n'échappe pas à la même ambiguïté du choix de Santillana. L'absence de clarté relèverait

---

37 *Ibid.*, pp. 1-2.

38 « Le travail sera fait par une commission composée du Secrétaire général du gouvernement tunisien président; M. Berge, du Directeur des services judiciaires du gouvernement tunisien; M. Padoux et du secrétaire général adjoint; M. Anterrieu », *Ibid.*, p. 3

39 *Ibidem.*

40 *Ibidem.*

41 *Ibid.*, p. 4.

donc du manuscrit lui-même: « Devant ce conseil, les membres indigènes de la Commission seront chargés *de présenter et de défendre* le projet de la commission. Il y a donc intérêt à ce que ces membres soient choisis parmi des jurisconsultes ayant de la science et de l'autorité »[42].

C'est ainsi que l'un des objectifs majeurs de cette étude est de répondre à la question suivante : admettant que Santillana est le codificateur du COC, était-il son seul véritable rédacteur? Quelles sont les sources de ce code? Quels sont les choix du codificateur? Et selon quelle technique législative le code a-t-il été créé? Les travaux préparatoires, introuvables aussi bien aux Archives tunisiennes que françaises[43] n'ont pas permis d'élucider cette partie du mystère. Aucune trace des discussions du printemps/été 1898 qui ont fini par rejeter le Projet préliminaire. Aucune trace non plus des avis des membres de la Commission après la présentation de l'Avant-projet en 1899. Santillana a-t-il préparé l'Avant-projet tout seul ou en collaboration avec d'autres membres français? Or, la difficulté ne se limite pas à la Commission déclarée officiellement dans l'Avant-projet[44]. Il y a une autre Sous-commission plus mystérieuse dont la composition n'a fait l'objet que d'une annonce discrète, ordinaire, parue dans le journal *Al'Hâdhira* en langue arabe. Plus énigmatique encore sa composition, puisque aucun décret beylical n'a été publié dans le Journal officiel tunisien ni en arabe ni en français[45].

Selon cette brève annonce en date du 3 juillet 1900, une « Commission supérieure *(lajnâ 'oulyâ)*» fut constituée, présidée par *Cheïkh-el-Islam* le *Cheïkh* Mohamed Baïram afin d'effectuer un examen charaïque *(tawji'h-annâđhâr-a'char'î)* du nouveau code tunisien. De même, l'annonce précise que les membres de cette Commission supérieure sont: Ahmed Chérif, *mufti malékite*; Cheïkh Mahmoud Bel-khouja, *mufti hanéfite*; Cheïkh Omar Ben Chikh, *mufti malékite*; Cheïkh Mustapha Rađhouan *enseignant de la « suprême Mosquée (la Zeytouna)»*; *le savant en-*

42 *Ibidem.*

43 Les recherches ont porté aussi bien sur les fonds des *Archives du Ministère des Affaires Étrangères Quai d'Orsay à Paris*, que ceux des *Archives Diplomatiques de Nantes.*

44 La disparition de ces travaux est d'autant plus suspecte que le catalogue des Archives tunisiennes indique les dossiers disparus en employant l'expression: « Manque ».

45 Berge prétend dans son Rapport que cette Sous-Commission avait été composée par dix *Ulama*, cinq appartenant à la *Zeytouna* et cinq au *Conseil Charaïque*. Toutefois, nous verrons que les sources parlent de six membres seulement, donnée confirmée par A. Driouech qui pense que Berge aurait peut-être compté tous les participants y compris les rapporteurs *(al kataba)* ainsi que ceux qui ont collaboré avec la Commission de codification des lois tunisiennes. Ahmed DRIOUECH, *Oussoul ķânoun al'iltizâmât wal'ouķoud. Bahth fi al-oussoul al-fiķhia wa'ttârikhiya.* (*Les origines du droit des obligations et des contrats. Étude des origines doctrinales et historiques)*, éd. série: connaissance juridique, Rabat, 1991-1992, pp. 183-184. Voir aussi le texte de la présentation de la thèse, publié dans la *Revue marocaine du droit et de l'économie (R.M.D.E.)*, 1993, pp. 9-27.

seignant à la suprême Mosquée Salem Bou Hâjeb[46]. L'annonce rapporte aussi que cette Commission avait inauguré ses réunions avant la fête de la naissance du prophète (la date exacte n'est pas indiquée). Toujours, selon la même source, la deuxième réunion « pour accomplir la mission dont elle fut chargée »[47]– la révision charaïque de *Madjellât al'ahkâm al'âdliyâ attounissiya*[48] eut lieu « samedi dernier » (autrement dit entre fin juin et début juillet 1900).

---

46 Annonce anonyme publiée en langue arabe: « *Lâjnâ'oulyâ. Tachakkalat lâjnâ'âliyâ yar'âssouhâ hadhrat al'âllâma alhamam a-darâka mawlâna Cheïkh-el-islam sidi Mohamed Baïram litawjih annadh'ar a'char'î 'alâ majallat al'ahkâm attounissiya al-jadida wa a'dhâouhâ houm al-hamam annihrir al'allâma safwat al'akhyâr al-Cheïkh sidi Ahmed Chérif bach mufti assâda al-mâlikiya. Al-hamam al'allâma annihrir al-Cheïkh sidi Mahmoud Bel-khouja al-mufti alhanafi. Alhamam al'allâma annihrir al-Cheïkh sidi Omar Ben Cheïkh al-mufti almâliki. Alfâdhil a'zaki al'âlim al-Cheïkh sidi Moustapha Radhouan al-moudarrîs bi'al-Jâma' al'â'dham. Alfâdhil azzaki al'âlim al-moudarrîs bi'al-Jâma' al'â'dham al-Cheïkh sidi Salem Bou Hâjib ya'dhidouhâ janâb al-chahm alhamam kâtib addawla al'âm wa kad 'akadat jalsatahâ al'iftitâhiya kabla al-Mawlid al-moubârak wa yawma assa'bt al-fârit 'akadat allajna al-jalsat a-thâniya lil kiyâmi bi al-ma'mouriyâ allati ounîtat bihâ min tawjih annadhar achar'î 'alâ Majallat al'Ahkâm al'âdliyya a'ttounissiya. Wa alhimma jâriya fi injâzi hadhihi al-mouhimma 'alâ wajhin tartadhihi al-oumma hakkaka allahou al-a'âmâla wabassara woullata oumourinâ ilâ mâ fihi khayrou al'istikbâli ». Al'Hâdhira, Journal hebdomadaire politique et littéraire*, n° 204, Tunis, *2 Rabî'al-anwâr 1318* (3 juillet 1900, p. 3), année 14. Il convient de signaler aussi que le même journal publiera deux annonces, respectivement le 4 et le 11 septembre de la même année (1900), la première est relative au décès de *Cheïkh-el-Islam* Mohamed Baïram. Le même journal, a publié une nécrologie du défunt, selon laquelle on peut déduire qu'il a pu participer seulement aux premières réunions. Quant à la seconde, elle annonce la nomination par le Bey du Cheïkh Mahmoud Bel-Khouja à la tête de l'institution de *Machyakhat-el-Islam* (c'est-à-dire qu'il est nommé *Cheïkh-el-Islam* et préside les muftis des deux *rites malékite* et *hanéfite*). Celui-ci présidera la Commission des savants jusqu'à la promulgation du COC en 1906. *Al'Hâdhira, Jounal hebdomadaire politique et littéraire*, n° 216, 4 septembre 1900; *Al'Hâdhira*, 11septembre1900, n° 219, p. 1. Toute la première page a été consacrée à cette nomination suivie de poèmes de louange. Curieusement, un poème de 27 vers, publié dans la troisième page du Journal, évoque explicitement la codification du COC et en faisant l'éloge du rôle assigné au nouveau *Cheïkh-el-Islam*. Ainsi, on peut lire dans le 7ème vers:

Awhadou al'ârifin bil-kachfi 'ammâ
adhmarathou fi almouchkilâti al'oukoud

L'unique connaisseur pour dévoiler
les problèmes occultes des contrats

47 Annonce du 3 juillet 1900, Journal *Al'Hâdhira*, *Ibid.*, p. 3.

48 Ces expressions utilisées par l'auteur ou les auteurs de l'annonce, ne sont pas sans rapport avec l'une des deux importantes « codifications » dans le monde musulman à l'époque. Il s'agit de *Majallât al-ahkâm al'adliya*, plus connue sous le nom de *Madjella ottomane*. Ordonnée par le Sultan ottoman, la Madjella (traduction littérale de code) parue en 1876 (1751 articles), est une grande compilation des règles du droit musulman réalisée par un groupe de savants *hanéfites* suite à plusieurs années de travail (tâche entreprise depuis 1869). Pour plus de renseignements sur cette première codification musulmane, voir: Guido TEDESCHI, « Le centenaire de la Medjellé », in: *R.I.D.C.*, 1969, pp. 125 et s. Dans la présentation de la *Madjella*, Salim Rostom EL BAZ précise que l'entreprise portait sur « la composition d'un livre de transactions selon le *fikh*. Celui-ci doit être concis, facile à prendre et exempte de divergences (...)». Traduction personnelle de l'arabe: *Rapport de présentation et d'analyse de la Madjella*, Dar ihyâ' ettourath el'arabi, sans date, p. 11. Il faut bien reconnaître enfin que « l'imaginaire juridique tunisien » à l'époque ne conçoit pas encore et ne parle pas d'un code civil au sens conceptuel et formel moderne.

Ces dates sont sans aucun doute révélatrices, si l'on établit une association entre cet extrait d'*Al'Hâdhira* d'une part, et les rares documents retrouvés aux Archives qui évoquent la question, d'autre part. Dans un rapport envoyé au Ministère des Affaires Étrangère à Paris, Benoît parle, non seulement de la commission des *Ulama* tunisiens, mais aussi d'une traduction de l'Avant-projet en langue arabe. L'existence et la collaboration de cette commission avec Santillana qui est considéré dans ce rapport comme l'auteur des deux projets se trouve ainsi historiquement confirmée. Selon ce rapport, « [...] sur ses observations et corrections (de la commission qui examina le Projet préliminaire de 1897) et corrections, M. Santillana établit un Projet complet également ci-annexé, qui avec la conférence des commentateurs musulmans, du droit romain et des principaux codes européens constitue un travail juridique de la plus grande valeur et une source précieuse de renseignements [...] Puis il fut traduit et soumis à l'examen d'une commission de six jurisconsultes musulmans, pris parmi les membres du Charâa et les professeurs de la Grande Mosquée et présidée par Cheikh Ul-Islam. Cette Commission se réunit à la fin de juin 1900 et poursuivit ses séances jusqu'au mois de juillet 1901. Le texte arabe du code y fut minutieusement discuté et modifié sur nombre de points. Aujourd'hui, les dites modifications sont presque toutes arrêtées »[49].

Si l'on en croit les correspondances politiques de Berge et Benoît, l'existence d'une Commission constituée par quelques jurisconsultes musulmans et de *Cheïkh el-Islam* est réelle. Le manuscrit du Résident général relatif au « Travail de législation musulmane » ne laisse aucun doute sur cette politique de faire participer les tunisiens[50]. Il faut d'emblée signaler, qu'en dépit de la disparition des travaux présumés des *Ulama* tunisiens qui auraient confirmé leur participation effective avec Santillana, la comparaison effectuée entre l'Avant-projet de 1899 et le COC promulgué en 1906, prouve que des modifications ont touché plusieurs articles de l'Avant-projet, que d'autres ont été éliminés ou insérés pour la première fois. Néanmoins, même si cela ne prouve guère que la main qui a retouché l'Avant-projet fût celle des *Ulama*, leur contact avec Santillana au sujet de la codification du COC, est certain.

---

49 Rapport au nom de Georges BENOIT, envoyé au Ministre des Affaires Étrangères, déclassé en date du 9 octobre 1901, *Archives du Ministère des Affaires Étrangères*. *Quai d'Orsay*, Série: Tunisie 1885-1916, NS. 217. (Voir ***Annexe 4***).

50 Certains juristes nient toute influence des *Ulama* ou des sources musulmanes. Un auteur s'explique: « Les nombreuses annotations de l'avant-projet tendant à rattacher telle ou telle disposition de cette partie du code à des sources *charaïques* ou jurisprudentielles musulmanes nous semblent peu crédibles à cet égard ». Mohamed ZINE, « Centenaire de la codification en Tunisie. Le code des obliagations et des contarts », in: *La codification*, *op. cit.*, p. 190.

(6) Une petite lettre est à nos yeux précieuse pour élucider les doutes, dans la mesure ou David Santillana fût appelé « pour expliquer le Code aux ulemas de Tunis »[51]. Ce document historique permet de tirer au moins deux conclusions importantes. Premièrement, il est clair que des discussions avec les *Ulama*, abstraction faite de leur sort, ont eu lieu. Or, remarquons que c'est le Résident général qui a demandé la convocation de Santillana. Celui-ci avait, paraît-il, regagné l'Italie aussitôt après l'achèvement de la préparation de l'Avant-projet. Est-il possible d'en déduire que la participation ou la révision d'une Sous-commission tunisienne n'était initialement pas prévue ? Deuxièmement, l'hypothèse selon laquelle certains *Ulama* tunisiens auraient participé à la codification[52], dès le commencement de la préparation de l'Avant-projet, s'avère peu fiable.

Santillana est donc revenu à Tunis pour expliquer l'Avant-projet. Reste à élucider deux choses: la réaction de cette Commission des *Ulama* vis-à-vis de l'Avant-projet, d'une part, et la méthode selon laquelle Santillana le leur a expliqué, d'autre part. La politique législative française lors de la codification du Code foncier en 1885 était tout autre. À l'époque, la Commission de codification était mixte, des tunisiens avaient donc réellement collaboré à la codification[53]. La démarche n'était pas la même pour le COC. Peut-on penser que certains *Ulama* ont aidé Santillana dans la préparation de l'Avant-projet, ne serait-ce que d'un point de vue documentaire ou bibliographique? La question reste ouverte, tout comme celle relative à leur rôle éventuel dans le refus du Projet préliminaire, modeste puisqu'il ne contient que 526 articles et directement inspiré du Code civil français. Si ce Projet préliminaire a été préparé « sur le type des Codes français »[54], la politique législative avait – paraît-il – dessiné un autre schéma dès 1896. « D'après son acte constitutif [dit Santillana] elle avait une double tâche à remplir. Elle devait en premier lieu réunir, classer et choisir dans la législation française les matériaux susceptibles de servir à l'œuvre définitive de codification, en laissant de côté toutefois, les matières relevant soit du statut personnel, soit du régime de la propriété foncière. Elle avait à rechercher, d'autre part, dans la jurisprudence musulmane et dans la législation

51 Feuille de renseignement à Monsieur le Résident Général du 19 avril 1900, *précitée*.

52 Un célèbre enseignant et magistrat tunisien exprime cette idée sans précision ni argumentation. Il prétend que le droit civil tunisien codifié au début du XXème siècle, est une matière riche de théories intéressantes en matière des obligations. Ce travail a été réalisé par une commission constituée par « les meilleurs savants et jurisconsultes ». Le mot *foukahâ* en langue arabe laisse entendre que l'auteur désigne des *Ulama*. Mohamed AL'MÂLKI, *Mouhâdharât fi char'h al-kânoun al-madani attounissi* (*Cours expliqué du droit civil tunisien*), Imprimerie officielle de la république tunisienne, Tunis, 1991, p. 5.

53 Raja SAKRANI, *Atta'ssil Al-fikhî*, *Mémoire précitée*, 1999.

54 *Avant-propos de l'Avant-projet*, *op. cit.*, p. I.

tunisienne, tout ce qui pouvait être utilisé au point de vue, soit des principes de droit moderne, soit des conditions actuelles de la société indigène »[55]. Un choix que certains juristes tunisiens ont trouvé surprenant « à plusieurs égards. D'abord [il] traduit une liberté que s'octroient les membres de la sous-commission, de s'écarter des « sources officielles » désignées pour l'œuvre, c'est-à-dire, le droit français et le droit musulman. Ensuite, cette liberté atteste effectivement d'une rupture qualitative avec le texte du projet préliminaire, et enfin il était tout de même paradoxal de parler d'un droit européen, droit commun aux nations européennes, à l'époque de l'Europe des nationalismes et des codes qui s'y rattachaient »[56].

(7) En effet, Santillana a précisé dès la première page de son Avant-propos que « la Sous-commission a estimé qu'elle ne devait pas s'enfermer exclusivement dans le cadre du droit français. Partout où elle l'a jugé utile, elle a complété ou modifié le droit français par ce qu'on peut désormais appeler le droit européen. La tendance à constituer un droit commun aux nations européennes se fait jour en effet, et s'accentue de plus en plus »[57]. Cet arrimage de la codification du COC, à une conception européenne pluraliste du droit, concerne aussi bien la forme que le contenu du droit tunisien des obligations. Mais le tableau n'est pas achevé pour autant. L'apport des sources plurielles citées dans les listes bibliographiques de l'Avant-projet a été conçu en relation avec l'idée centrale de Santillana, celle de l'universalité juridique, des analogies[58], de la synthèse, en un mot de la perfection qui pèsera de tout son poids sur les choix du COC, mais aussi sur la technique législative. « Ces analogies ne viennent pas seulement de l'identité essentielle de l'esprit humain, à laquelle il faut assurément faire une très large part dans les recherches de ce genre. Elles tiennent aussi à ce que les deux systèmes de droit, l'arabe et le nôtre, ont tous deux un principe commun, *la bonne foi*[59], qu'ils procèdent, en partie du moins, d'une commune racine, le droit romain »[60].

Or, pour le codificateur tunisien, s'appuyer sur une source commune, le droit romain, avait une double finalité: faciliter la synthèse entre plusieurs systèmes juridiques en procédant notamment à la méthode des analogies (technique possible mais critiquable comme on le verra plus loin) et réaliser une meilleure

---

55 *Ibidem.*

56 K.CHARFEDDINE, « Esquisse sur la méthode normative retenue dans l'élaboration du code tunisien des obligations et des contrats », *op. cit.*, pp. 425-426.

57 SANTILLANA, *Avant-propos*, *op. cit.*, p. I.

58 Ce mot a été utilisé à plusieurs reprises par Santillana autant dans son *Avant-propos* que dans les listes des sources et dans ses notes personnelles au sein de *l'Avant-projet.*

59 En italique dans le texte.

60 SANTILLANA, *Avant-propos*, *op. cit.*, p. XII.

incorporation des doctrines musulmanes dans ce qui a été appelé par Santillana: le « système général du code et [les] principes du droit européen »[61].

(8) L'époque de la codification du COC était donc fortement marquée par l'idée du « code parfait », autrement dit, du législateur parfait[62]. « Appliquée à la codification [l'idée de perfection] implique non seulement la conception de ce qu'un code doit être, impliquant une normativité, mais aussi l'existence d'une échelle normative permettant de différencier la bonne technique de la mauvaise ou plutôt la meilleure technique de la moins bonne »[63]. En revanche, le survol de l'Avant-propos de Santillana nous laisse une certaine déception. La technique de codification n'est pas dévoilée, la méthode sur laquelle est fondée toute la logique interne des choix des sources ainsi que leur éventuelle utilisation dans la construction formelle du COC, n'est pas pour autant exposée. Et Santillana d'ajouter des phrases qui traduisent parfaitement sa volonté de codificateur: créer un Code qui dépasse la petitesse du pays, une codification à la grandeur d'un code synthétique, « le point extrême atteint par la technique législative »[64], le summum d'une codification moderne. « Il était impossible [dit-il] de ne pas tenir compte de ce grand mouvement d'idées qui entraîne l'Europe vers l'unité du droit, pas plus que de négliger les travaux législatifs très considérables qui, pour ne parler que de quelques-uns, ont produit récemment le Code fédéral des obligations, le Code de commerce italien, le Code civil et commercial allemand, les différentes lois anglaises en matière industrielle et commerciale »[65]. On peut schématiser de manière minimaliste: le principe de la codification du COC repose sur la conception d'un système juridique cohérent à partir d'une pluralité de systèmes différents. Or, ce qui est davantage problématique est de parvenir à créer dans le code un ensemble normatif, qui non seulement englobe plusieurs modèles législatifs européens et le corps de règles musulmanes, mais aussi qui réponde aux processus de développement de la « société indigène ». Cette dernière condition, estime un juriste tunisien, « qui paraît nécessaire à toute codification réussie ne semble pas avoir été pleinement satisfaite dans le cas du COC. [...] faute d'avoir suffisamment

[61] *Ibidem.*

[62] Certains écrits doctrinaux ont associé la perfection ou l'imperfection de la codification à la science législative. Car, une « intervention préventive de la science permettrait d'éviter plusieurs de ces imperfections ». Pierre G.VALLINDAS, « Considérations de science législative sur la codification, spécialement en droit privé », in: *R.I.D.C.*, 1956, pp. 28-38.

[63] Valérie LASSERRE-KIESOW, *La technique législative*, *op. cit.*, p. 8.

[64] J. H. MICHEL, « Quelques observations sur le concept de Code synthétique », in: *Code et Constitution. Mélanges historiques. Liber amicorum John Gilissen*, Klluwer Rechtswetenschappen, Antwerpen, 1983, pp. 282 et s.

[65] David SANTILLANA, *Avant-propos*, *op. cit.*, p. I.

tenu compte de la réalité sociale, le législateur tunisien de 1906 a produit un code qui était demeuré, jusqu'à une époque récente, plutôt en avance sur son temps »[66]. Rien d'étonnant, dès lors, si le Livre premier du COC, intitulé « Des obligations en général », est resté – exception faite de quelques rares révisions législatives – presque intact jusqu'à nos jours; et que le second Livre consacré aux « Contrats spéciaux », plus inspiré des réglementations musulmanes en la matière, a connu plusieurs modifications, voire l'abrogation pure et simple de certains contrats[67] jugés dépassés.

À partir de là, le choix de consacrer la présente étude au seul Livre premier du COC (563 articles)[68], c'est-à-dire à la théorie générale des obligations, s'avère fondé. S'ajoutent à cela au moins deux autres arguments. Le premier est d'ordre empirique, compte tenu de la richesse des sources doctrinales citées, ainsi que de l'intérêt théorique, historique et surtout normatif de cette partie générale. Le second relève de la pure méthodologie. En effet, les centaines, voire les milliers de sources citées dans les deux fascicules de l'Avant-projet (2479 articles) échappent à toute étude approfondie qui se voudrait exhaustive. Il est évident aussi que ce constat peut être lourd de conséquence, lorsqu'on l'associe à l'unique passage de l'Avant-propos, dans lequel Santillana explique son travail bibliographique au sein de l'Avant-projet. À suivre le rapporteur: « les renvois à ces législations, au bas de chaque article du projet indiquent dans quelle mesure on s'est écarté du droit français tel qu'il est dans les Codes. Les renvois à la Jurisprudence et à la Doctrine montreront, d'autre part, que ces dérogations au droit codifié étaient depuis longtemps réclamées par la science française. On s'est borné en général à quelques auteurs des plus autorisés; et pour la jurisprudence, à celle de la Cour de cassation. Il n'a été fait d'exceptions que pour la Cour d'Alger et le Tribunal de Tunis, pour des raisons faciles à comprendre. Ces renvois à la doctrine sont nécessairement sommaires; on s'est proposé, non de dresser une bibliographie complète, mais seulement de faciliter les recherches de la Commission plénière, en lui offrant les moyens de retrouver rapidement les autres sources à consulter sur chaque question particulière, et de se rendre compte des motifs qui ont décidé la Commission à adopter certaines solutions, à en écarter d'autres »[69]. Il découle de ces propos que le travail bibliographique était aussi l'œuvre exclusive de Santillana. En revanche, et

---

66 Mohamed ZINE, « Centenaire de la codification en Tunisie. Le code des obligations et des contrats », *op. cit.*, p. 187-188.

67 C'était le cas des contrats de l'*enzel*, *kirdar* , Voir sur cette question: Raja SAKRANI, *Atta'ssil Al-fikhî*, *op. cit.*, pp. 209-210.

68 657 articles dans *l'Avant-projet*.

69 SANTILLANA, *Avant-propos*, *op. cit.*, pp. I-II.

outre les difficultés empiriques auxquelles cette étude a été confrontée à cause notamment de l'imprécision de certaines sources[70], l'absence d'intitulé des ouvrages doctrinaux (exception faite de quelques rares précisions) et les erreurs des renvois (aux pages ou aux paragraphes)[71], il semble que la concentration de ce travail entre les mains de Santillana pose l'épineuse question relative à une sorte de discordance entre la politique législative du gouvernement français, en la matière, et l'Avant-projet[72].

Ici, encore une fois, les Archives ont été pour nous un précieux recours. Un autre document, quoiqu'il ne réponde pas directement à la question, aide à élucider le mystère. Il s'agit d'une note brève et sèche, adressée à Santillana par M. Roy, président de la Commission de la codification des lois tunisiennes en date du 1 juin 1899: « Ci-joint ce qui m'a été livré jusqu'ici du texte du code. L'imprimeur ne m'a pas encore envoyé d'épreuves de l'avant propos, je les réclame d'urgence »[73]. Qu'est-ce que cela peut signifier? D'abord, que Santillana avait une marge de liberté, presque totale, pour préparer l'Avant-projet. Ensuite, aux yeux des autres membres français de la Commission (au moins de Roy lui-même), l'explication des choix et de la méthode que Santillana devait présenter était aussi importante que le texte même du second projet. En un mot: avant d'être appelé pour expliquer le code aux *Ulama*, il devait aussi et avant tout justifier sa codification auprès des juristes et du gouvernement français.

(9) L'extrême diversité des sources, ajoutée à une technique synthétique et à une conception universelle du droit, a fait du COC un code éclectique, parfois original mais aussi fragile en certains endroits. Très complexe est l'étude

---

70 À titre d'exemple et étant donné que Santillana ne mentionne pas les titres des ouvrages cités comme sources doctrinales, il a été très difficile, à plusieurs reprises, de localiser les renvois du codificateur dans le bon ouvrage. Le nom de l'auteur étant insuffisant et surtout problématique en soi. Ainsi, il y a au moins trois juristes français nommés Toullier et deux jurisconsultes musulmans nommés d'Ibn Nadjim.

71 Ces difficultés seront mentionnées chaque fois que l'occasion se présentera tout au long de l'étude des sources.

72 En guise d'analyse de « la méthode libérée » déployée par le codificateur, et « l'attitude mystérieuse du gouvernement du protectorat », un auteur avance trois hypothèses: « D'une part, il est possible de croire que la France trouvait dans pareille ouverture la garantie d'une bonne réception du nouveau code par les européens installés en Tunisie. D'autre part, une approche pragmatique, la recherche de l'effectivité du nouveau texte, pourrait également justifier une telle concession et un tel dépassement des dogmes du Code civil de 1804. Tout cela à moins qu'il ne soit établi que l'habileté du rapporteur ait mis ce gouvernement, après plusieurs années de labeur, devant une sorte de fait accompli ». « Esquisse sur la méthode normative retenue dans l'élaboration du code tunisien des obligations et des contrats », *op. cit.*, p. 426. Or, on a bien vu que le manuscrit du Résident général mentionné ci-dessus, atténue sensiblement la troisième hypothèse, c'est-à-dire l'idée d'une discordance entre le codificateur du COC et la politique législative française.

73 *Archives Diplomatiques de Nantes*, *Correspondance de M. ROY* (1 juin 1899), Fonds, Tunisie, Premier versement, série 2, n° 1252.

de la trajectoire par laquelle les sources doctrinales sont passées de simples fragments de littérature juridique à des textes de loi ou à une technique législative d'argumentation et de légitimation. Le rôle d'arbitre entre les autres sources que Santillana a confié à certaines d'entre elles n'est pas parfois, dépourvu d'ambiguïté. Le dynamisme interne des sources dans le parcours normatif au moment de la codification, constitue donc le point central de cette étude qui cherche à comprendre les sources et à les faire parler.

Il découle de cette présentation que le défi lancé par la présente étude est loin d'être gagné d'avance. Les difficultés ne sont pas seulement d'ordre historique ou juridique, on est confronté à une matière foisonnante, à une masse de sources doctrinales immense, hétérogène et complexe. La détermination conceptuelle des différentes doctrines citées (européennes et musulmanes) n'est pas aisée. La démarche empirique que nous avons retenue exige des instruments théoriques permettant, à travers une analyse fine de la notion de doctrine, de reconstruire les sources doctrinales de Santillana en se fondant sur l'Avant-projet – la seule piste empirique disponible – comme point de départ mais aussi de retour.

(10) Les Temps Modernes provoquent, dans le monde arabe, « trois crises politiques majeures qui nous talonnent encore au jour d'aujourd'hui: une crise du modèle prophétique, une crise du despotisme et une crise de la Loi. Elles portent, dans l'ordre de l'énoncé, comme enjeux: la laïcité, la liberté et le droit moderne »[74]. Au cœur de cette réflexion sur le COC, le processus de la rationalisation du droit porte en son sein les mécanismes de la compréhensibilité des sources.

Les codifications du XIX^{è} et du XX^{è} siècle – tributaires des postulats du positivisme légal du XVIII^{è} siècle – ont lancé le processus de rationalisation juridique dans une ère particulière de son histoire. En un sens, l'acte de rédiger un code s'inscrit dans ce processus continu de la modernité[75]. Il est l'expression – comme l'a bien démontré Max Weber – d'une volonté de rationaliser l'organisation et le fonctionnement des sociétés[76]. Et cependant, depuis les Lumiè-

---

74 Hamadi REDISSI, *Les politiques en Islam. Le Prophète, le Roi et le Savant*, L'Harmattan – Histoire et Perspectives Méditerranéennes, Paris, 1998, p. 93.

75 Le rationalisme cartésien qui a pour descendance la reconstruction du fondement de la loi, exprime l'exigence pour le droit moderne de puiser dans la raison sa propre puissance normative. Habermas a notamment développé cette idée dans: *Le Discours philosophique de la Modernité*, puisque celle-ci « ne peut, ni ne veut emprunter à une autre époque les critères en fonction desquels elle s'oriente; elle est obligée de puiser sa normativité en elle-même », trad. fr. Ch. BOUCHINDHOMME et R. ROCHLITZ, Gallimard, Paris, 1988, pp. 8-9.

76 Dans cette vision, Habermas reformule la thèse wébérienne selon laquelle la forme juridique conduit à la légitimité de la domination et la domination légale ne peut s'exercer que dans sa forme juridique. Ce paradigme du pouvoir se trouve remplacé dans l'analyse de Habermas par le modèle

res, la réflexion sur le droit n'a de cesse de tenter de s'affranchir d'une pensée idéaliste afin de repenser la loi contemporaine jugée imparfaite et condamnée. C'est un idéal qui a longtemps cherché à ancrer la puissance et la validité des lois dans leur caractère normatif, idéal susceptible d'être parfaitement résumé dans la formule célèbre de Rousseau: Si vous voulez qu'on obéisse aux lois, faites qu'on les aime. En d'autres termes, l'amour des Lois « n'est pas un devoir désincarné »[77], car « la liberté suit le sort des lois [...] elle règne ou périt avec elles »[78]. Or, s'agit-il aujourd'hui d'aimer les lois ou seulement de les subir[79]? Peut-on continuer d'être fidèle à celui qu'on peut tenir pour le père de la notion d'amour des lois au XVIIIe siècle, à Montesquieu et à son *Esprit des lois*, lorsqu'il définit l'homme de bien politique comme celui « qui aime les lois et sa patrie, et qui agit par l'amour des lois et de sa patrie »[80]? Déjà, un autre enfant du XVIIIe siècle a donné clairement à voir l'une des difficultés inhérentes à la notion d'amour des lois: « Il faut qu'en aimant les lois on sache les juger »[81].

---

communicationnel de l'État de droit. Voir en ce sens respectivement: Max WEBER, *Sociologie du droit*, Préface de Philippe Raynaud. Introduction et traduction de Jacques Grosclaude, P.U.F., 1ère éd., Paris, 1986, pp. 186-206; Jürgen HABERMAS, notamment dans son ouvrage intitulé: *Faktizität und Geltung. Beitrage zur Diskurstheorie des Rechts und des demokratischen Rechtsstaats*, Suhrkamp, Frankfurt am Main, 1992; *Théorie de l'agir communicationnel*, trad. J. L. Schlegel, Fayard, Paris, 1987, Vol. II, spéc. pp. 160 et s; « Three Normative Models of Democracy », in: Constallations, 1994, Vol. I, n°1, pp. 1 – 10; *Moralbewusstsein und Kommunikatives Handeln*, Suhrkamp, Frankfurt am Main, 1987 (Pour la traduction française: Morale et Communication, Cerf, Paris, 1998, pp. 192 et s); Bjarne MELKEVIK, « Transformation du droit: le point de vue du modèle communicationnel », in: Aux frontières du juridique. Études interdisciplinaires sur les transformations du droit (J. C. Belley et P. Issalys), Geptud, Université Laval, Québec, 1992, pp. 111-135. Au sein de la nouvelle conception du droit introduite par Habermas, les notions du « monde vécu » et de l'intégration sociale jouent un rôle fondamental. « La précondition à l'intégration sociale est selon Habermas, que la société produise un arrière-fond de compréhension dans le monde vécu. Cet arrière-fond constitue en quelque sorte un réservoir normatif pour l'évolution de la régulation juridique des processus systémiques, en même temps qu'il permet de réaliser un agir communicationnel [...] cette façon de concevoir le droit nous conduit à une conception où le « monde vécu » est conçu en tant que réservoir de normativité et de solidarité concrètes argumentativement disponibles pour les discours du droit ». B. MELKEVIK, « Habermas et l'État de droit », in: *L'amour des Lois. La crise de la loi moderne dans les sociétés démocratiques*, les presses de l'Université Laval – L'Harmattan, 1996, p. 376.

77 Jean-Fabien SPITZ, « L'amour des lois chez Rousseau », in: *L'amour des Lois*, *op. cit.*, p. 106.

78 Jean-Jacques ROUSSEAU, *Lettres écrites de la montagne. Œuvres complètes*, Pléiade, Paris, 1964, T. III, p. 842.

79 Jean-Fabien SPITZ, « L'amour des lois chez Rousseau », *op. cit.*, 104.

80 MONTESQUIEU, *Œuvres complètes*, (Réponse et explication pour la Faculté de Théologie), éd. du Seuil, Paris, 1964, p. 826.

81 « Il faut savoir distinguer ce dévouement de la raison qu'on doit aux lois qu'elle approuve, de cette soumission, de cet appui extérieur que le citoyen leur doit encore, lors même que ses lumières lui en montrent le danger ou l'imperfection. Il faut qu'en aimant les lois, on sache les juger ». CONDORCET, *Rapport et projet de décret sur l'organisation générale de l'instruction publique (20 et 21 avril*

Ainsi, le thème de l'amour et du jugement des lois, quoique légendaire, est aujourd'hui au centre des débats qui se déroulent autour de la diversité des codifications et de leur complexité conceptuelle.

Au bout d'un siècle de vie, le COC vient de fêter son centenaire à la fois honoré et jugé. Ce code étant l'objet de cette étude, les questions des méthodes relatives à la codification[82] et à ses sources se discutent en se plaçant sur divers terrains. D'ailleurs l'opposition classique n'est qu'apparente entre deux conceptions de la codification, d'une part, celle qui aurait un sens historique, politique et idéologique, telle la codification napoléonienne, et d'autre part, la codification à droit constant et les lois à l'aube du XXI^è^ siècle[83].

(11) Traditionnellement, on distingue plusieurs types de codifications, dont on ne retiendra que les deux plus caractéristiques[84]. La codification compilation, qui consiste à juxtaposer des textes afin de les unifier dans un recueil unique. L'exemple le plus manifeste en est le Digeste, une énorme compilation de fragments antérieurs[85]. La codification création (ou innovation) second type

---

1792), dans B. BACZKO, *Une éducation pour la démocratie.* Textes et projet de l'époque révolutionnaire, Garnier, Paris, 1982, pp. 194-195.

82 Sur un ton visiblement pessimiste, Alain Viandier dénonce: « C'est une période de crise que nous vivons aujourd'hui. Alors que le tissu législatif s'épaissit de législature en législature, sa qualité se dégrade. Médiocrement rédigées, obscures, souvent ineffectives, à faible durée de vie, les lois contemporaines offrent le triste spectacle d'une déchéance qui s'accélère. L'observation est universelle ». Alain VIANDIER, « La crise de la technique législative », in: *DROITS*, 1986/4. Crises dans le droit, p. 75. De même: François TERRÉ, « La « crise de la loi » », in: *A.P.D.*, 1980, T. XXV, pp. 17-28; René SAVATIER, « L'inflation législative et l'indigestion du corps social », in: *Dalloz*, 1977, Chron. V, pp. 43-48; Dominique LE NINIVIN, « Les discordances de la codification par décret », in: *J.C.P.*, 1980, I, 2982; Paul DUBOUCHET, « Herméneutique et théorie normative du droit », in: *R.R.J.*, 1995, n° 3, pp. 189-206; Georges KALINOWSKI, « Une mise en question de la logique des normes », in: *A.P.D.*, 1974, T. XIX, pp. 345-365.

83 Valérie LASSERRE-KIESOW, « La compréhensibilité des lois à l'aube du XXIème siècle », in: *Dalloz*, 4 avril 2002, n° 14, Chron., pp. 1157-1160. Dans cet article l'auteur cherche à démontrer que « le grief de la loi incompréhensible est intrinsèquement lié aux grands signes de la crise du droit ». Dans le même ordre d'idées, un autre auteur s'est demandé: « comment aimer – d'amour vrai, j'entends – ces lois produites à la chaîne, mal figurées, chétives, éphémères et jetables après emploi? Pauvres lois, en vérité, dont le champ d'application n'est guère déterminé, la syntaxe approximative, le vocabulaire déficient, l'effectivité très relative et la légitimité douteuse. Produits honteux de la rencontre aléatoire entre groupes d'intérêts concurrents, ces lois ne tardent pas à être désavouées, frappées d'abrogation, de désuétude, de caducité: mille façons de les rejeter au néant législatif, dont elles ne sont sorties qu'un court instant ». François OST, « L'amour de la loi parfaite », in: *L'amour des lois. Crise de la loi moderne dans les sociétés démocratiques*, *op. cit.*, p. 53.

84 Le troisième type est celui de la codification à droit constant. De surcroît, B. Oppetit parle « d'autres codes », qui selon lui « remplissent une fonction de consolidation: il s'agit soit de consacrer législativement des solutions acquises en jurisprudence, soit de réunir et d'intégrer selon un ordre logique et chronologique les textes réglant successivement une même question ou relatif à une même matière »: « De la codification », in: *La codification*, *op. cit.*, p. 15.

85 La vocation limitée de ce type de codification a conduit certains auteurs à manifester des réserves

de codification, exige un long travail préparatoire dû à la diversité des sources et même à leurs contradictions. C'est surtout aux travaux des juristes qui « préparent » la codification, à l'effort de systématisation fourni par la doctrine, que la codification création se réfère. Ajoutons enfin un autre élément qui pèse de tout son poids sur la portée de la codification (tous types de codifications): la technique et les sources. Aux lois contemporaines « souvent obscures, imprécises, verbeuses » qui « sombrent dans des détails ou dans de solennelles déclarations de principe » dont le « vocabulaire est parfois d'une prétention absconde », à ces lois dont la « multiplication fait un labyrinthe »[86], on oppose avec amertume la belle codification napoléonienne et celles qui lui ont succédé en Europe durant le XIX^{è} siècle.

Si François Gény a réduit le Code Napoléon à « une opération de pure forme, de simplification et de classement... »[87], les assises philosophiques ou idéologiques du Code civil français de 1804 ont sans doute inspiré la technique retenue par ses rédacteurs. Ainsi, c'est d'un Rousseau qui voit dans le Code l'antidote de « ces foules de lois qui souvent se contredisent, dont le nombre rend les procès éternels et dont le conflit rend également les jugements arbitraires »[88], et d'un Montesquieu qui réclame des lois claires, concises et un droit historique, fruit de l'évolution d'une société[89], que Portalis tire l'immense mérite de la codification française. Fruit de la systématisation rationnelle du droit et de la logique axiomatique, elle donne à l'ordre juridique la cohérence et la stabilité[90]. D'ailleurs, la fière prophétie de Bonaparte, la vie éternelle de son

en contestant la nature même de code attribuée à ces recueils. Sur ce point, voir par exemple: ANKUM, « La codification justinienne était-elle une véritable codification? », in: *Liber amicorum*. J. Gilissen, Anvers, 1984, pp. 1 et s. Philippe Malaurie établit une association entre le Digeste et la codification à droit constant. Rapport de synthèse, in: *La codification, op. cit.*, p. 196.

86 Philippe MALAURIE, Laurent AYNÈS, *Droit civil. Introduction générale* par Philippe Malaurie, Cujas, 2ème éd., Paris, 1994-1995, p. 184, n° 516.

87 François GÉNY, *Méthode d'interprétation et sources en droit privé positif. Essai critique*, Préface de Raymond Saleilles, L.G.D.J., 2ème éd., Paris, 1954, T. I, p. 23.

88 Jean Jacques ROUSSEAU, *Considérations sur le gouvernement de Pologne et sur sa réformation projetée, Œuvres complètes*, La Pléiade, 1964, T. III: Du contrat social. Écrits politiques, pp. 951-1002.

89 L'auteur explique en effet « comment les établissements de saint Louis tombèrent dans l'oubli ». Il s'interroge: « qu'est-ce donc que cette compilation que nous avons sous le nom d'Etablissements de saint Louis? Qu'est-ce que ce code obscur, confus et ambigu, où l'on mêle sans cesse la jurisprudence françoise avec la loi romaine; où l'on parle comme un législateur, et où l'on voit un jurisconsulte ? ». Charles de Secondat baron de MONTESQUIEU, *Esprit des Lois*, éd. Belles lettres, Paris, 1950-1961, T. IV, Livre XXVIII, Chap. XXXVIII, pp. 106-107.

90 « [...] Cette collection du système entier des lois d'une nation, par ordre de matière et en forme de code, a surtout l'avantage philosophique de faire remonter plus aisément ceux qui en font l'objet de leurs méditations aux principes d'où découle la loi elle-même ». Frédéric PORTALIS, *Essai sur l'utilité de la codification*, Joubert, Paris, 1844, p. VIII.

Code civil[91], est encore vérifiée puisque le modèle français figure parmi ceux qui ont le plus circulé dans le monde[92] et, le plus aimé peut-être.

S'il est une pensée qui détruit toute relation possible entre l'amour et les lois[93], c'est bien la condamnation, sévère, généralisée des juristes contemporains. « Il n'est de mots assez durs pour qualifier la loi aujourd'hui: on la dit tout à la fois malade, décadente, en crise, mauvaise, décrépite, déclinante, en régression, flétrie, imparfaite, défectueuse, incorrecte, avortée, déficiente, médiocre, négligée, ratée, viciée »[94]. À notre époque, l'inflation est législative, mais elle est aussi celle des interprètes. Car, « peu importe l'énormité de son volume, elle [la loi] ne nous atteint que par flash. Et si son signal est mystérieux, nous irons chez les interprètes, à tel point que les sociologues parlent du phénomène parkinsonien, car plus il y a de lois, plus il faut de techniciens des lois »[95]. Crise

91 « Ma vraie gloire n'est pas d'avoir gagné quarante batailles, Waterloo effacera le souvenir de tant de victoires; ce que rien n'effacera, ce qui vivra éternellement, c'est mon Code civil ». DE MONTHOLON, *Récit de la captivité de l'empereur Napoléon*, éditeur non indiqué, Vol. I, p. 401.

92 Jean CARBONNIER, « Le Code civil des français a-t-il changé la société européenne? Programme pour une recherche sociologique sur l'influence du Code de 1804 », in: *Dalloz*, 1975, Chron., pp. 171 et s; *Travaux de l'Association Henri Capitant*, T. XLIV: *La circulation du modèle français* (Journées franco-italiennes), Litec, Paris, 1993; Pierre ISSALYS, « La rédaction législative et la réception de la technique française », in: *Droit québécois et Droit français, Communauté -Autonomie – Concordance*, Les éd. Yvon Blaising, Québec, 1993, pp. 120-189. CHARFEDDINE, « Esquisse sur la méthode normative retenue dans l'élaboration du Code tunisien des obligations et des contrats », op. cit., p. 422.

93 Selon Emmanuel Kant, l'essentiel est dans l'éthique formelle de respecter les lois, non pas de les aimer. Dans la critique de la raison pratique, il oppose explicitement le respect et l'amour. En ce sens que l'amour ne dépend pas de la raison pure pratique car il n'est pas un devoir. Voir: *Critique de la raison pratique*, P.U.F., Paris, 2000, Chap. III « Des mobiles de la raison pure pratique », pp. 75-95.

94 Valérie LASSERRE-KIESOW, *La technique législative*, *op. cit.*, p. 1.

95 Jean CARBONNIER, « L'inflation des Lois », in: *Essais sur les Lois*, *op. cit.*, p. 310. Un autre auteur estime que « les codes ne sont donc plus au cœur du système juridique, lequel a éclaté du fait de la montée des lois spéciales, véritables micro-systèmes dotés de principes et de méthodes d'interprétations propres ». Alain VIANDIER, « La crise de la technique législative », *op.cit.*, p. 79. En réalité, l'inflation des lois n'est pas sans rapport avec la technique législative. Ainsi cet auteur a pu dire: « La multiplicité des textes législatifs et réglementaires, leur caractère passager, leurs modifications répétées et fragmentaires sont tels que non seulement la compréhension, mais la lecture même des textes (sinon leur reconstitution) ressemblent à un exercice de haute voltige [...] On a pu dire cyniquement que « l'obscurité des textes est le dernier refuge du pouvoir ». Voir aussi du même auteur, à propos du « pointillisme législatif »,: « Observations sur le style de la loi », in: *R.R.J.*, 1987-3, spéc. pp. 852-855; sur les antinomies des règles: Philippe MALAURIE, « Les antinomies des règles et de leurs fondements », in: *Le droit privé français à la fin du XXème siècle. Études offertes à Pierre CATALA*, Litec, Paris, 2001, pp. 25-31; voir aussi: Jean CARBONNIER, « De quelques actes manqués en législation », *Ibid.*, pp. 3-11. Christian LAMBOTTE, *Technique législative et codification. Notes et exemples.* Préface de Paul Tapie, éd. E.Story-Scientia, Bruxelles, 1989, pp. 10-13 et 14; Bruno OPPETIT, « L'hypothèse du déclin du droit », in: *DROITS*, 1986/4. Crises dans le droit, p. 13. Sur la crise du droit en général, voir par exemple: Stéphane RIALS, « Quelles crises? Quel droit? », in: *DROITS*, 1986/4. Crises

des lois mais aussi de la doctrine. Les « gardiens du temple », selon un jugement excessif[96], pleurent l'ordre des anciens jours, se désolent, et se réfugient, nostalgiques, dans la philosophie et l'histoire du droit[97].

En dehors de cette situation extrême, il faut noter que le but de la codification – resté toujours très actuel à travers les siècles – est de « remédier à la dispersion et à l'émiettement des sources du droit et d'assurer l'accès des destinataires et des usagers des règles à la connaissance du droit »[98]. Ce vœu d'unité et de sécurité est considéré comme constituant le concept de code[99]. On connaît ce discours. Ce qu'on sait moins c'est qu'il n'est pas nouveau. Dans la foulée de ces débats[100], deux constats méritent d'être signalés, ainsi une interrogation centrale sera-t-elle dévoilée. L'histoire longue et riche de la

dans le droit, pp. 37; Christian ATIAS, « Une crise de légitimité seconde », *Ibid.*, pp. 21-33. Certains juristes associent cette crise à l'enseignement du droit, ainsi Jacqueline GRATTI-MONTAIN, « Le droit et son enseignement: un demi-siècle de réflexions », *Ibid.*, pp. 111-122; d'autres parlent de celle des introduction au droit qui « se proposent tout à la fois de faire concevoir l'unité du système et de fournir le guide permettant d'en comprendre les mélandres », Christian MOULY, « Crise des introductions au droit », *Ibid.*, p. 105. Enfin, Carbonnier estime que « la sociologie juridique peut servir à dénouer cette espèce particulière de crise qu'est l'ineffectivité d'une loi ». « Sociologie juridiques et crise du droit. Entretien avec le doyen Carbonnier », *Ibid.*, p. 71.

96 Yves POIRMEUR et Alain BERNARD, *La Doctrine juridique*, ouvrage collectif, P.U.F., Paris, 1993.

97 *Ibid.,* Présentation, p. 8.

98 Bruno OPPETTIT, « De la codification », in: *La codification*, Ouvrage collectif sous la direction de B. BEIGNIER, *op. cit.*, p. 10. Voir également: Rabbi NORMAN SOLOMON, « Codification of law », in. *M.R.*, 1988, Vol. 13, 1-2, pp. 109-115.

99 Jacques VANDERLINDEN, *Le concept de Code en Europe occidentale du XIIIème au XIXème siècles. Essai de définition*, Éditions de l'Institut de sociologie de l'Université libre de Bruxelles, Bruxelles, 1967, spéc. pp. 75 et s.

100 La réalité de la « crise du droit » législatif n'est pas moins perceptible du côté du droit privé, dans son attitude par exemple face aux problèmes posés par les avancées biotechnologiques. On sait en effet que le modèle axiologique qu'on avait pu croire immuable du Code civil a donné lieu, de la même façon, à une réaffirmation récente d'autant plus fervente et énergique que l'anthropologie sous-jacente à la philosophie juridique des Lumières (qui affirme le principe d'une irréductible singularité de la nature humaine résidant essentiellement dans la liberté grâce à laquelle l'individu peut se rendre maître et auteur des mouvements de son propre corps) est entièrement subvertie par la nouvelle représentation du monde vivant au sein duquel le corps humain apparaît comme essentiellement indifférencié depuis la découverte de l'ADN comme invariant fondamental. C'est pourquoi un mouvement de réaction a agité le monde des juristes en vue d'indiquer les atteintes portées aux catégories centrales du droit par la réaffirmation des principes d'indisponibilité et d'inaliénabilité de la personne. Voir pour plus d'analyse: Pierre BOURETZ, Droit, in: *Dictionnaire d'éthique et de philosophie morale* sous la direction de Monique CANTO-SPERBER, P.U.F., 2ème éd. corrigée, Paris, 1997, pp. 439-452; G. BOURGEAULT, *L'éthique et le droit face aux nouvelles technologies bio-médicales*, De Boeck, Bruxelles, 1990; O. CAYLA, « Bioéthique ou biodroit? », in: *DROITS*, 1991/13, spéc. pp. 3 et s; Du même auteur: *De la bioéthique au biodroit*, L.G.D.J., Paris, 1994; Revue *DROITS*, 1994/19. Droits et mœurs.

codification[101] n'a guère apporté à ce concept ambivalent[102] la précision et surtout l'uniformisation voulues.

On aurait tort de penser qu'à peine deux ans de son centenaire, le COC n'est pas au cœur de ce débat juridique. Car, ce code vient de franchir une nouvelle étape de recodification: la parution en août 2005 de la seule version officielle du code, fruit de sa codification à droit constant[103].

C'est précisément la rencontre problématique entre les cultures de droit européennes et celle du droit islamique d'une part, et le pluralisme juridique qui a orchestré la codification du COC d'autre part, qu'il convient d'examiner et dont il faut apprécier la pertinence au regard de l'histoire, de la technique législative et de la sociologie du droit.

---

[101] La littérature juridique en la matière est foisonnante. On citera seulement: DROITS, n° 24 (La codification/1); 26 (Codification /2); 27 (Codification/3); Bruno OPPETIT, *Essai sur la codification*, P.U.F., 1ère éd., Paris, 1998; Rémy CABRILLAC, *Les codifications*, P.U.F. « Droit éthique, société », 1ère éd., Paris, 2002; Jean GAUDEMET, « Codes, collections, compilations, les leçons de l'histoire, de Grégorius à Jean Chappus », in: *DROITS*, 1996, n° 24, pp. 3 et s; J. GAUDEMET, « La codification, ses formes et ses fins », in: R.J.P.I.C., XVIIIè Congrès de l'I.D.E.F., Louisiane 3-9 novembre 1985: La codification et l'évolution du droit, pp. 239-260; *Les naissances du droit. Le temps, le pouvoir et la science au service du droit*, Montchrestien, Paris, 1997; L. MADER, *L'évaluation législative. Pour une analyse empirique*, Payot, Lausanne, 1985, pp. 18-26; *Controverse autour de l'ontologie du droit*, publié sous la direction de Paul AMSELEK et de Christophe GRZEGORCZYK, P.U.F., Paris, 1989.

[102] En essayant de faire une typologie des « nombreuses et hétérogènes codifications », Philippe Malaurie a estimé que « la première vue que l'on a sur la définition de la codification, est qu'il n'y a pas *une* codification, mais *des* codifications, dont l'objet, les méthodes et les justifications ne sont pas les mêmes ». *La codification, op. cit.*, Rapport de synthèse, p. 201. On peut néanmoins rappeler quelques définitions avancées par certains auteurs. Par « codification au sens moderne – dit André-Jean Arnaud – on entend ce processus culturel et historique par lequel a été rendue possible la réalisation d'un produit ayant pour qualités de rassembler une suite de normes de droit – et rien que cela – de le faire d'une manière cohérente et systématique, et d'avoir vocation à la totalisation, c'est-à-dire qui se présente comme exhaustif, traitant de tous les rapports juridiques possibles dans une matière donnée ». André-Jean ARNAUD, *Pour une pensée juridique européenne*, P.U.F., Paris, 1991, p. 135, *Encyclopedia Universalis*, France S.A., 2002, V° Codification, Corpus 5.

[103] Le pouvoir exécutif a institué par le décret en date du 15 janvier 1996 un Conseil supérieur de mise en ordre des dispositions législatives et réglementaires en vigueur. Décret n° 96-48 du 15 janvier 1996, *J.O.R.T.*, n° 7 du 23 janvier 1996, p. 205. Ce décret comprend dix articles. Aux termes de son article premier, la mission de ce conseil a été déterminée. Il est question « de superviser le rassemblement par matière des dispositions législatives et des dispositions des décrets réglementaires en vigueur et procéder à leur mise en ordre, sans qu'il en découle une modification de leur fond. L'opération de mise en ordre consiste en l'élaboration des projets tendant à mettre à jour les textes en vigueur, à améliorer leur forme ou à les clarifier. Le premier groupe de travail institué fut chargé de la « la matière des obligations et des contrats » entendue, en fait, de tout le droit civil à l'exclusion du statut personnel ». Voir: K. CHARFEDDINE, « Codes civils ou Code civil? Réflexion sur une éventuelle recodification », in: *L'apport du XX ème siècle au droit privé tunisien. Actes du colloque tenu les 23 – 24 – 25 avril 1998*, Collection forum des juristes – n° 8, Faculté de droit et des sciences politiques de Tunis, Tunis, 2000, p. 44. L'objectif assigné à ce groupe de travail, selon les propos de son président, « est l'élaboration d'un projet « en améliorant la forme des textes » ». *Ibidem* et note 10.

Titre I

Pluralisme juridique et politique législative

Pour tenter d'élucider les difficultés de la politique législative pluraliste, deux axes principaux seront tracés. Le premier porte sur les liens anthropologiques entre la politique législative du protectorat français en matière civile, et le choix d'une conciliation entre l'héritage du pays et le modèle de la codification moderne. Un choix, finalement adopté dans le COC (Chapitre I). Toutefois, il faut préciser que ces analyses fondées sur des récits historiques ainsi que sur les écrits des plus importants juristes et fonctionnaires français de l'époque, suscitent une lecture prudente à l'égard de l'attitude officielle des membres français de la Commission de codification concernant l'Avant-projet. Ici, on se heurte de nouveau à la difficulté originaire: l'absence des travaux préparatoires. Autrement dit, il est tout à fait possible que ses membres n'étaient pas favorables à tous les choix législatifs de Santillana, mais qu'en fin de compte, et pour plusieurs considérations – y compris celles qui relèvent de la politique législative et de l'organisation judiciaire – ils ont fini par adopter son projet. Le deuxième axe s'aventure dans l'esprit de synthèse chez Santillana, son charisme juridique, d'une part, et la vocation synthétique du régime du protectorat, d'autre part (Chapitre II). En effet, en faisant participer certains *Ulama* tunisiens dans la codification civile, la politique législative française affirme son choix d'éviter – ne serait-ce qu'en apparence – le déracinement de la codification du droit musulman. La méthode se fondera, outre l'examen empirique des articles (de l'Avant-projet et du COC pour dégager les modifications effectuées), sur des données historiques en se référant à des études sociologiques et historiques relatives à ce qui a été appelé : la classe des *Ulama*.

Chapitre I: Protectorat et conciliation

Croire que derrière la tentative de conciliation entre plusieurs systèmes juridiques dans le COC, il ne peut y avoir que des raisons relevant de la pure technique législative, serait une erreur. Les autorités du Protectorat français pouvaient intervenir directement dans le domaine législatif. Ce droit était foncièrement concentré sur la création de nouvelles règles spéciales, destinées à réglementer les services publics du Protectorat. En revanche, et jusqu'à la promulgation du COC, le domaine du droit civil était demeuré régi par quelques décrets beylicaux[104]. C'est peut-être ce qui explique l'analyse d'Alfred Cohen Solal, selon laquelle, le droit public tunisien de l'époque semble plus en harmonie avec la science juridique que le droit privé et, plus particulièrement le droit civil[105]. À dire vrai, la tendance à la conservation du patrimoine juridique tunisien, n'était propre ni à la France, ni à la Tunisie en tant que pays musulman sous Protectorat. Ainsi, l'Italie par exemple avait essayé lors de la colonisation de la Libye, de préserver la particularité juridique islamique, au point que le programme colonisateur italien était fondamentalement fondé sur cette politique[106].

La compréhension de l'attitude réelle du Protectorat français à l'égard de cette politique de synthèse, de conciliation ou de pluralisme, demeure une tâche difficile. La présente codification du droit civil s'inscrit dans le projet de modernisation de la législation civile (I). Par ailleurs, la conciliation entre le patrimoine arabo-musulman et les droits européens (II), avaient rendu la technique législative plus complexe.

I – Modernisation de la législation civile

Avant le Protectorat français, le système judiciaire tunisien était fondé sur deux types de tribunaux. D'une part, les tribunaux de *Charâ'* qui appliquaient le droit musulman ainsi que le droit séculier dans les affaires entre musulmans et la communauté juive. D'autre part, les tribunaux consulaires chargés de trancher les litiges opposant des ressortissants européens en Tunisie selon les législations européennes. Cette complexité de l'organisation judiciaire ainsi que des lois applicables, avait poussé les autorités du Protectorat à instaurer des organes judiciaires français parallèles. Néanmoins, l'échec de l'implantation des tribunaux et des procédures judiciaires à la française, avait fini par orienter vers un

104 Pour décrire cet état, Alfred Cohen Solal explique: « Par contre le droit civil du Protectorat n'a pas évolué ni s'est développé à l'image du droit public tunisien dont nous avons une physionomie complète quoique imparfaite *(sic)* ». A. C. SOLAL, *L'application des lois françaises en Tunisie. Contribution à l'étude des sources de la législation tunisienne*, éd. Saliba & Cie, Imprimerie éditeur, Tunis, 1934, p. 171.

105 *Ibidem.*

106 Salvatore BONO dans son article sur « Islam et politique coloniale en Libye », fait le point sur cette politique: « […] Les assurances données à la population musulmane quant au respect de l'Islam dans ses lois et lieux de culte, se retrouvent dans la proclamation du même général Ordinanza Caneva aux habitants de la Libye: « Toutes les lois religieuses et civiles seront respectées. Les personnes et les propriétés, les femmes, les droits et les privilèges afférents aux œuvres pieuses et religieuses seront également respectées. L'action des dirigeants devra avoir comme unique but votre bien-être et votre tranquillité et s'inspirera donc de la « loi » et de la « sunna » La justice vous sera rendue selon la « sharia » par des juges, à la fois compétents et à la moralité louable » », in: *M.R.*, 1988, Vol. 13-1-2, p. 71.

choix différent: procéder à une stratégie d'unification du système judiciaire (1) et ce par le biais d'une codification générale de la matière civile et commerciale (2).

1 – Réforme de l'organisation judiciaire

Après l'abolition par quelques gouvernements européens de leurs tribunaux consulaires dans la Régence[107], les autorités du protectorat se sont empressées d'implanter des tribunaux français: le tribunal de Tunis est installé en 1883, celui de Sousse en 1887[108]. De même, et sous la pression du Protectorat, le Bey promulgua plusieurs décrets beylicaux relatifs à la détermination de la compétence des tribunaux français[109]. Cette phase de l'organisation judiciaire fut couronnée, sans doute, par le décret beylical daté du premier juillet 1885, portant promulgation du premier Code paru sous le régime du Protectorat: le Code foncier. Celui-ci accorda exclusivement la compétence aux tribunaux français, lorsqu'il s'agit des immeubles immatriculés.

---

107 Initialement, c'était le cas du Portugal, de la Suède, du Norvège et du Dannemark en 1883; vinrent ensuite la Grande Bretagne, l'Espagne, la Belgique, l'Allemagne, la Grèce et la Russie en 1884, et enfin l'Italie. Rappelons que l'instauration des tribunaux consulaires en Tunisie était la conséquence d'une colonisation européenne qui a fait sentir ses effets avant même l'occupation turque. « À l'époque hafside déjà [du XIIIème au XVIème siècle], des fondouks génois et vénitiens existaient à Tunis. Leur nombre qui était faible à l'origine s'est cependant sensiblement accru au XIXème siècle, où l'on en pouvait dénombrer plus de douze mille ». *Histoire de la Tunisie. Les temps modernes*, par E. GUELLOUZ, A. MASMOUDI et M. SMIDA, éd. Société tunisienne de diffusion, Tunis, 1983, pp. 290-291. La communauté italienne était remarquablement nombreuse et diversifiée: des maltais, sardes, siciliens, etc. En somme, ces européens étaient couverts par le régime des capitulations et protégés par leurs tribunaux et leurs consuls.

108 Décret beylical en date du 18 avril 1883, promulgant dans la Régence la loi française du 27 mars 1883 sur l'organisation de la juridiction. Selon son art. 1er: « Un tribunal français et six justices de paix sont institués dans la Régence de Tunis. Le Tribunal de première instance siège à Tunis, à la Goulette, à Bizerte, à Sousse, à Sfax et au Kef [...] ». L'art. 2 précise que ces « tribunaux font partie du ressort de la Cour d'Alger. Ils connaissent de toutes les affaires civiles et commerciales entre Français et protégés français. Ils connaissent également de toutes les poursuites intentées contre les Français et protégés français pour contraventions, délits ou crimes. Leur compétence pourra être étendue à toutes autres personnes par des arrêtés ou des décrets de S. A. le Bey, rendus avec l'assentiment du Gouvernement français ». *Code annoté de la Tunisie. Recueil de tous les documents composants la législation écrite de ce pays au 1er janvier 1900 par Paul ZEYS – Avec une préface de Maurice Bompart*, Imprimerie Berger-Levrault et Cie, Nancy, 1901, T. I, pp. 493-494, n° 747.

109 Il en est ainsi du décret beylical du 31 juillet 1884, étendant la compétence des juridictions françaises en matière civile et commerciale: « [...] Cette réforme à la fois avantageuse pour nos sujets et ceux des puissances amies, puisqu'elle rendra la justice plus expéditive pour tous, consiste en la remise aux tribunaux français du jugement des affaires civiles et commerciales dans lesquelles les Européens seront en cause, sans qu'il y ait lieu de distinguer s'ils occupent la situation de demandeurs ou celle de défendeurs; En matière pénale les Tunisiens resteront, bien entendu, en tout état de cause, nos justiciables, car c'est là un des attributs de notre souveraineté,... », *Ibid.*, p. 502, n° 752.

Ces démarches ont été considérées par plusieurs spécialistes français comme un pas audacieux vers l'unification totale de la juridiction tunisienne[110]. D'ailleurs, peu de temps après, on a procédé à la création de quelques tribunaux de première instance, et d'une Cour d'appel à Tunis, car, auparavant les recours se faisaient devant la Cour d'appel d'Alger où les dossiers s'accumulaient. En revanche, ces nouvelles démarches n'ont pu réussir à élargir le champ d'application du droit civil français pour deux raisons fondamentales: la coexistence de deux types de tribunaux *charaïques* et séculiers d'une part, et l'absence de règles juridiques déterminant la compétence des tribunaux d'autre part. Pour ce qui est des tribunaux séculiers, il existait quatre organes principaux: le *Gaïed*, les tribunaux locaux et la *Driba* à Tunis, les tribunaux *el'Ourf* et l'*Ouzara* qui avaient une compétence très étendue[111]. Quant à la juridiction religieuse, il en existait deux types: les tribunaux de *Charâ'* pour les musulmans et ceux d' *al-Ahbâr* pour la population juive. Tous les deux tranchaient en matière de succession, de statut personnel, et des droits réels seulement dans le cas d'un immeuble non immatriculé[112].

---

110 On a pu remarquer que le travail des juges du tribunal de Tunis (en dépit de l'existence de trois chambres seulement), de ceux de Sousse, et des douze juges installés dans les banlieues Sud et Nord de la capitale, dans les villes de Bizerte, Souk al-araba, Béjà, Le Kef, Grombalia, Sfax, Gabès, Gafsa et Tala, était manifestement satisfaisant au départ. Voir en ce sens: Charles DE LA JONKAIRE, *Le rôle de la protection française vis-à-vis de la justice religieuse*, Imp. Lucien Wolf éd., Rouen, Étude non datée, (22 p).

111 Le *Gaïed* est essentiellement impliqué dans les affaires administratives. Or, il est aussi compétent en matière civile et pénale. En effet, selon l'art. 1er du décret beylical du 23 mai 1901 (*23 mouharrem 1318*) donnant compétence aux Caïds dans certaines affaires civiles et pénales réglementant les attributions du délégué à la *Driba* –: « Tous les Caïds du territoire, sauf ceux qui résident dans une ville où il y a un tribunal de province, sont autorisés à trancher, parmi les litiges de la compétence de ces juridictions et sans les leur soumettre: 1° Les affaires civiles personnelles et mobilières dont l'importance pécuniaire ne dépasse pas 30 fr.; 2° Les affaires pénales qui, d'après les lois en vigueur n'entraînent pas un emprisonnement supérieur à quinze jours ni une amende supérieure à 20 fr. ». *Code annoté de la Tunisie*, T. I, *op. cit.*, pp. 556-557, n° 850. Notons toutefois que le *Gaïed* et le *Chikh* se trouvaient dépourvus de ces compétences dans les villes disposant de tribunaux locaux (c'était le cas de Sousse, Sfax, Gabès, Gafsa, El Kef, Kairouan et Tunis où on trouve le tribunal de *Driba*) et dépendant tous de l'*Ouzara*, qui dispose d'un siège dans la capitale. En plus, les tribunaux *el'Ourf* sont principalement des tribunaux commerciaux composés par un *amine* et dix *nadhirine* (administrateurs), mais à côté de cela, ils jouent le rôle des tribunaux cantonaux français (en matière de conflit de travail). Reste le tribunal de l'*Ouzara* qui est la plus importante juridiction, non seulement pour ses compétences très étendues (elle se compose de chambres civiles, pénales et d'une chambre d'appel contre les jugements rendus par les tribunaux locaux) mais aussi, en fonction de l'importance des matières concernées: par exemple en matière civile, tous les litiges relatifs aux meubles dont la valeur dépasse cinq mille francs français; en matière pénale, elle tranche dans tout ce qui peut constituer une atteinte à l'ordre public, etc.

112 Les tribunaux de *Charâ'* sont composés, conformément au décret beylical en date du 14 novembre 1856, de *Cheïkh-el-Islam*, *des Muftis*, des *juges* et des *Deys* qui doivent « se réunir en un conseil ». Le même décret avait aussi pris le soin de déterminer les jours d'audience, ainsi que le lieu *(La partie*

Les sources historiques nous informent d'un véritable mécontentement des juristes français, à la suite de la promulgation du décret beylical relatif à la création des tribunaux d'*al-Ahbâr*[113] et à la réorganisation des tribunaux tunisiens. C'était une erreur flagrante selon certains juristes, un « arrêt brusque », « un recul vers le passé » selon d'autres[114], un vrai « point noir » dans le déroulement du programme des réformes judiciaires et législatives tracé par le Protectorat français[115]. Les mêmes termes de rejet et de mécontentement ne cessent de revenir dans plusieurs écrits sur un ton dominé par le regret et l'amertume[116].

Pour une maîtrise juridique plus efficace, la France avait programmé la monopolisation de l'appareil judiciaire après l'abolition des tribunaux consulaires. Cela, naturellement, avec la garantie d'un minimum de sécurité juridique au profit des ressortissants européens non français, ainsi que de leurs gouvernements. S'agissait-il à l'époque d'une «*francisation* » générale de l'organisation judiciaire et par conséquent de la loi applicable[117]? Était-ce le véritable objectif des autorités du Protectorat? Est-ce que la synthèse qui était impensable au début de ce programme a été rapidement adoptée pour doter le pays, dans

Est de Dar-el-Charâ') où « siègeront les deux Muftis hanéfite et malékite, à tour de rôle entre tous les Muftis du tribunal, pour donner des fétouas quand ils en seront requis, assister les Cadis de leurs lumières, quand les parties le demanderont, et assurer la distribution de la justice en cas d'absence d'un des Cadis [...] », *Code annoté, op. cit.*, pp. 523-524, n° 809. Rappelons que le bref décret du 8 février 1875 relatif au choix du rite (*malékite* ou *hanéfite* devant le *Charâ'*) précise que: « les affaires dont nous ordonnons le renvoi pur et simple devant le Tribunal du Chaâra doivent suivre la procédure ordinaire en ce qui concerne le choix entre les juridictions hanéfite ou malékite. Toutefois, quand la décision prononçant le renvoi désignera la juridiction celle-ci deviendra seule compétente pour en connaître », *Ibid.*, p. 525, n° 813.

113 Le décret du 3 septembre 1872 déterminant la compétence judiciaire des Rabbins. *Code annoté de la Tunisie, Ibid.*, p. 524, n° 810.

114 E. Bonnier ORTOLAN (Avocat docteur en droit), *Mémoire pour servir à l'extension de la justice française en Tunisie*, éd. Louis N. & Cie, Tunis, 1898, pp. 4 et s.

115 « [...] un recul [...] vient de se produire qui compromet l'œuvre bienfaisante dont tous jusqu'ici avaient ressenti les heureux résultats », *Ibid.*, p. 4.

116 « Les barrières vermoulues sont reconstruites, l'unification de la justice anéantie, les castes reconstituées, l'influence de nos tribunaux et, avec elle, celle de la France profondément atteinte. La Tunisie devenait française, elle redevenait indigène *(sic)* », *Ibidem*. Dans le même sens: E. Bonnier ORTOLAN, *Observations sur le mémoire pour servir à l'extension de la justice française en Tunisie*, Imprimerie du commerce H. Bonhour, Tunis, 1899, pp. 3 et 4. Voir aussi: le rapport des Avocats français de 1898, notamment la page 10: « Le rajeunissement et la réorganisation de ce rouage judiciaire sont une insulte à notre justice française et une atteinte profonde au développement de notre influence... »

117 « Le décret du 3 septembre avait été plus regrettable encore. À part quelques rares et heureuses exceptions, qui iront évidemment en s'éteignant peu à peu, toutes les patentes de protection sont abolies. Les protégés redeviennent sujets tunisiens, échappent à nos juridictions et vont fortifier cet édifice nouvellement remis à neuf. La justice [...] c'est par ses lois, par ses tribunaux, par sa justice seule qu'elle achèvera la conquête pacifique et morale de ce pays », *Ibid.*, pp. 10-13.

le plus bref délai, d'un Code civil, moderne, qui tout en s'inscrivant dans le projet d'unification du système judiciaire ne courait pas le risque d'être rejeté par les tunisiens?

Il faut remarquer que Berge, membre de la Commission qui avait préparé l'Avant-projet, avait avoué la réalité d'un échec. En 1896, lorsque les autorités françaises voulurent réorganiser le tribunal de l'*Ouzara*, il avait été choisi pour sa longue expérience en tant que juge bien apprécié tant par ses collègues que par les justiciables[118]. Tout le monde était persuadé qu'il serait capable d'infiltrer progressivement les lois et les procédures françaises dans l'esprit et les habitudes des juges et des justiciables tunisiens. Cette stratégie avait pour but majeur l'abolition totale des tribunaux tunisiens et leur remplacement par une juridiction purement française[119]. Pourtant, la composition complexe du système judiciaire tunisien avant même l'instauration du Protectorat, ainsi que la diversité sociale et religieuse, avaient empêché une importation pure et simple du modèle français. Dès lors, pour des raisons pratiques, la synthèse s'imposait comme méthode[120] pour une codification destinée à un peuple possédant un patrimoine juridique bien enraciné.

118 *Ibidem.*

119 On peut lire dans le Mémoire des avocats français précité, ces passages tracés par la plume de Berge: « L'illusion fut de courte durée. Avec une rapidité qui tient du prodige, le vieil Ouzara (extérieurement bien entendu: les mœurs ne changent pas très vite) parut transformé. On improvisa des juges, des tribunaux, des interprètes, des oukils. Dans plusieurs centres de la Régence, on installait des tribunaux régionaux. Le tout se centralisait à Tunis. On copiait nos formes extérieures mais on éliminait l'élément français. Il n'est presque personne de nous qui, sérieusement puisse s'occuper d'une affaire à l'Ouzara [...] on a eu beau augmenter le nombre des juges de paix, créer le Tribunal de Sousse, installer une 3ème chambre à Tunis, édifier un Palais de Justice. Ces améliorations extérieures ne recouvriront que le néant, et tout cet appareil fonctionnera bientôt à vide, faute de justiciables pour l'occuper », *Ibid.*, p. 9.

120 En réalité, la synthèse comme méthode ou technique avait été déjà pratiquée en Algérie, mais très rarement et, seulement sur le plan jurisprudentiel. En effet, après les célèbres arrêts rendus par le tribunal de Tlemcen (arrêt du 30 juillet 1919, *R.A.*, 1921, p. 49 – arrêt du 10 décembre 1919, *R.A.*, 1921, p. 56), la Cour d'Alger avait confirmé la même solution (arrêt de la Cour d'Alger du 12 décembre 1919, *R.A.*, 1921, p. 58). En l'espèce il s'agit d'une jeune algérienne, Fatima Bou Wali, qui a décidé d'épouser un algérien ayant eu la naturalisation française conformément aux procédures françaises. Seulement, le frère de Fatima, qui avait été désigné par le juge de Tlemcen comme tuteur de sa sœur après le décès de leur père, a refusé ce mariage du fait qu'il est désormais le tuteur et, que le père avant sa mort et conformément au droit de contrainte *« jâbr »* que la charî'â lui accorde, a accepté son mariage avec l'un de ses cousins. Malgré le fait qu'il s'agissait dans cette affaire des règles de la capacité qui demeuraient régies par le droit musulman, le tribunal de Tlemcen avait procédé selon une méthode de synthèse étrange entre le droit musulman et les règles du droit français. Ainsi, du droit musulman, il avait appliqué les règles du droit de *« jâbr »* conformément au *rite malékite* qui refuse ce droit au père, mais qui ouvre en revanche une possibilité de l'appliquer de manière exceptionnelle: c'est-à-dire uniquement lorsque le concerné reconnaît ce droit au père d'une manière expresse; chose qui n'a pas eu lieu évidemment! Quant au droit français, le tribunal avait appliqué les règles relatives au consentement des parents au mariage. D'ailleurs, le professeur

2 – Codification sous Protectorat français

Le problème de la modernisation de la législation civile locale sous le Protectorat, n'était ni une première, ni un cas typique du droit civil. Or, pour des raisons coloniales connues, les autorités françaises avaient commencé par la promulgation d'un Code foncier (1885). Néanmoins, la conscience aiguë de la complexité émergeant de la codification en matière civile et commerciale, ainsi que la crainte d'un éventuel rejet du nouveau droit par les tunisiens et leur attachement aux règles musulmanes, apparaissent plus nettement lors de la codification civile. Berge se réfère à la difficulté de la tâche en rappelant que « le gouvernement tunisien a institué, il y a quatre ans, une commission chargée de préparer la codification du droit tunisien et qui a déjà fait paraître un projet de code civil et commercial, apprécié avec la plus grande faveur des savants et par les publicistes qui en ont pris connaissance. Il n'est pas douteux qu'une tâche aussi vaste et aussi difficile ne pourra pas s'accomplir en peu de temps, mais on la verra sans doute s'exécuter par parties et donner successivement lieu à un certain nombre de lois spéciales, chacune d'elles viendra préciser, faciliter et affirmer les résultats, déjà si importants, de la réorganisation de la justice tunisienne »[121]. En l'occurrence, dans le domaine immobilier, la volonté de dépasser le droit musulman en instaurant l'attribution à l'immeuble immatriculé d'une identité précise identique à celle des personnes physiques (nom, numéro, servitudes et autres droits qui grèvent l'immeuble, etc.), avait comme conséquence directe *une abstraction voulue* de la nationalité du demandeur d'immatriculation qui pouvait être aussi bien français que tunisien. Cela supposait que les règles du droit musulman insérées dans le Code foncier de 1885 avaient été traitées par la Commission chargée de cette codification à la lumière d'une orientation purement technique. Cet état de chose pourrait expliquer à nos yeux la grande confusion dans l'esprit des juristes français de l'époque[122]; ceux-ci considéraient que le Code du premier juillet 1885 était un Code purement français. Or, plusieurs études ont pu démontrer l'originalité de cette œuvre législative qui, tout en s'éloignant sensiblement de la législation française en

---

C. Bonet avait commenté cette solution de la manière suivante: « Grâce à *ce dosage complexe* relevant d'une *curieuse alchimie juridique*, Fatima put épouser son Taleb », *Idem*. Voir aussi: *R.A.S.J.E.P.*, 1878, Vol. XV, n°4, p. 28.

121 François BERGE, Gouvernement tunisien/Protectorat français (Direction générale de l'enseignement), *Conférences sur les administrations tunisiennes à l'hôtel des sociétés françaises à Tunis*, 2ème éd., revue et mise à jour en 1902, Imprimerie française-rue Jules Ferry, Sousse, 1902, p. 219.

122 Parmi lesquels nous citerons: CATTAN, GAUDIANI, LEFÈVRE, SCEMAMA, MOLCO, COULON, BERGE, PELMAS... Voir leurs analyses publiées dans *Mémoire pour servir à l'extension de la justice française en Tunisie*, *op. cit.*, pp. 6 et s.

la matière, s'est largement inspirée non seulement du droit musulman et du célèbre *Act Torrens* australien, mais aussi de la loi prussienne du 5 mai 1872[123].

Force est de constater que toucher au droit des obligations n'implique pas les mêmes choix, ni la même technique législative. Les autorités françaises savaient parfaitement que l'organisation judiciaire était intimement liée à la croyance religieuse et aux règles de la *Charî'â*. Pour le Protectorat, il fallait donc surmonter les failles administratives et juridiques de ce système traditionnel, sans pour autant provoquer les musulmans; il fallait codifier mais intelligemment, sans violence et peut-être même avec la collaboration indigène[124]. Pour plusieurs juristes français[125], la législation musulmane, composée essentiellement du *Coran* et de la *Sunna*, découle de conceptions philosophiques et mystiques. Trop théorique, elle ne renfermerait pas les principales caractéristiques des codifications modernes, à savoir la précision et la clarté. Or, ce jugement ne peut-être approuvé que partiellement. Car s'il est vrai que le droit musulman ne renferme pas une structure formelle limpide et précise à l'instar des codifications européennes modernes, il n'est pas pour autant exclusivement théorique. Bien au contraire, c'est son caractère excessivement casuistique et fragmentaire qui n'a pas aidé à sa systématisation scientifique[126]. La preuve en est que, d'une part, les traités à caractère général relatifs aux sources (Coran, sunna) n'ont pas abouti à la systématisation doctrinale. D'autre part, les manuels à caractère pragmatique n'ont pas su dépasser – dans la plupart des cas – l'assemblage de solutions concrètes sans se soucier d'expliquer les notions, d'exposer les définitions, les principes généraux, les règles abstraites, etc.

Dans le même ordre d'idées, Dwight. L. Ling, dans son étude sur la Tunisie et le régime du Protectorat, parle d'une situation complexe, d'autant plus que les français ne disposaient que d'une idée trop schématique du droit musulman[127]. Face à une telle réalité, le recours à Santillana s'avérera, compte tenu de ses connaissances juridiques et linguistiques, fortement justifié.

La France voyait dans le droit séculier une législation parallèle grâce notamment aux réformes entreprises à l'initiative du Ministre Kheïreddine. C'est

---

123 À propos des institutions inspirés du droit musulman ou des coutumes locales: Raja SAKRANI, *Atta'ssil, Mémoire précitée*, spéc. pp. 18-47.

124 Voir *en ce sens: La Tunisie: Histoire et description*, éd. Berger-Levrault & Cie, Paris – Nancy, 1896, T. II.

125 Nous pensons particulièrement à BERGE, Charles DE LA JONKAIRE, PADOUX...

126 C'est ici précisément que Max Weber voit les défauts du droit musulman. *Sociologie du droit*, Traduction de Jacques Grosclaude, *op. cit.*, pp. 172 et s.

127 « *Tunisians failed to see the need for the codification of the laws; therefore, a European could gain only a general knowledge of them. To complicate the situation further, four orthodox rites of law were recognised by Muslims, two of which were found in Tunisia: The malekite and hanefite [...]* », Dwight. L. LING, *Tunisia from Protectorate to Republic*, Indiana University Press, Bloomington and London, 1967, p. 56.

ce droit que les autorités françaises tenteront de récupérer, d'utiliser comme base de la codification[128]. À y regarder de près, il semble que la difficulté majeure du droit musulman réside surtout dans les interminables divergences entre les *rites*, voire entre les savants du même *rite*[129]. Or, si l'on ajoute à cette multitude de règles juridiques la coexistence de plusieurs religions, nationalités, coutumes, etc., on se trouve en face de deux systèmes juridiques radicalement différents: le premier puise sa raison d'être et sa logique dans la religion en dépit des efforts des *fukahâ*; quant au second, il est positif, moderne et concis. Ce qui donnera, dans la pratique, une confrontation, source de problèmes délicats[130]. De ce fait, la synthèse apparaît comme une orientation capable d'instaurer un droit civil homogène et applicable à tous. En ce sens, Berge explique qu'une telle orientation a été imposée à cause des difficultés que rencontraient les tribunaux aussi bien français que *charaïques*. Il nous explique que la détermination de la compétence des tribunaux était devenue de plus en plus difficile, face au nombre croissant des recours des justiciables français devant les tribunaux tunisiens, notamment dans le but d'éviter des frais élevés de procédure devant les tribunaux français[131]. Les juges tunisiens ont eut beau essayer de faire face à ces problèmes, ils se trouvaient de plus en plus gênés lorsqu'ils se trouvaient en face de justiciables algériens ou européens non français[132].

C'est en matière de droit des obligations que les juges affrontaient les plus sérieuses complications. Car, avant la promulgation du COC, la juridiction

128 « ...Aussi conçoit-on la naissance de ce droit séculier [...] Ce droit, nous l'avons dit, les autorités françaises cherchent à le codifier. Ce sera un service immense rendu à la population tunisienne ». Charles DE LA JONKAIRE, *Le rôle de la protection françaises vis-à-vis de la justice religieuse*, *op. cit.*, p. 19.

129 Nous citons les intéressantes conférences au sujet des administrations tunisiennes données par plusieurs juristes, parmi lesquels: BERGE, PADOUX et ANTERRIEU. Ce trio a participé à côté de ROY et SANTILLANA à la préparation de l'Avant- projet. Selon eux, le « *fikh* », en tant que fruit de l'effort des docteurs musulmans (*Ijtihad fikhi*) forme l'interprétation logique et méthodique du *Coran* et de la *Sunna*. Bien plus, à leurs yeux c'était: « [...] de véritables monuments législatifs, codes complets de la vie civile et religieuse », in: *Conférences sur les administrations tunisiennes à l'hôtel des sociétés françaises à Tunis*, *op. cit.*, p. 89. Nous situons ce problème de conflits dans le cadre plus large de conflits qui traversent les cultures judiciaires. Reste à savoir si la solution adoptée par les autorités du Protectorat, à savoir le pluralisme, était réellement adéquate et efficace.

130 Une analyse de Berge met l'accent sur le problème des conflits de lois auquel la juridiction tunisienne se voit confronté quotidiennement. « De l'organisation judiciaire de la Tunisie », in: *Conférences sur les administrations tunisiennes*, *op. cit.*, p. 184.

131 BERGE, *Ibid.*, pp. 212 et s.

132 Le gouvernement français avait mis à la disposition des tribunaux des listes des européens non français vivant en Tunisie. Puis, en ce qui concerne les algériens, la jurisprudence française a posé une présomption juridique selon laquelle tout musulman ou juif résidant en Tunisie est a priori de nationalité tunisienne. Cette présomption était bien entendu simple et peut être réfutée conformément aux procédures juridiques en matière de nationalité. Ceci dit, les tribunaux charaïques ne pouvaient guère attribuer la citoyenneté française à un musulman ou à un juif.

française se basait sur un principe fondamental selon lequel la loi applicable est celle du lieu où le contrat a été conclu. Toutefois, dans la pratique, les parties en se mettant d'accord dans le contrat sur l'application de la loi de l'une d'elles, ou en laissant aux tribunaux le soin de déterminer la loi applicable (*lex fori*), ont ouvert aux juges une large possibilité de déroger au principe[133]. Le résultat fut néfaste: les solutions inspirées de lois et systèmes juridiques différents étaient souvent inattendues, voir illogiques ! À titre d'exemple, l'arrêt de la Cour d'appel de Paris avait prononcé une hypothèque, qui ne pouvait être appliquée en Tunisie sur des immeubles immatriculés, auxquels il était inadmissible d'appliquer cette charge. De plus, les jugements rendus par des tribunaux français n'avaient pas les mêmes aspects exécutifs que les arrêts rendus par d'autres tribunaux. Pire encore, la complexité s'accentuait puisque la répartition du prix de l'immeuble vendu entre les créanciers devait être effectuée en fonction de leur préférence par rapport au classement général en droit français. Or, ces règles ne pouvaient être appliquées en Tunisie.

Nous en concluons[134] que c'étaient bien ces difficultés pratiques qui poussèrent les juges, faute de commettre le délit de déni de justice, à adopter des solutions parfois efficaces, dont certaines seront d'ailleurs reprises dans l'Avant-projet. Ce n'était donc pas l'absence de règles juridiques applicables qui aurait poussé le Protectorat français à accélérer le processus de codification. Au contraire, il se heurtait à une multitude de systèmes juridiques applicables, une inflation qualitative des jugements rendus par les différents tribunaux. La distance à l'égard du système juridique français dans l'Avant-projet, nous semble logique. On pourrait dire que ce choix a été « imposé » d'une certaine manière par les diversités réglementaires (notamment l'organisation et le fonctionnement des tribunaux), religieuses, juridiques et sociologiques. Quelques études viennent justifier cette lecture: Dwight. L. Ling démontre que la codification en Tunisie, a englobé quelques jugements rendus par le tribunal de l'*Ouzara*[135]. Un autre auteur a pu déterminer à partir de quelques centaines de renvois indiqués par Santillana la nature de l'utilisation de la jurisprudence, qu'elle soit française ou rendue en Tunisie par des tribunaux français, comme source de cette codification. Bien plus, il a pu expliquer non seulement les causes de l'adoption du deuxième type de jurisprudence dans l'Avant-projet, mais aussi

[133] « [...] C'est en cette matière qu'il y a le plus d'incertitude, de controverses, de systèmes », BERGE, « De l'organisation judiciaire de la Tunisie », op. cit., p. 186.

[134] La position de quelques membres de la Commission tels que: Berge, Padoux et Anterrieu, vient à l'appui de notre interprétation.

[135] *« All decisions of the caids could be appealed to the Ouzara Court in Tunis. Slowly specific jurisdiction emerged from these courts, and some of the decisions were codified ».* Dwinght LING, *Tunisia from protectorate to Republic*, *op. cit.*, p. 59.

leur maintien dans le COC. En effet, l'inclusion des contrats de *l'enzel* et le *kirdar* par exemple (abrogés en 1965, avec la promulgation du Code des droits réels), représentait une pure consécration législative de coutumes auxquelles la jurisprudence avait donné de véritables bases positives.

Quoique la complexité de l'organisation judiciaire ainsi que la multitude des règles juridiques applicables dans la Régence aient sérieusement contribué au choix d'une méthode de conciliation et de synthèse, lors de la codification des lois tunisiennes, on se demandera si des facteurs sociologiques ont joué un rôle de pression et poussé les autorités du Protectorat à adopter une telle démarche législative?

II – Nécessité d'une conciliation

Le droit civil, cet héritage de la politique législative française, demeure une réalité complexe. Il est le produit d'un tissage entre les lois modernes européennes, d'une part, et les lois, coutumes locales des peuples dominés. La codification prend dans ce cas une dimension de fusion et de synthèse entre le particulier et l'universel. Ainsi, le patrimoine juridique tunisien n'a pas été exclu (1). La nature de cette rencontre diffère selon le degré de domination (annexion, colonisation, protectorat, etc.) d'une part, et les systèmes juridiques de chaque partie, colonisateur et colonisé, d'autre part (droit écrit, coutumes...). En Tunisie, la codification avait été accompagnée par l'émergence de quelques discours de légitimation. La consécration du pluralisme juridique voulait être l'œuvre d'une prétendue conciliation entre « tradition » et « modernité » (2).

1 – Préservation du patrimoine juridique

Contrairement à l'Algérie[136], la Tunisie était soumise durant la période du protectorat à une politique, qu'on pourrait appeler: « politique sociale/locale» (*siyâssa ahlia mahallia*), tracée minutieusement par les autorités, qui a certainement influencé la codification civile. C'est un choix qui suppose une conception préalable des mécanismes de gestion économique et sociale, des ressources hu-

[136] La situation juridique en Algérie était régie par le décret du 17 avril 1889, qui reprend à son tour les dispositions du décret du 10 septembre 1886, selon lesquelles les algériens sont soumis au droit musulman, aux coutumes locales et berbères en matière de statut personnel, successions et immeubles dont les propriétaires ne sont pas français. En dehors de ces matières, ils sont régis directement par le droit français. Par ailleurs, on a pu remarquer que les premières tentatives entreprises par la France pour la codification du droit musulman y sont apparues tardivement par rapport à la Tunisie, et selon une orientation différente de la politique législative pratiquée en Tunisie.

maines et des différents problèmes propres au pays[137]. Cette politique, spécialement en Tunisie et au Maroc, est axée sur l'emprise de la religion, à tel point que la France a attribué à sa méthode le nom de « politique islamique »[138] ou encore « islamisation du droit français »[139], des termes qui révélaient, sans aucun doute, les enjeux profonds de cette politique.

Chailley-Bert déclare dans sa conférence de 1908, à l'occasion de l'organisation d'un colloque qui avait pour thème les colonies de l'Afrique du Nord, que la France n'a pas pratiqué « une véritable politique coloniale semblable avant les années entre 1870 et 1880 »[140]. Il s'agirait d'une politique qui ne rejette pas le système juridique des indigènes. L'unification juridique par le biais de la codification voudrait en être témoin[141]. Ce pluralisme juridique englobe trois pôles essentiels: le droit musulman, les avancées que le mouvement réformateur tunisien avait réalisées avant le protectorat et, enfin, les systèmes juridiques européens introduits par le Protectorat. Quant à l'attitude des membres de la commission de codification des lois tunisiennes, au moins

---

137 Sur le rapport entre la nature du Protectorat et la législation coloniale, voir notamment: Arthur GIRAULT, *Principes de colonisation et de Législation coloniale. La Tunisie et le Maroc*, Sirey, 6ème éd. révisée par Louis Milliot, Paris, 1936, pp. 6 et s.; Dominique GAUDIANI et Paul THIAUCOURT, *La Tunisie. Législation, Gouvernement, administration*, Avec une préface de M. G. Alapetite, Librairie administrative Paul Dupont, Paris, 1910, pp. 19 et s; Henri GÉRARD, « De la nature juridique du Protectorat », in: *R.A.T & M de Lég. et de Jsp.*, 1893, pp. 215-229.

138 Sana DEROUICHE BEN ACHOUR, *Aux sources du droit moderne tunisien: la législation tunisienne en période coloniale*, Thèse pour le doctorat d'État, Faculté de sciences juridiques politiques et sociales de Tunis, 1996, p. 26.

139 Malgré notre prudence à l'égard de ce mot qui implique des dimensions idéologiques, on a préféré le maintenir tel qu'il était utilisé dans l'article « Essai de codification du droit musulman algérien », *R.A.T.M de lég. & de J.S.P.*, 1903, pp. 5 et s. (Auteur non indiqué).

140 Henri BRUNSCHWIG, *Mythes et réalités de l'impérialisme colonial français (1871-1914)*, éd. Armand Colin, 1960, p. 180.

141 « [...] À partir du 1er juin, les jugements de votre tribunal devront viser les articles du code d'après lesquels votre sentence aura été rendue [...] jusqu'à cette date, vous continuez à baser vos décisions sur les coutumes et usages locaux, mais je dois cependant vous signaler l'intérêt que vous aurez à commencer dès maintenant à vous inspirer des principes généraux du code. C'est pourquoi je vois utile de vous recommander d'étudier dès aujourd'hui les textes qui viennent d'être promulgués. Vous devriez également veiller à ce que les juges de votre tribunal se mettent au courant de cette législation. Une étude préalable approfondie préviendra bon nombre de difficultés qui ne manqueraient pas de se produire si vous attendez le moment où vous aurez à assurer l'application de la loi ». *Note circulaire du Premier Ministre aux présidents des tribunaux régionaux*, S.D., n°4241 du 31 décembre 1906, *Archives Nationales Tunisiennes*, Série 6, Carton 12, Dossier 43. Voir dans le même sens le rapport de G. Benoît: « Dès les premières années de notre installation en Tunisie, l'attention du gouvernement du Protectorat a été appelée sur l'utilité que présenterait une codification générale des lois musulmanes qui régissent les rapports des indigènes entre eux et dont l'application est remise aux tribunaux du Charâa et de l'Ouzara ». Rapport au nom de Georges BENOIT, envoyé du Ministre des Affaires Étrangères, Declassé en date du 9 octobre 1901, *Archives du Ministère des Affaires Étrangères – Quai d'Orsay*, précité.

deux d'entre eux, Roy et Berge[142], étaient bel et bien en faveur d'une telle politique législative qui assure la cohésion du système juridique et partant la préservation des intérêts français, moyennant la reconnaissance du patrimoine juridique musulman[143].

Dans le domaine de l'anthropologie coloniale, les chercheurs parlent plutôt d'un processus d'absorption ou d'intériorisation de la civilisation du colonisé, dont le but est la domination. Sans doute, la compréhension de la civilisation indigène nécessite une connaissance assez profonde de la langue, de la religion, des lois, des mœurs. Cette science[144] sera mise au service de la « théorisation » et « légitimation » du *statu quo*. Dans ce jeu où les parties se partagent les rôles de sujet actif ou passif, le colonisé joue le rôle de l'absent, il est précisément « le grand absent »[145]. Le colonisateur s'est placé dès le début dans une position supérieure qui lui permet de monopoliser les connaissances et les décisions affectant la population indigène[146], autrement dit, lui seul est doté du pouvoir de déterminer ce qui convient aux colonisés puisqu'il prétend savoir sur eux ce qu'ils ignorent d'eux mêmes. Vaneerde définit dans son livre sur l'ethnologie coloniale cette politique comme l'art de connaître l'autre, afin de le comprendre et le diriger en fonction des buts du colonisateur[147]. « Je suis obligé, avouait Cambon, de maintenir à bras tendu le Gouvernement du Bey [...] Le Bey, pour être un instrument utile, doit conserver sa dignité et son autorité de sou-

---

142 En réalité, ils n'étaient pas les seuls, on peut en citer quelques autres tels que Léon Bercher (des services de la traduction), Ducos de la Haille, Jean Dubla (des services judiciaires), Machuel et Charlety (des services généraux de l'enseignement). De même, la conférence de Robert Montagne témoigne de l'importance de cette politique française qui pourrait garantir aux autorités du protectorat une implantation durable en Tunisie.

143 L'attaque contre l'assimilation débute brillamment, en 1899, avec la *« Psychologie de colonisation française dans ses rapports avec les sociétés indigènes »* d'un disciple de Gustave Le Bon, Léopold de Saussure. Un demi siècle plus tard, Hubert Deschamps martelait encore : « Si l'on applique à une race les institutions conçues pour une autre, on obtient le désordre, l'anarchie ou le despotisme [...] Mais nous devons pratiquer avec eux une politique d'association et impliquant le respect scrupuleux de leurs coutumes, l'administration indirecte, l'entraide économique, le développement intellectuel et technique ». H. DESCHAMPS, *Les Méthodes coloniales de la France du XVIème s. à nos jours*, Arnaud Colin (Section d'histoire et scien. écon.), Paris, 1953, pp. 145-149.

144 Joseph CHAILLEY dans son introduction à l'ouvrage de Vaneerde explique la science de l'ethnologie de la manière suivante: « [...] Elle seule [...] est capable d'indiquer ce que l'état psychologique de l'indigène permet de supporter. Elle est outillée scientifiquement pour procéder aux enquêtes nécessaires. Elle seule permet de discerner ce qu'il y a de possible pour l'élite et d'acceptable pour la masse », Préface à VANEERDE, *Ethnologie coloniale: L'européen et l'indigène*, éd. du Monde Nouveau, Paris, 1927, p. XIX.

145 Sana BEN ACHOUR, *Thèse*, *op. cit.*, p. 29.

146 Citons, au fil de cette question, les mots célèbres de Jules Ferry: « Il y a pour les races supérieures un droit, parce qu'il y a un devoir pour elles, elles ont le devoir de civiliser les races inférieures ». Cité par R. GIRARDET, *Le nationalisme français 1871-1914*, éd. Armand Colin, 2ème éd., Paris, 1966, p. 103.

147 J. C. VANEERDE, *Ethnologie coloniale*, *op. cit.*, p. XIX.

verain. Cambon n'entretenait qu'une « administration simplifiée », destinée à faire vivre à côté les uns des autres Européens et indigènes. Grâce à ce système, nous sommes ici plus maîtres des Populations après quatre ans d'occupation qu'on ne l'est en Algérie après cinquante-cinq ans de conquêtes »[148]. Ainsi, la codification se présente comme l'instrument de maîtrise par excellence de l'autre. Mais celle-ci n'est pas excepte, dans le cas du COC, de la volonté de moderniser le droit.

2 – Vers une Codification Moderne

La codification civile en Tunisie n'a pas été réalisée au prix d'une abrogation générale du patrimoine juridique, mais plutôt d'une filtration rigoureuse de ce qui, du droit musulman, a été introduit dans le COC. C'était malgré tout le fruit d'une certaine acculturation juridique[149]. L'acculturation juridique n'est pas la seule substitution d'un système à un autre, mais un changement de niveau de conscience juridique. Elle « entraîne, ainsi, un changement global du système acculturé. C'est tout un système de valeurs et d'organisation sociale, économique et politique qui est modifié »[150]. Norbert Rolland analyse l'interaction conflictuelle entre les systèmes juridiques comme suit: « C'est la transformation globale que subit un système juridique au contact d'un autre, processus impliquant la mise en œuvre de moyens de contrainte de nature et de degrés divers et pouvant répondre à certains besoins de la société qui la

---

[148] Hubert DESCHAMPS, *Les méthodes coloniales de la France du XVIème s à nos jours*, *op. cit.*, p. 135.

[149] L'origine du mot est latine: *Ad* et *Cultura*, c'est à dire vers la civilisation. « Le concept d'acculturation est entaché de confusion et d'ambiguïtés. En effet, si l'on se réfère à son étymologie, ce terme, d'origine coloniale, sous entend l'idée du passage des « primitifs », qui sont à « l'état de nature », vers la civilisation associée à la culture européenne, prise non comme une civilisation mais comme la civilisation. Le processus d'acculturation correspondait, dans cette perspective à un progrès au cours duquel la « société primitive » évoluerait en passant de la « culture indigène » à la « culture occidentale ». Il faudra attendre 1936 pour que la conception du terme acculturation varie. Elle n'est plus seulement l'évolution, selon un vecteur unique et univoque, d'un stade culturel « primitif » à un autre « civilisé ». Elle désigne le contact de deux cultures qui agissent et réagissent l'une sur l'autre, pour donner un produit hybride où la culture de base intègre les éléments européens sans pour autant perdre ses caractères originaux. Elle est perçue, dès lors, comme un processus dynamique, un phénomène global qui engage toute la société. De fait, on peut caractériser l'acculturation par deux éléments complémentaires:
- l'hétérogénéité des cultures qui entrent en contact;
- la domination de l'une sur l'autre.

Ce qui permet de considérer l'acculturation comme un phénomène d'interaction conflictuelle entre deux cultures ». *Dictionnaire Encyclopédique de théorie et de sociologie du droit*, 2ème éd. entièrement refondue, corrigée et augmentée sous la direction d'André-Jean ARNAUD, Publié avec le concours du C.N.R.S., L.G.D.J., Paris, 1993, p. 3.

[150] *Ibidem.*

subit »[151]. L'acculturation juridique mène donc au choix d'un modèle social déterminé par l'interaction avec les civilisations occidentales. Michel Alliot dresse une typologie de l'acculturation juridique. « Celle-ci peut se présenter sous trois formes: l'acculturation juridique par soumission, par assimilation et par réinterprétation »[152]. L'auteur estime que l'acculturation juridique provoquée par le contact des sociétés occidentales, entraîne le choix d'un modèle de société[153]. L'étude du choc de systèmes juridiques[154] en tant que mécanismes de domination culturelle peut déboucher sur la confrontation de deux acteurs: une minorité déculturée et dépendante et une majorité acculturée et massivement marginalisée à l'intérieur même de son espace culturel.

Néanmoins, la marginalisation massive au sein de l'espace qui va accueillir la nouvelle codification, ne revêt pas à notre avis, dans le cas du COC qu'un caractère minime. Car l'enjeu principal de cette entreprise – ou du moins de ce qu'est devenue la politique législative à travers l'adoption du COC – est avant tout scientifique. Plus explicitement : doter les tunisiens d'un code civil moderne en faisant abstraction de tout attachement nationaliste ou ethnique. Le pluralisme juridique, cœur battant du COC, est au fond un choix – certes politique – mais avant tout scientifique. La recherche du langage juridique moderne, précis et limpide; de la solution fine et efficace; de l'ouverture sur les autres systèmes en Europe et chez les musulmans; ne peut être réduite à un simple mécanisme de domination juridique ou culturelle. La spécificité de l'histoire du droit tunisien a, de surcroît, joué un rôle majeur. On se demandera, en revanche, si le projet de systématisation du droit musulman a véritablement réussi à transférer les règles de droit d'un système juridique à l'autre sans les défigurer. Un article paru dans la *Revue algérienne, tunisienne et marocaine de législation et de jurisprudence* en 1903, avait repris littéralement les expressions de Santillana dans son Avant-propos de l'Avant-projet[155]. Cette œuvre distinguée,

---

151 Norbert ROLLAND, *Anthropologie juridique*, éd. P.U.F., coll. « Que sais-je? », 1ère éd., Paris, 1990, p. 84.

152 *Dictionnaire Encyclopédique de théorie et de sociologie du droit*, *op. cit.*, p. 3.

153 M. ALLIOT, « L'acculturation juridique », *op. cit.*, p. 1205. Voir aussi les analyses de Heinrich SCHOLLER relatives au processus d'acculturation juridique (Droit africain/Droit occidental) qu'il décompose en plusieurs étapes. *Dictionnaire Encyclopédique*, *op. cit.*, pp. 3-4.

154 Dans son livre qui fait débat depuis sa sortie, Huntigton n'a pas traité le thème de confrontation des cultures juridiques qui mérite pourtant d'être plus approfondie. Voir: Samuel P. HUNTIGTON, Le choc de civilisations, Traduit de l'anglais par Jean-luc Fidel et Geneviève Joublain, Patrice Jorland, Jean-Jacques Pédussaud, Odile Jacob, Paris, 2007, (spéc. pp. 199 et s). Et voir pour des analyses sociologiques: W.GEPHART, *Recht als Kultur. Kultursoziologische Studien zum Recht.* Studien zur europäischen Rechtsgeschichte. Veröffentlichungen des Max Planck Instituts für Europäische Rechtsgeschichte, Band 209, (Vittorio Klostermann) 2006.

155 « [...] Dans son acte constitutif, la commission devait choisir dans la législation française les matériaux susceptibles de servir à la codification définitive, en laissant de côté, toutefois, les matières

disait l'auteur de l'article[156], marquera sans doute l'histoire du mouvement de codification lancé par la France dans ses colonies d'Afrique du nord. Cette méthode doit en premier lieu sa réussite à une « synthèse originale, étudiée avec précision, entre le droit musulman, le droit français et le droit naturel »[157]. À notre avis, le choix de synthèse entre droits tunisien et européen, était aussi une sorte de mise à profit de la part du protectorat d'une loi d'évolution discrète qui avait connu son stade embryonnaire dans le Mouvement réformateur, celui qui avait marqué l'époque de l'État *hussaïnite* et qui a eu des retombées importantes sur la sphère du droit. On peut donc penser que dans l'héritage de ce processus réformateur, les autorités françaises ont pu détecter les prémisses d'une codification moderne du droit civil.

Ainsi, le pluralisme juridique traduit un état de fait: les français avaient compris, à la suite de l'échec de la généralisation des tribunaux français dans la Régence, qu'il était difficile de réduire la codification à une simple importation du modèle français, afin de l'imposer unilatéralement par le pouvoir politique. D'ailleurs, comme l'a démontré Carbonnier, « [...] Ce n'est jamais impunément quand deux systèmes juridiques se rencontrent. Des effets en résultent, qui affectent les *institutions* aussi bien que les *individus*[158](...) Ce sont des phénomènes multiples de psychologie sociale, qui sont des phénomènes juridiques »[159]. En Tunisie, cohabitaient plusieurs systèmes juridiques distincts dans le même espace. Or, on peut facilement imaginer que le Protectorat fran-

---

relevant du statut personnel ou du régime de la propriété foncière, et, d'autre part, rechercher dans la jurisprudence musulmane et dans la législation tunisienne, tout ce qui pourrait être utilisé au point de vue, soit des principes du droit moderne, soit des conditions actuelles de la société indigène. Elle ne s'en est pas tenue là, et, partout où elle l'a jugé utile, elle a complété ou modifié le droit français par ce qu'on peut appeler désormais le droit européen... ». David SANTILLANA, *Avant-propos de l'Avant-projet de 1899*, *op. cit.*, p. I.

156 Auteur anonyme. « Essai de codification du droit musulman algérien », in: *R A.T. & M. de Lég. et de J.S.P.*, *op. cit.*, p. 5.

157 « Un ensemble à la fois satisfaisant et acceptable pour une population islamique, et cependant suffisamment au courant de la civilisation et du droit modernes », *Ibidem.*

158 En italique dans le texte.

159 Jean CARBONNIER, *Sociologie juridique*, P.U.F., 2ème éd., Paris, 2004, p. 380. Et l'auteur d'insister sur le rôle de la doctrine dans le processus de l'acculturation juridique. « ...ce n'est pas toujours une volonté consciente qui opère. Il advient que les forces privées agissent à l'état diffus – influences plutôt que décisions, ou, mieux, un climat, qui sera favorable à la pénétration des institutions étrangères. Le cosmopolitisme juridique a eu des aspects fameux, comme l'anglomanie des philosophes. Mais, quoique moins brillante, parce que moins littéraire, étant restreinte au petit monde des juristes, une influence telle que celle des universités italiennes à la fin du Moyen Age n'a pas été moins importante par la romanisation des droits occidentaux qui s'en est suivi. Et que dire, pour le début de notre siècle, de l'influence universitaire de Paris sur les juristes des Balkans, ou de Berlin sur les Grecs? L'acculturation juridique a souvent coulé par les canaux de doctrine. », *Ibid.*, p. 379.

çais a vite compris le risque de l'apparition d'une polysystémie simultanée[160] dans le cas d'une codification détachée des réalités sociales. De là, on pourra comprendre, non seulement l'option pour le pluralisme juridique, mais aussi et surtout la participation de *Cheïkh-el-Islam* ainsi que d'autres *Ulama* tunisiens dans la codification du COC. Une question reste cependant posée : quel fut leur rôle véritable à travers cette interférence entre l'interne et l'externe, l'ancien et le moderne au niveau des acteurs qui confectionnèrent le code? On ne peut répondre à ces interrogations sans analyser de près la politique sociale des autorités françaises lors de cette codification civile.

[160] La polysystémie simultanée désigne la naissance de règles ou systèmes juridiques parallèles aux règles posées par le législateur.

Chapitre II: Protectorat et synthèse

Ce chapitre ne cherche pas à trouver des arguments en faveur de ceux qui excluent toute participation des *Ulama* dans la codification civile et commerciale, ni même à nous ranger parmi ceux qui défendent l'avis opposé. Il s'agira d'une fouille historique pour comprendre et dévoiler les raisons de toute cette discrétion qui a accompagné la codification du COC. Notons au passage qu'aucune autre codification sous le protectorat français en Tunisie[161] n'a été aussi mystérieuse. Si la petite note de Roy annonçant le retour de Santillana pour expliquer le Code aux *Ulama* à la demande du Résident général, n'a pas été retrouvée, on serait tenter d'affirmer que ces documents relatifs aux travaux de la commission des *Ulama* n'ont jamais existé. Mais son existence ne fait que compliquer l'aspect historique de cette étude.

Le travail de Santillana arrêté, « il fut traduit et soumis à l'examen d'une commission de six jurisconsultes musulmans, pris parmi les membres du Charâa et les professeurs de la Grande Mosquée et présidée par Cheikh El Islam. Cette sous-commission se réunit à la fin de juin 1900 et poursuivit ses séances jusqu'au mois de juillet 1901. Le texte arabe du code y fut minutieusement discuté et modifié sur nombre de points »[162]. Partant du fait que la révision de l'Avant-projet dans sa version arabe n'est pas prouvée, ces propos de Benoît demeurent problématiques au moins sur trois points. D'abord, la composition de la sous-commission et la durée de ses travaux. Si les travaux sont, en effet, terminés depuis juillet 1901, pourquoi le COC ne voit-il le jour qu'en 1906? Ensuite, la traduction en arabe de l'Avant-projet et les travaux des *Ulama tuni-*

---

161 *Le Code tunisien de procédures civiles*, Imprimerie centrale (Georges Guinle & Cie), 1911. Ce code comprend 222 articles répartis sur quatre titres: Titre I. De la compétence des divers juridictions tunisiennes. De l'exercice de l'action en justice; Titre II. Des diverses juridictions. Instruction des procédures. Voies de recours ordinaires et extraordinaires. Délivrance de copies de jugements, etc.; Titre III. Des voies d'exécutions; Titre IV. Dispositions générales. Voir aussi la Correspondance du Secrétaire général du gouvernement tunisien à M. Alapetite, Résident général de la République française en Tunisie en date du 23 juin 1909 au sujet de la « Commission instituée par arrêté résidentiel du 19 juin en vue d'élaborer un avant-projet de code de procédure civile [...]». *Archives Diplomatiques de Nantes*, Tunisie, premier versement, 1252, s. 2190; *Code pénal tunisien*, Imprimerie française B. Borrel, Tunis, 1913, Décret du 9 juillet 1913. Promulgué sous le règne de Mohamed En Naceur Pacha Bey, ce code comprend 321 articles répartis en trois livres: Livre I. Dispositions générales; Livre II. Infractions diverses – leur punition; Livre III. Contraventions. Correspondance de M. DEJEAN en date du 11 juillet 1911 et les travaux de la Commission de codification du droit pénal. À titre d'exemple: le procès-verbal de la séance du mercredi 7 mai 1911, qui comprend non seulement les discussions des membres français de la Commission tels que: Roy, Dumas, Moussard, etc.; mais aussi l'attitude de certains *cadhi* tunisiens lors des discussions. *Archives Diplomatiques de Nantes*, Tunisie, premier versement, n°1252. ***Annexe 5***.

162 G. BENOÎT, Rapport du 9 octobre 1901 envoyé au *Ministère des Affaires Étrangères-Quai d'Orsay.*, *op. cit.*

siens (les discussions, les minutes, les rapports ...), pourquoi et comment ont-ils disparu des Archives? Enfin, la portée juridique de cette révision demeure problématique. Il n'en demeure pas moins que la nomination et le travail de la Sous-commission étaient intimement liés au référent religieux que représentaient les *Ulama*. Leur autorité symbole du savoir et de l'Islam à la fois, leur relation avec le pouvoir politique[163], puis avec les Européens, nous permettront d'esquisser la politique sociale du protectorat (I). Or, un problème capital surgit: l'esprit de synthèse chez Santillana (II) était-il compatible ou antagoniste avec une telle participation?

I – Politique sociale du Protectorat

S'il est vrai que « les intérêts des Ulémas déterminaient leurs attitudes à l'égard du gouvernement et de ses initiatives, l'inverse est aussi vrai, c'est à dire que la politique du gouvernement à l'égard des chefs religieux émanait dans une très large mesure de ses intérêts et ses buts »[164]. Les orientations des *Ulama* sont souvent conditionnées par leur situation dans les enjeux politiques, ces enjeux sont à leur tour déterminés par la force de l'État comme pouvoir central. En outre, l'autorité de la majorité des *Ulama* émane directement de la *Charî'â*, étant donné qu'ils ont seuls le pouvoir de l'interpréter. Ce rôle n'est certainement pas dépourvu du souci de préserver et protéger le droit musulman. Aussi, vu leur quasi-monopole du droit d'administrer et gérer plusieurs institutions telles que les mosquées, les tribunaux de *Charâ'*, les écoles..., ils étaient reconnus comme porte-parole et administrateurs officiels au nom des préceptes islamiques. On a affaire donc au rôle socio-politique des *Ulama*. Ceux-ci se considéraient eux-mêmes comme les plus compétents dans les domaines de la religion, les mœurs, la législation, l'enseignement, etc. Ce rôle ne manquait pourtant pas de poser problème. Il le posait d'abord au niveau des réformes entreprises par quelques Sultans ou Beys musulmans. Ainsi, les *Ulama* de l'Empire ottoman par exemple, ont approuvé les réformes de Salim III (1789-1807), puis de Mahmoud II

[163] En réalité le problème qui se pose est beaucoup plus profond, il s'agit de savoir si le magistrat était capable de veiller, à travers les normes de la *Charî'â*, sur le pouvoir du Prince musulman. Les *Ulama* ont constitué un champ favorable pour creuser cette question dans les travaux de R. Brunschwig par exemple. De même ce point a été largement discutée dans le cours de Lucette VALENZI et Sami BARGAWI, *E.H.E.S.S.*, Paris, décembre 1999.

[164] Traduction personnelle de l'arabe Anold. H. GREEN, *The Tunisian Ulama (1873/1915)*, Traduction en arabe de Hafnaoui 'ÂMAÏRIA et Asma MA'ÂLLA, éd. Beït el-Hikma et Dar Sahnoun li'annâchr wa'ttawzi', 1ère éd., Tunis, 1995, p. 23.

(1808-1839) connues sous le nom de *Khatt-Kalakhana*[165], ensuite les *Tanzimat* à l'époque du Sultan Abdel Majid (1822-1861)[166]. En Egypte, Mohamed Abda décréta une *fatwâ* selon laquelle quelques aspects des *tanzimat* sont conformes à l'Islam, bien plus, elles sont parfois même obligatoires. Néanmoins, le rôle social et religieux différent des *Ulama* de Yémen, Syrie[167] et un peu moins du Maghreb, n'a pas permis l'instauration facile des réformes de l'administration, de l'enseignement et de l'organisation judiciaire inspirées de l'Europe. Lorsque cela fut accepté, ce fut avec beaucoup de réserves. Résoudre le problème de la participation des *Ulama* tunisiens à la codification du COC (2), passe sans doute par l'analyse de leur autorité non seulement dans la société mais aussi et, surtout, à l'égard des autorités françaises (1).

1 – Autorité des *Ulama* dans la société tunisienne

En Tunisie, le Mouvement réformateur avait commencé à prendre corps à partir de la première moitié du XIXème siècle, autrement dit à l'époque des *tanzimat ottomanes*. Cela signifie que chronologiquement, les réformes tunisiennes étaient parallèles, mais avec un peu de retard, à celles entreprises en Turquie et en Égypte. Bien que ces réformes ne fussent pas à l'origine religieuses, leur impact sur les autorités musulmanes était très grand, car des polémiques doctrinales ont éclaté entre *Ulama*, notamment au sujet de la création des tribunaux séculiers. Cette réforme avait comme effet immédiat le détachement du droit civil de la *Charî'â* et, par conséquent, la limitation de leur autorité en matière de justice *charaïque*[168]. Bien que les premières tentatives de réformes constitutionnelles et juridiques n'aient pas connu un grand succès en Tunisie, elles ont abouti tout de même à l'instauration de quelques nouvelles institutions selon

---

[165] Ahmed IBN ABI-ĐHIAF, nous informe dans sa *Chronique des Rois de Tunis et du Pacte fondamental*, l'*Ithâf*, qu'il est appelé aussi par *« al-khatt al charif »* étant donné la présence de l'écrirture *(khatt)* du Sultan; aussi, ses branches ont étaient nommées par *« al-tanzimat al-khaïria »* en date du 26 *Châban* 1255 (3 novembre 1839). Son arrivée à Tunis est en date du 7 *Moharem* 1256 (12 mars 1840). *Ithâf ahl al-zamân bi akhbâri moulouki tounis wa'ahd al amân*, Révisé par Ahmed TOUWILI, éd. S.T.D., 2ème éd., Tunis, 1989, T. IV, pp. 43 et s.

[166] Voir aussi: IBN ABI-ĐHIAF (*Ibid.*, p. 68) et Ahmed KHEIREDDINE dans son ouvrage *Akwam al-massâlik fi mâ'rifati ahwal al-mamâlik*, *kânoun* (loi). Préface et révision de Moncef Chanoufi, éd. Beït al-Hikma, 1ère éd., Tunis, 1972, T.I, pp. 258 et s.

[167] « Après le retour du gouvernement ottoman en 1841, les *Ulama* avaient ignoré les *tanzimat* refusées par le peuple. De même, ils ont déclaré leur refus des nouvelles réglementations inspirées de l'Europe et qui attribuent tous les droits civils et politiques aux non musulmans; ils ont même participé aux manifestations populaires des musulmans contre les chrétiens à Halab (1850) et Damas (1860) ». Arnold GREEN, *The Tunisian Ulama*, *op. cit.*, p. 18.

[168] Robert BRUNSCHWIG, «Justice religieuse et justice laïque dans la Tunisie des Deys et des Beys, jusqu'au milieu du XIXème siècle», in: *S.I.*, 1965, Vol. XXIII, pp. 27-70. Repris dans son ouvrage: *Études d'islamologie*, T. II, pp. 219-269.

le modèle européen. Certains ont apprécié ce changement, signe de progrès, d'autres l'avaient vivement critiqué puisque ce phénomène était à leurs yeux une sorte d'hérésie, une atteinte profonde à des organisations traditionnelles enracinées dans l'Islam. En réalité l'origine sociale et la qualification scientifique (a) ont largement déterminé ces divergences. L'étude de l'attitude des *Ulama* à l'égard du Mouvement réformateur, ne s'intéresse au fond qu'à l'un de ces aspects: celui qui avait touché la justice et la codification (b) et qui va prendre sa forme définitive durant la période coloniale. Salvatore Bono évoque une difficulté politique et religieuse importante, à laquelle les autorités françaises et même italiennes durent faire face lors de leur installation en Afrique du Nord. En effet, lorsqu'un pays musulman est gouverné par des non musulmans, théoriquement, il n'est plus une « cité de paix » *(dar-al-Islam)*, il se transforme désormais en une « cité de guerre » *(dar-al-harb)*[169]. Par conséquent, l'opposition des autorités religieuses est très probable, quelquefois même violente, à l'égard de toute immixtion dans les affaires des indigènes (notamment dans des sphères délicates : la justice, l'enseignement, les terres, etc.) Ici, l'autorité des savants musulmans apparaît dans toute son envergure.

a. Origine sociale et qualification scientifique des *Ulama* participant à la codification civile

Qu'il y ait eu présence au sein de la Commission de révision de l'Avant-projet, des représentants des deux *rites malékite* et *hanéfite*, ne fait aucun doute. Ce qui fait toutefois l'originalité et la spécificité de ces *Ulama*[170], c'est leur apparte-

---

[169] « Dans cette dernière phase, l'incompréhension des autorités italiennes sur la véritable nature et la structure de l'Islam apparaît de façon évidente. En effet, dans le véritable esprit de la religion du prophète, il est absolument impossible qu'une terre conserve le caractère de dar-al-Islam si sur celle-ci s'exerce la souveraineté d'un règne infidèle », Salvatore BONO, « Islam et politique coloniale en Libye », *op. cit.*, pp. 71-72.

[170] L'essai de la mise en forme de ce rôle joué par les *Ulama* s'éclaire d'avantage lorsqu'elle est associée à l'analyse de quelques critères théoriques qui nous permettra de déterminer la qualité de *'âlim*: singulier de *Ulama*. Le mot *faķih* ou *fuķaha*, avait une signification ambiguë à la fin du XIXème siècle, celle du mot *Ulama* l'était un peu moins. .Il *(faķih)* englobe tous ceux qui ont un niveau acceptable d'instruction, ou les *cheïkh des zawaya* ou encore ceux qui ont enseigné et surtout qui n'ont pas soutenu les réformes de Kheïreddine Bacha ou ceux qui ont assumé des responsabilités au sein du *Conseil charaïque* et dans le domaine de la justice. Pour ces raisons au moins, on a préféré utiliser le terme de *'âlim* ou *Ulama*. Concernant les rapports entre les institutions religieuses et les *Ulama*, voir: Mohamed El Aziz BEN ACHOUR, *Catégories de la société tunisoise dans la deuxième moitié du XIXème siècle*, Institut national d'archéologie et d'art, Tunis, 1989, pp. 419 et s. Si l'on tente à présent de déterminer la place des six membres de la Sous-commission au sein du corps des *Ulama* tunisiens de la fin du XIXe siècle, nous pouvons dresser la liste suivante: Mohamed Baïram, *Cheïkh el-Islam* et chef de *fetwâ* selon le *rite malékite*. Ahmed Chrif, devient en 1872 le *mufti malékite*, il succède à Chedli Ben Salah dans le poste de *bach mufti malékite*. En 1890 il devient *imam* de la grande mosquée *el-Zeytouna* et *naķib-al-achrâf*. En 1901, il est nommé membre de l'administration *de-wakf*.

nance à deux catégories sociales différentes. Notre intérêt d'élucider leurs divergences relève d'une perspective purement sociologique pour démontrer que l'appartenance sociale des *Ulama* était, à côté de leur formation, déterminante dans leurs attitudes à l'égard des réformes en général et, de la codification civile en particulier. Ainsi, trois de nos six *Ulama* appartenaient à des grandes familles tunisoises ou du moins natives de Tunis. Ce sont *Cheïkh-el-Islam* Mohamed Baïram, Mahmoud Bel-Khouja et Mohamed Chrif. Quant aux trois *Ulama* restants, ils étaient des *âfâķiîn*[171] ou des provinciaux[172], c'est à dire qu'ils ne descendaient ni de grandes familles aristocratiques, ni de celles qui avaient largement monopolisé le domaine du savoir[173].

L'Université de la *Zeytouna* « fut coiffée par des grandes familles [...] les familles Bayram, [...], des Ben Achour, Ben Mrâd, Nayfar [...] Jaït, Bel-Khouja [...] Ces mêmes familles monopolisaient également les quelques emplois de muftis et de notaires »[174]. À peu près sur les mêmes fondements, Arnold Green avait classé les *Ulama* tunisiens en deux groupes: la première classe englobe les *Cheïkh* d'origine *baldi* ou *makhzani* et de grandes familles réputées par leur savoir; à la seconde, dite « basse », appartiennent les *Ulama âfâkiîn* et les enfants des hommes religieux secondaires[175]. Compte tenu de ce schéma, les intérêts politiques ou économiques – liés aux postes religieux – étaient des facteurs

---

Mahmoud Bel-Khouja, devient en 1862 *moudarris hanéfite* de la premiètre catégorie. En 1874, il est nommé inspecteur au sein de l'administration *de wakf.* En 1877, il devient *imam* de la mosquée *Sahib Attabâ'*, puis il est choisi en 1883 comme *mufti hanéfite* et, en 1900 *Cheïkh-el-Islam* après la mort de Mohamed Baïram. Quant à Mustapha Radhouan, nommé en 1864 secrétaire personnel du Ministre Khaznadar, il est chargé par la suite de la présidence du secrétariat *d'el-mhallâ.* De même il a assumé les fonctions de secrétaire au sein de la commission financière internationale, membre des conseils spéciaux du *Bey* et, secrétaire de la trésorerie générale. Il devient enseignant *hanéfite* de la première catégorie en 1870. Depuis 1865, Salem Bou Hâjeb, était devenu enseignant de première catégorie, puis *imam* de la mosquée *Soubhân Allah* en 1890. Mais avant cela, il était déjà secrétaire du Conseil municipal en 1859, membre du *Conseil suprême* en 1861 et conseiller de la section financière du premier Ministère. Signalons au passage que Salem Bou Hajeb avait passé sept ans en Italie (1875-1882) et ce, dans le but d'aider le général Hussin dans l'affaire de la restitution de l'argent du gouvernement tunisien. en 1905, il est nommé *mufti malékite.* Enfin, Omar Ben chikh, *mufti malékite* et fonctionnaire dans l'imprimerie officielle, a visité l'Europe.

171 Pluriel de *âfâķi.* Les tunisiens à l'époque désignaient par ce terme ceux qui ne sont pas nés dans la capitale.

172 Mahmoud ABDEL-MOULA emploie ce terme dans sa thèse: *L'Université Zaytounienne et la Société tunisienne*, Thèse de Doctorat de 3ème cycle en sociologie, Ouvrage publié avec le concours du Centre de la Recherche Scientifique, Tunis, 1971, p. 136.

173 *« Bouyout el'ilm »*, littéralement: les foyers de savoir. En effet, Mustapha Radhouan était d'une famille de la ville de Sousse, Salem Bou Hâjeb était né dans le village de Benbla au Sahel, enfin, Omar Ben Chikh était issu d'une famille de Ras el- jebel, petite commune de la région du Cap-Bon.

174 Mahmoud ABDEL-MOULA, *Ibid.*, p. 136.

175 Arnold GREEN, *The Tunisian Ulama, op. cit.*, p. 113.

déterminants. Ainsi, Mahmoud Bel-Khouja, était issu d'une grande famille tunisoise, *hanéfite*. D'ailleurs, à partir de la deuxième moitié du XIXème siècle, les Ben Khouja allaient monopoliser, pendant longtemps, la plus haute fonction religieuse et politique à la fois: *Machyekhet-el-Islam*. *Cheïkh-el-Islam* est désormais le chef suprême non seulement du *rite hanéfite*, mais plutôt des deux *rites*[176]. Ahmed Chrif était issu d'une famille qui n'avait pas d'activités lucratives malgré qu'à l'époque plusieurs familles *malékites*, contrairement à leurs homologues *hanéfites*, exerçaient des activités commerciales.

Les provinciaux, quant à eux étaient moins privilégiés; leur intégration au sein des autres *Ulama* de Tunis n'était pas toujours facile. Les biographes confirment que Salem Bou Hâjeb, Mustapha Radhouan et Omar Ben Chikh ne sont issus ni de grandes familles ni des milieux du savoir[177]. De ce fait, leur affectation en tant qu'enseignants de première catégorie à la mosquée de la *Zeytouna* n'était guère analogue au parcours des fils de grandes familles. Ces derniers pouvaient – après une moyenne de quatre années d'enseignement – devenir les héritiers de leurs parents dans leurs postes à la *Zeytouna*. En revanche, les provinciaux devaient accomplir en moyenne entre sept et dix ans pour passer de la deuxième catégorie à la première. De surcroît, l'affectation des *Ulama* provinciaux dans l'administration et leur cumul de fonctions religieuses et administratives, n'étaient pas la seule caractéristique. Car un phénomène nouveau va attirer l'attention des chercheurs: les fonctions libérales, en matière de droit et de médecine notamment, seront occupées dans une large mesure par les fils de ces *Ulama*. Comment peut-on expliquer, dès lors, le fait que Mohamed Baïram a envoyé son fils aîné à *l'école Sadikite*, tandis que Salem Bou Hâjeb a confié ses quatre fils à la même école? Pourquoi le pourcentage des fils des *Ulama* qui ont exercé des fonctions civiles et libérales telles que le droit civil et la médecine a-t-il visiblement augmenté entre 1900 et 1914 par rapport aux années passées[178]? Ces données signifient-elles que les *Ulama* qui n'étaient pas issus d'une classe sociale privilégiée, étaient plus souples, plus réceptifs aux pensées réformatrices? Doit-on négliger que Omar Ben Chikh, Salem Bou

[176] La famille Bel-Khouja avait perdu son monopole de « *Mechyekhet-el-Islam* » durant quatre années seulement. En 1900, c'est de nouveau Mahmoud Bel- Khouja qui devient *Cheïkh el-Islam* et qui présidera la commission des six *Ulama*. Son frère Ahmed Bel-Khouja qui était *Cheïkh el-Islam* jusqu'en 1896 et, qui avait présidé la commission des *Ulama* pour vérifier la conformité du Code foncier de 1885 au droit musulman, était considéré par plusieurs historiens comme la personnalité religieuse qui avait contribué le plus au développement de l'institution de *Cheïkh el-Islam*.

[177] Mohamed el-fadhel BEN ACHOUR, *Biographies (Tarâjim el-a'lâm)*, *Addâr a-ttounissiya li'nnachr*, Tunis, 1970, pp. 221 et s. Voir aussi: Mohamed DRIOUECH, *Thèse*, *op. cit.*, pp. 197-198.

[178] 40% pour les fonctions civiles, seulement 35% en 1899. 24% pour les fonctions libérales, 6% seulement en 1899. Arnold GREEN, *The Tunisian Ulama*, *op. cit.*, p. 129.

Hâjeb et Mustapha Rad̄houan n'avaient pas participé à la Commission de réforme judiciaire constituée à l'époque du grand réformateur Kheïreddine; et ce, contrairement à Ahmen Bel Khouja par exemple ou Mohamed Ennaïfar, Mohamed El Bâroudi et d'autres *Ulama* qui appartenaient à de grandes familles? Que les *Ulama* provinciaux ont activement collaboré avec les autorités du Protectorat entre 1890 et 1907[179]? Salem Bou Hâjeb par exemple a visité l'Europe, il a participé à la rédaction d'*Al'Hâd̄hira*, il était membre et l'un des fondateurs de *l'Association Khaldounienne*. Il a aussi travaillé pour l'imprimerie officielle et le Premier Ministère, et enseigné au *collège Sadéķite*. Mustapha Rad̄houan, était aussi en faveur de la codification foncière en 1885. Il a connu l'Europe et comme Bou Hajeb, il était membre de *l'Association Khaldounienne*, il a travaillé pour l'Imprimerie officielle et le Premier Ministère. En revanche, Omar Ben Chikh était uniquement juge au tribunal Mixte. Comprendre la participation réelle des *Ulama* dans la révision de l'Avant-projet, nécessite de déterminer leur qualification scientifique.

En réalité, l'appartenance à l'un des deux *rites malékite* ou *hanéfite*[180], ainsi que les divergences sociales, s'avèrent incapables à elles seules d'expliquer les motivations de la collaboration au Mouvement réformateur d'avant 1881, puis avec les autorités du Protectorat. Les familles de Bel-Khouja et Baïram par exemple, deux grandes familles de *Ulama* à Tunis, avaient participé aux réformes. De même, on ne peut pas expliquer ce phénomène en se fondant seulement sur l'entente entre les familles des *Ulama* et les offices de *mekhzen*, ou les intérêts des familles assurées du soutien du pouvoir politique, ou encore les bons rapports qui avaient lié ces familles avec les « leaders » réformateurs. On peut, néanmoins, remarquer d'une part que les *Ulama malékites* provinciaux étaient plus enthousiastes que ceux nés à Tunis pour collaborer avec n'importe quel pouvoir réformateur (musulman ou étranger). En second lieu, on remarque une diversité des origines sociales des *Ulama hanéfites*. En effet, ceux qui ont collaboré avec Kheïreddine, étaient parmi les plus célèbres et issus de grandes familles, exception faite de Mustapha Rad̄houan et Mohamed El-Ķortobi, tous deux: *hanafi – provincial*. Or, après l'établissement du Protectorat et jusqu'à 1907, on ne dispose pas d'informations fiables relatives à la collaboration des

179 Ceci ne signifie pas que les *Ulama* nés à Tunis n'avaient pas collaboré avec le Protectorat français durant cette période, seulement cette coopération était plutôt limitée au domaine de l'enseignement (conseil d'administration d'*Assâdiķia*, conseil d'enseignement d'*Asâdiķia* et *al-'Alawia*), or, les provinciaux ont collaboré dans divers domaines.

180 Initialement, l'hypothèse de la dominance du *rite malékite* dans l'Avant-projet par rapport au *rite hanéfite*, était largement justifiée. Seulement, ni les documents historiques ni la comparaison entre le Projet préliminaire de 1897, celui de 1899, puis le COC, n'a permis de confirmer une volonté législative précise qui confirme cette hypothèse.

Ulama des familles Baïram et Bel-Khouja. Autrement dit, les *Ulama hanéfites* qui ont collaboré avec les autorités du Protectorat n'appartenaient pas à des grandes familles[181].

Sur la participation des *Ulama* à cette entreprise qui consistait à doter le pays d'un Code civil moderne, nous pouvons formuler une interrogation semblable à celle relative au *Mouvement réformateur*: Quels étaient leurs mobiles et leurs arguments pour soutenir le Ministre Kheïreddine dans ses réformes? Il faut remarquer tout d'abord que le caractère citadin a bien marqué la Régence, surtout par rapport à l'Algérie. Avant le Protectorat, le pays se distinguait par une centralisation assez poussée. De surcroît, la stabilité et la dominance du *rite malékite* pendant le XIX^{è} siècle ont amené des chercheurs comme Green[182] à constater que les *Ulama* tunisiens constituaient une catégorie sociale qui reflètait la culture du pays plus que dans d'autres pays arabes. Il note que « dans les villes, existait un espace social entre l'élite et le peuple, occupé par des groupes citadins tels que les artisans organisés dans des syndicats (comme les *chawâchine*, *el-h'râyiria*, *el-sarrâjin*, etc.) [...], les commerçants [...] avaient aussi leurs syndics, souks des parfumeurs (*al-'attârin*), des épiciers (*el-tawâbil*), des libraires (*el-kotbia*), etc.; les bureaucrates et bien sûr le groupe des *Ulama* »[183].

Ces développements élémentaires ne permettent pas de considérer les *Ulama* comme une classe sociale distincte, mais permettent de dégager quelques caractéristiques d'un groupe social. Mohamed el Khédher Ben H'ssine par exemple, a procédé à une classification des catégories sociales du pays, les *Ulama* venant en deuxième lieu après les gouverneurs[184]. A. Demeerseman parle, quant à lui, de la « *tabaqa* »[185]. Il estime que « la force de la *tabaqa* est d'être présente sous une forme diffuse, redoutée du souverain, et de disposer de la *fatwa*, de la *khutba* (discours) et d'autres armes encore. De par son mode privilégié d'insertion dans la société, le corps des ulémas retrouve une bonne partie de son indépendance. A l'échelle de la société globale, une place à part lui est réservée et il n'est confondu avec aucune autre catégorie sociale. Il rentre, en principe, dans le corps social par la porte du prestige, un prestige concrétisé par des coutumes vestimentaires, des titres, des normes et conduite, un prestige auréolé par la science et authentifié par des idéaux religieux. Ce corps manque toutefois d'homogénéité. [...] Il en résulte que, face au pouvoir, le corps est loin

181 Arnold GREEN, *op. cit.*, pp. 219 et s.

182 *Ibid.*, pp. 65 et s.

183 Traduction personnelle de l'arabe. *Ibidem.*

184 Après ces deux catégories, on trouve les commerçants puis les artisans et les autres travailleurs. « Hayât-al-Omma » (vie de la communauté), *Assa'âda al-odhmâ*, n° 166, *rabi al-awal 1322* (mai 1904), pp. 81-82.

185 Ce mot signifie littéralement classe ou rang.

de se présenter comme un corps uni »[186]. En outre, rappelons que les juges du tribunal *charaïque* avaient été confrontés à l'opposition des consuls européens, avant et pendant le protectorat, ainsi qu'à celle des colons capitalistes qui avaient entrepris l'exploitation du pays. Ceci démontre que la sphère de leur pouvoir a bien dépassé le domaine du statut personnel ; on pourrait faire allusion à leur hostilité à la cession des terres aux capitalistes. De surcroît, les *Ulama* disposaient, dans le domaine de l'enseignement, d'un pouvoir plus puissant que celui de la justice. Car ils monopolisaient l'enseignement avant même la création de l'école *Sadékite* en 1875. Ajoutons enfin que leur nomination par le *Bey* n'impliquait pas automatiquement que leurs conceptions et méthodes d'enseignement étaient une pure application des recommandations du *Bey*. Ceci écarte toute similitude avec ce qui se passait en matière de justice[187]. Autrement dit, les *Ulama* disposaient d'une marge d'indépendance – en tant que catégorie sociale intermédiaire entre le peuple et le Bey – même à l'égard des fonctionnaires, des administrations et des Ministères, dans la mesure où ils se considéraient responsables directement devant le *Bey* et non devant ses fonctionnaires[188]. Sans aucun doute, cette sphère d'indépendance résultait de leur connaissance de la C*harî'â*.

Or, la problématique principale émergeant de cette indépendance, met en cause son influence sur la participation des *Ulama* aux réformes de Kheïreddine notamment. Ce constat permettra de comprendre leurs attitudes à l'égard de toute importation du modèle européen, pourvu qu'il soit conforme à la *Charî'â*. Premièrement, il faut rappeler que les réformes n'étaient pas conçues par les *Ulama*, car Kheïreddine estimait que cette tâche incombe exclusivement aux politiciens. Quant aux *Ulama*, il était de leur devoir, en tant que personnes habilitées à protéger la *Charî'â* et sa bonne application, de veiller sur le respect des principes *charaïques* par le monarque et ses hommes politiques en général. Cela pourrait expliquer les critiques faites à ces pensées réformatrices par quelques *Ulama*, amis de Kheïreddine. On cite Mohamed Baïram V qui lui avait reproché de ne pas s'intéresser à la reformulation des lois et à l'élaboration d'une constitution mettant fin à tout pouvoir absolu. La manière selon laquelle Mohamed Baïram avait rédigé ses critiques est digne d'être bien examinée, disait Ahmed Abdesslem[189], car elle exprime la conception personnelle « baïrami-

---

186 A. DEMEERSEMAN, *Aspects de la société tunisienne d'après Ibn Abî-Dhiaf*, Ibla, Tunis, 1996, p. 80.

187 F. ARNOULET « La pénétration intellectuelle en Tunisie avant le protectorat », in: *R.A.*, 1954, Vol. 9 B, pp. 82-140.

188 Mémoire sans signature du 29 octobre 1913 cité par Arnold GREEN, *The Tunisian Ulama*, *op. cit.*, p. 90.

189 Ahmed ABDESSLEM, *Positions réformatrices en Tunisie pré-coloniale (En langue arabe)*, S.T.D., Tunis, 1987, p. 103.

que » de cette constitution, ainsi que de l'expérience menée entre 1857 et 1864 qui a fini par un échec. En somme, l'avis de Baïram consiste à se conformer à la *Charî'â* lors de l'élaboration des *Tanzimat.*

Est-il possible, par conséquent, de penser que les *Ulama* ont largement revendiqué la conformité d'un Code civil et commercial à la *Charî'â*, depuis la période des réformes de Kheïreddine? Il n'est pas aisé de répondre nettement à cette question. D'autant plus que le jugement des français sur les *Ulama* est loin d'être unanime[190]. Il est courant de trouver dans le même ouvrage ou article, des avis très divers à propos de leur attitude vis-à-vis des réformes. À titre d'exemple, Charles-André Julien contredit implicitement Roy (Président de la Commission de codification des lois tunisiennes); il évoque les « esprits plus novateurs, même à la Grande Mosquée, la Zitouna [...], la célèbre et vénérée Université musulmane » des *Ulama*, ces « zitouniens progressistes »[191] disait-il, parmi lesquels il mentionne un membre de la Sous-commission des *Ulama*: Salem Bou Hâjeb[192]. Un sociologue tunisien a fondé – quant à lui – ses analyses sur le rapport de *l'Université Zeytounienne* avec les mouvements des grandes réformes qui ont apparu à l'Orient[193], notamment avec Jamal-eddine Al-Afghâni et Mohamed Abdah.

b. Participation au Mouvement réformateur

Sociologues et historiens, aussi bien arabes qu'occidentaux, ne sont pas unanimes sur les origines des réformes tunisiennes. Ainsi, si la majorité des chercheurs français intéressés par l'histoire tunisienne, admettent que ces réformes ont eu lieu sous la pression de la France et de la Grande Bretagne[194], une partie considérable des tunisiens font des circonstances propres au pays et des facteurs internes la cause directe de ces réformes[195]. La pression extérieure ne nie pas

190 Charles-André JULIEN, « Colons français et Jeunes-Tunisiens (1882-1912) », *op. cit.*, pp. 103 et s. Voir aussi: André DEMEERSMAN, « Doctrine de Kheireddine en matière de politique extérieure », in: *IBLA*, 1988, n°81, p. 17.

191 Charles-André JULIEN, « Colons français et Jeunes-Tunisiens (1882-1912) », op. cit., pp. 105 et s.

192 *Ibidem.*

193 Mahmoud ABDELMOULA, *Thèse*, *op. cit.*, pp. 101 et s.

194 André RAYMOND, « La France, La Grande Bretagne et le problème des réformes à Tunis 1855-1857 », *op. cit.*, pp. 137-164.

195 « [...] La pression du peuple et l'enthousiasme aux réformes étaient deux mobiles déterminants pour l'instauration des règles du Pacte Fondamental [...] et non la pression étrangère ». Hédi El-MADANI, *« Tarjamât Mohamed Baïram arrabâ' »* (Biographie de M. Baïram IV), Traduction personnelle de l'arabe, in: *R.J.L.*, mars 1972, pp. 17 et s. À dire vrai, il est difficile de dissocier la déclaration du *Pacte Fondamental* en Tunisie en 1857 et *al-Khatt al-houmayouni* en Turquie en 1856 d'une part, et les nouvelles données internationales suite à la victoire des alliés, la France et la Grande Bretagne, contre la Russie dans la guerre de Crimée, d'autre part. En effet, à partir de ce moment la France et la Grande Bretagne vont adopter une politique similaire à l'égard des réformes qui

que l'instauration en Tunisie de réformes analogues aux *Tanzimat* ottomanes, était aussi revendiquée par plusieurs réformistes tunisiens tels que Kheïreddine, Ḳabâdou, Ibn Abi-Ðhiaf, Baïram V, etc. Curieusement, Ibn Abi-Ðhiaf avait évoqué dans sa Chronique l'hostilité des *Ulama* avant 1873 à l'*Ijtihad* et à la majorité des réformes adoptées, même s'ils ne l'avaient pas déclaré explicitement[196]. Ainsi, de « grands *Ulama* » disait Ibn Abi-Ðhiaf, n'avaient pas soutenu le *Pacte fondamental*, ils avaient même conseillé au *Bey* d'éviter, sauf en cas de nécessité, toute relation avec l'Europe[197]. De même ils n'avaient collaboré ni pour élaborer la Constitution de 1861[198], ni pour travailler dans les tribunaux créés par le Conseil suprême. *Cheïkh-el-Islam* Mohamed Baïram IV avait refusé la proposition d'Ibn Abi-Ðhiaf concernant la représentation des minorités non musulmanes, notamment les juifs, au sein du Conseil suprême[199].

C'est au regard de ce rapport des savants avec les réformes, qu'il convient de comprendre la position des six *Ulama* de la Sous-commission à l'égard des *fatâwâ* contenant des argumentations juridico-religieuses[200] dans le but d'enraciner les réformes inspirées de l'Europe dans la *Charî'â*. Sans doute, cette

---

vont avoir lieu en Turquie (c'est à dire la déclaration, suite aux négociations, du *Khatt-houmayoun*). Par ailleurs, les trois pays vont se mettre d'accord sur une politique unique à l'égard de la Tunisie, or les buts étaient bien divergents. Les deux Consuls français et britannique avaient réussi à arracher au Bey un engagement écrit acceptant l'instauration des réformes nécessaires dans le pays. Toutefois, la France avait l'intention d'annuler les réformes avant leur mise en vigueur, contrairement à la Grande Bretagne et la Sublime Porte, qui défendaient l'appartenance de la Régence tunisienne à la *Saltana*. Dans ce sens Ibn Abi-Ðhiaf précise que « [...] Napoléon avait peur des *Tanzimat* en Tunisie car si les arabes, à son avis, seront habitués à la liberté et la justice, les français ne seront plus en paix en Algérie », *Al-Ithâf*, *op. cit.*, T. V, pp. 231 et s.

196 En revanche, plusieurs études ont prouvé que les *Ulama* n'étaient pas contre la réalisation de quelques projets techniques, tels que l'aqueduc *(el-hnâya)*, ou l'usage du télégraphe qui a permis au juge *malékite* de Tunis d'informer tous les autres juges (dans tout le pays) du début du mois de ramadan dans un très bref délai. J. G. MAGNIN, « L'eau de Zaghouan, texte du Cheïkh Mohamed Bayram », in: *IBLA*, 1957, pp. 95-98.

197 IBN ABI-ÐHIAF, *Al-Ithâf*, *op. cit.*, T. IV, pp. 264 et s.

198 Abdelfattah AMOR, « La Constitution tunisienne de 1861 », in: *Servir*, Tunis, 1974-1975, n° 15-16, pp. 51 et s; Khelifa CHATER, « Islam et réformes politiques dans la Tunisie du XIXème siècle », in: *M.R.*, 1988, Vol. 13. 1-2, pp. 77 et s.

199 *Al-Ithâf*, *op. cit.* , T. V, pp. 32 et s.

200 Nous n'entendons pas par ces *fatâwâ* celles qui étaient fournies volontairement par les *Ulama* tels que: Ahmed Bel-Khouja, Ibrahim Arriahi, Mohamed Baïram... Nous nous intéressons plutôt à un type spécial de *fatâwâ* rédigé suite à la demande du pouvoir politique pour prouver la conformité de certaines mesures prises à la *Charî'â*. Par exemple, Ahmed Bey avait envoyé au *Conseil du Charâ'* une lettre sous forme de *fatwâ* rédigée par son secrétaire (Ibn Abi-Ðhiaf) portant sa décision de l'abolition de l'esclavage en janvier 1846. Dans cette *fatwâ* Ibn Abi-Ðhiaf met l'accent sur la nécessité de *l'Ijtihâd* conformément aux règles du *« al-Charâ' al-Islâmi »*, de ce fait il déclare que: l'esclavage est un sujet de polémique doctrinale entre les *Ulama*. Ceux qui traitent leurs esclaves en se conformant aux règles de la *Charî'â* et la *sîra al-nabawia* (traditions du prophète) ne constituent qu'une minorité et, peut être ils n'existent même plus. La *Charî'â* encourage vivement la libération des esclaves.

démarche aidera, non seulement à dévoiler ce qu'ils pensaient de la synthèse entre le droit musulman et le droit européen, mais aussi, et surtout, à comprendre leur méthode de conciliation (en dehors du travail déjà réalisé par Santillana), entre les articles de l'Avant-projet et les dispositions de la *Charî'â*[201]. À suivre Ibn Abi-Đhiaf, les différences d'opinions entre les *Ulama* étaient une réalité bien connue. C'est d'un événement précis que le célèbre chroniqueur va parler: le décret de 1846, qui avait invoqué l'approbation des anglais, l'intérêt des maltais et la divergence des *Ulama*[202].

Quelques *Ulama* de la Sous-commission ont assumé des responsabilités au sein des institutions créées par la Constitution de 1861. Salem Bou Hajeb et Mustapha Rađhouan étaient tous les deux secrétaires dans la municipalité de

201 Selon Arnold GREEN (*op. cit.*, p. 140) le premier noyau des réformateurs était constitué par Ibn Abi-Đhiaf qui a occupé le poste du secrétaire personnel du Bey depuis 1841, les deux « chefs des secrétaires » *Mohamed El-Béji Al-Masseoudi* et *Mohamed El-Aziz Bou'attour*, étaient admiratifs des institutions européennes et animés par le désir d'en introduire quelques unes dans l'État et la société tunisienne. Aussi, d'autant qu'ils étaient persuadés que les réformes souhaitées étaient en harmonie avec la religion musulmane, ils appelaient vivement à la réouverture de la porte *d'Ijtihâd* afin de faciliter la diffusion de la volonté de réformer dans les domaines de la justice et de l'enseignement particulièrement. Néanmoins, nous ne savons pas si A. Green voulait parler d'une éclipse totale des *Ulama* au niveau des initiatives réformatrices au moins au cours de leurs premières étapes, ou plutôt, nier l'existence d'un appel à *l'Ijtihâd* de leur part, ce qui signifie que cet appel lancé par ce « noyau réformateur », visait également à attirer d'autres *Ulama*, ceux qui collaboreront ultérieurement dans plusieurs réformes? Bref, l'immense littérature et les nombreux témoignages relatifs à cette question, suscitent la prudence. Car, on se trouve souvent en face de sources qui se contredisent au sujet de la tendance réelle des *Ulama* à l'égard des réformes. On peut citer d'ailleurs à titre d'exemple, la question adressée par Ibn Abi-Đhiaf au *grand mufti malékite* al Cheïkh Ahmad Ben H'ssine en février 1860: « est-ce que le monarque peut accepter le témoignage d'un non musulman dans une affaire concerant un musulman [...] en cas de défaut de témoins musulmans? ». Aussi, selon Ahmed Abdesslem (*op. cit.*, p. 18) et Taïb 'Innabi, dans son article: « Documents tunisiens: al-Cheïkh Ibn Abi-Đhiaf dit: je suis l'un de ceux qui estiment que l'ijtihâd est inépuisable » (en langue arabe), cette demande de *fatwâ* ne se limite pas à la question posée, elle peut être aussi révélatrice de la pensée d'Ibn Abi-Đhiaf qui préfère l'élargissement de l'*Ijtihâd* lorsqu'il s'agit de résoudre ce genre de problème. En réalité, il n'était pas le seul à mettre l'accent sur cette difficulté, car Cheïkh Ķabâdou, considérait que l'étude des sciences et la traduction des ouvrages européens, représentaient une tentative légitime dans le but de récupérer le savoir que les arabes avaient longtemps monopolisé. Demeersman a mentionné, par ailleurs, l'influence de Ķabâdou sur son disciple Kheïreddine qui évoquait à maintes reprises dans son ouvrage *Aķwâm al-massâlik* la nécessité de s'adapter aux évolutions en dehors du domaine militaire. André DEMEERSMAN, « Un grand témoin des premières idées modernisantes en Tunisie », in: *IBLA*, 1956, n° 76, pp. 273-349.

202 Car celui qui tient compte « [...] des nécessités de notre époque d'une politique qui ne se contredit pas avec les règles *charaïques*, a libéré sa langue pour exprimer les éloges tels que les deux *Cheïkhs-el-Islam* (il parle des deux *muftis malékites* Mohamed Baïram III et Ibrahim Arriahi) et ceux qui ont suivi leur chemin. Et celui qui (...) s'est accroché à l'avis de quelques *Ulama*, tels que les habitants de Djerba, la majorité des *'ourbane* et les agriculteurs, a libéré sa langue pour ne dire que les critiques ». Traduction personnelle de l'arabe. Cité par Ahmed ABDESSALEM, *Ibn Abi-Đhiaf, sa vie, son rang et des textes choisis de son œuvre (Ibn Abi-Đhiaf, Hayâtouhou wa manzilatouhou wa mountakhabâtoun min âthârihi)*, éd. Addar al-'Arabia Lilkitâb, Tunis, 1984, p. 79.

Tunis et dans la Commission financière internationale[203]. Omar Ben Chikh, Salem Bou Hâjeb, Tahar Ennaïfar et Tahar Ben Achour étaient membres du Conseil législatif. De même, Kheïreddine avait nommé Mohamed Baïram V premier président de la fondation des *habous* et, Mahmoud Ben Khouja en tant que contrôleur. Au sein de *l'école Sadékite*, on retrouve de nouveau certains de nos *Ulama*[204]. Cette commission avait mis en place un programme d'enseignement qui combinait la méthode moderne et l'enseignement traditionnel[205]. De même, les enseignants n'étaient pas exclusivement des *Zeytouniens*, des européens y avaient aussi participé. Quant aux bibliothèques, rappelons seulement que Omar Ben Chikh et Mahmoud Bel-Khouja avaient géré avec Mohamed Baïram V la nouvelle bibliothèque publique, puisqu'elle constituait un grand dépôt des œuvres religieuses. La collaboration des *Ulama* ne se limitait pas à l'accomplissement de certaines fonctions administratives. Car la collaboration de certains d'entre eux à l'application de la politique de réformes tracée par Kheïreddine, n'était pas un simple soutien religieux; plusieurs *Ulama*, en effet, se considéraient comme de véritables réformateurs capables, non seulement, de distinguer entre les « bonnes » et les « mauvaises » réformes,[206] mais aussi aptes à critiquer Kheïreddine lui-même[207].

Ce qu'il faut d'emblée signaler, c'est que certains d'entre eux avaient participé à la rédaction de l'ouvrage du Ministre Kheïreddine *Akwâm-al-Massâlik*. Plus importante que la collaboration à la rédaction de cet ouvrage, la prépara-

---

203 Mohamed Al-Fadhel BEN ACHOUR, *Biographies*, *op. cit.*, pp. 129 et s.

204 Mohamed Al-'Aziz Bou'attour (secrétaire), Al'Arbi Zarrouk (maire), à côté de six *Ulama:* le *mufti hanéfite* Ahmed Bel-khouja, le juge *malékite* Tahar Ennaïfar, le juge du Bardo Omar Ben Chikh, Mohamed Baïram V, Mustapha Radhouan et Ahmed Al-Wertatani.

205 Mahmoud BEL-KHOUJA, *Page de l'histoire de Tunisie, l'école Sadékite (en langue arabe)*, in: *Chams al-Islam (*Soleil de l'Islam*)*, Année 1356 h./n° 2 (1937), pp. 98-102. Cette conception réformatrice n'est pas limitée à l'exemple de l'Université Zeytounienne car « [...] Béchir Sfar, les Cheïkhs Bayram, Ben Achour, Bou Hâjib, Al-Makki, An-Nakhli, etc [...] fondèrent cette association [« Khaldouniyya »] ainsi que le « Mâ'ahad al-Khaldouniyya » (Institut arabe Moderne). D'après ses statuts, celle-ci se propose de développer l'instruction chez les tunisiens en « réconciliant la tradition et la science ». Elle organise au sein de son école, des cours et des conférences (l'histoire, la géographie, l'économie politique, l'hygiène, la physique, la chimie et la langue française, préparait à un diplôme reconnu par le décret du 12 novembre 1898 ». Mahmoud ABDEL MOULA, *Thèse précitée*, p. 103.

206 Ahmed ABDESSALAM, *Positions réformatrices*, *op. cit.*, p. 104.

207 C'est ainsi que Mohamed Baïram et Mohamed Essnoussi avaient critiqué Kheïreddine qui s'était contenté d'instaurer des réformes dans les domaines de l'enseignement, l'administration, la magistrature, quelques institutions agricoles... sans pour autant reprendre les grandes réformes juridiques et politiques du *Pacte fondamental* et des lois qui en découlaient. Voir notamment: *Safwât al-I'tibaâr*, (T.II, pp. 75 et s ; cité par Abdessalem) où Mohamed Baïram V analyse ses critiques adressées à Kheïreddine et les réponses de celui-ci. De même: Ahmed ABDESSALEM, *op. cit.*, pp. 101 et s.

tion des projets et recherches qui pouvaient servir à la rédaction finale. Ainsi, le rôle de Salem Bou Hâjeb et Baïram V paraissait déterminant puisqu'ils avaient contribué grâce à leur culture en matière de *fikh* à consolider l'œuvre de Kheïreddine avec plusieurs exemples, arguments et citations relevant de ce domaine[208]. C'est aussi le général H'ssine qui avait assuré la traduction de l'ouvrage en langues française et anglaise. Bref, plusieurs auteurs tunisiens avaient confirmé le rôle essentiel de Salem Bou Hâjeb dans la rédaction et la légitimation de *Akwâm-al-massâlik*[209]. Ajoutons enfin, que Kheïreddine avait inséré des annexes sous forme de plusieurs lettres écrites par des *Ulama* dont la majorité avait étudié à la *Zeytouna*. Parmi eux on trouve Salem Bou Hâjeb, Mohamed Baïram V, Mustapha Radhouan, Mahmoud Chrif et Ahmed Bel-Khouja; ce dernier se distinguait par l'évocation du sujet des réformes et son approbation dans ses discours. Il avait diffusé plusieurs *fatâwâ* et a été nommé *Cheïkh-el-Islam* en 1875 grâce à son soutien à Kheïreddine. Celui-ci lui a demandé d'écrire un livre afin de légitimer les *Tanzimat* du point de vue du religieux. Bel-Khouja n'avait pas tardé à écrire deux lettres. Dans la première, il voulait légitimer les réformes de Kheïreddine d'un point de vue religieux, tandis qu'il essayait de démontrer, dans la seconde intitulée: « Le dévoilement des bienfaits de l'Islam »[210], que celui-ci est une religion ouverte au progrès et, qu'il est capable de s'adapter à la modernité[211]. De surcroît, Ahmed Bel-Khouja avait décrété une *fatwâ* qui avait suscité le grand intérêt des chercheurs, des historiens et même des puissances coloniales. Il avait déclaré que le non musulman avait le droit d'assumer des fonctions importantes au sein d'un État musulman. Cette *fatwâ* se voulait un soutien à Medhat Bacha, qui était violemment critiqué par les forces sociales conservatrices, révoltées contre la constitution qu'il avait promulguée à la fin de l'année 1876[212].

---

208 D'ailleurs, Green a pu remarquer que « Kheïreddine connaissait sans doute les grands savants arabes tels que al-Ghazali ou Ibn Khaldoun, mais, qu'il cite certains inconnus comme al-Mawâk (mort en 1492), ne peut être que l'œuvre de Bou Hâjeb et Baïram V ». Traduction personnelle de l'arabe. A. GREEN, *The Tunisian Ulama*, *op. cit.*, p. 147.

209 Voir en ce sens par exemple les propos d'Al-Fadhel Ben Achour cités par Al-Channoufi qui a établit l'introduction de *Akwâm Al-Massâlik*, *op. cit.*, p. 427; Ahmed ABDESSLAM, *Positions réformatrices*, *op. cit.*, p. 21; Ahmed DRIOUECH, *Thèse op. cit.*, p. 206.

210 En langue arabe.

211 Voir aussi les analyses d'Arnold GREEN, *The Tunisien Ulama*, *op. cit.*, pp. 159 et s.

212 « Cette fatwâ est un document d'une importance exceptionnelle [...] Elle était considérée par le Consul britannique Richard Wood [...] comme une preuve de la capacité de l'Islam de s'adapter aux principes constitutionnels. Il a rédigé un rapport intéressant adressé au Ministre britannique des Affaires Étrangères en 1875, qui a été publié dans le registre officiel des documents politiques du gouvernement britannique connu sous le nom de « Livre bleu » et dans lequel on peut lire: « [...] il est l'un des grands célèbres *Ulama* de l'Islam, il dispose d'une large connaissance de usul-al-fikh ainsi que d'une large perspective des circonstances de l'époque » ». Traduction personnelle

Ce même rôle de soutien *charaïque*, de légitimation religieuse, accompagnera la codification du COC. En l'occurrence, il ne s'agissait pas simplement de vérifier si les articles de l'Avant-projet étaient conformes ou non à la *Charî'â*, mais aussi de se prononcer sur la légitimité sociale des réformes effectuées par un pouvoir non musulman, en une matière intimement liée à la religion musulmane.

2 – Participation des *Ulama* à la codification civile

Le journal *Al'Hâđhira* avait présenté en 1900 l'Avant-projet du Code Civil et Commercial tunisien comme une œuvre réalisant les objectifs de la *Charî'â*, il écrivait: « l'espoir est que le public va l'accepter, et récompenser ce travail bénéfique par le soutien, […] Ce code […] doit être considéré par les habitants comme un premier pas franchi par les lois tunisiennes vers l'unification et l'ordre nécessaires pour le progrès de ce pays […] Et, ce qui mérite d'être cité et […] publié à cette occasion, l'obligation de remercier la commission juridique pour ce qu'elle a fourni, son application, sa sincérité, son savoir ainsi que la plénitude de sa connaissance des textes, […] la précision d'étudier et vérifier les secrets charaïques, et la recherche des bonnes intentions qui ont poussé à la codification de ce Code civil »[213]. Il est donc clair que le travail de la Sous-commission consiste à vérifier, à réviser[214], et à examiner minutieusement la conformité du nouveau code à la *Charî'â*. Toutefois, on note l'absence de toute mise en cause du codificateur: faut-il accepter une législation faite par un « non musulman » pour une population musulmane? En réalité, alors qu'on ne dispose que de très peu de renseignements relatifs à la nomination et au travail effectué par la Sous-commission des six *Ulama* tunisiens, ni la préparation du Projet préliminaire de 1897, ni son rejet, ne jettent suffisamment de lumière sur l'éventuelle influence des *Ulama* et de *Cheïkh-el-Islam*.

Le fruit de leur participation aux réformes juridiques lors du Mouvement réformateur était-il pris en compte dans l'AP (a)? Étaient-ils totalement absents en 1897? Avaient-ils un rapport avec le refus de ce travail qui était sensiblement loin du droit musulman (b)? Si Santillana a été convoqué de Rome par le Résident général en 1900 et s'est effectivement rendu à Tunis en 1900 pour expliquer le code aux *Ulama*, quelles furent leurs réactions? Comment ont-ils

---

de l'arabe. Hafnawi 'ÂMÂÏRIA, *Fatwâ de Ahmed Bel-khouja sur la politique musulmane et la tolérance religieuse* (en langue arabe), in: *M.T.M.*, août 1992, n° 65-66, pp. 256-261.

213 Traduction personnelle de l'arabe. *Al'Hâđhira*, n° 207 du 31-07-1900, *op. cit.*, p. 1, colonne 4.

214 Il faut signaler que le journal *Al'Hâđhira* du 22 décembre 1908 (p. 1, colonne 4 et p. 2, colonne1), réclame la nécessité de compléter ce Code civil qui s'avère incomplet ainsi que ses dispositions juridiques encore incapables de satisfaire pleinement tous les litiges civils ou commerciaux qui peuvent surgir des nouvelles transactions.

retouché cet Avant-projet? Leur rôle a-t-il été réellement déterminant dans la version finale qui donnera le jour au COC (c)?

a. Réformes pré-protectorales dans l'Avant-projet

À la lumière de quelques sources juridiques tunisiennes utilisées dans l'AP – notamment les minutes et les rapports de la Commission tunisienne qui était chargée de préparer un Code civil et pénal pour la Régence – la possibilité d'une intervention réelle pour aider Santillana à préparer le projet, ne serait-ce qu'à travers le simple rassemblement de quelques documents ayant servi à la rédaction de certains articles de l'AP, ne serait pas tout à fait exclue.

Les renvois à ces sources intéressaient spécialement le domaine de la preuve. Ainsi, l'article 489 AP[215]qui concerne la division de l'aveu renvoie aux travaux de la Commission de codification tunisienne en date du 1 juillet 1858. Dans l'un des fragments de ce document, on découvre non seulement la solution retenue dans l'AP, et par conséquent le COC, mais aussi, la solution contraire[216]. Un autre exemple est plus révélateur car la seule source à laquelle renvoie l'art. 500 AP, n'est autre que les minutes de cette commission: « [...] ils ont délibéré au sujet du *« témoignage de surprise »* [...] Si une personne est tenue d'une dette [...] et que le débiteur ne révèle pas publiquement l'existence de la dette mais l'avoue secrètement à son ami et le demandeur fait usage d'une ruse en faisant venir deux notaires dans un local où ils seront cachés [...] et lorsque son ami avoue, ils apparaissent et témoignent contre lui. Puis ils étaient unanimes à décider que ceci est nul »[217].

---

215 Cet article n'a subit que quelques légères modifications, principalement, au niveau du style rédactionnel, autrement, la version originale de 1899 a été presque intégralement maintenue dans l'art. 438 COC. Celui-ci dispose que: « L'aveu ne peut être divisé contre celui qui l'a fait lorsqu'il constitue la seule preuve contre lui. Il peut être divisé: – 1° lorsque l'un des faits est prouvé indépendamment de l'aveu; – 2° lorsque l'aveu porte sur des faits distincts et séparés; -3° lorsqu'une partie de l'aveu est reconnue fausse._ L'aveu peut être révoqué, à moins qu'on ne justifie qu'il a été déterminé par une erreur matérielle. _ L'erreur de droit ne suffit point pour autoriser la révocation d'un aveu à moins qu'elle ne soit excusable, ou causée par le dol de l'autre partie._ L'aveu ne peut être révoqué, alors même que la partie adverse n'en aurait pas pris acte ».

216 « ils ont délibéré à propos de celui qui prétend avoir prêté une somme d'argent à un autre. Et si le défendeur prétend qu'il ne doit que la moitié de l'argent et que la seconde moitié reste à la charge d'une tierce personne, et que l'emprunt a eu lieu en même temps. Le Ministre et le Ministre de la guerre ont dit: l'auteur de l'aveu est tenu de la totalité de la somme et ses réclamations au sujet de son adversaire n'ont aucune valeur; le Ministre de la mer et *Sahab attâbâ'* étaient d'un avis contraire [...] l'auteur n'est tenu que de la moitié de la somme qu'il a avouée, l'autre moitié ne peut être à la charge de son ami s'il n'avoue pas... ». Traduction personnelle de l'arabe. *Archives Nationales Tunisiennes*, Minutes de la Commission des Codifications, Dossier 515, Carton 141

217 Traduction personnelle de l'arabe. *Ibidem.*

En analysant une autre règle juridique du COC, on se rend compte non seulement de l'inspiration locale mais aussi de la synthèse opérée avec d'autres sources européennes. L'art. 514 AP énonce en effet: « les livres de commerce régulièrement tenus peuvent, d'après les circonstances, faire preuve en faveur des commerçants et contre eux ». Ce texte a totalement disparu du COC. Si on examine les sources indiquées, on trouve, au moins, deux renvois importants. Le premier à l'article 76 du Code de 1861, qui ne reconnaît pas ces registres dans le cas ou la loi exige l'existence d'une preuve civile. Le second renvoie de nouveau aux travaux de la Commission en date du 8 juillet 1858. Ici, on peut lire ce qui suit: « les registres des commerçants et ceux qui détiennent des boutiques ou autres ne peuvent constituer une preuve contre le défendeur puisqu'ils n'ajoutent à la demande verbale que l'écriture mais si le litige oppose deux commerçants il sera confié au Conseil du commerce »[218]. En réalité, la solution consacrée dans le COC était celle de la jurisprudence française mentionnée en bas de l'article 514,[219] et relativement loin de l'article 1329 C. civ. fr.[220]. D'autant plus que cette constatation se trouve consolidée lors de la lecture de l'article 515 AP, maintenu par la suite dans le COC. Cet article constitue un rapprochement inédit entre le droit commercial et la doctrine allemande[221] d'une part et le projet du Code de commerce tunisien[222] d'autre part. L'article 161 COC (correspondant) dispose que: « Si l'une des prestations comprises dans l'obligation devient impossible par la faute du créancier, il devra être considéré comme ayant choisi cet objet, et ne pourra plus demander celui qui reste »; ce qui signifie que l'ampleur des registres de commerce, en tant que moyen de preuve en matière civile, a été sensiblement limitée.

Le deuxième paragraphe de l'article 584 AP relatif au serment décisoire déféré[223] renvoie à son tour aux travaux de la dite commission[224]. Malgré les modifications légères qui ont touché cet article, en supprimant quelques dis-

---

[218] Traduction personnelle de l'arabe. *Archives Nationales Tunisiennes*, Dossier F, n° 1.

[219] Cassation, 21 octobre 1890 (D. P.91, 1, 174) « qui n'admette les livres de commerce qu'entre commerçants et pour fait de commerce », note de Santillana.

[220] Selon l'art.1329 C. civ. fr: « Les registres des marchands ne font point, contre les personnes non marchandes, preuve des fournitures qui y sont portées, sauf ce qui sera dit à l'égard du serment ».

[221] Art.294 com. all., GOLDSCHMIDT, § 31, n° 4.

[222] Projet du Code de commerce tunisien de 1297 (1881), art. 81. Dossier D, n° 8.

[223] Art. 584 AP: « Il (le serment) ne peut être déféré: 1°…2°sur une convention pour laquelle la loi exige l'acte authentique ou la transcription (…) ».

[224] Il faut remarquer que cet article 584 renvoie à deux références: la première aux discussions de la réunion du 20 *đhi al-ķâda* (1858), la seconde à celles en date du 24 *đhi al-ķâda*. En revanche, les recherches ont révélé que celles du *20 đhi al-ķâda* ne contiennent pas des dispositions qui concernent celles de l'article 584, c'est la raison pour laquelle nous estimons que le travail du législateur intéressait plutôt la deuxième référence.

positions et en ajoutant d'autres, ce paragraphe a été maintenu dans l'article 500 COC.

Que peut-on conclure de ces exemples? Certes, les réformes juridiques réalisées sous l'impulsion du Mouvement réformateur étaient partiellement utilisées comme sources dans l'Avant-projet ; par conséquent, les renvois à gauche des articles, du moins leur majorité, n'ont pas été mis a posteriori. On qualifie délibérément ces sources de doctrinales, car l'examen des travaux de la Commission des codifications tunisiennes permet de constater que ces dossiers conservés aux Archives, ne contiennent pas de règles légales abstraites et précises. Du point de vue de la technique législative, le style attributif dominant ne s'accommode guère des caractéristiques linguistiques et grammaticales du texte juridique. Il est donc clair que la participation des *Ulama* au niveau de la rédaction des deux projets est exclue. Mais quid de leur attitude à l'égard du Projet préliminaire?

b. Refus du Projet préliminaire

On va partir d'un constat, de deux remarques et d'une question. Le constat est que les documents juridiques qui témoignent de la richesse du Mouvement réformateur ont été utilisés dans les deux projets du Code civil et commercial tunisien. Ici, on vise notamment le premier Code civil et pénal du 26 avril 1861[225], l'œuvre de Béchir Ettouati: *Recueil de notions de droit musulman (rite malékite et rite hanéfite) et d'actes notariés: judiciaires et extrajudiciaires*[226], et enfin, le moins cité, le *Pacte Fondamental* de 1857. Quant aux remarques, on note en premier lieu que la comparaison entre le Projet préliminaire de 1897, l'Avant-projet de 1899 et enfin le COC, montre qu'il existe de sensibles divergences entre les deux projets. Car, si le projet préliminaire avait utilisé le Code de 1861 comme source, ce recours était très limité, dans quelques articles dispersés. Tandis que l'Avant-projet avait cité ces sources issues du Mouvement réformateur dans au moins cent cinquante articles, sans oublier le grand nombre de références à plusieurs décrets beylicaux et à des arrêts rendus par le tribunal de l'*Ouzara*. Par ailleurs, il est difficile de cerner avec précision les critères selon lesquels le codificateur avait recouru à de telles références. L'utilisation de ces sources était, a priori, orientée puisqu'elle ne couvre que certains domaines juridiques. Dès

[225] On rappelle que c'est la même année que la promulgation de la constitution de 1861. Ce Code contient 664 articles qui ont pris soin de réglementer les procédures civiles et commerciales. Voir pour plus de détails: Ridha MEZGHANI, « La codification en Tunisie », *op. cit.*, p. 457.

[226] La version utilisée par Santillana comme source n'est pas celle rédigée en langue arabe, c'était plutôt la traduction en langue française par Jules ABRIBAT ancien interprète de l'armée d'Afrique et du corps expéditionnaire de Tunisie, Imprimerie française, B. FORREL, Tunis, 1896.

lors, une interrogation inévitable surgit: l'intégration de ces sources tunisiennes suppose-t-elle une certaine anticipation de la Commission de codification, sur la réaction des *Ulama* lors d'une éventuelle révision de l'Avant-projet? Peut-on faire appel à l'hypothèse de leur collaboration avec Santillana, ne serait-ce que partiellement, dans la préparation de l'Avant-projet? Faut-il enfin rappeler que cinq articles seulement, sur un total de cent cinquante, ont été supprimés et dix sept autres ont été modifiés en supprimant ou en ajoutant certaines dispositions.

Nous avons tenté à travers le dépouillement des Archives tunisiennes, de trouver des indices qui puissent expliquer cet intérêt porté au patrimoine juridique tunisien, remarquablement absent dans le Projet préliminaire. Le résultat révèle que bien que le *Pacte Fondamental* de 1857 n'ait pas été souvent évoqué dans l'Avant-projet, sa présence paraît toutefois importante. Outre l'absence de l'art. 5 de l'AP dans le PP, on a relevé une rédaction différente de l'art. 4. AP par rapport à son équivalent dans le PP (art. 5). L'art. 4 AP, relatif à la capacité, énonce : « Toute personne est capable d'obliger et de s'obliger si elle n'en est déclarée incapable par la loi ». Tandis que l'art. 5 PP dispose que: « Toute personne est capable de contracter si elle n'en est pas déclarée incapable par la loi ». Sans doute la différence de la rédaction des deux articles entre 1897 et 1899 paraît à première vue subtile, mais les conséquences sont d'une importance majeure. Car, le passage de « capable de contracter » à « capable d'obliger et de s'obliger » prouve que les choix législatifs avaient fondamentalement changé au bout de deux ans seulement. Reste que les sources relatives à cet article ne marquent pas clairement cette métamorphose. Dans les deux projets les sources européennes restent les mêmes: l'article 1128 C.civ.fr. et 1105 C.civ. it. Quant aux sources musulmanes, la seule, citée à gauche de l'art. 5 PP est maintenue dans l'art. 4 AP[227]. Autrement, parmi les trois sources musulmanes ajoutées dans l'AP, l'art. 9 du *Pacte Fondamental* est cité en deuxième lieu[228]. Aussi, l'art. 5 AP qui évoque une question liée à la religion dispose que « la différence du culte ne crée aucune différence entre les musulmans et les non musulmans, en ce qui concerne la capacité de contracter et les effets des obligations valablement formées par ces derniers et envers eux »[229]. Il faut remarquer

---

[227] *Morched-el-Haïran*, p. 278.

[228] En deuxième lieu après Morched-el-Haïran, Santillana cite: Hamaoui sur Ibn Nadjim, I, 355, note 3, puis le Pacte Fondamental et enfin: Ibn Farhoun, I, 273.

[229] L'art. 4 AP renvoie à l'article 9 du *Pacte Fondamental* qui pose le principe de la liberté de commerce. Tandis que l'art. 5 renvoie aux arts. 3 et 11 du mêm *Pacte*. Ces deux articles sont très importants dans la mesure ou ils réglementent les droits des étrangers dans la Régence. Ainsi, l'art. 3 consacre le principe de l'égalité des musulmans et des autres habitants du pays devant le droit à l'équité, car ce droit émane des valeurs humanistes [...] Quant à l'art. 11, il accorde aux étrangers de la Ré-

ici, que les sources étaient exclusivement musulmanes. Cela ouvre-t-il la porte à une interrogation clé relative au rejet du Projet préliminaire? Ce refus, avait-il un rapport avec les *Ulama* et *Cheïkh-el-Islam*? L'aspect objectif des obligations que Santillana avait consacré dans l'Avant-projet et qui rompt radicalement avec les choix législatifs du premier projet, avait-il un rapport avec quelques théories islamiques en matière d'obligations, abstraction faite de l'influence du droit allemand par exemple ?

Sans doute, les autorités du protectorat avaient trouvé que l'intégration utile et intelligente de cet héritage juridique tunisien ne pouvait que renforcer l'acceptation de l'Avant-projet dans les milieux religieux. Il ne faut pas oublier que le *Pacte Fondamental* a été l'objet d'une *fatwâ* visant à démontrer sa conformité à la *Charî'â*[230]. L'attitude des *Ulama* dans les *fatâwâ* qui ont pour objet le contrôle des nouvelles lois, ou mesures dites réformatrices (ou quelquefois rationnelles), peut expliquer la composition mixte de la Commission de codification du droit immobilier[231] (1885). Mais pourquoi la politique législative

---

gence le droit de posséder des meubles et des terres au même titre que les habitants à condition de respecter les lois en vigueur. Voir: le *Pacte Fondamental*, copie originale, *Archives Nationales Tunisiennes*, Dossier 403, carton 118.

[230] Cette *fatwâ* est apparue après la nomination d'un Conseil constitué par: *Cheïkh-el-Islam* Mohamed Baïram; Ahmed Ben H'ssine, *bach mufti al-malékiya*; Mohamed Ben Khouja, *mufti hanéfite*; le *Cheïkh* Mohamed Al-Bannâ, *mufti malékite* et aussi des ministres: Mustapha Khaznadar, Mustapha Bach-Âghâ, Kheïreddine, Ismaïl Saheb-Attabâ' et le secrétaire du *Bey* Ibn Abi-Ðhiaf. Ce Conseil était appelé à se réunir deux jours par semaine (mercredi et jeudi) pour négocier et expliquer les articles du *Pacte Fondamental*. On cite de la *fatwâ* – à propos de la sixième règle – ce qui suit: « « Le conseil pénal [...], lorsque la peine est appliquée à un non musulman ordonne la présence d'un responsable désigné afin de les rassurer (les non musulmans) et éviter tout sentiment d'injustice [...]. Je dis, même si la peine est conforme à la *Charî'â* [...] la présence de cet assistant n'a aucune utilité [...] Et, si le jugement est rationnel, s'il n'est pas conforme à la *Charî'â*, il est donc nul sans avoir besoin de la présence de ce désigné.. Et, leur réconfort est une *affaire politique qui n'est pas concernée par le Charâ'* ». S'agissant de la dixième règle – qui dispose que « Ceux qui viennent s'installer dans la Régence peuvent avoir des activités artisanales pourvu qu'ils respectent les lois en vigueur; comme les habitants du pays personne n'est favorisé au détriment d'un autre [...] » –, la légitimation revêt une dimension sociologique plutôt que religieuse. L'explication de la règle est la suivante: « Je dis, l'exercice des activités artisanales par les athées n'est pas interdit, mais ils ne sont pas autorisés à préparer le pain, vendre l'huile et autres traitement d'affaires dans les souks, de même ils ne sont pas autorisés à laver les vêtements des musulmans, (l'avis de Bourzouli selon Malek...)». *Fatwâ dans la conformité du Pacte Fondamental à la Charî'â islamique* (En langue arabe), *Archives Nationales Tunisiennes*, Dossier 403, Carton 118.

[231] Le président de cette Commission était Paul CAMBON, les membres étaient cinq avocats français: BENASSON, BOERNER, BRULAT, GRÉGOIRE et SCIORTINO; quatre juges français: FABRY, FERMÉ, PARISOT et PONTOIS, le secrétaire général Maurice BOMPARD, le directeur financier DEPIENNE, le directeur des travaux généraux Louis PONTOIS, le Premier Ministre Mohamed Al-'Aziz BOUATTOUR, le ministre de la plume Mohamed AL-JALLOULI, *Cheïkh-el-Islam* Ahmed BEL KHOUJA, le *Bach-mufti* Chaðhli BEN SALAH, le *juge hanéfite* Mahmoud BAÏRAM et le *juge malékite* Tahar ENNAÏFAR I.

en matière civile n'a-t-elle pas opté pour la même procédure? En tout état de cause, et abstraction faite de la formation intellectuelle des *Ulama* et de *Cheïkh-el-Islam*, leur exclusion totale lors de la codification civile en Tunisie fut presque impossible.

Les écrits de certains responsables français à l'époque (Cambon et Pontois, par exemple), fussent presque totalement opposés sur l'attitude des *Ulama* membres du Conseil immobilier. Paul Leroy-Beaulieu, avait exposé l'avis de Cambon ainsi: « il est à remarquer que *Cheïkh-el-Islam* et les deux juges *hanéfites* et malékite et le *bach-moufti malékite* – les quatre *Ulama* au sein de la Commission – ont accepté ce régime (Code immobilier) sans aucune hésitation, d'ailleurs, M. Cambon nous a rassuré [...] qu'ils (les *Ulama*) ne se sont pas contentés d'accepter les résultats du travail approuvés par la majorité de la commission, mais ils ont contribué à ce projet avec intelligence et enthousiasme »[232]. Or, Pontois avait présenté une autre version des faits totalement contradictoire: « les quatre leaders zeytouniens ont assisté au début et à la fin des réunions de la commission [...] ils n'ont pas accepté, au contraire, ils ont déclaré que ce projet contredit leur chariâa et ne peut, par conséquent, être approuvé »[233]. Certes, il est difficile d'une part, de croire la première version de Cambon, d'autant plus que les attitudes de quelques *Ulama* dans les *fatâwâ* (telle que celle du *Pacte Fondamental* déjà mentionnée), témoignent d'une certaine distanciation; on ne peut donc admettre qu'ils étaient complètement dociles et enthousiastes. D'autre part, on ne peut que douter du livre de Pontois *Les Odeurs de Tunis*, dans lequel il s'acharne contre Cambon. Pourtant, il convient d'approuver A. Green, en considérant que malgré cela, il semble que Pontois est plus proche de la réalité que Leroy-Beaulieu, car il paraît plus crédible quant aux positions des *Ulama* dans ce genre de question qui touche la législation et la *Charî'â*. De surcroît, nous tendons à mettre en doute le livre de Mohamed Essnoussi: *Recherches sur la conformité de la jurisprudence musulmane avec la loi immobilière*[234]. Cette méfiance n'émane pas du fait qu'il a défendu dans son livre la légitimité du Conseil immobilier, ainsi que la nouvelle loi immobilière qui ne contredit pas le *Charâ' musulman*. Le doute qui plane sur les motivations réelles d'Essnoussi s'explique d'abord par son exil forcé à Gabès. Celui-ci a pu reprendre ses fonctions à Tunis après avoir nié toute implication dans un mouvement hostile aux français, suite aux événements d'avril 1885 et, présenter ses excuses au Secrétaire général Maurice Lambert. Mohamed Essnoussi a été, par ailleurs, nommé au sein du Tribunal immobilier. Il faut rappeler enfin qu'il a tenu à insérer des annexes

232 Journal des débats, 29 avril 1885, p. 29.
233 PONTOIS, *Les Odeurs de Tunis*, éd. Albert Savine, Tunis, 1889, pp. 79 et s.
234 Imprimerie officielle, Tunis, 1887.

à la fin du livre sous forme de soutien charaïque du *Bey* par Mohamed Chrif, Mustapha Rađhouan et Mahmoud Ben Mahmoud.

La présence de Chrif et Rađhouan dans la Sous- commission qui a révisé l'Avant-projet, atteste-t-elle d'un choix qui voulait s'assurer de la souplesse et de l'ouverture des membres de cette Sous-commission vis-à-vis des nouvelles législations inspirées du modèle européen?

c. Révision de l'Avant-projet et la question de sa conformité à la *Charî'â*

La note adressée au Résident général annonçant la disponibilité de Santillana pour revenir en Tunisie afin d'expliquer le Code aux *Ulama*, constitue une preuve historique qui amène à conclure que ceux-ci étaient exclus de la préparation de l'Avant-projet. Deux arguments consolident cette affirmation: le premier relève d'une analyse sociologique qui vient d'être largement détaillée, le second est fondé sur des matériaux empiriques.

L'examen des articles qui ont été modifiés, supprimés ou rajoutés entre 1899 et 1906 nous a permis d'en tirer deux conclusions essentielles. Certaines modifications ne sont pas l'œuvre des *Ulama*, les auteurs ne seraient autres que les membres européens de la Commission de codification. Mais laissons de côté pour l'instant ce point qui sera analysé ultérieurement. La deuxième conclusion se rapporte aussi bien à la nature de l'intervention qu'à son objectif. Généralement, la révision a pris la forme de la suppression de quelques parties ou de la totalité de certains articles. Dans tous les cas, l'objectif était le même: éliminer tout ce qui contredit les préceptes du droit musulman et chercher la concordance avec la *Charî'â*. Quelques exemples illustrent ces constatations. Une suppression qui était en réalité tout à fait attendue, par la plume de Santillana même, est celle de la clause pénale. Dans les onze articles consacrés au sujet (art. 333-344 AP[235]), deux sources musulmanes seulement ont été citées dans une optique très périphérique par rapport au sujet principal[236]. Reste le plus important: une note de Santillana à gauche de l'art. 333 AP aux termes de laquelle: « La clause pénale est contraire à l'esprit du droit musulman, car elle constituerait « un bénéfice sans cause »: ZARKANI, V, 83 »[237]. Il en était de même pour l'usure, avec cette différence que la suppression était partielle en éliminant dans certains articles les expressions qui renvoient à l'usure. Dans les

---

[235] C'est la première section du deuxième Chapitre du cinquième Titre intitulé: « Des effets des obligations ».

[236] Voir: IBN NADJIM, cité à gauche de l'art. 340 AP et ZARKANI, à gauche de l'art. 341, *Avant-projet*, *op. cit.*, pp. 147-148.

[237] *Ibid.*, p. 145.

art. 294 et 323 AP[238], c'est le mot intérêt qui a été supprimé. Et c'est l'expression « intérêt de la dette » qui disparaîtra dans l'art. 287 COC[239]. Aussi, l'aléa – incompatible avec les principes du droit musulman – fut l'une des matières principales où l'on a pu repérer plusieurs suppressions, parfois injustifiées[240]. Dans l'art. 69 AP relatif à l'objet des obligations[241], les termes exprimant le doute ont été supprimés dans le COC. En effet, l'art. 64 n'a retenu que le premier paragraphe de l'art. 69 (AP): « Est nulle l'obligations qui a pour objet une chose ou un fait impossible, physiquement ou en vertu de la loi ». Nous remarquons, un peu plus loin dans le projet, un croisement entre des éléments d'aléa et un sujet sensible en droit musulman: celui de l'héritage. L'intervention des *Ulama* dans ce cas s'est manifestée à travers l'ajout, dans l'art. 219 COC, de la phrase: « Cette cession n'est valable que si les deux parties connaissent la valeur de l'hérédité »[242]. Autrement dit, la connaissance de la valeur de l'hérédité est une condition indispensable à la validité de la cession. Cet esprit de « retouches » se comprend davantage en examinant d'autres suppressions

---

238 L'art. 294 AP dispose que: « Lorsqu'il s'agit de rentes, de baux, d'intérêts ou d'autres prestations périodiques, la quittance délivrée sans réserve pour l'un des termes fait présumer le paiement des termes échus antérieurement à la date de la quittance ».
Aux termes de l'art. 323 AP: « Pour que les offres réelles soient valables, il faut: 1°...2°...3° qu'elles soient de la totalité de la prestation exigible, des intérêts dus, des frais liquidés; 4°...etc »

239 L'art. 287 COC correspond dans l'Avant-projet à l'art. 317, selon lequel: « A partir du moment où le créancier est constitué en demeure, la perte ou la détérioration de la chose sont à ses risques, et le débiteur ne répond plus que de son dol et de sa faute lourde: les intérêts cessent de courir, au cas où ils seraient dus ».

240 C'est le cas notamment de la suppression de l'art. 26 AP. Celui-ci énonce que: « Lorsque les parties ont considéré le contrat comme parfait, malgré la réserve d'une ou plusieurs clauses, le dissentiment survenu entre elles sur l'une de ces clauses réservées n'annule pas la convention, s'ils résulte des circonstances que les parties l'auraient également conclue, même à défaut d'accord sur la clause en discussion ». L'absence de sources musulmanes citées à gauche de l'article et la grande méfiance à l'égard de tout élément d'aléa dans le contrat ont abouti à cette suppression. Or, l'incertitude n'affecte en réalité dans le cas de cet article qu'une ou plusieurs clauses et non pas le contrat en lui-même. D'ailleurs, la condition fixée par la deuxième partie de l'article (« s'il résulte des circonstances.... »), confirme cette lecture.

241 Art. 69 AP: « Est nulle l'obligation qui a pour objet une chose ou un fait impossible, physiquement ou en vertu de la loi, lorsque cette impossibilité est absolue. Elle est toutefois valable dans les cas suivants: 1° lorsque l'impossibilité peut cesser et que l'obligation est constituée en vue de cette éventualité; 2° si le contrat est à terme ou sous condition suspensive, lorsque la chose ou le fait devient possible avant l'évènement de la condition ou l'échéance du terme ».

242 Rappelons que l'art. 219 COC était rédigé de la manière suivante dans l'AP (art. 240): « Celui qui cède une hérédité sans en spécifier en détail les objets, n'est tenu de garantir que sa qualité d'héritier. Par l'effet de cette cession, les droits et obligations dépendants de l'hérédité passent de plein droit au cessionnaire ». Sept ans plus tard, ce même article, devenu 219 dans le COC dispose: « Celui qui cède une hérédité n'est tenu de garantir que sa qualité d'héritier. Cette cession n'est valable que si les deux parties connaissent la valeur de l'hérédité. Par l'effet de cette cession, les droits et obligations dépendant de l'hérédité passent de plein droit au cessionnaire ».

dont le but n'est autre que le respect des spécificités des règles musulmanes en matière de droit de la famille, qui échappe par définition à la codification civile lancée par la France depuis 1896. Il suffit pour convaincre de mentionner la suppression de certains articles relatifs à l'action paulienne (les art. 351 à 355 AP)[243]. Rappelons tout d'abord que le droit musulman ne connaît pas cette action, car le débiteur insolvable est soumis aux règles des incapacités[244]. Ces suppressions s'expliquent, ensuite, par le fait que ces règles auraient affecté les contrats de mariage (en cas de l'option des époux pour un seul patrimoine) ou de donations. Or, il ne faut pas oublier que la volonté législative française qui s'est pliée en 1906 à la révision des *Ulama* n'a pas hésité dix-sept ans plus tard, par le décret du 15 septembre 1923, à instaurer l'action paulienne en ajoutant à l'art. 306 COC un alinéa premier selon lequel: « Les créanciers peuvent, en leur nom personnel, attaquer les actes faits par leur débiteur, en fraude de leurs droits, sans toutefois qu'il soit dérogé aux règles du statut personnel ou successoral ».

La modification de certains articles du projet afin de consolider la place du droit musulman, s'est manifestée aussi à travers l'instauration de cas pratiques et d'exemples au sein de la norme énoncée: méthode typiquement musulmane. Ainsi l'exemple de l'art. 221 AP. relatif au transfert des obligations. Au sein du deuxième cas selon lequel la cession est nulle (lorsqu'elle a pour objet des droits qui ont un caractère purement personnel), les *Ulama* avaient instauré l'exemple suivant: « …tel que le droit de jouissance du dévolutaire d'un habous »[245]. Une même intervention a été repérée en comparant les art. 438 AP, devenu 391 dans le COC[246], et dans lequel le mot « habous » a été ajouté en 1906. Dans d'autres cas, l'allusion faite à la spécificité des règles applicables aux musulmans est encore plus explicite. Dans le premier article qui inaugure le chapitre de la compensation (art. 369 COC)[247] une phrase entière a été ajoutée: « (…) Elle n'a pas lieu entre musulmans dans le cas où elle constituerait une violation de la loi religieuse »[248]. De même dans l'art. 579 AP, devenu 495 COC, relatif au serment et dans lequel les *Ulama* n'ont pas manqué de mettre l'accent sur le jour (vendredi) et le lieu (la mosquée)[249] où le serment doit être prêté. Au final,

243 Ce sont les aticles relatifs à l'action révocatoire. Voir: *l'Avant-projet*, *op. cit.*, pp. 151-153.

244 Voir en ce sens l'art. 959 de la *Madjella*.

245 Comparer les art. 221 AP (*Avant-projet*, *op. cit.*, p. 104) et 201 COC.

246 Cet article est relatif à la prescription.

247 Et comparer avec l'art. 416 AP correspondant dépourvu à la base de cette précision. *Avant-projet*, *op. cit.*, p. 175.

248 L'art. 369 COC dispose que: « La compensation s'opère, lorsque les parties sont réciproquement et personnellement créancières et débitrices l'une de l'autre. Elle n'a pas lieu entre musulmans…. ».

249 L'art. 495 COC énonce que: « Le serment doit toujours être prêté à la mosquée, le vendredi ou

l'intégration légale de ce patrimoine juridique dans le code s'est faite dans un esprit de synthèse qui a animé la codification civile dans son ensemble.

II – Esprit de synthèse chez Santillana

En guise de prolégomènes à ce volet de notre étude, nous nous proposons de dégager de manière sommaire les postulats centraux du codificateur tunisien dans son Avant-propos, ce qui donne à son entreprise son unité et sa direction d'ensemble. Aucune déclaration directe n'a été faite à la démarche synthétique, ni dans l'Avant-propos, ni dans les notes au sein de l'Avant-projet lui-même. Au fond, le déterminisme de l'Avant-propos, n'opère pleinement qu'à la faveur des choix, avec la complicité des sources. Pour dire les choses autrement, les sources doctrinales, législatives et jurisprudentielles déterminent activement – par l'intermédiaire de catégories de perception et d'appréciation juridiquement et socialement constituées – les choix législatifs du code. Ainsi, les argumentations qui auraient pu jeter plus de lumière sur la technique législative, s'estompent au fur et à mesure de la lecture de l'Avant-propos. Ce point mérite qu'on s'y arrête: Santillana suggère trois pistes à même de nous guider dans l'approche de sa méthode.

La première dévoile l'attitude envers les droits européens. Il s'agissait de compléter ou de modifier le droit français « par ce qu'on peut désormais appeler le droit européen [...] les principes généraux des obligations présentent une uniformité croissante, et obéissent aux mêmes idées générales. Il était impossible de ne pas tenir compte de ce grand mouvement d'idées qui entraîne l'Europe vers l'unité du droit...»[250]. Quelle était donc la technique législative qui a permis à Santillana de compléter ou modifier le droit français?

La seconde piste, bien plus souvent perçue et discutée, est liée à la méthode de *reconstitution* du droit musulman. Le système musulman – nous dit le codificateur – « a droit assurément à une place très haute dans l'estime des hommes compétents. Il lui a manqué, pour être au premier rang, ce qui, en toutes choses, a manqué à l'Orient : une méthode plus rigoureuse, et un esprit plus synthétique. Cette tendance à l'anarchie, cette incapacité foncière d'organisation et de discipline, qui ont fait, de bonne heure, l'impuissance politique des Arabes, a été, dans l'ordre intellectuel, une cause non moins décisive de faiblesse, et ce qui a le plus empêché le droit musulman de se développer comme système

dans tout autre lieu religieux qui sera indiqué par la partie qui le défère et conformément au culte de la partie. (...) ».

250 David SANTILLANA, *Avant-propos* de *l'Avant-projet*, *op. cit.*, p. I.

scientifique »[251]. Deuxième interrogation : comment à partir d'une « méthode rigoureuse » et d'un « esprit plus synthétique » Santillana a-t-il systématisé le droit musulman?

La troisième piste s'avère incluse dans la même perspective méthodologique : Santillana avait à « mettre de l'ordre, de la lumière, de l'unité dans cet ensemble de doctrines [musulmanes] incohérentes, à en dégager les principes et à en préciser les formules. A côté de cette œuvre délicate de reconstruction, elle (la commission) en avait une autre à accomplir tout aussi délicate : elle devait éliminer tout ce qui tient à un état de choses et d'idées que la société musulmane elle-même a dépassé depuis longtemps, remplacer ces parties surannées par d'autres plus adaptées à l'état actuel, les compléter là où elles sont insuffisantes »[252]. Troisième interrogation : comment cette tâche, qui constitue à juste titre « une œuvre délicate », a-t-elle pu être accomplie? Quelle était la logique d'extraction, de tri, d'élimination ou d'unification des principes ? Santillana a-t-il réussi à surmonter la difficulté de la reconstruction du droit musulman sans déformer la logique interne des institutions juridiques? A-t-il pu assurer la cohérence entre ce droit et les systèmes juridiques comparés européens ?

Les rares réactions des commentateurs suite à la naissance du COC peuvent être classées en fonction de deux repères: le premier est relatif à la forme du Code, à son plan précisément: la division inhabituelle du COC témoigne d'une certaine originalité au niveau de sa constitution formelle (1). Le second est plus attaché à la démarche synthétique, souvent incomprise, de Santillana (2).

1 – Division bipartite inédite

La division réellement bipartite du COC peut être considérée comme inédite, une telle structure étant absente des codes européens de l'époque. Le premier livre est consacré à la théorie générale des obligations, divisé en huit titres[253]. Quant au second, il règlemente les différents contrats spéciaux. Les plans retenus pour les codes civils du XIXe siècle montrent un détachement

---

[251] *Ibid.*, p. XI.

[252] *Ibid.*, p. XII.

[253] Titre I: Des causes des obligations; Titre II (ne porte pas de rubrique. Comporte trois Chapitres: Chapitre 1: Des obligations qui dérivent des conventions et autres déclarations de volonté – Chapitre 2: Obligations résultants des quasi-contrats – Chapitre 3: Des obligations provenants des délits et quasi-délits); Titre III: Des modifications de l'obligation; Titre IV: Transport des obligations; Titre V: Des effets des obligations; Titre VI: De la nullité et de la rescision des obligations; Titre VII: De l'extinction des obligtaions; Titre VIII: De la preuve des obligations et de celle de la libération.

sensible du codificateur tunisien qui a choisi une structure nouvelle. Bien que le BGB ait adopté une structure originale sous forme de cinq Livres, ce choix n'a pas influencé Santillana. Or, cette division du *Bürgerliches Gesetzbuch*, qui fait sa spécificité réside dans sa structure scientifique[254]. Le premier livre était consacré à la partie générale, le second au droit des obligations, le troisième au droit des biens, le quatrième au droit de la famille, et le dernier à celui des successions. Par ailleurs, ni la Partie générale, ni celle consacrée au droit des obligations ne présentent de parentés avec le COC : le domaine couvert par la partie générale débute par une structure tripartite : les personnes, les choses et les actions juridiques (*personae*, *res*, *actiones*). La première et la troisième section rassemblent des dispositions fondamentales. Viendront par la suite les sections IV, V et VI, relatives respectivement aux délais, à la prescription, à l'exercice des droits et la septième section consacrée à la constitution de sûretés. De ce fait, si le BGB a été critiqué à cause de cette structure de la partie générale dans laquelle des domaines ne présentant aucun trait commun ont été insérés, ce qui a fait de cette partie « une solution d'expédient »[255], le COC semble échapper à ce problème structurel. La partie générale du BGB n'oppose pas – comme Santillana l'a fait dans le COC – la théorie générale des obligations d'une part, et les contrats spéciaux d'autre part. Seule la septième et dernière section des dispositions consacrées au droit des obligations, contient des règles régissant divers contrats spéciaux[256].

Le rapprochement du code civil italien avec le plan du COC n'est pas révélateur. À l'instar du code civil français[257], la division est fondée sur la tradition romaine : division tripartite. Le premier livre est réservé aux personnes, le second aux biens et le troisième, qui contient des dispositions relatives aux obligations et aux contrats, est intitulé: « des manières d'acquérir et de trans-

---

254 C'est-à-dire dans sa division en cinq livres: Michel FROMONT et Alfred RIEG, *Introduction au droit allemand (République fédérale)*, Cujas, Paris, 1977, T. III – Droit privé, p.11.

255 « Comme le révèle déjà l'impossibilité de les ramener à un dénominateur commun, leur insertion dans la Partie générale constitue une solution d'expédient. Il n'était plus possible de leur trouver une place ailleurs et c'est ainsi qu'elles se virent, sans plus ample examen, mises dans la Partie générale à la suite des règles fondamentales relatives aux actes juridiques...», *Ibid.*, p. 20.

256 Arndt TEICHMANN, traduit de l'allemand par Pierre CHENUT. Adapté par Michel FROMONT et Alfred RIEG, *Introduction au droit allemand*, *op. cit*, Titre II – *Droit des obligations*, p. 73.

257 Il faut rappeler que le Code civil italien est fortement influencé par le Code civil français. « Aussi servit-il [le code Napoléon] de *Legum leges* avec le Code Albert, cet autre livre respectable de la science des lois. Aujourd'hui que la chaîne de traditions disparates, surannées, multiples est brisée, l'expérience fait apprécier une législation uniforme, puisée à ces deux sources pures et à celle du droit national dans ce qu'il a de légitime ». Préface de la traduction du Code civil italien. *Le Code civil italien et le Code Napoléon. Étude de législation comparée par* M. TH. HUC, *Traduction complète du code civil italien. Annotée et augmentée d'une Conférence de ses articles avec l'ancien Code Sarde et le Code Napoléon* par M. Joseph ORSIER, Cotillon, Libraire du Conseil d'État, 1868, pp. VII-VIII.

mettre la propriété et les autres droits sur les choses »[258]. Quant au code fédéral suisse qui a occupé une place assez considérable dans les sources de Santillana, et dont on peut envisager une parenté structurelle avec le COC, les comparaisons s'avèrent toutefois décevantes. Car ce code de 1881 ne consacre que ses cinq premiers titres[259] aux matières qui relèvent de la théorie générale des obligations (la formation des obligations, les effets des obligations, l'extinction des obligations, les modalités des obligations et la cession des créances). À cet égard, un auteur affirme qu' « il est possible d'une part, de nuancer largement l'assertion selon laquelle la matrice du Code tunisien est inspirée des droits germanique et suisse et d'autre part, de souligner l'absence de tout précédent de structure réellement bipartite dans les codes européens qui ont inspiré l'œuvre de 1906 »[260].

Ceci dit, pourrait-on parler d'autres « modèles » qui auraient inspiré Santillana? Quid du code tunisien de 1861 et des quelques « codifications » musulmanes de l'époque notamment la *Medjella* et *Morched-el-Haïran?* Le Code civil et criminel de la Régence de 1861, ne présente aucune parenté sur le plan formel avec le COC. Il est divisé en deux parties (non titrées d'ailleurs), chaque partie en quelques titres, mais sans un trait commun entre eux. Ainsi, « De l'organisation du tribunal civil et criminel de révision »[261], on passe aux « dispositions générales »[262], aux « Procédures »[263], puis aux « Mandats »[264]; d'un titre consacré aux défenses[265] à trois autres relatifs aux moyens de preuve, mais au sein desquels on tombe sur un titre qui parle des transactions[266]. Curieusement, la première partie du code s'achève par un Titre consacré au « cautionnement ». Dans la deuxième partie, on a du mal à comprendre la logique structurelle entre le « nantissement », « les ventes », les « dettes », le « dépôt », le « prêt », la responsabilité et la réparation des dommages, *la chefâa* (préemption, qui relève du droit des biens) avec des « dispositions générales »[267], qui ne sont au fond

[258] Le code civil français donne à ce livre l'intitulé suivant, un peu moins précis que celui du code italien: « des différentes manières dont on acquiert la propriété ».

[259] Le code fédéral suisse contient en total 34 titres.

[260] CHARFEDDINE, «Esquisse sur la méthode normative retenue dans l'élaboration du code tunisien des obligations et des contrats », *op. cit.*, p. 435.

[261] C'est le Titre premier de la première partie.

[262] L'intitulé du Titre III de la première partie.

[263] Le Titre IV de la même partie.

[264] L'intitulé du Titre VII.

[265] Le Titre VIII de la première partie est intitulé « Des défenses ».

[266] Voir le Titre IX de la première partie « Du témoignage », Titre X « Des indices » (c'est-à-dire les présomptions), Titre XI « Des transactions entre la partie et le coupable », Titre XII « Du serment », *Code civil et criminel du Royaume tunisien*, *op. cit.*, p. 26.

[267] C'est le Titre premier de la deuxième partie.

que des dispositions spécifiques déterminant les peines. Ou encore des titres relatifs au « prix du sang »[268], aux « crimes contre la chose publique »[269] aux « arbres », à l'« agriculture » et au code de police,[270] par lequel s'achève le code. Néanmoins, on peut penser que la division bipartite de ce code a d'une certaine manière inspiré Santillana. Quant aux autres « codes » musulmans, leur influence s'avère plus certaine, dans la mesure où le droit musulman donne aux contrats spéciaux un rang privilégié aussi bien dans les ouvrages des jurisconsultes que dans les quelques tentatives tardives de codification. Or, ni les uns ni les autres, ne se sont vraiment intéressés à élaborer et systématiser une théorie générale des obligations. Cet intérêt particulier se traduit dans *Morched-el-Haïran* et la *Medjella*, tout en obéissant à deux structures différentes. *Morched El Haïran* propose trois parties: les biens, les contrats en général et les contrats spéciaux. En cela, il rompt avec la présentation classique prévilégiant l'étude exclusive des principaux contrats. La *Medjella* distingue à son tour entre les règles spécifiques des différents contrats. Mais il faut reconnaître que les dispositions réservées, tant par *Morched El Haïran* que la *Medjella* à la théorie générale des obligations « ne présentent guère une structure exhaustive et achevée. Il faut reconnaître également que dans ces deux codes la théorie des contrats spéciaux apparaît bien plus élaborée »[271].

Toutefois, l'insertion de la preuve dans la partie réservée à la théorie générale des obligations ne présente aucune continuité, ni avec une tradition enracinée dans les ouvrages de *fikh*, ni dans les « codifications » musulmanes. Le Code tunisien de 1861, par exemple, consacre les Titres VIII à XII de sa première partie aux moyens des preuves. Or, intégrer cette matière dans un Titre VII relatif au mandat, et dans un autre titre relatif au cautionnement[272], ne témoigne guère d'une systématisation de la matière, qui s'inscrit surtout dans une vision d'ensemble de la structure substantielle et formelle du code. Ceci étant, certains auteurs estiment que l'influence du code civil français paraît déterminante[273]. C'est justement, à propos de cette matière que la question a été soulevée, non seulement pour le Code civil français, mais pour toutes les

---

[268] Titre V.p. 63 et s.

[269] Le Titre II.

[270] Ce code comprend les articles de 607 à 664, voir: pp. 93-98 du code.

[271] CHARFEDDINE, « Esquisse sur la méthode normative », *op. cit.*, pp. 434-435.

[272] C'est le Titre XIII de la première partie qui vient directement après le Titre XII intitulé « Du serment », sans aucune transition logique et ordonnée entre les deux matières. Voir. *Code civil et criminel du Royaume*, *op. cit.*, pp. 36 et s.

[273] Dans ce sens, un auteur s'explique: « Toutefois, la présence de la théorie de la preuve au sein du livre premier réservé à la théorie générale des obligations, ainsi que l'examen des autres subdivisions qu'il comporte, permettent d'établir un certain rapprochement entre le code français et le code tunisien ». « Esquisse sur la méthode normative », *op. cit.*, p. 435.

codifications civiles. On s'est demandé si les dispositions relatives à la preuve doivent être incorporées dans le code ? « La réponse est en principe négative », réplique un juriste, et il explique que « ces dispositions, liées au procès, n'ont leur place que dans le Code de procédure civile et non pas dans le Code civil; c'est le cas d'ailleurs pour toutes les règles de caractère procédural »[274].

L'architecture interne du Livre premier du COC a subit quelques modifications pendant les révisions qui ont eu lieu entre 1899 et 1906, lesquelles modifications seront attribuées, à notre avis, aux membres français de la Commission de codification – et éventuellement à Santillana – mais non aux *Ulama*. La raison est simple: ces amendements avaient pour objectif le perfectionnement formel et structurel du Livre premier notamment. Sans doute en recherchant la précision et la clarté, non seulement dans les dispositions des articles mais aussi dans leur structure grammaticale et formelle, dans les divisions au sein de la théorie générale ainsi que dans le choix des intitulés; la volonté législative voulait assurer le lancement d'un nouveau code lisible, accessible et surtout facile à appliquer par les juges.

Notons tout d'abord que le Livre premier est apparu dans l'Avant-projet sans titre, il est réapparu dans le COC sous l'intitulé « Des obligations en général » qui n'est en réalité que celui du Titre premier dans l'Avant-projet. Celui-ci se verra attribué dans le COC un autre intitulé, « Des causes des obligations ». Rappelons que ce titre est celui du Titre second du premier livre de l'Avant-projet[275]. En réalité ce changement n'est que la conséquence logique de la décision finale qui consiste à retarder la promulgation du Code commercial qui avait occupé, rappelons-le, la deuxième partie de l'Avant-projet. Aussi, le VIIème Titre du Livre premier de l'Avant-projet est apparu dans le COC dépourvu d'une division interne, qui était pour le moins étrange, voire incorrecte d'un point de vue purement formel. Dans l'AP, ce Titre VII[276] était composé de huit Chapitres[277]. En revanche, le premier Chapitre intitulé « Du paiement » était « divisé » en un seul paragraphe de deux articles[278]! division apparente supprimée dans le COC. Disparition tout à fait justifiée. Plus flagrante encore l'erreur ou la maladresse de Santillana au sein de ce même Titre VII. Car il a divisé le Chapitre VII intitulé « De la prescription » – et après dix-huit arti-

---

274 Petros VALLINDAS, « Considérations de science législative sur la codification, spécialement en droit privé », *op. cit.*, p. 33.

275 *Avant-projet*, *op. cit.*, pp. 1 et 2.

276 Ce titre est relatif à « l'extinction des obligations », *Ibid.*, p. 164.

277 *Ibid.*, pp. 164-194.

278 Dont l'intitulé est: « De l'imputation des paiements », *Ibid.*, art. 390 et 391, p. 166.

cles[279] – en un seul paragraphe intitulé: « Du temps requis pour prescrire »[280]. Tout comme l'exemple précédent cette division insensée disparaîtra dans le COC et tous les articles seront regrouppés sous un seul titre, celui du Chapitre VII: « De la prescription »[281]. Un autre mode de « bricolage » législatif a été constaté dans le cinquième Titre du Livre premier. Dans l'Avant-projet celui-ci était doté d'un Chapitre I sans titre[282]. La suppression de ce chapitre dans le COC a été accompagnée par des modifications au niveau des sous-divisions (sections et paragraphes), ainsi les intitulés des paragraphes dans l'Avant-projet ont pris la place des intitulés des sections dans le COC[283]. Mais ce n'est pas tout, une remarque importante s'impose. Elle concerne la section relative à la clause pénale qui disparaîtra dans le COC. Suppression qui résulte sans doute de la révision des *Ulama* puisque ces dispositions sont contraires à l'esprit du droit musulman. Santillana en était conscient d'ailleurs[284]. Au final, ces modifications témoignent d'une certaine rigueur à travers laquelle la main « européenne » qui a révisé l'Avant-projet a essayé de corriger et de perfectionner la structure formelle et le plan du COC afin de clarifier et raffiner son contenu.

À côté de la problématique concernant la relation entre la forme et le contenu de la loi, les sources musulmanes posent un problème de terminologie propre aux règles inspirées dans le code. C'est notamment à travers cette grille de lecture que la démarche synthétique du codificateur a été largement critiquée.

---

279 Voir les articles de: 431 à 448 de l'*Avant-projet*, *Ibid.*, pp. 181-187.

280 Ce paragraphe comprend les articles de: 449 à 460, *Ibid.*, pp. 187-192.

281 *Code tunisien des Obligations et des Contrats. Accompagné d'observations critiques d'Émile Larcher*, *op. cit.*, pp. 46-50.

282 Le plan du Titre V dans *l'Avant-projet* (pp. 120-158) est le suivant: TITRE V: Des effets des obligations: Chapitre premier: Section I: De l'effet des obligations en général (art. 263-273), Section II: De l'exécution des obligations (art. 274-294), Section III: De l'inexécution de l'obligation et de ses effets , §I_ De la demeure du débiteur (art. 295-311), §II_ De la force majeure et du cas fortuit (art. 312), §III_ De la demeure du créancier (art. 313-318), §VI_ Des offres d'exécution et de consignation (art. 319-332), Chapitre Deuxième: De quelques moyens d'assurer l'exécution des obligations, Section I: De la clause pénale (art. 333-344), Section II: Des arrhes (art. 345-347), Section III: De l'action révocatoire et subrogatoire (art. 348-355), Section IV: Du droit de rétention (art. 356-371).

283 Le plan du même Titre V dans le COC est comme suit: TITRE V: Des effets des obligations, Chapitre Premier: De l'effet des obligations en général (art. 240-247), Chapitre Deuxième: De l'exécution des obligations (art. 248-267), Chapitre Troisième: De l'inexécution de l'obligation et de ses effets, Section I: De la demeure du débiteur (art. 268-281), Section II: De la force majeure et du cas fortuit (art. 282-283), Section III: De la demeure du créancier (art. 284-288), Section IV: Des offres d'exécution et de la consignation (art. 289-302), Chapitre quatrième: De quelques moyens d'assurer l'exécution des obligations, Section I: des arrhes (art. 303-305), Section II: de l'action révocatoire et subrogatoire (art. 306-308), Section III: Du droit de rétention (art. 309-324),

284 Voir sa note à gauche de l'art. 333 de l'AP, *Avant-projet*, *op. cit.*, p. 145.

2 – Critique de la méthode synthétique

La parution du COC a provoqué deux réactions contradictoires. D'une part une critique sévère notamment celle d'Émile Larcher: « la promulgation d'un code est toujours un évènement de la plus haute importance a-t-il déclaré. L'apparition du « code tunisien des obligations et des contrats » doit d'autant plus arrêter l'attention que c'est la première fois, croyons-nous, que, dans un pays musulman, l'État, européen ou sous un protectorat européen, édicte un ensemble de dispositions, un *code* ayant trait à des matières jusque-là exclusivement régies par la doctrine coranique et les usages qui s'y mêlent »[285]. Or, pour lui « le code tunisien est loin de présenter les qualités de méthode et surtout de rédaction désirables »[286]. D'autre part, un jugement favorable allant, parfois même, jusqu'à faire des louanges de l'expérience tunisienne. Quelques années après la promulgation du COC, André Morel, alors professeur du droit à Alger, consacra au code un commentaire sous la forme d'un cours. Plus tard, dans un article paru en 1984, Joël Monéger évoquera la méthode de rédaction du COC voire la légitimation liée aux *Ulama*[287], à l'occasion de son étude du DOC marocain (Dahir des obligations et des contrats). Sa réflexion demeure malgré tout

[285] Émile Larcher, *Code Tunisien des Obligations et des Contrats – Avec les décrets du Bey du 15 décembre 1906 et du 30 juin 1907 Accompagné d'observation critiques. op. cit.*, p. V. Et l'auteur d'attirer l'attention sur les spécificités de cette codification par rapport à l'Algérie où il était professeur à l'École d'Alger et avocat à la Cour d'Appel: « L'intérêt que présente cet essai de codification est plus vif encore en Algérie où, on le sait, s'élabore un code du droit musulman algérien: celui-ci sans doute n'aura pas exactement le même objet que le code tunisien récemment promulgué, puisque, notamment, il traite de l'état des personnes auquel celui-ci ne touche qu'incidemment; mais il présentera des parties communes, la matière des preuves, par exemple. Il n'est point nécessaire de mettre longuement en relief la portée pratique de cette réforme. Le nouveau code s'applique immédiatement à plus d'un million et demi de tunisiens, musulmans et israélites, soumis aux juridictions indigènes. Il nous semble aussi que, à suivre les règles admises en droit international privé, il s'appliquera également, en bien des cas et pour bon nombre de ses dispositions, aux conventions passées entre européens et indigènes, puisqu'il constitue maintenant la loi locale. Il s'ensuit qu'il se trouvera parfois sanctionné par les tribunaux français de Tunisie, par la cour d'Alger et même par notre Cour de Cassation », *Ibid.*, pp. V-VI.

[286] *Ibid.*, p. VI. Les mêmes observations critiques ont été publiées dans la *R.A.M.T de Lég. Et de JSP.*, 1907, pp. 193-199. Pour la citation ci-dessus, voir: p. 194. À l'occasion de la reprise du COC par le Maroc et la parution du DOC marocain, ses observations paraîtront de nouveau dans son livre: *Les codes marocains*, éd. Non indiqué, Alger, 1914, voir notamment pp. 16 et s.

[287] « Par ailleurs, et c'est là une des clés essentielles, le choix du texte tunisien comme source directe des textes intégrés dans le dahir des obligations et contrats du Maroc lui donne vocation à l'adoption par les sujets marocains. Son islamité est en quelque sorte garantie par son origine. Le code tunisien ayant été considéré comme correct au regard des dogmes par les docteurs théologiens de l'université musulmane de « Djemaâ-Zitouna » ». Joël MONÉGER, « Biographie du code des obligations et contrats. De la réception à l'assimilation d'un code étranger dans l'ordre juridique marocain ». *Journées d'études sur D.O.C et société soixante dix ans après. 20-21 avril 1984*, Casablanca, in: *R.M.D.E.D.*, 1984, n° 7, p. 28.

centrée sur le fond, les choix législatifs du COC, plus que sur la technique qui a permis l'amalgame de divers systèmes. Selon J. Monéger, « enfin, le projet est soumis à une commission plénière mixte au sein de laquelle, outre Berge et Santillana, siégèrent dix jurisconsultes musulmans choisis à parité parmi les cadis du tribunal du charaâ et dans le corps professoral de l'université Ez-Zitouna. Cette procédure, exceptionnelle pour le moins, va conduire à un phénomène rare dans les cas de réception de droits étrangers et à une découverte historique. En premier lieu, la commission a adopté un projet syncrétique et résolument moderne. La matrice du code est plus européenne que française. Le contenu du code est un savant amalgame de divers systèmes européens et du droit malékite, parfois teinté de hanéfisme, mais en tout cas en ayant les plus grands égards pour la doctrine traditionnelle de l'Islam »[288].

Au Maroc, le DOC était, paraît-il, plus rattaché au droit musulman. En 1922, Me Defoye (un avocat) écrivait à propos du DOC que l'inspiration a été plus dans le Coran que dans le Digeste. Cette affirmation, réplique Monéger, « exprime davantage l'état d'esprit qui règne qu'une certitude. Quand on songe qu'en Tunisie, où le texte s'appliquait devant les juridictions locales aux seuls sujets tunisiens, on reprochait à Santillana d'avoir importé un droit trop occidental, on ne peut que rester stupéfait »[289]. Et l'auteur de poursuivre sa critique en s'orientant vers la cohérence substantielle du code, « le syncrétisme et le modernisme du code tunisien et, par héritage, du DOC, n'ont cependant pas que des effets heureux. En effet, en dépit des références au pied de chaque article, il est souvent bien difficile de lire les textes. En outre la conjonction de règles émanant, tantôt d'un code, tantôt d'un autre ne conduit pas nécessairement à des résultats adaptés aux réalités socio-économiques d'un pays du Maghreb »[290].

Il découle de ces analyses que l'œuvre de Santillana a été critiquée sur la base d'au moins deux arguments. C'est un code moderne, mal rédigé. Un code

---

[288] Joël MONEGER, «Biographie», *op. cit.*, p. 29.

[289] Et l'auteur d'ajouter: « Mais s'il est exact, et c'est sa force actuelle, que le texte marocain est, pour l'essentiel conforme aux dogmes islamiques, il est excessif de vouloir le lier en priorité à ceux-ci ». *Ibid.*, p. 35. Reste que nous ne partageons pas l'idée qui fait de l'affiliation trop occidental du COC un signe distinctif de faiblesse par rapport au DOC plus imprégné par les dogmes islamiques.

[290] Tout naturellement et puisque l'auteur consacre son étude au DOC marocain, il ne donne que des exemples tirés de celui-ci: « …en matière de délais, la brièveté de ceux prévus à l'article 573 du DOC sont inappropriés à une société où il est de bon ton de discuter avant toute action judiciaire ». *Ibid.*, p. 30 et note 54. Il précise dans la note correspondante qu'il partage l'avis de Me Razon, en effet, un délai de trente jours à compter de la délivrance est la porte ouverte aux abus de pourparlers, le vendeur faisant durer ceux-ci jusqu'à ce que son client se trouve forclos. Dès lors, le caractère de cet article se révèle inadapté, eu égard aux conditions et traditions maghrébines de discussion et de moralisation des conventions.

abstrait, savant, mais incomplet, voire ambigu. Or, avant de mettre à l'épreuve le dynamisme interne de la structure théorique du COC et de sa cohérence juridique, il n'est pas sans intérêt d'exposer les réflexions que deux avocats au barreau de Tunis ont publié dans un document peu connu, trois ans après la promulgation du COC[291]. Dans une préface très concise, l'avocat A. Bach Hamba dresse une sorte de bilan analytique de ce qu'il a appelé l'« échec du nouveau code »; son statut d'avocat lui a permis, sans doute, de bâtir ses critiques en se référant à la pratique judiciaire. Il estime que « [...] l'organisation de M. Berge a continué à fonctionner sans grands changements pendant 13 ans. Que fit M. Roy durant ce long laps de temps? Quelles réformes a-t-il introduites dans l'administration de la justice? Le bilan en est facile à dresser. Il comprend un seul et unique article : La promulgation du code des obligations, élaboré, sous la direction de M. Berge, par un savant jurisconsulte italien, M. Santillana, en collaboration avec des magistrats du Charâ. Ce travail est resté pendant 6 ans dans les cartons du Dar-el-Bey. En décembre 1906, on se décida à le publier. C'est une œuvre d'érudition plutôt qu'un code. En tout cas, c'était une compilation bien incomplète. Son application ne tarda pas à soulever des difficultés importantes. Un décret du 30 juin 1907 rapporta les dispositions de la nouvelle loi en ce qui concerne l'État, les communes, les établissements publics et les diverses associations, collectivités ou personnes morales placées sous la tutelle ou la surveillance de l'État. On s'aperçut, en effet, que ses rédacteurs avaient perdu de vue, en élaborant le chapitre de la prescription, les règles fiscales établies par l'organisation financière qu'avaient échafaudée à grand peine les Depienne, les Ducroquet et les Dubourdieu. Ce fut le premier échec du nouveau code. Il va bientôt en subir d'autres. Tout d'abord, ce sont les dispositions concernant la capacité qui deviendront lettre morte. Le législateur de 1906 a voulu composer les règles de la capacité. Il a déclaré majeurs, de par la loi, l'homme à l'âge de 18 ans et la femme 2 ans après son mariage. Mais l'Ouzara refuse d'admettre la majorité *ipso jure* et, sous prétexte de ne pas dépasser les limites de sa compétence, renvoie le mineur pourvu d'un tuteur se pourvoir devant le cadi – seul compétent en matière de statut personnel – pour obtenir son émancipation dans la forme admise par ce magistrat, pour lequel d'ailleurs le nouveau code est inexistant. Un autre chapitre de ce code tombe également en désuétude dès la première année. C'est celui relatif au partage des immeubles [...] Comme on le voit, l'œuvre capitale des

[291] Bibliothèque du Tunisien. Organe des intérêts indigènes. « La justice tunisienne », par: M. Hassan GUELLATY (Avocat au Barreau de Tunis) ; « Les israélites et la Justice », par: M. A. ZAOUCHE (Membre de la conférence consultative) ; « Les israélites tunisiens », par: M. A. BACH HAMBA (Avocat, directeur du Tunisien), Société anonyme de l'imprimerie rapide, Tunis, 1909. (95 p).

réformes judiciaires est loin de donner les résultats qu'on était en droit d'en attendre. C'est le sort des œuvres incomplètes qui ne se rattachent à aucun plan d'ensemble»[292]. Néanmoins, même s'il est vrai que l'attachement des juges aux règles musulmanes en matière de statut personnel était considérable au lendemain de la promulgation du COC, l'absence d'un recensement précis des arrêts rendus par l'*Ouzara* à ce sujet ou d'études juridiques sur la question; ne permet pas de généraliser une telle affirmation. En tout cas, l'histoire a montré aujourd'hui que les règles de la capacité dans le COC ne sont pas lettre morte malgré la modification, par le décret du 3 août 1956, de l'âge de la majorité de tout individu de sexe masculin ou féminin (vingt au lieu de dix huit ans) qui a eu lieu par le décret du 3 août 1956.

Il ressort de ces critiques une description du corps juridictionnel tunisien de l'époque qui permet de mettre l'accent sur un constat. Il semble, tout d'abord, que les *cadhi* tunisiens, avaient du mal à accepter le nouveau code. Ils ressentaient même une hostilité, qu'on peut expliquer par le sentiment d'être contraint d'appliquer un code « étranger », trop abstrait, qui ne s'identifie pas suffisamment au droit musulman et aux coutumes locales. Ce constat, conduit à la conclusion suivante: cette résistance des juges à l'application du COC, au même titre que l'incompréhension de ses articles (parfois même volontaires, afin d'éviter l'application de certaines règles), prouve que les six membres des *Ulama* tunisiens et de *Cheïkh-el-Islam* ne représentaient réellement ni la société tunisienne dans son ensemble, ni même le corps juridictionnel local de l'époque. Malgré la représentation des deux *rites malékite* et *hanéfite* au sein de cette Sous-commission, les magistrats ont vu le code d'un œil allant de la méfiance jusqu'au rejet.

Dans son étude sur la justice tunisienne, H. Guellati critique le COC, qu'il ait été qualifié d'« œuvre de progrès», et malgré la mise en valeur de la collaboration des jurisconsultes tunisiens ainsi que des hautes qualités intellectuelles de Santillana. Car ce code, écrit l'auteur, « est une œuvre législative due à une Commission instituée par le Gouvernement tunisien et composée de juristes recrutés parmi les professeurs de droit de la Grande Mosquée et les cheikhs ou magistrats du Charâ, qui y travaillèrent durant plusieurs années avec la collaboration de M. Santillana savant jurisconsulte italien doublé d'un arabisant distingué. [...] C'est incontestablement une œuvre de progrès, mais c'est aussi un travail trop savant et en même temps très incomplet »[293].

---

292 *Ibidem.*

293 H. GUELLETI, « La justice tunisienne », *op. cit.*, p. 10. Et l'auteur d'expliquer le déphasage entre le code abstrait et la formation des magistrats souvent incapables de le comprendre et de l'appliquer correctement: « Trop savant, il l'est certainement par rapport au niveau intellectuel et à la

Si le COC a été jugé comme un code incomplet, trop abstrait, technique ou encore ambigu, force est de constater qu'outre son contenu, l'accent était mis sur son langage et plus particulièrement son mode d'énoncé législatif. Par conséquent, si les commentateurs du COC à l'époque avaient du mal à comprendre l'architecture, la mosaïque substantielle du code, c'est parce qu'ils avaient du mal à comprendre la technique législative employée.

Serait-il correct de juger le COC trop abstrait ou technique à l'instar du BGB? La langue du BGB est caractérisée, en effet, par une haute technicité. La rigueur et la précision de son langage sont le fruit de la science des concepts des pandectistes. Ainsi, l'essence de la *Begriffsjurisprudenz* est que « chaque concept *(Begriff)* doit faire l'objet d'une définition rigoureuse *(Dogma)*, qui s'intègre elle-même dans un ensemble ou système *(System)*. Puchta a développé l'idée d'une généalogie des concepts *(Genealogie der Begriffe)* qu'on a pu comparer à une pyramide: l'idéal d'un système logique est atteint lorsqu'un concept général se trouve au sommet et coiffe tous les autres concepts, de telle manière que l'on puisse aboutir au sommet et ce, de n'importe quelle partie de la base, en utilisant une série d'échelles intermédiaires »[294]. Le droit qui naît au travers de la doctrine est droit de la science ou droit des juristes, dans la mesure où il apparaît au grand jour par l'activité des juristes[295]. Par conséquent, les rédacteurs du BGB, en renonçant à la clarté et l'élégance de style, se sont engagés à doter chaque terme juridique d'un sens immuable afin d'éviter toute confusion ou incertitude sur le sens légal des règles. Pour éviter les répétitions, le BGB renferme tout un mécanisme de renvois d'un paragraphe à l'autre. « De véritables

magistrature actuelle, que nous avons vue, sauf de rares exceptions, [...]. Nous ne croyons pas ce que ces mêmes magistrats, manquant de base et de traditions, puissent comprendre suffisamment le nouveau code et saisir les rapports qui relient ses différentes dispositions entre elles, pour en faire une saine application aux affaires qu'ils auront à solutionner. Notons d'ailleurs qu'il n'existe aucun commentaire de ces 1632 articles ainsi codifiés! Ce sont des formules arides, quelquefois ambiguës, exprimées en un langage abstrait et technique, par conséquent obscur, pour ne pas dire incompréhensible pour quiconque n'a pas étudié sérieusement la science du droit et ne s'est pas familiarisé avec son vocabulaire spécial. Aussi, nous doutons que le Directeur des services judiciaires ait rapporté de ses tournées d'inspection une impression favorable: il a dû constater de visu les difficultés d'application du code par les tribunaux de province, difficultés inhérentes à la qualité de son personnel. [...] C'est encore une œuvre incomplète, avons-nous dit; elle ne concerne pas en effet tout le droit civil, mais seulement la partie des obligations, d'où son nom: « Code Tunisien des Obligations et des Contrats ». Beaucoup de matières civiles sont donc restées en dehors de ce travail, en sorte que les tribunaux continueront longtemps encore à juger au hasard et sans texte ». *Ibid.*, pp. 11-12.

294 Claude WITZ, *Droit privé allemand. 1. Actes juridiques, droits subjectifs. BGB, Partie générale – Loi sur les conditions générales d'affaires*, Litec, Paris, 1992, p.62, n° 61.

295 Le type du droit formellement rationnel de Max Weber, correspond à cet idéal. Voir aussi: G. F. PUCHTA, *Cursus der Institutionen*, cité par K. LARENZ, *Allgemeiner Teil des bürgerlichen Rechts*, C.H.Beck, 7ème éd., München, 1989, p. 22-36.

chaînes, comprenant plusieurs maillons, tissent le code »[296]. Le BGB, héritier de la science pandectiste, que ce soit pour sa structure[297], ses concepts, sa technique ou son langage, n'est pas une œuvre littéraire, mais – selon la forme – « la machine à calculer par excellence des juristes »[298].

La structure et le langage du BGB s'inscrivent, dès lors, dans un cadre doctrinal et historique propre à l'Allemagne. Et même à supposer que Santillana voulait s'inspirer du modèle germanique, au niveau de la structure et de la technique, il savait sans doute qu'une telle entreprise connaîtrait un échec extraordinaire. Néanmoins, c'est plutôt l'esprit du BGB – notamment sa partie cohérente avec certaines conceptions musulmanes des obligations – qui sera plus explicitement consacré dans l'Avant-projet. Citons à titre d'exemple l'utilisation de la nullité des actes juridiques contraires aux bonnes mœurs comme un puissant moyen de moralisation de la vie contractuelle (§ 138 BGB et art. 72 AP [67 COC]). En s'éloignant sensiblement de la casuistique du droit musulman, le mode d'énoncé général était une alternative indispensable. Le mérite du codificateur tunisien est la création d'un code civil moderne, ce qui implique nécessairement l'adoption d'un mode d'énoncé général et abstrait. De ce fait, il n'a pas imposé un modèle législatif déterminé, ni le français, ni l'allemand, ni l'italien, ni le suisse…Il voulait être éclectique sans, toutefois, rejeter le droit musulman. Certes, la technique législative déployée reste critiquable. Comme tout code, le COC est aussi incomplet, son langage juridique et le mode d'énoncé des normes contiennent des imperfections précisément à cause de la méthode de synthèse; mais l'œuvre est globalement appréciable.

L'utilisation originale des doctrines dans l'Avant-projet, a doté ces sources d'un rôle inhabituel. À première vue, cette présence doctrinale dense, accrue, omniprésente et parfois exagérée, était accompagnée par un conflit – du moins interne – entre la nature des sources (dans son sens connu : la doctrine n'est pas une source directe du droit) d'une part, et l'apport nouveau des sources doctrinales à la technique législative, donc au mode d'énoncé des règles, d'autre part. Les premières codifications romaines ne présentèrent pas le même esprit de systématisation moderne[299]. Par conséquent, la séparation entre la codification et l'application des règles qui en découlaient n'était pas

---

[296] Claude WITZ, *Droit privé allemand. 1. Actes juridiques, droits subjectifs*, *op. cit.*, pp. 32-33.

[297] Il faut rappeler que le plan du BGB comprend cinq « livres » *(Bücher):* une partie générale, Livre I (Allgemeiner Teil), suivie de quatre parties spéciales: droit des rapports d'obligation (Recht der Schuldverhältnisse, Livre II); droit des biens (Sachenrecht, Livre III); droit de la famille (Familienrecht, Livre IV); droit des successions (Erbrecht, Livre V).

[298] C. WITZ, *Droit privé allemand*, *op. cit.*, p. 78.

[299] J. VANDERLINDEN, *Le concept de Code*, *op. cit.*, p. 163.

aussi nette qu'aujourd'hui[300]. Si la doctrine accompagnait la codification c'est précisément pour pouvoir s'éloigner et se détacher, mais il est vrai aussi que la loi une fois codifiée veut être la « raison de sa raison »[301]. En l'occurrence, la généralisation et la clarté doivent émerger du corpus du texte lui-même. C'est par le biais de cet effort de rationalisation que la doctrine a su préparer le terrain de la codification civile et éventuellement l'accompagner[302]. À côté de la rationalisation de la règle et du rôle de la doctrine, un autre problème se pose: celui de la sémantique de la norme juridique[303]. Le découpage radical entre le contenu et la forme est faux, et il n'aide pas beaucoup à réfléchir sur la question. Ainsi donc, « ni la terminologie, ni le mode d'énoncé juridique, ni la structure de la loi, ni même le style de la loi ne peuvent complètement être abstraits du discours législatif en tant que message juridique»[304]. Quoique sa promulgation soit passée presque inaperçue, certains juristes ont consacré au COC quelques pages de commentaires. Curieusement, on a reproché à Santillana de faire un code « trop abstrait » et « trop détaillé » à la fois! S'agit-il vraiment d'un problème qui doit être situé au niveau de la relation entre le contenu du code et sa forme? Et comment peut-on comprendre l'influence de la science pandectiste et du caractère abstrait du BGB sur le COC, qui a adopté plusieurs dispositions du Code civil allemand? La codification civile et commerciale tunisienne témoigne-t-elle d'un certain génie du codificateur qui a réussi à créer un langage juridique propre au COC à partir d'au moins trois langages juridiques différents : celui des droits français, allemand, et musulman? Peut-on enfin se détacher de la forme en adoptant le fond des règles juridiques constituant un droit étranger?

Le codificateur tunisien s'est heurté à une difficulté sérieuse. Car le code devait être populaire, autrement le rejet risquerait d'être double. Il serait celui

300 M. VILLEY, *Recherches sur la littérature didactique du droit romain*, éd. Monchrestien, Paris, 1945, pp. 51 et s.

301 La formule est de Michel BASTIT, « La loi », in: *A.P.D.*, T. XXXV. Vocabulaire fondamental du droit, 1990, p. 214.

302 Ainsi, «...c'est vers le milieu du XVIIème siècle, avec l'éveil en France, de la philosophie moderne, qu'il est possible de noter les premières tentatives d'introduction du rationalisme dans le droit. Elles sont dues en partie à Domat, et en partie à deux auteurs [...] Claude Fleury et Gabriel Argon...». André Jean ARNAUD, *Les Origines doctrinales du Code civil français*, *L.G.D.J.*, *Paris*, 1969, pp. 65 et s.

303 Rappelons que la loi est un énoncé ou, une suite d'énoncés appartenant à la catégorie syntaxique de proposition. Vu le caractère normatif inhérent à la loi, « chacun de ces énoncés est en réalité un énoncé normatif, quelle que soit sa forme grammaticale, qu'il ait ou non l'apparence d'une constatation ou d'une description, qu'il soit à l'indicatif présent ou futur, qu'il soit ou non construit à l'aide d'un foncteur (créateur de proposition) normatif tel que « doit faire », « peut faire » etc.». Georges KALINOWSKI, « Loi juridique et loi logique. Contribution à la sémantique de la loi juridique », in: *A.P.D.*, 1980, T. XXV. La loi, p. 128.

304 Valérie LASSERRE-KIESOW, *La technique législative*, *op. cit.*, p. 125.

des *Ulama* et celui des tunisiens. De surcroît, l'opposition au début du XXème siècle entre « deux méthodes de codification, l'une savante et abstraite, l'autre concrète et populaire »[305], était d'ores et déjà vivement évoquée. On imagine donc que Santillana avait prévu ces critiques. Il est vrai que le BGB est resté, malgré l'abandon du premier projet, fortement imprégné par l'abstraction de la science pandectiste[306]. Mais la question est de savoir si son abstraction a réellement influencé le codificateur tunisien?

De fait, par-delà leurs antagonismes, l'abstraction et les détails se rejoignent pour constituer le caractère général du COC. Sans mention aucune ni du BGB, ni de la doctrine allemande, Émile Larcher a estimé dans ses observations critiques que « d'une façon générale le code parait à la fois trop abstrait et trop détaillé ». Mais que signifie le caractère trop abstrait et trop détaillé qu'on attribue au COC? La synthèse entre plusieurs systèmes juridiques retenue pour le code était – dans une large mesure – incomprise. Les réflexions nettement défavorables sur « ce pauvre code »[307] étaient bel et bien le résultat de la discrétion énigmatique qui a accompagné cette codification, depuis la préparation des deux projets jusqu'à la promulgation. En effet, « offert au public sans être accompagné d'un rapport, ne serait-ce que celui que le premier ministre a dû présenter au bey, ou d'une analyse des travaux préparatoires, qui facilitent l'interprétation de certains textes énigmatiques, qui révéleraient la portée de certaines dispositions nouvelles. Nous savons, par ouï-dire, que l'avant-projet élaboré par M. Santillana était fort consciencieux et surtout remarquablement riche en références bibliographiques : mais cet avant-projet, imprimé en 1899 par les soins du gouvernement tunisien, n'a point été mis dans le commerce. Nous ne sachions pas que les travaux de la commission aient jamais été publiés. Nous

305 Cette opposition, était par exemple signalée par Jean Carbonnier à propos du « contraste entre le BGB et le Code civil suisse ». « Tendances actuelles de l'art législatif en France », in: *Essais sur les lois*, *op. cit.*, p. 268. En fait, la critique adressée à la méthode « excessivement » abstraite des pandectistes a commencé bien avant. Selon Léopold Thézaret, dans certains ouvrages dogmatiques, et en particulier dans ceux de la science allemande, on trouve parfois des plans conçus et développés avec une tension pénible, dont la fatigue se communique au lecteur. L'inconvénient est d'autant plus sensible qu'on ne suit pas un texte connu d'avance, mais des divisions abstraites et une terminologie qu'il faut à chaque instant fixer et expliquer. *De l'influence des travaux de Pothier et du chancelier d'Aguesseau sur le droit civil moderne*, Auguste Durant Librairie-Editeur, Paris, 1866, p. 87. Voir aussi les commentaires de Beseler sur « Volksrecht » et « Juristenrecht »: Georg BESELER, *Volksrecht und Juristenrecht*, Leipzig, Weidmann'sche Buchhandlung, 1843

306 Voir: *Historisch-Kritischer Kommentar zum BGB*, herausgegeben von Mathias SCHMOECKEL, Joachim RÜCKERT, Reinhard ZIMMERMANN, Bd.I, Allgemeiner Teil – § 240, Mohr Siebeck, 2003, pp. 123-165.

307 *Ibid.*, p. X.

craignons qu'en présence du seul texte, juristes et tribunaux ne rencontrent les plus sérieuses difficultés à appliquer et à interpréter le nouveau code »[308].

Effectivement, la confusion était déjà apparente dès les premières remarques critiques car É. Larcher estime que la division du code « repose sur une erreur de terminologie. Le livre Ier parle constamment de contrats, mais en les désignant sous le nom, trop large, de convention, ou même souvent sous la dénomination, absolument impropre, d'obligation »[309]. Or, il s'agit justement de l'option favorisant une conception objective et large des obligations qui a marqué l'Avant-projet non seulement par rapport au Projet préliminaire mais aussi par rapport aux autres codifications françaises pour les colonies. Cette option affirme par là-même une attitude distante à l'égard du code civil français et en général de la conception française des obligations. En réalité, Larcher n'a fait que lire le COC avec un esprit juridique français. Il est donc vrai que l'esprit de synthèse de Santillana était mal compris, car le nouveau code se fonde sur le pluralisme juridique, non seulement au niveau des choix législatifs, mais aussi et surtout au niveau de la méthode adoptée.

---

308 *Ibidem.*

309 Code *tunisien des obligations et des contrats avec les décrets du Bey du 15 décembre 1906 et du 30 juin 1907, accompagné d'observations critiques d'Émile LARCHER*, *op.cit.*, p. VI.

Titre II

Pluralisme juridique et méthode législative

À première vue, la démarcation majeure de l'Avant-projet par rapport au Projet préliminaire de 1897 est sans aucun doute sa structure synthétique. Santillana disposait sans doute d'une large marge de liberté pour établir le projet. Remarquons toutefois que c'est la Sous-Commission, nous dit-il, qui « a estimé qu'elle ne devait pas se renfermer exclusivement dans le cadre du droit français »[310]. C'est bien elle aussi qui a parlé de ce « qu'on peut désormais appeler le droit européen »[311]. Quoique le mystère subsiste à propos de la composition réelle de cette Sous-commission, une chose est certaine, ni les autorités du Protectorat ni les *Ulama* tunisiens n'avaient les matériaux ou la compétence législative pour rédiger un code éclectique en adoptant une méthode comparative (Chapitre I). On s'interrogera dans un deuxième temps sur le caractère pragmatique des règles retenues pour le code. L'ouverture de Santillana – visiblement plus étendue dans l'Avant-projet – n'est pas dépourvue, de surcroît, d'une remarquable tendance à la légitimation (Chapitre II).

Chapitre I: Éclectisme et méthode comparative

Un code, une pensée d'unité, d'ordre, de classification, de technique, de synthèse, « une méthode plus rigoureuse, et un esprit plus synthétique »[312], c'est ce qui a manqué au « système musulman pour être au premier rang »[313] selon les propres termes du codificateur tunisien. S'agissant de la codification de la théorie générale des obligations dans le COC, l'art de systématiser, de synthétiser, de dire les règles de la loi, se voulait pragmatique tout en cherchant à embrasser l'universalisme juridique. La démarche à la fois comparatiste et universelle de Santillana s'inscrit, en effet, dans un courant doctrinal qui a marqué la fin du XIXe siècle, celui du droit universel, humaniste, d'un droit commun législatif (I). De là, le recours aux analogies, aux traits communs des systèmes juridiques. Ainsi, on comprend mieux l'importance de l'idée chère à Santillana, celle qui

310 David SANTILLANA, *Avant-propos de l'Avant-projet, op.c it.*, p. I.
311 *Ibidem.*
312 David SANTILLANA, *Avant-propos de l'Avant-projet, op.c it.*, p. XI.
313 *Ibidem.*

fait du droit romain l'origine commune de tous les systèmes juridiques y compris du droit musulman.

Les réflexions de ce juriste sur l'histoire comparée du droit civil forment une introduction historique aux études du droit commun législatif, une sorte de contre-épreuve permettant de contrôler, par l'étude du passé, la valeur des conclusions fournies par le rapprochement de différentes législations. Si l'extraction de différents systèmes juridiques, à partir d'un fonds général de conceptions et de maximes juridiques ou d'un droit civil commun, accorde au pragmatisme un intérêt particulier, elle ne sous-estime pas, pour autant, les avantages de la codification. L'œuvre législative est, en effet, supérieure à certains égards à l'œuvre jurisprudentielle, plus fragmentaire, plus décousue, moins systématique. Néanmoins, si parfaite et si complète qu'elle paraisse à un moment donné, toute législation écrite est forcément au bout d'un certain temps, en retard sur l'évolution sociale. Dans la partie de son travail relative au droit musulman, Santillana a compris que, conscientes ou inconscientes, la doctrine et la jurisprudence musulmanes ont réussi à assouplir les dogmes de la *Chari'â*. De telle sorte que « sur le vieil arbre coranique, s'est développée toute une végétation touffue de coutumes ou de préceptes, interprétés par les docteurs »[314]. En revanche, la méthode comparative et la technique des analogies n'ont pas tardé à poser de sérieux problèmes de terminologie et de fond qui ont fragilisé le code (II).

I – Synthèse des Sources et utopie d'un Droit Universel

À suivre les explications du codificateur, l'esprit synthétique qui va marquer l'Avant- projet de 1899 est intimement lié à une conception universelle du droit civil. La « tendance à constituer un droit commun aux nations européennes se fait jour en effet, et s'accentue de plus en plus. Sous l'action des grands courants qui dominent la vie moderne, les législations particulières sortent de leur isolement, se font des emprunts de plus en plus nombreux… »[315]. Or, tout le monde sait que l'Europe de la fin du XIX^{è} siècle, très marquée par le nationalisme était encore loin de concevoir un droit européen pour toutes les nations européennes. Cette formulation est donc très personnelle et très attachée aux choix législatifs de Santillana. Mais son œuvre, réalisée dans l'Avant-projet, se trouvait confrontée à deux problématiques. Premièrement, les choix législatifs

314 P. PIC, « Contribution du droit musulman aux progrès du droit comparé », in: *R.A.T & M de Lég. et de JSP*, 1904, p. 244.

315 *Ibidem.*

s'inscrivaient dans une conception universaliste du droit et devaient aboutir à l'établissement d'un code civil éclectique (1). Deuxièmement, la méthode comparatiste n'a pas exclu de son œuvre le droit musulman et les coutumes locales tunisiennes. En d'autres termes la démarche éclectique va peser de tout son poids sur l'enjeu de la systématisation (2).

1 – Éclectisme fondé sur l'universalisme

Il convient d'abord de situer l'esprit de Santillana dans le cadre général de la pensée juridique universaliste de l'époque. Dès la fin du XIXèsiècle, l'idée d'un droit universel, humaniste[316] occupait déjà une place considérable sur la scène doctrinale. Édouard Lambert est l'un des plus importants promoteurs de ce courant[317]. De sa thèse principale émergent les possibilités de richesses juridiques que peut offrir le droit comparé afin de réaliser un « droit commun législatif ». Quoique la date exacte de l'apparition et de la divulgation des thèses d'É. Lambert demeure contestée (certains la situent à la seconde moitié du XIXè siècle[318], d'autres évoquent l'année 1900, date du Congrés International de Droit comparé[319]), il est envisageable grâce à la méthode comparative de réaliser deux objectifs qui ne sont au fond que les deux conceptions de Lambert sur le droit comparé. Celui-ci a expliqué sa théorie de la manière suivante: « Sous la dénomination amphibologique de droit comparé se trouvent actuellement englobées deux disciplines distinctes qui présentent, au premier abord, un air de parenté, mais qui, en fait, ne sont unies que par un trait tout à fait extérieur, l'emploi commun de la méthode comparative. La première est une des

---

316 « N'est-ce pas décrire le travail du comparatiste: curieux de découvrir l'extrême variété des systèmes de droit, il creuse aussi parfois, cherchant par-delà la diversité, quelque chose sinon d'éternel, du moins d'universel ou d'universalisable. Ce quelque chose que Raymond Saleilles désignait, lors du Congrès de Paris en août 1900, comme « *l'unité foncière de la vie juridique universelle* », et qu'à la même époque Shen Jiaben présenta, dans un mémoire à l'Empereur de Chine, comme la « *grande unité juridique du monde* », appelant à rien moins que la fusion entre droit chinois et droit occidental ». Mireille DELMAS-MARTY, « Du désordre mondial à la force du droit international », *Le Monde du 22 mars 2003*, p. 16.

317 Lambert est une figure amblématique de la sociologie juridique du début du XXè siècle. Voir les critiques formulées à son égard par Max WEBER, *Sociologie du droit*, op. cit., p. 117; Émile DURKHEIM, Compte rendu du livre de Lambert *La fonction du droit civil comparé*, in: *L'Année Sociologique*, 1904, Paris, Vol. 7, pp. 374-379.

318 Parmi les auteurs qui soutiennent cette position, on peut citer Mario SARFATTI, « Le droit comparé dans son essence et dans son application » (Traduit par Pierre GARRAUD), in: *Introduction à l'étude du Droit Comparé, Recueil d'Études en l'honneur d'Edourad Lambert, Première partie: Les aspects, les fonctions et les sources du Droit comparé – Deuxième partie: Instruments d'études du Droit comparé*, L.G.D.J., Paris, 1938, p. 62.

319 C'est l'avis d'Alexandre OTETELISANU, « Les conceptions de M. E. Lambert sur le droit comparé », in: *Introduction à l'étude du Droit comparé, Recueil d'Études en l'honneur d'Edouard Lambert, op. cit.*, pp 39-46.

branches particulières de la science sociale ou, plus exactement, de la sociologie descriptive. La seconde est l'une des formes supérieure de l'art juridique »[320].

Ce qui est fondamental chez Lambert et semble occuper un rang de choix dans l'esprit de Santillana, c'est sa méthode comparative. Car c'est en suivant cette technique que ce juriste parvient à dégager les principes de ce qui est appelé par Lambert « le Droit commun législatif », et devient dans l'Avant-propos de Santillana le « droit commun aux nations européennes »[321] ou le « grand mouvement d'idées qui entraîne l'Europe vers l'unité du droit »[322], ou le « principe commun »[323] ou encore la « racine commune »[324]. Une entreprise qui enthousiasmait Santillana. Pourtant, la similitude entre les institutions juridiques ou les modes de règlementations législatives, de cultures et de pays différents signifient-elles forcément l'existence d'un socle ou d'une racine commune? Impliquent-elles l'existence d'un même fondement juridique? Et en quoi le pluralisme des cultures juridiques permet-il de former un tel projet?

La tâche comparative accomplie par Santillana dans le COC était assurément complexe et ardue. Il a cherché à dégager un fond commun des institutions et de règles qui facilite la création d'un champ juridique dans lequel il est possible d'atténuer les divergences entre les systèmes comparés, sans occulter pour autant leurs particularismes. Le danger de cette méthode était double. Premièrement, dégager des similitudes, des analogies[325] en occultant les fondements différents. Deuxièmement – et c'est la conséquence logique de la première – la synthèse, « l'œuvre délicate de la reconstruction »[326], peut s'avérer génératrice de certaines anomalies qui relèvent de la pure logique juridique, telles que les ambiguïtés ou les incohérences. Toutefois, il ne faut pas négliger les atouts qui ont permis une telle codification. Car Santillana était avocat, un praticien, connaissant parfaitement les nécessités de la pratique judiciaire. Les expressions d'Édouard Lambert s'avèrent par ailleurs très justifiées lorsqu'il considère que « la législation comparée [...] n'est plus une science, c'est un art »[327]. C'est ainsi, selon la même logique, que la codification devient un moyen de consolidation et d'unification des règles, donc un point plus solide

---

320 Edouard LAMBERT, *La fonction du droit civil comparé, Études de droit commun législatif ou de droit civil comparé. Première série: Le régime successoral*, éd. V. Girard et E. Brière, Paris, 1903, T.I, p. 914.

321 David SANTILLANA, *Avant-propos de l'Avant projet*, *op. cit.*, p. I.

322 *Ibidem.*

323 *Ibid.*, p. XII.

324 *Ibidem.*

325 C'est le terme utilisé à plusieurs reprises par David SANTILLANA, *Avant-prpos de l'Avant projet*, *op. cit.*, pp. XII- XIII .

326 *Ibid*, p. XII.

327 Édouard LAMBERT, *La fonction du droit civil comparé*, *op. cit.*, p. 914. Il précise que le comparatiste « poursuit un but pratique, un but d'action », *Ibid.*, p. 916.

pour les travaux des comparatistes. En tant que codificateur comparatiste, il devait concevoir les possibilités d'application des résultats obtenus. En revanche – et c'est le non-dit – les dispositions légales ne suffisent pas à comparer et, à pénétrer au fond des institutions juridiques, des différents systèmes dont la diversité provient naturellement des structures sociales et économiques propres à chaque peuple. Par conséquent, le recours aux travaux doctrinaux ou à la jurisprudence est indispensable. Ici, on perçoit quelques indices qui expliquent l'importance des sources doctrinales dans l'Avant-projet de Santillana. En effet, il ne faut pas perdre de vue que la recherche d'un droit universel, d'un fond juridique commun était présente sur la scène doctrinale allemande de l'époque.

Si Édouard Lambert a parlé du « droit commun législatif », Raymond Saleilles développait à l'époque la conception d'un « fond commun de l'humanité civilisée » qui était destiné à remplacer le droit naturel. Jusque là, les deux conceptions ne présentent pas de divergences particulières, or, la réalité est tout à fait différente. Pour Saleilles grâce au « fond commun de l'universalité civilisée », la règle de droit peut conserver son caractère d'universalité bien qu'elle ne l'ait pas initialement[328]; en revanche, la sphère d'universalité chez Lambert prend des dimensions plus restreintes[329]. Pour Santillana, l'ouverture de sa méthode comparative et de sa vision d'un droit universel, est fondée sur les notions d'« esprit humain », de principes communs, en un mot de « racine commune ». Dès qu'on pénètre au fond des choses – explique-il –, « on est surpris de voir combien les idées des grands jurisconsultes de Médine, de Koufa, de Cordoue, offrent d'étroites analogies avec les nôtres. Ces analogies ne viennent pas seulement de l'identité essentielle de l'esprit humain, à laquelle il faut assurément faire une très large part dans les recherches de ce genre. Elles tiennent aussi à ce que les deux systèmes de Droit, l'arabe et le nôtre, ont tous deux un principe commun, la bonne foi, et qu'ils procèdent en partie du moins, d'une commune racine, le Droit Romain *(sic)* »[330].

Ce postulat a permis au codificateur de dégager les « analogies » nécessaires et de procéder aux alliages indispensables afin de réaliser une « reconstruction » et une « mise en ordre » du droit musulman. Il est vrai que la richesse de ce système et l'immense corpus de littérature juridique, qui reflète des di-

328 É. Lambert explique cette opinion de R. Saleilles ainsi: « C'est le droit naturel dépouillé de ses qualités d'immuabilité, mais conservant encore ses qualités d'universalité », *op. cit.*, p. 918.

329 Le champ d'études du comparatiste est limité. En effet, « le cercle de développement que j'assigne au Droit commun législatif n'est donc point l'humanité civilisée; c'est un groupement beaucoup plus restreint de peuples reliés par des liens étroits d'éducation commune, rapprochés par l'action de très nombreuses influences historiques ou économiques », *op. cit.*, p. 920.

330 David SANTILLANA, *Avant-propos de l'Avant projet*, *op. cit.*, p. XII.

vergences selon les *rites*, a pu offrir à Santillana, de multiples pistes et surtout des arguments variés. Il ne faut pas oublier que le contexte historique était en sa faveur. Au XIXe siècle, il s'est trouvé en possession des plus célèbres traités du *fikh* élaborés des siècles auparavant, expliqués, commentés, et dont les commentaires avaient été commentés ultérieurement par d'autres commentateurs. Le tableau général de cette mosaïque était déjà achevé. Mais, à côté de cette quantité massive de doctrine musulmane, il y avait une base juridique local, des jurisconsultes, des cadis qui avaient commenté ou écrit (en s'attachant notamment aux spécificités du pays) qui avaient proclamé des *fatâwâ*, contribué à changer le corpus juridique sans oublier la place considérable occupée par les coutumes locales. S'ajoute à ces données l'influence des juristes arabes de l'Andalousie dont la conception juridique était originale par rapport à celle élaborée à Médine ou à Bagdad. Ainsi, lorsque Santillana expose sa méthode relative à la systématisation du droit musulman en recherchant « l'ordre », « la lumière », « l'unité dans cet ensemble de doctrines incohérentes », et surtout essayant de « dégager les principes et à en préciser les formules »[331], tout en s'appuyant sur la « racine commune » qui est le droit romain, on comprend que sa démarche n'était pas détachée de ce qu'il a appelé le « droit européen », ou le « droit commun aux nations européennes ».

Cet universalisme qui a animé le codificateur du COC a joué un rôle capital pour récupérer et systématiser le droit musulman, mais aussi et surtout, pour faire de ce système, essentiellement fondé sur la religion, un composant du code civil tunisien, voulu éclectique et universel.

2 – Éclectisme face à l'enjeu de la systématisation

La volonté de systématiser ou du moins d'amorcer une systématisation du droit musulman (b) s'inscrit dans un esprit éclectique qui a marqué la codification du COC (a).

a. Éclectisme du codificateur

Emprunter aux divers systèmes les thèses les meilleures quant elles sont conciliables, plutôt que d'édifier un système nouveau. Voilà le sens de l'éclectisme. L'esprit le plus ouvert à toutes les notions et à toutes les impressions, le jouisseur le plus éclectique, disait Baudelaire.

La structure législative du COC implique l'examen de son architecture, c'est-à-dire le mode d'exposition des règles, les outils lexicaux, l'ordonnancement des dispositions, le plan, etc., bref, le travail systématique du codificateur

---

331 *Ibidem.*

qui embrasse tous ces éléments. Mais qu'est-ce qu'un système? Et si le COC est un code éclectique par excellence, quel rapport avec la systématisation[332]? La notion de système « paraît d'abord requérir la réunion – le terme grec *systema* signifiant assemblage – d'un ensemble d'éléments, selon l'expression utilisée dans la théorie des ensembles, ou de composants, selon l'expression souvent utilisée dans la théorie des systèmes [...]. La notion de système paraît impliquer ensuite l'existence de relations spécifiques entre ces éléments, et non leur simple juxtaposition; elle suppose, en d'autres termes, l'existence d'un tout ordonné ou organisé: c'est-à-dire l'existence de liens d'interdépendance, d'interaction, de solidarité entre les composants du système »[333].

Dans son Avant-propos, Santillana évoque également ce qu'il appelle un « esprit plus synthétique », sans expliquer sa technique législative. L'exposé est très bref, mais rien n'empêche d'en tirer des conclusions et d'en étendre la portée sur le code entier: « Il lui a manqué (le système musulman), pour être au premier rang, ce qui, en toutes choses, a manqué à l'Orient: une méthode plus rigoureuse, et un esprit plus synthétique»[334]. Si l'on ajoute à cela le choix de ne pas se renfermer exclusivement dans le cadre du droit français, force est de constater que le futur code sera éclectique. Reste à savoir si le COC est réellement un code synthétique? Un code synthétique est un code qui est à la

332 Le système-synthèse se situe un peu tardivement dans l'histoire de la systématisation. En effet, « si l'on situe traditionnellement l'éveil de la systématisation moderne au 16ème siècle, depuis lors, polymorphe, le systématisme s'est modifié sous l'empire des buts, des besoins et de la fantaisie des juristes. Il y eut aussi le « systématisme rationaliste axiomatique » du 17ème et du 18 ème siècles, lequel répondit « au morcellement du savoir accompagnant le progrés des sciences et à l'accumulation des données empiriques isolées, permettant une globalisation du regard sur la réalité, pour la rendre intelligible dans son unité fondamentale » (système-synthèse). Puis, chronologiquement, vint le « systémisme-calcul » de la seconde moitié du 19ème siècle, qui se mit au service de la sécurité juridique (système-calcul); il faut citer enfin le systémisme organiciste ou évolutionniste de la seconde moitié du 19ème siècle (système-organisme). Telles sont les différentes illustrations d'une pensée de regroupement, de classification, de traitement d'ensemble de certaines matières, d'ordre, d'unité, de synthèse, de méthode, de totalisation, de complétude ». Valérie LASSERRE-KIESOW, *La technique législative*, *op. cit.*, pp. 93-94.

333 Michel van de KERCHOVE et François OST, *Le système juridique entre ordre et désordre*, P.U.F., Paris, 1988, pp. 24-25. Voir sur le même sujet: Christophe GRZEGORCZYK, « Évaluation critique du paradigme systémique dans la science du droit », in: *A.P.D.*, 1986, T. XXXI, pp. 290 et s.

334 David SANTILLANA, *Avant-propos* de l'*Avant projet*, *op. cit.*, p. XI.

recherche de « tout » savoir[335] ou plutôt, c'est le « savoir du tout »[336]. Très attaché à l'humanisme, Santillana voulait sans aucun doute réaliser dans son œuvre la consécration réelle d'un universalisme du droit civil. Un esprit juridique synthétique qui dépassât les simples considérations politiques ou religieuses. Il voulait un modèle, un précédent qui, par le biais de cette démarche de synthèse entre différents systèmes juridiques, embrassât l'universalisme, maîtrise la connaissance et l'art de dire la loi, en un mot un savoir du « Tout ». Le volet scientifique d'une telle entreprise, recèle aussi des dimensions esthétiques de la codification. Mais tout homme doué de quelque capacité, nous dira Pellegrino Rossi, « veut un système. Il a besoin d'unité, de symétrie. Il s'y plaît, parce qu'il y a dans cela une beauté de premier aperçu, parce que son travail en devient plus facile, parce qu'il y trouve les apparences de l'ordre [...] C'est que l'ensemble du grand ouvrage frappe par sa symétrie; c'est que l'art y domine, et que le spectateur enchanté l'admire du premier coup d'œil »[337].

Si à l'œuvre de Santillana doit être reconnu le grand mérite de parvenir à systématiser et moderniser un droit des obligations pour la Tunisie, il n'en demeure pas moins que la méthode synthétique entraine, de par sa parenté à l'universalisme, un grand paradoxe: Celui de créer un code moderne et synthétique qui tend à l'universalisme mais qui court le risque de fermer le système du code. Autrement dit, Santillana n'a pas réussi à surmonter le danger d'un système clos[338].

L'esprit synthétique du codificateur tunisien n'était pas une nouveauté, il s'inscrivait bel et bien dans la vague des idées juridiques de son temps. Il est vrai que la volonté de réaliser une synthèse entre le droit musulman, les coutumes locales de la Tunisie d'une part, et le « grand mouvement d'idées qui entraîne l'Europe vers l'unité du droit »[339] d'autre part, était une entreprise d'extrême délicatesse. La synthèse avec l'héritage juridique local risque d'échouer si le

---

335 On trouve plusieurs définitions de ce genre de codification; pour André-Jean Arnaud par exemple, le code synthétique serait un code « à la recherche de l'ordre », *Les origines doctrinales du code civil français*, *op. cit.*, p. 121. Dans une étude consacrée à ce type de code, l'auteur donne la définition suivante: « On appellera ici *code synthétique* celui qui entend réunir l'ensemble des règles juridiques qui, à l'intérieur d'un territoire donné, régissent une branche au moins du droit, en les énonçant sous la forme d'articles concis, structuré selon un plan rationnel ». J. H. MICHEL, « Quelques observations sur le concept de code synthétique », *op. cit.*, p. 276.

336 René SÈVE, « Systhème et Code », in: *A.P.D.*, 1986, T. XXXI, spéc. p. 77.

337 Pellegrino ROSSI, *Traité de droit pénal*, éd. Cans & Cie, Méline, Bruxelles, 1850, pp. 490-491.

338 Il est utile de rappeler que la complétude ouverte se distingue de la complétude fermée. Car elle offre des moyens pour combler les lacunes du législateur, dans un code qui reste malgré tout incomplet et ouvert. Dans ce sens le juge joue un rôle vital puisqu'il doit juger – à défaut de commettre le crime de déni de justice – lorsque la loi est silencieuse, ambiguë ou insuffisante.

339 David SANTILLANA, *Avant-propos de l'Avant projet*, *op. cit.*, p. I.

codificateur néglige non seulement des rapprochements possibles avec le droit musulman et les besoins de la société tunisienne, mais surtout des incohérences de fondements qui risquent de donner naissance à un code bâtard, déraciné et incohérent. Au final, il semble que le problème le plus complexe était celui de parvenir à réaliser un dosage complexe entre ses choix éclectiques et les besoins d'une systématisation synthétique. En choisissant de ne pas reproduire le modèle allemand, Santillana voulait ne pas doter le pays d'un Code qui serait rapidement rejeté. En revanche, quoique ses sources allemandes, suisses et italiennes, notamment, aient fait du COC un code éclectique, il a pu de cette manière soit perfectionner le Code civil français de l'époque soit s'écarter totalement du système français. Or, le problème complexe était relatif à l'application de l'esprit éclectique sur le droit musulman, dépourvu de systématisation.

b. Architecture du droit musulman

L'architecture du droit musulman repose sur deux pôles fondamentaux: la religion et l'apport doctrinal des jurisconsultes. En effet, malgré la suggestion faite vers 755 au *Calife* de Bagdad de procéder à une codification des règles coutumières de la *sunna*, cette élaboration n'a pourtant pas été réalisée dans un cadre législatif. Elle a pris au contraire la forme d'une construction essentiellement doctrinale dans un cadre d'abord théologique. Les fondateurs du *fiḳh* s'étaient donné pour mission d'édifier un système juridique s'appuyant tout entier sur la Révélation et accordant plein effet à chacun des éléments de celle-ci, le pouvoir politique n'étant chargé que d'en assurer ensuite l'application. Mais – peut-être par un second hasard de l'histoire – cette œuvre de création n'a pas revêtu un caractère unitaire, mais a emprunté, au contraire, son cadre à différentes écoles, à des enseignements bien souvent divergents. C'est cette élaboration qui constitue ce que l'on appelle l'*ijtihad*, qui peut être définie comme l'« effort » fourni par des *moujtahîd* afin de tirer du donné révélé l'ensemble de ses conséquences. Ces deux caractéristiques du *fiḳh* (origine théologique et construction doctrinale) et les conséquences qui en découlent restent valables – voire se confirment – en dépit des efforts fournis par plusieurs jurisconsultes appartenant notamment aux *rites hanéfite*[340] et *chaféite*. Le premier a été tenu pour le plus libéral, progressiste, dans la mesure où il se distingue par l'idée qu'en dehors du Coran et de la *sunna*, des règles de droit puissent être dégagées par un effort de réflexion, d'où le nom de gens de raisonnement (*ahl'arrâi*) donné à ses représentants. Quant au second, et bien qu'en matière de consensus *(ijmâ')*,

[340] La doctrine de son fondateur *Abou Hanifa*, fut illustrée en particulier par *Chaïbâni*, souvent considéré comme son véritable fondateur, et plus tard par *Sarkhasi* (1090 J.C.) et par *Kâssâni*, nommé le « prince des oulémas » (1191 J.C.).

il n'ait admis que la seule unanimité de la communauté musulmane dans son ensemble (concept problématique en soi), c'est la hiérarchie des sources qu'il a dégagée: le Coran, la *sunna* désormais comprise comme l'ensemble des *hadith*, l'*ijmâ'* et l'analogie. Laquelle hiérarchie va orchestrer le travail des docteurs de la loi.

L'exposition théorique du *fikh* informe sur la structure formelle de la doctrine juridique musulmane. Dans les deux types d'ouvrages relatifs respectivement aux sources originaires « *ouçoul'al-fikh* » d'une part, et secondaires (ou les rameaux) « *fouroû'al-fikh* » d'autre part, le caractère fragmentaire, peu structuré et souvent l'excès d'une exposition trop casuistique, apparaît dans toute son ampleur. Les ouvrages du premier type, systématiques et accessibles, portent sur l'étude des différentes sources du droit, de leur autorité, de leur mise en œuvre et de leurs rapports respectifs, mais sont presque exclusivement réservés à l'enseignement des universités musulmanes. Les ouvrages du second type qui forment au contraire un net contraste avec les traités, sont de brefs manuels destinés avant tout aux praticiens et présentent un caractère essentiellement concret qui va parfois jusqu'à n'en faire qu'une simple collection de cas. Principes et règles générales en sont absents, définitions et notions abstraites très rares. Selon la lecture sévère de Bousquet, la forme de l'enseignement révèle que la pensée juridique musulmane n'était pas armée pour franchir une phase de systématisation rationnelle: Coran appris par cœur, *fikh* enseigné oralement dans le désordre tout en ayant une unité intérieure forte, était enseigné selon un plan extrêmement désordonné[341]. Mais, il ne faut pas négliger un phénomène caractéristique de la doctrine juridique musulmane, celui des commentaires des traités, les commentaires sur les commentaires et la chaîne peut s'étendre parfois sur des dizaines d'années. En réalité, les commentateurs ne font pas qu'une simple reprise du texte commenté. Ils exposent parfois des réflexions analytiques, dégagent des idées plus générales, voire des principes de base, des critiques – quoique très subtiles après la fermeture de la porte de l'*ijtihad*. Comprendre et maîtriser ce processus évolutif, présente une énorme difficulté et nécessite des études longues et approfondies. Cette opinion est partagée

341 Cet auteur est allé jusqu'à dire que « la pensée musulmane est seulement « juxtaposée », comme a dit Léon Gauthier, de même que l'Alhambra est une suite de constructions juxtaposées, et non organisées. Exemples de l'exposition absurde du système successoral musulman, qui devient très clair sous la plume des auteurs européens. Si on compare un traité de fiqh à un traité de casuistique catholique, l'admirable supériorité d'exposition de ce dernier apparaît. Il y a peut-être, à travers la discipline du droit canon, une influence du droit romain. Le manque de rigueur, en ce domaine de la pensée musulmane est frappant ». Georges Henri BOUSQUET, « Dans quelle mesure l'Enseignement dogmatique a-t-il pu entraver l'évolution des Institutions économiques et sociales de l'Islam? », in: *IBLA*, 1952, p. 186.

par Brunschvig qui critique, à juste titre, l'avis radical de Bousquet ci-dessus mentionné[342].

Outre ces considérations d'ordre méthodologique, la théorie des sources implique un sens très spécifique en droit musulman. Dans le système romaniste par exemple, ou dans celui de la *Common law*, la loi d'une part, la jurisprudence de l'autre, apparaissent comme des sources autonomes et immédiates, susceptibles l'une et l'autre de donner à tout moment naissance à des règles applicables à une question donnée. Dans le système musulman au contraire, les sources du droit se confondent pour l'essentiel avec les racines du *fiḳh*, c'est-à-dire avec les différents éléments qui ont contribué à la formation de celui-ci. Il ne s'agit donc plus à proprement parler de sources du droit restées vivantes, mais seulement en raison de la fermeture de la porte de l'*ijtihad*, de sources du droit devenues fossiles et dont la fonction créatrice se trouve désormais épuisée. Ce n'est que dans des limites précises, et à titre simplement subsidiaire, que le *fiḳh* consent à reconnaître un certain rôle à des sources qui lui sont extérieures.

Une autre conséquence mérite d'être mentionnée. Le *fiḳh* est fondamentalement issu de la pratique, ce qui explique que l'opinion selon laquelle la théorie des sources[343] a été développée *a posteriori*, sur des solutions juridiques d'ores et déjà acquises – afin de donner une base théorique aux applications qui en découlent – se justifie pleinement sur le plan scientifique. Par ailleurs,

---

342 L'auteur prétend que « M. Bousquet a souligné que les étudiants en fiqh s'ajoutent les uns aux autres, mais qu'on ne se donne pas la peine de leur expliquer quels sont les grands principes, dans la mesure où il y en que M. Bousquet a, selon moi, à la fois raison et tort. Il a raison en un sens parce qu'en effet, le système d'enseignement traditionnel comporte d'abord et avant tout l'étude et même, souvent, l'apprentissage par cœur de petits manuels tout faits, traditionnels, qui subsistent parfois pendant des siècles. Mais ces manuels sont commentés et, à mesure que l'on avance, on s'élève vers des idées plus générales. On peut critiquer ce processus. Mais il faut bien mettre en relief qu'à la fin des études, quand les élèves sont renseignés sur les questions multiples et sur les solutions, d'apparences souvent hétérogènes, on leur découvre enfin quels sont les grands principes. On ne se fait pas faute de procéder de cette manière avant de lâcher les étudiants dans la vie, surtout s'il s'agit d'étudiants qui ont poussé leurs études. Si vous voulez, on considère que c'est au niveau de l'enseignement supérieur que les grands principes sont énoncés mais je ne crois pas qu'il soit juste de dire que ces grands principes soient absents de l'enseignement ». Discussion, *op. cit.*, p. 193.

343 La source fondamentale est évidemment représentée par la révélation elle-même, telle qu'elle résulte au premier chef du donné coranique. Mais à cette révélation explicite s'ajoutent, avec une autorité qui en pratique n'est guère moindre, les règles tirées de l'exemple fourni par le Prophète et qui forment la *sunna*. Ensemble, le Coran et la *sunna* constituent l'essence de la *Charî'â*. Un second ordre de sources présente un caractère dérivé, dans la mesure où elles ont été dégagées par la raison humaine, mais à partir du donné révélé. Elles s'expriment en premier lieu dans l'*ijmâ'*, que son autorité assimile à la révélation. Mais par opposition au caractère unitaire et exclusif des trois sources qui précèdent, la réflexion doctrinale a également déduit des principes inclus dans les règles de celles-ci, et en s'appuyant en particulier sur l'analogie, un ensemble de conséquences diversifiées qui s'expriment dans le cadre des quatres écoles juridiques. C'est cette œuvre de réflexion doctrinale qui est à l'origine du *fiḳh* proprement dit.

la question des sources en droit musulman pose des problèmes constitutifs que la théorie occidentale, d'origine romaine, n'a pas connus. Si l'on prend le Coran – qui représente pour le droit musulman une base dont l'autorité peut-être qualifiée d'absolue – sa rédaction officielle à l'époque du troisième *Calife Othmane* reste problématique concernant les versets juridiques. Or, *l'ijmâ'* lui a donné une authenticité absolue sur laquelle les jurisconsultes musulmans ont développé tous leurs travaux. Autrement dit, et malgré des difficultés évidentes (il existe des phrases inachevées ou hors contexte[344]), dont certaines correspondent, à n'en pas douter, à l'élimination de passages tenus pour abrogés, la conformité de cette rédaction avec la révélation elle-même est considérée par les *sunnites* comme une règle d'*ijmâ'*. Mais il ne faut pas perdre de vue que lors de la rédaction définitive, les sourates[345] du Coran ont été rangées, non selon l'ordre chronologique de leur révélation – ce qui aurait permis de comprendre le développement progressif de la prédication prophétique – mais au contraire selon un procédé purement mécanique, c'est-à-dire (à l'exception du premier) par ordre de longueur décroissante. L'impression de chaos que le lecteur occidental éprouve souvent au contact de ce texte s'explique dans une large mesure par cette double circonstance. En outre, les bases théoriques de l'interprétation coranique ne sont pas homogènes dans les quatres *rites*, en ce sens que les marges d'imprécision qui affectent les versets juridiques ne sont pas négligeables. Celles-ci résultent de versets tenus pour abrogés, de la répétition fréquente d'une règle identique dans plusieurs versets distincts et de l'incertitude qui peut peser sur le caractère soit normatif soit simplement moral de telle ou telle énonciation, l'appréciation de ces différents facteurs pouvant d'ailleurs varier d'une école à l'autre. Par conséquent, c'est de cette manière que les jurisconsultes musulmans ont pu tirer certaines règles de droit d'un passage coranique dont la signification n'est pas évidente. Un exemple, qui s'applique parfaitement, d'ailleurs, à l'attitude de Santillana dans l'Avant-projet au sujet de l'aléa, aide à comprendre ce phénomène. Les jurisconsultes ont décidé la prohibition totale de tous contrats considérés comme aléatoires (*ğhara'r*) – y compris l'assu-

344 Ainsi le passage célèbre autorisant la polygamie (« *Les femmes* », 3) ne s'articule-t-il pas à la phrase précédente, relative aux orphelins et reste en suspens: « Si vous craignez d'être injustes pour les orphelins, épousez des femmes qui vous plaisent. Ayez-en deux, trois ou quatre mais, si vous craignez d'être injustes, une seule ou bien des esclaves de peur d'être injuste ». Sourate IV. *Les femmes*, v. 3. Le verset précédent relatif aux orphelins est le suivant: «Donnez leurs biens aux orphelins, ne leur rendez pas du mauvais pour du bon, ne mangez pas leurs biens avec les vôtres, c'est un grave péché ». *Les femmes*, v. 2.

345 Le Coran est constitué de 114 sourates ou chapitres et contient au total 6200 versets environ. Le contenu des différentes sourates, apparaît extrêmement hétérogène ainsi que leur longueur qui peut ne contenir que deux versets seulement: *le secours* (Sourate CX).

rance, la constitution d'une rente viagère ou celle d'un usufruit conventionnel – déduisant la solution d'un verset coranique qui condamne seulement un certain jeu de hasard: le *« mayssâr »*[346]. Dans l'Avant-projet, Santillana a bien signalé dès l'Avant-propos cette prohibition, manière de dire qu'il respectera cette conclusion tirée du Coran par les jurisconsultes. Il a expliqué que « toutes ces conventions qui à la rigueur seraient nulles à cause de l'indétermination de leur objet, et de la part qu'elles font à l'aléa, ont pourtant le droit de cité dans le système hanéfite »[347].

Le Coran n'énonce donc, qu'un nombre restreint de dispositions juridiques, généralement en opposition avec une pratique antérieure. Les dispositions de ce genre se limitent dans la plupart des cas à édicter une règle de conduite, sans qu'en soient précisées non seulement les conditions de mise en œuvre, mais même la sanction temporelle éventuelle[348]. Force est de constater qu'en dehors de ces domaines, les « règles » coraniques, autorisant ou prohibant des

---

346 C'est le verset 92 de la sourate *la table servie*: « Par les boissons fermentées et le jeu de hasard Satan veut vous inciter à l'inimitié et à la haine, vous écarter de vous souvenir de Dieu, vous écarter de la prière. Alors, cessez-vous? ».

347 David SANTILLANA, *Avant-propos de* l'*AP*, *op. cit.*, p. VII.

348 Tout de même, il faut signaler que dans deux domaines: celui de la famille et des sanctions pénales, les règles énoncées par le Coran paraissent plus précises. À titre d'exemple, le verset autorisant la polygamie (*Les femmes*, verset. 3); le concubinat du maître avec ses esclaves (*Les femmes*, verset. 25); l'empêchement au mariage pour parenté de lait « *arradhâ'* » (*Les femmes*, verset. 23); la détermination de la quote-part successorale des différents ayants-droit (*Les femmes*, verset. 7 et s. « 7. Aux héritiers une part de ce que laissent les père et mère et les proches. Aux héritières une part de ce que laissent les père et mère et les proches. Qu'il y ait peu ou beaucoup, une part fixée. 8. Quand des proches, des orphelins ou des pauvres assistent au partage, donnez-leur une part et parlez-leur de bon gré. 9. Que les tuteurs craignent pour leurs pupilles comme pour des descendants chétifs. Qu'ils soient fidèles à Dieu et parlent avec droiture. […] »). Aussi, plusieurs versets contiennent des dispositions en matière pénale et précisent souvent les modalités de l'application de la peine déterminée. Ainsi par exemple, le verset relatif à la flagellation des fornicateurs (*La lumière*, verset 2 « Le débauché et la débauchée, fouettez-les chacun de cent coup de fouet. N'ayez pas d'indulgence, respectez la religion de Dieu, si vous croyez en Dieu et au jour dernier. Qu'un groupe de croyants soit témoin de leur châtiment »). Dans la même sourate, le verset suivant détermine le châtiment des dénonciateurs calomnieux (*La lumière*. v. 4 « Ceux qui accusent les dames sans pouvoir produire quatre témoins, fouettez-les de quatre vingts coups de fouet et n'acceptez plus leur témoignage, ce sont des pervers. 5. sauf ceux qui se repentent et se corrigent car Dieu pardonne, il a pitié »). Le verset 38 de la cinquième sourate *(La table servie)*, détermine la punition du vol: « Coupez la main du voleur et de la voleuse pour salaire de leur gain et châtiment de Dieu, car Dieu est le puissant, le sage ». D'autres versets énoncent le talion et le prix du sang *« diyyâ'h »*: La vache. v. 178: « Vous qui croyez, on vous prescrit le talion pour les tués: homme libre pour homme libre, esclave pour esclave, femme pour femme. Mais celui à qui son frère pardonne un peu, qu'on le poursuive selon la coutume et qu'il paie de bon gré. C'est un allégement et une grâce de votre Seigneur. Quiconque alors y manquera sera durement châtié. 179. Il y a une vie pour vous dans le talion, vous qui êtes intelligents. Peut-être serez-vous fidèles ». Voir aussi: le verset 33, Sourate XXVII: *Le voyage nocturne*.

actes ou des choses, sont dépourvues de l'élément constitutif fondamental de la règle juridique: la sanction. C'est le cas pour les interdictions frappant la consommation du vin, le jeu de hasard[349], l'usure[350].

La construction doctrinale ultérieure, quoique fondée sur la révélation, n'est pas dépourvue de rationalité. Il serait donc injuste de voir en ce droit une absence totale de réflexion rationnelle. En fait, le *qiyâs* (l'analogie) n'est qu'un procédé de raisonnement élevé par les jurisconsultes musulmans au niveau de source du droit. Aussi bien *Abou Hanifa* que *Châfi'î* après lui, ont fait de l'analogie une source secondaire dans le but de combler les lacunes des sources primaires. Ce procédé n'a pas été sans provoquer un compromis – autour du recours à la raison[351] – entre les différents jurisconsultes, selon leur appartenance à chaque école. Si les *hanéfites* lui accordaient une place plus importante que celle attribuée par les *malékites*, les *châfi'îtes*, le soumettaient à des conditions strictes. Est-ce pour cette raison que le recours de Santillana à ce *rite* est resté limité dans l'Avant-projet par rapport à ses homologues *malékites* et *hanéfites?* La question revêt des aspects juridiques et sociologiques complexes. Mais il est certain que le codificateur tunisien avait besoin de s'appuyer sur des sources doctrinales plus ouvertes que d'autres, celles qui pouvaient garantir l'éclectisme et la souplesse du Code, sa bonne réception mais aussi et avant tout, son adaptation aux systèmes européens.

Le caractère casuistique et fragmentaire du droit musulman, ne signifie pas pour autant qu'il est un système irrationnel, ni que les jurisconsultes musulmans n'ont pas réussi à dégager des principes généraux, à construire méticuleusement de véritables théories et institutions juridiques. Cependant, même s'ils ont excellé dans la réglementation des détails, ils n'ont jamais réussi à systématiser ce droit. Or, la valeur scientifique de la systématisation du droit civil occidental tient sa raison d'être des travaux réalisés par des juristes spécialisés du droit. Si Santillana a dégagé des règles ou des théories similaires que le droit musulman partage avec d'autres systèmes comparés, tel que le droit allemand

349 Verset 92 de *la table servie*, *op. cit.*

350 Verset 276, *La vache*: « Dieu annulera les profits de l'usure et fera fructifier l'aumône. Dieu n'aime ni l'incroyant ni l'impie ». Il convient ici de rappeler le problème de l'interprétation. Car l'interprétation du texte coranique soulève de sérieuses difficultés, outre les versets – voire les termes – obscurs, l'interprétation devient plus problématique lorsqu'il s'agit soit de versets contradictoires, soit abrogés. Le *îlm at-tafsir* (la science de l'interprétation) comprend, donc, une phase purement grammaticale d'une part et, un aspect « contextuel » qui tient compte d'abrogations notamment, d'autre part. Néanmoins, le travail des commentateurs est éminemment philologique. Certes, *Tabari* (né en 923 J.C) est l'un des plus célèbres commentateurs.

351 La mise en œuvre de la « *'illâ* » (raison de, cause) porte le nom de « *ta'lil* » (littéralment argumentation, justification). On a relevé , à propos du *qiyâs*, son tour algébrique, la mise en équation de la formule connue permettant de trouver l'inconnue.

par exemple, ce serait une grave erreur d'en déduire que les fondements sont aussi similaires. À ce niveau précisément, la méthode comparative du codificateur tunisien a révélé ses limites malgré son efficacité.

II – Effectivité et limites de la méthode comparative

Si le Code de Santillana a pu résister à l'usure du temps pendant un siècle, c'est que ce codificateur, « un bricoleur de génie », a réussi dans une large mesure à surmonter les dangers d'un système clos. L'idée que le code doit être construit sur la base d'une inspiration plurielle et synthétique est un leitmotiv permanent. Il a cependant acquis une dimension pragmatique particulière grâce à la conception du droit universel et à l'ouverture sur la coutume et les pratiques judiciaires locales. Plus spécialement, la construction juridique de ce que Santillana appelle « le système général du code », n'implique pas une complétude fermée. C'est dans cette perspective qu'il a choisi de déployer dans toute son envergure une méthode comparative (1). Il faut se demander ce qu'apportent les sources doctrinales en ce sens. Le pragmatisme des jurisconsultes *Andalous* et *Ifriquiens* d'une part, et le recours aux sources jurisprudentielles afin de consacrer légalement certaines coutumes locales, d'autre part, sont déterminants. Il ne faut pas, toutefois, négliger le rôle de Santillana dans la systématisation de la pensée casuistique musulmane et de la doctrine européenne en se référant systématiquement à une conception universelle du droit civil. De cette démarche va surgir la faille fondamentale de cette codification: le fossé entre des institutions déracinées de leurs fondements et transposées dans le COC et, les règles juridiques qui les régissent (2).

1 – Méthode comparative et pragamtisme des techniques juridiques musulmanes

Les réflexions de Santillana relatives à l'importance des coutumes et du caractère perfectible de la loi[352] méritent d'être exposées en premier lieu (a) avant

[352] Le caractère perfectible ou flexible du droit n'est pas sans rapport avec l'acceptation sociale de la règle, d'une part, et les théories positivistes de l'autre. Dans son *Law's Empire*, Ronald Dworkin expose le point de vue de Hart dans son livre *The concept of Law*: « *Hart rejected Austin's account of legal authority as a brute fact of habitual command and obedience. He said that the true grounds of law lie in the acceptance by the community as a whole of a fundamental master rule (he called this « rule of recognition ») that assigns to particular people or groups the authority to make law* ». *Law's empire*, Cambridge M.A., London: The Belknap press of Harvard University press, 1986, p. 34. Ainsi, la réception de la règle ne dépend pas uniquement du pouvoir de commander en édictant des lois, ni de l'obéissance du peuple, mais fondamentalement d'une convention sociale d'accepter la loi. Voir dans le même sens: Theodore

d'examiner la coutume et la jurisprudence comme sources de l'Avant-projet (b). Par ailleurs, une autre technique juridique musulmane, celle des *fatâwâ* fournies par les *mufti* ou *Cheïkh-el-Islam*, a été utilisée par les autorités du Protectorat afin de convaincre les tunisiens par le biais de leurs *Ulama*. Le domaine de la législation n'a pas fait exception, le Code foncier de 1885 en témoigne. Reste à savoir si la même technique a été utilisée dans l'Avant-projet (c).

a. Perfectibilité du droit musulman au service de la méthode comparative

Partant de l'idée que la règle du droit doit s'adapter au fait, Santillana développe, dans une partie considérable de son Avant-propos, des analyses relatives au droit musulman et aux usages du pays. *Malékites* et *hanéfites* s'accordent, nous dit-il, sur le rôle du jurisconsulte dans l'adaptation au fait de la règle juridique. En effet, ««« la règle de droit, disent les Hanéfites, n'est pas absolue, elle n'a pas le même caractère que les règles grammaticales et les principes de la logique; elle exprime ce qui arrive le plus souvent, et se modifie avec les circonstances de fait qui l'ont fait naître ». La loi est également susceptible de modification, de perfectionnement, au point de vue de la jurisprudence, du droit appliqué: « Le principe général, en droit malékite, c'est qu'il faut avoir égard à l'utilité, lorsqu'elle est générale, et qu'elle s'impose ». « Il est hors de doute, disent à leur tour les Hanéfites, que l'application de la loi peut changer avec le temps ». « C'est l'utilité qui est la règle du jurisconsulte ». Les arabes en ont très bien vu la raison: c'est que les sociétés vivent et se transforment au cours de leur histoire [...] Tel est le fondement de l'autorité très grande que les théoriciens musulmans accordent à l'usage, à la coutume »[353].

Santillana reconnait aux coutumes un pouvoir créateur de la loi. Il associe ce pragmatisme aux bonnes moeurs et à certaines considérations éthiques, ce qui implique l'utilisation d'instruments moralisateurs dans sa codification[354].

BENDITT, *Law as Rule and Principle (Problems of legal philosophy)*, Hassocks, Sussesc: Harvesster press, 1978. Cet auteur distingue notamment dans les pp. 55 et s, entre les normes légales et non légales, tout en insistant sur l'importance du facteur social dans l'acceptation, le rejet ou la création des règles. Et comparer d'un point de vue positiviste: Keekok LEE, *The positivist science of Law. Lecture in Philosophy of Law*, University of Manchester, Brookfield, U.T; Hong Kong, Avebury series in philosophy, 1989, spéc. pp. 35-112. aussi, sur le rôle créatif de la jurisprudence voir: Neil DUXBURY, «Law and Prediction in Realist jurisprudence », in: *Archiv für Rechts und Sozialphilosophie*, Vol. 87, 2001/3. Quartal, Heft. 3, pp. 402-418.

353 SANTILLANA, *Avant-propos de l'Avant-projet*, *op. cit.*, pp. V et VI.

354 « ...elle est [la coutume] comme une convention tacite qui a le pouvoir de créer la Loi, et de la modifier [...] Lorsqu'il est uniforme, constant, qu'il n'a rien de contraire aux bonnes moeurs et aux règles générales de la loi positive, l'usage a la même force que la Loi et il en fait partie. Il a cette force, même s'il n'est pas rigoureusement conforme à la tradition, et aux principes du droit positif:

Il n'est pas difficile de comprendre l'intérêt de ces propos pour les besoins à la fois de la synthèse et de la systématisation. C'est cette souplesse qui garantira trois objectifs majeurs de la codification: rédiger un code moderne, créer un système cohérent en se fondant sur des choix éclectiques et une conception universelle du droit civil; intégrer les règles du droit musulman dans le code tout en assurant son ouverture et son adaptation aux autres systèmes. Ici, l'aspect pragmatique de la technique des analogies, des usages, de l'adaptation des règles au fait...permet sans doute de réaliser le troisième objectif tout en assurant le pragmatisme de la nouvelle codification. De nouveau, Santillana argumente: « Ainsi la loi musulmane ne se tient pas à côté de la vie pratique, ne lui ferme pas tout accès: dès qu'une institution a été généralement adoptée par l'usage, la jurisprudence s'empresse de l'admettre. « Sans doute dit Korafi, il faut s'en tenir à la loi et à la tradition. Mais ce principe ne s'applique que lorsqu'il n'existe point d'exception généralement reçue. Dans ce dernier cas, le juge qui statue d'après l'exception généralement reçue ne rend pas un jugement nul. Tel est le cas de la commande *(kirâdh)*, de la vente à livrer *(selem)*, du transport de créance *(haouala)* et de plusieurs autres contrats; ils sont évidemment contraires aux textes et à l'analogie, mais un argument spécial doit toujours prévaloir sur un argument général » On va plus loin dans cet ordre d'idées: Bourzouli dit: « Est licite même le contrat rescindable *(fâcid)* lorsque celui qui le fait ne peut s'en dispenser, et ceci s'applique au louage de personnes *(idjâra)* à la société agricole *(mouzarâ)*, ainsi qu'à tous les autres contrats... » Djazouli dit: « Lorsqu'on est obligé de contracter dans des conditions défendues par la loi religieuse, par exemple lorsque tout le monde fait des contrats illicites, et qu'on ne trouve personne qui consente à contracter selon la loi *halal* (licite, exempt de péché), peut-on contracter aussi de la même manière? Le Prophète a dit: « Si l'Univers entier n'était qu'une mare de sang, il serait permis au Croyant de s'en nourrir... » »[355]. Il est vrai que des exemples de contrats mentionnés par Santillana ont été présentés dans le Livre deuxième du COC, (relatif aux contrats spéciaux). Mais cet exposé est même indispensable pour montrer que la consécration effective des coutumes locales était visiblement moins importante dans le Livre premier du COC, celui de la théorie générale des obligations. Autrement dit, la relecture de ces passages empruntés à l'Avant-propos doit tenir compte de ce qui a été réellement codifié dans l'Avant-projet.

« Il est dit dans le *Miyâr*, d'après Ibn Loubb: lorsqu'une chose a été pratiquée depuis longtemps et qu'elle est entrée à faire partie de l'usage ordinaire, il faut, autant que possible, s'efforcer de lui trouver un fondement dans la loi....il n'est pas nécessaire que la pratique puisse se ramener à une école déterminée ou à l'un des systèmes connus dans la doctrine... » ». *Ibid.*, p. IV.

355 *Ibid.*, pp. VI-VII.

Le codificateur n'hésite pas à assimiler la nécessité d'ouverture et d'adaptation juridique à un devoir religieux[356]. C'est ainsi que le chemin est tracé pour rédiger un code éclectique sans être pour autant trop abstrait ou technique: « Non seulement la loi s'ouvre à la coutume, c'est-à-dire à la vie mais elle la suit dans ses modifications. « [...] toute loi fondée sur un usage ou une coutume se modifie avec la coutume » »[357].

b. Coutume et jurisprudence: sources du COC

Dans une étude sur les sources jurisprudentielles du COC, un auteur a montré que la jurisprudence des juridictions françaises de Tunisie était une source directe de la législation[358]. Santillana a pu consacrer légalement plusieurs coutumes locales grâce à cette source. Cependant, il faut rappeler que la jurisprudence « purement française » a joué un rôle, parfois plus important, dans cette codification. L'auteur de cette étude distingue entre « la jurisprudence intervenant en l'absence d'une règle du Code civil » tels les cas de l'enrichissement sans cause, où Santillana cite non seulement un célèbre arrêt de cassation français[359], mais aussi l'art. 812 du BGB; les troubles anormaux de voisinage (art. 110 AP), où la jurisprudence française est, encore une fois, associée à l'art. 906

356 « Korafi parle dans le *Sahih* des décisions qui se trouvaient dans le système de mâlik et de Chaféi et qui se fondent sur les coutumes et pratiques du temps où ces décisions ont été rendues; il se pose, à ce propos, la question suivante: en supposant que ces usages se soient modifiés, est-ce que les décisions qui y sont conformes, et qui sont consignées dans les ouvrages de jurisprudence, ne doivent pas être réputées nulles, et ne faudra-t-il pas décider dans le sens qui est indiqué par l'usage nouveau ? On peut dire (d'une part): nous devons suivre ce qui est établi, car nous ne pouvons constituer la loi (*charâa*), n'ayant ni la science ni l'autorité qui sont requises à cet effet; nous devons donc décider les questions qui nous sont soumises d'après ce qui se trouve dans les ouvrages de droit. Mais à cela nous répondons: appliquer des lois qui se fondent sur d'anciennes pratiques, lorsque l'usage a changé, c'est aller à l'encontre de l'opinion générale et prouver l'ignorance où l'on est de la religion *(eddine)*; c'est le contraire qui est vrai: tout ce qui dans la loi *(charaâ)* se fonde sur les pratiques du temps où la loi a été faite, doit changer dès que ces conditions de fait ont changé, et suivre les pratiques adoptées depuis »», *Ibid.*, pp. VII-VIII.

357 *Ibidem.* L'attachement à la coutume et par conséquent à la vie, ne s'inscrit pas uniquement dans une perspective purement juridique au moment de la codification. Le législateur tient compte, aussi, de certains facteurs économiques. N'est-il pas vrai que « les lois sont les traités de paix entre des forces diverses, traités continuellement remis en question et révisés »? Georges RIPERT dans *Aspects juridiques du Capitalisme moderne*, L.G.D.J., Paris, 1946, notamment: pp. 7-47.

358 Slaheddine MELLOULI, « Contribution à l'étude des sources: La jurisprudence, source de la loi », *op. cit.*, p. 191.

359 « ...sous l'influence de certains auteurs comme Aubry et Rau ou Labbé, qui défendaient l'action de in rem verso, la Cour de cassation a fini par proclamer, dans le retentissant arrêt Boudier-Patureau-Miran du 16 juin 1892, le principe selon lequel nul ne peut s'enrichir sans cause aux dépens d'autrui. L'article 77 de l'Avant-projet a repris cet arrêt et l'article 72 du code des obligations et des contrats l'a adopté intégralement en lui donnant force de règle écrite légale», *Ibid.*, p. 193.

du BGB[360]; l'abus de droit (art. 114 et 115 AP) où le droit musulman a permis à Santillana d'aller même plus loin que la jurisprudence française dans la consécration législative de cette règle[361]. L'association faite par le codificateur entre la législation et la doctrine allemandes (§ 823 et 826 du BGB; Windscheid) et la doctrine française (Aubry & Rau, Merlin, Toullier...), d'une part, et le droit musulman et romain d'autre part, est très importante. Santillana a, en effet, introduit de longues listes d'exemples inspirés des ouvrages des jurisconsultes *malékites*, puisqu'il a déclaré que *l'École malékite* se place au point de vue du *Digeste*. La liste des sources musulmanes et romaines de l'art. 115 AP[362] dépasse de loin les quelques sources mentionnées à gauche de ce même article rédigé pour la première fois dans le Projet préliminaire en 1897.

Il existe en Tunisie des coutumes « qui étaient déjà bien établies lors de l'élaboration de l'Avant-projet devenu par la suite le code des obligations et des contrats. Tenues comme obligatoires par les sujets de droit, la jurisprudence les a reconnues, leur donnant la force des règles juridiques. La croyance des sujets de droit dans la force obligatoire de ces règles coutumières, et ensuite dans la force de ces règles jurisprudentielles qui les ont adoptées, a permis de les hausser au rang de règles légales écrites. Des illustrations importantes de cette jurisprudence devenue source directe de la loi peuvent être trouvées notamment dans les trois contrats coutumiers que sont le Selem, l'Enzel et le Kirdar »[363]. Seul le premier contrat[364] fera l'objet de quelques réflexions vu

---

360 *Ibid.*, pp. 193-194. Et voir du même auteur: « Les troubles anormaux du voisinage entre la loi et la jurisprudence », in: *R.T.D*, 1984, pp. 175 et s.

361 «Partant de cette jurisprudence [française], l'avant-projet [...] et après lui le code des obligations et des contrats dans l'article 103, en ont fait une règle générale. Ils sont cependant allés plus loin que la jurisprudence française puisqu'ils ont admis comme source de responsabilité, même en dehors de toute intention de nuire, le fait que l'exercice d'un droit cause un dommage notable à autrui alors qu'il pouvait être évité ou supprimé, sans inconvénient grave pour l'ayant-droit, alors que ce dernier s'abstienne de faire ce qu'il fallait pour prévenir ou faire cesser le dommage. Il s'agit là sans doute de l'influence du droit musulman ». *Ibid.*, p. 194.

362 Notes de David SANTILLANA à gauche de l'art. 115 AP, *Avant-projet*, *op. cit.*, p. 63 (Voir aussi les exemples de la p. 64).

363 Slaheddine MELLOULI, « Contribution à l'étude des sources: La jurisprudence, source de la loi », *op. cit.*, p. 191.

364 L'Enzel est régi par les art. 1090 et suivants de l'Avant-projet. C'est un contrat par lequel le propriétaire d'un immeuble cède, à titre perpétuel, la possession et la jouissance d'un héritage, contre une redevance déterminée et invariable, payable par année ou par mois, que l'autre partie s'engage à lui payer. Ce contrat explique S. Mellouli: « a été défini et réglementé à partir d'une jurisprudence constante du Tribunal de Tunis [Trib. Tunis, 27 février 1890, J.T.T., 1891, p. 22; 28 novembre 1887, J.T.T., 1893, p. 102; 10 mars 1893, J.T.T., 1893, p. 127] , mais aussi de celui de Sousse [Trib. Sousse, 28 novembre 1895, J.T.T., 1896, p. 32] ainsi que la Cour d'appel d'Alger [Alger, 8 mai 1886, J.T.T., 1890, p. 271; 27 février 1890, J.T.T., 1891, p. 22; 30 juillet 1893, J.T.T.T., 1894, p. 527]. Le Kirdar est très proche de l'Enzel. Ce qui le distingue est la redevance qui est variable suivant que le bien concédé acquiert une plus-value ou subit une moins-value. Régi par les articles 1117 et s de

son importance dans l'étude des sources coutumières, d'une part, et celle de la révision des *Ulama* d'autre part. Aux termes de l'art. 829 AP: « le Selem est un contrat par lequel l'une des parties avance une somme déterminée en numéraire à l'autre partie, qui s'engage de son côté à livrer une quantité déterminée de denrées ou autres objets mobiliers dans un délai convenu »[365]. En réalité cet article, qui légalise une coutume locale, est tiré d'une décision du tribunal de Sousse du 24 octobre 1889. Or, la lecture de l'Avant-projet et du code révèle une différence entre les deux. Car dans le premier, l'écrit est une condition de validité du contrat, tandis qu'il se contente d'un rôle plus modeste dans le second: un simple moyen de preuve dont on peut s'écarter. Ici, l'intervention des *Ulama* et de *Cheïkh-el-Islam* s'explique à notre avis, non seulement par l'absence de formalisme en droit musulman, mais aussi par une approche éminemment sociologique. À l'époque la société tunisienne était en grande majorité illettrée[366]. Santillana a donc réussi à implanter dans sa codification des coutumes locales par le biais d'une consécration jurisprudentielle établie. En recourant à la juridiction française installée dans le pays – pour consacrer dans le code des coutumes locales dont le caractère obligatoire[367] a été renforcé par la dite juridiction, il répond fidèlement, aux grandes lignes de la politique législative en la matière. Les écrits de certains juristes à l'époque coloniale traitent le phénomène de l'application des coutumes locales comme un acte objectif susceptible d'être mis en œuvre de la même manière dans toutes les colonies. Une étude sur le droit anglo-musulman illustre parfaitement cette tendance. Selon

l'avant-projet et 980 et s du code, , ces textes sont inspirés des juridictions de Tunis [Trib. Tunis, 28 mai 1886, J.T.T. 1890, p. 271; 27 février 1890, J.T.T., 1891, p. 22; 30 juillet 1893, J.T.T., 1894, p. 527] et d'alger [Alger, 26 janvier 1889, J.T.T., 1890, p. 138] », *Ibid.*, pp. 191-192.

365 Les art. 712 à 717 (de la vente à livrer avec avance de prix « selem ») ont été abrogés par la loi n° 58-1 du 28 janvier 1958.

366 En effet, l'art. 712 COC a repris intégralement l'art. 829 AP, en ajoutant à sa fin « Il ne peut être prouvé que par écrit ».

367 Rappelons, par ailleurs, les analyses de Carbonnier relatives au problème de l'obligatoire dans l'application de la coutume: « Le problème n'a pas d'équivalent pour la loi (la loi écrite), du moins telle qu'elle est conçue dans les sociétés modernes. L'obligatoire vient à la loi, du premier coup, et même d'avance, avant toute pratique, par un mécanisme très visible, bien défini, incontestable, de droit dogmatique: il lui vient de la contrainte exercée par l'État. Le mécanisme obligatoire de la loi se laisse lire très aisément dans la formule exécutoire qui est apposée au bas du texte. […] Allons plus loin: quand bien même une coutume n'aurait pas encore été prise en main par le pouvoir central, dès qu'elle se trouve consacrée par des jugements, son mécanisme obligatoire cesse de faire problème: la force obligatoire lui vient de l'autorité des juges. C'est encore un mécanisme de droit public, un mécanisme d'Etat, une application, fût-elle au second degré, de la contrainte étatique ». Jean CARBONNIER, *Flexible Droit. Pour une sociologie du droit sans rigueur*, L.G.D.J., 10ème éd., Paris, 2001, pp. 118-119. Voir également sur la coutume et le rapport de « règle sociale obligatoire » et la morale: Louis JOSSERAND, *Cours de droit civil positif français*, Librairie du Recueil sirey, 2ème éd., Paris, 1932, T. I, pp. 3-22.

son auteur[368]: « les juges [en Inde et dans les Colonies] n'ont jamais tenté, sciemment, de mélanger le droit musulman avec le droit anglais ou même de modifier des points particuliers de la Sharî'a. Le but que l'on s'est toujours proposé a été de trouver et d'appliquer les dispositions de la Sharî'a telles qu'elles furent élaborées par les grands juristes musulmans dans la mesure, du moins, où elles font partie des habitudes de vie des peuples musulmans auxquels nous étions chargés de rendre la justice [...] Je pense que vous avez, vous-même, observé un phénomène semblable dans l'application du droit musulman par les tribunaux d'Algérie »[369]. Or, le cas de l'Algérie témoigne d'un rapport à la jurisprudence et aux coutumes totalement différent[370].

La loi, qui englobe de son côté, dans son acception la plus large, toutes les normes « écrites », ainsi que leurs domaines respectifs; la loi et la coutume se partagent dès lors l'ensemble de l'ordre juridique: *Omne autem ius legibus* et *moribus constat*, écrivait déjà Isidore de Séville au VIIè siècle de notre ère sur les traces des jurisconsultes romains »»[371]. Mais il y a plus: l'intérêt que Santillana accorde à la coutume est en parfaite harmonie avec sa conception de la codification et de ses sources doctrinales: le droit romain, mais aussi les travaux des juristes allemands, spécialement les romanistes, et des italiens sur le « droit spontané ». La coutume est présentée dans le *Corpus iuris civilis* comme une source du droit. Divisé en droit écrit et droit non écrit, le *ius civile* octroie au droit non écrit une équivalence par ses effets juridiques. Beaucoup plus tard, dans la pensée de Savigny et Puchta notamment, la coutume, « refoulée par les Lumières au profit du rationalisme codificateur, [elle] ressurgit au nom d'une espèce de rationalité plus élémentaire face à tout ce que la loi positive peut avoir d'incomplet, de réducteur et de statique. Sortie « directement des entrailles même de la nation », la coutume est censée incarner une sagesse qui échappe au législateur: « elle prend ainsi à certains égards la place d'un droit naturel discrédité parce que trop superficiellement raisonneur. Et cette intui-

---

368 G. Vesey-FitzGerald, un ancien professeur de législations orientales à l'Université de Londres.

369 S. G. VESEZ-FITZGERALD, « Le Droit anglo-musulman », in: *R.I.D.C.*, 1952, n° 2, pp. 250-251.

370 Il faut rappeler que la jurisprudence a été utilisée par les autorités françaises en Algérie pour des objectifs différents. Le fonctionnement de la jurisprudence française en Algérie était fondé sur la tentative de faire pénétrer le droit français dans le système judiciaire algérien. Derrière cette jurisprudence, se profile déjà l'idée d'une supériorité de la loi française sur les droits locaux. De surcroît, le droit d'option entre la juridiction musulmane ou hébraïque et la juridiction française favorisait sans doute souvent l'application de la loi française. Car, « le fait d'opter pour la forme française, entraînait la soumission du fond au droit français ». Voir pour plus d'explication dans le domaine matrimonial par exemple: C. BONTEMS, « Une technique jurisprudentielle de pénétration du droit matrimonial français en Algérie: L'option de législation ». in: *R.A.S.J.E.P.*, 1978, T. XV, n° 4, pp. 37 et s.

371 Peter HAGGENMACHER, « Coutume », in: *A.P.D.*, T. XXXV, 1990, p. 27.

tion de l'École historique allemande trouve un évident prolongement dans les divers courants de type sociologique qui se profilent au tournant du siècle dans la doctrine française, puis dans les thèses italiennes du *diritto spontaneo* »[372]. La coutume[373] est une source autonome dans la codification du COC, mais elle est aussi la marge de flexibilité qui doit accompagner le code dès son application et durant sa vie. N'est-ce pas qu'une législation devrait « garder des marges de flexibilité pour la coutume »[374]? De surcroît la coutume a représenté un aspect original, puisqu'elle émane aussi d'une source doctrinale très spécifique utilisée dans l'Avant-projet, appelée la *jurisprudence de l'Ifriquia* (c'est-à-dire de l'Afrique du Nord et l'Andalousie) ou encore la technique du *'amal*[375] propre à chaque région. L'examen des jurisconsultes arabes mentionnés dans l'Avant-projet révèle ce grand intérêt accordé par le codificateur tunisien à ces travaux. Des noms comme Ibn Arafa, El-Bourzouli (deux célèbres jurisconsultes de l'école de Tunis durant la fin du XIV^è^ siècle et le début du XV^è^), Ibn Errami, Ibn El-Kacem, Sahnoun, etc., démontrent que la démarche comparative de Santillana était dans une large mesure fondée sur le pragmatisme. De même ses renvois systématiques à 'AMALIYÂT de Sijelmâssi[376] ou à AL'FETÂWÂ AL-HINDIA[377] ou encore à Korafi et son commentateur Ibn Jalloul Al-Kairawâni[378]...

Deux exemples de l'Avant-projet en matière de responsabilité aideront à mieux comprendre le recours de Santillana à ces sources ainsi que leur portée juridique dans la codification du COC. Dans ses notes relatives à l'art. 105 AP[379], il commence par établir des comparaisons entre *l'École malékite* (Zarkani,

---

372 *Ibid.*, pp. 27-39.

373 Voir à propos de la coutume dont Weber accentue le transfert juridique de la facticité des habitudes en pouvoir normatif: *Économie et société/2. L'organisation et les puissances de la société dans leur rapport avec l'économie*, Paris, Plon, 1995, pp. 23 et s.

374 Jean CARBONNIER, *Flexible droit, op. cit.*, p. 135. Et l'auteur d'ajouter: « C'est à propos de l'ivrognerie que Montesquieu avait inauguré sa théorie des climats, qui était sa méthode comparative. C'est là qu'il avait découvert les rapports nécessaires qui dérivent de la nature des choses: sous le soleil de l'arabie, où l'eau est le miracle qui étanche la soif, le Prophète avait été sage en ordonnant une prohibition totale du vin, tandis que les nations du Nord, qui espèrent de l'alcool quelque chaleur intérieure, pouvaient s'accommoder d'une moindre sévérité ». Idem.

375 Littéralement usage ou pratique.

376 Al-Charif Al-Housni Ibn 'Abdellah Ibn 'Abdeljalil Al-FILALI ASSIJILMÂSSI, *Le Livre des pratiques générales (Kitâb Fath assamad fi charhi attakmil wal mou'tamad al-mouchtahir bi'kitâb Al-Amaliyât Al'âmma)*, Imprimerie de l'État tunisien, 1ère édition, 1290 (1873).

377 *Les Fatâwâ indiennes appelées les Fatâwâ Al'âlamkîriât suivies de Fatâwâ ĶÂĐHIKHÂN et d'une table appeleé le dévoilement des doutes*, Grande imprimerie Al'amiriya de boulâķ, Egypte, 1310 h. (1889), en 4 Vol.

378 *Chihâb Eddine Abi Al'abbas Ahmad Ibn Idriss Al-ĶORÂFI, Charh tanķih Al-foussoul fi Al'oussoul Annoté par Cheïkh Abi Al'Abbas Ahmad Ibn Moussa Ibn Abdelhaķķ alyazliti connu par IBN JALLOUL AL-ĶAÏRAWÂNI (malékite)*, Imprimerie tunisiennne de la rue du souk el-blat, Tunis, Sans date.

379 Selon l'art. 105 AP: « Chacun doit répondre du dommage causé par l'animal qu'il a sous sa garde, même si ce dernier s'est égaré ou échappé, s'il ne prouve: 1° qu'il a pris les précautions nécessaires

Khalil, Ibn Farhoun...) le Code tunisien de 1861 et la jurisprudence du *Tribunal de l'Ouzara*[380], d'une part, et le droit romain (*Digeste* et *Institutes*), d'autre part. Il explique vers la fin de ses sources malékites que « la coutume tunisienne oblige cependant le propriétaire de volailles et des oies à les enfermer, si elles commettent des dégâts: (Ibn Errami, p. 190)»[381]. Dans les sources de l'art. 102 AP[382] (supprimé dans le COC)[383], le codificateur cite un autre auteur tunisien en faisant l'association avec ce qu'il appelle « l'ancienne coutume arabe » et « le droit moderne (tunisien) ». En effet, « l'ancienne coutume arabe permettait au père de s'affranchir de toute responsabilité pour les délits de son fils en le retranchant de sa famille, au moyen d'une déclaration faite publiquement au marché (c'est ce qu'on appelait *liâne*) Cette procédure s'est conservée dans le droit moderne, sous forme de désaveu solennel fait par un notaire *(asterâ)*. Voir... la formule dans Touati: Formulaire des notaires, 207 (traduc. fr.)»[384].

---

pour l'empêcher de nuire ou pour le surveiller; 2° ou que l'accident provient d'un cas fortuit ou de force majeure, ou de la faute de celui qui en a été victime ». Repris intégralement dans le COC (art. 94), cet article a été instauré pour la première fois dans le PP, il ne mentionnait dans cette première version que le premier motif d'exonération de la responsabilité. Le second a été ajouté dans l'AP. De même, l'élargissement remarquable des sources musulmanes, les analogies avec le droit romain et surtout l'intégration de la coutume locale et de certains jurisconsultes comme Ibn Errami, Ibn El-Kacem et la jurisprudence de l'*Ouzara* sont l'œuvre de Santillana dans l'AP.

380 Les renvois (*AP*, *op. cit.*, pp. 55-56) montrent que Santillana a travaillé sur des documents des Archives et du Journal des Tribunaux tunisiens à la fois.

381 *Ibid.*, p. 56.

382 L'art. 102 AP dispose que: « Le père et la mère répondent des dommages causés par leurs enfants mineurs et non émancipés demeurant avec eux. En cas de divorce, la responsabilité pèse sur celui des époux auquel a été confiée la garde de l'enfant et, subsidiairement, sur celui qui est tenu de lui fournir les aliments. Lorsque l'enfant appartient à l'un des époux, la responsabilité ne pèse que sur l'époux auquel l'enfant appartient. Cette responsabilité cesse dans les cas prévus au dernier alinéa de l'art. 100 ci-dessus. Cependant, les pères et mère ne peuvent invoquer le bénéfice de ces dernières dispositions lorsque par leur faute, et notamment par l'abandon moral où ils ont laissé leur enfant, ils sont la cause indirecte du délit ou quasi-délit commis par ce dernier ».

383 Repris de l'art. 82 PP (« Le père et la mère répondent des dommages causés par leurs enfants mineurs habitants avec eux, même s'ils n'ont pu l'empêcher »), la rédaction et les sources de l'art. 102 AP ont été élargies. Sa suppression du COC s'explique à notre avis par le fait que ce texte contient des dispositions relatives au droit de la famille, un domaine exclu du projet des codifications tunisiennes. Cependant, cette suppression n'affecte pas sa présentation, ici, puisque ces sources répondent parfaitement au problème de la coutume et des sources issues de la jurisprudence de l'Afrique du Nord.

384 David SANTILLANA, notes à gauche de l'art. 102 AP, *Avant-projet*, *op. cit.*, p. 54: « L'honorable un *tel* fils d'un *tel* a déclaré aux deux notaires du présent que son fils un *tel* fréquente les gens mauvais, débauchés, trompeurs et incorrigibles [...] actuellemnt, il a requis acte de ce qu'il l'éloigne de chez lui, le chasse de ses côtés et de ses alentours, de sorte que si son fils commet un délit contre la propriété, les personnes ou autres, il en sera innocent et n'en sera pas responsable en quoi que ce soit. Il a fait ainsi déclaration et requête d'acte parfaites ». ETTOUATI, *Recueil de notions de droit musulman*. Traduction de Jules Abribat, *op. cit.*, p. 207.

À y regarder de près, l'importance des sources coutumières propres au pays (voire à chaque région) et des actes notariés dans la pratique judiciaire, ne sont pas sans relation avec la spécificité de la jurisprudence de l'Afrique du Nord influencée par des *juges ou notaires andalous*. D'ailleurs, le choix de certains jurisconsultes andalous ou d'origine andalouse systématiquement cités dans l'Avant-projet en témoigne. Il faut rappeler que le dénominateur commun est le *malékisme*. La relation entre Kairouan[385] et le malékisme espagnol suscite quelques remarques. Le malékisme a été pour l'ensemble du Maghreb ou de l'Occident musulman un élément essentiel d'unification, mais son acceptation n'était pas facile et homogène; l'histoire de son implantation présente une complexité considérable.[386]. Ni Kairouan, irrémédiablement déchu après son sac par les hordes hilaliennes (449/1057), ni Mahdiâ, qui n'avait pu survivre à l'agonie puis à la chute des *Zirides*, n'avaient plus, comme nous l'explique Ibn Khaldoun, de modèle de civilisation à proposer à la société *ifriquienne*. « La dépression favorisa le vent d'Espagne alors soumise aux hautes pressions de la Reconquête. Ce vent souffla de plus en plus fort...»[387].

---

[385] Kairouan est une ville située au centre de la Tunisie. Elle fut la capitale et la première ville sainte de l'*Ifriquia* depuis la conquête arabe (670-695: fondation de Kairouan; 702: *Ifriquia* arabe). Sa grande Mosquée « devait renfermer une des collections les plus riches du Maghreb. Mais les fréquents pillages que Qaïrouân a subis jusque dans ces derniers temps, n'ont pas pu contribué à ruiner la culture littéraire dont elle avait été le centre au temps des aghlabites et des H'afs'ides ». O. HOUDAS, et René BASSET, *Mission scientifique en Tunisie (1882)*, Imprimerie de l'association ouvrière, P. Fontana et Cie, Alger, 1884, p. 143.

[386] André DEMEERSMAN, « Recherches tunisiennes sur le mâlikisme ifrîqiyen », in: *IBLA*, 1963/1, n° 101, p. 2. Par ailleurs, il semble que les relations artistiques entre Kairouan et Cordoue (à propos des grandes mosquées) étudiées par É. Lambert, mettent en relief l'influence de l'art *ağhlabide* d'*Ifriquia*. Le célèbre Ibn Khaldoun nous fournit des renseignements précieux: « la pédagogie tunisienne est plus proche de l'Espagne que du Maghreb, car elle provient des Šayh espagnols réfugiés à Tunis après la Reconquista chrétienne. Depuis c'est eux qui ont fourni les maîtres d'école aux petits tunisiens ». Abdel'rahmân IBN KHALDOUN, *Muqaddima*, traduction de V. Monteil, Beyrouth, 1968, T. III, p. 1223.

[387] M. Talbi, apporte dans son étude Kairouan et le malékisme espagnol, une contribution intéressante sur « une question précise non encore élucidée: dans quelle mesure le mâlikisme de l'Andalous doit-il son origine à celui de l'Ifriqiya et à quel degré a-t-il subi son influence? En d'autres termes, le point de départ de l'implantation mâlikite est-il à chercher à Kairouan ou à Cordoue? Problème ardu d'interprétation culturelle. L'Ifriquia et l'Andalus des géographes musulmans forment un tout difficile à dissocier [...] La présence à la bibliothèque de la Grande Mosquée de Kairouan d'un texte comme celui dont nous entretient avec une érudition avertie G. Levi Della Vida (alerté par H. H. Abdul-Wahab) ne suggère-t-elle pas la possibilité d'un courant d'échanges dans le sens Andalus-Ifriqiya encore insoupçonné?». Mohamed TALBI, « Les contacts culturels entre l'Ifriqiya hafside (1230-1569) et le sultanant nasride d'Espagne », in: *Actas del Il Coloquio Hispano-Tunecino de estudios historicos (Madrid/Barcelona, mayo de 1972)*, Instituto Hispano-arabe de Cultura, Madrid, 1973, p. 65.

La particularité juridique du *malékisme andalou* et *ifriquien*[388], est largement fondée sur son orientation pratique. Des juristes comme Ibn el-Qâssim, Sahnoun, Assad, etc, (cités dans l'Avant-projet d'ailleurs) illustrent nettement cette tendance pragmatique et perfectible. « Le fiqh mâlikite de tendance traditionnaliste est peu favorable à l'élément spéculatif (*ra'y*) qui a été transporté en Ifriqiya sous les tout premiers aghlabites, avec, par surcroît, les interprétations venant d'un disciple et la prise en charge par le grand Sahnûn. C'est grâce au maître Salmoun pour une bonne part, que son triomphe fut assuré non seulement en Afrique du Nord, mais dans toute l'Afrique centrale et occidentale ». Le succés de la *Risâla* de Ibn Abî Zayd al-Qarawâni (m. 996) et plus tard du Mukhtassar de Khalil Ibn Ishâq (m. 1365) est caractéristique à cet égard. Dès la seconde moitié du VIIIè siècle et le début du IXè, le triomphe du malékisme est assuré. Ainsi, et après avoir assimilé le malékisme oriental, des jurisconsultes tels que Sahnoun, Ibn Qâssim, Assâd...ont créé dans leurs ouvrages (*Al-Assadiyâ, la Moudawana, le Moukhtassar*, etc.) une conception originale plus conforme aux besoins et au tempérament ifriquiens.

Plusieurs sources musulmanes citées par Santillana appartiennent à cette tendance de pragmatisme et de malékisme propre à l'Andalousie et à l'Ifriquia. À côté du célèbre *Moukhtassar* de Khalil[389], *La Tohfat* (Le Joyau) de l'Andalou Ibn Acem (mort en 1426)[390], *Tabsirât Al-Houkâm* de Ibn Farhoun[391] et son com-

388 À ce sujet, les travaux des historiens et des islamologues sont multiples, voir à titre d'exemple: Abdelmajid CHARFI, « Iǧtuhād et Iǧmā' au-delà des malentendus », in: Annuaire de l'Afrique du Nord, CNRS Éditions, Paris, 1996, XXXIII, 13-24; Mohamed TALBI, « Kairouan et le Mālikisme espagnol », in: *Études d'Histoire Ifriqiyenne et de Civilisation musulmane Médiévale*, Faculté des Lettres et sciences humaines de Tunis, Imprimerie officielle de la République Tunisienne, Tunis, 1982, Vol. XXVI, pp. 295 et s; Najmeddine AL-HINTATI, « Evolution des positions des Ulamas malékites de Ifriquia » (en langue arabe), in: *IBLA*, 1992, T. 55, n° 170, Spéc. pp. 302-305. Et du même auteur: « Une tentative de répandre le rite hanbalite en Afrique du Nord pendant la moitié du III / IX ème siècle » (en langue arabe), in: *IBLA*, 1994, T. 57, n° 173, pp. 91 et s.

389 Il faut rappeler que Santillana a travaillé sur la traduction française de Khalil réalisée par Perron, un docteur, ancien directeur de l'École de Médecine d'Egypte; sa trduction fut publiée entre 1848 et 1854 en 7 volumes. Voir sur la traduction d'autres jurisconsultes Andalous ou Ifriquiens (telles les deux traductions de la *Risâla* d'El-Qayrawani par Fagnan et plus tardivement par L. Bercher): G. Henri BOUSQUET, « L'exploration juridique de l'algérie et de l'Afrique du Nord (Droit musulman) », in: *B.E.A.*, 1947, n° 33, pp. 99 et s.

390 La traduction était assurée par Martel & Houdas.

391 Burhan Al-Din Ibrahim Ibn. 'Ali Al- Ya'mari IBN FARHOUN, « juriste malikite, naquit vers 760/1358 à Médine dans une famille d'érudits originaire d'Andalousie; après des voyages en Égypte et en Syrie, il fut désigné pour le kadā de Médine en 793/1390 et passe pour y avoir fait revivre le rite malikite. Il mourut en 799/1397. Des huit ouvrages (trois inachevés) qui lui sont attribués par Ahmad Baba, cinq ont survécu, dont deux ont été imprimés: 1. « *Al-Dibaj al-mudhab fi ma'rifat a'yan 'ulama al-madhhab* [...] 2. *Tabsirat al-hukkam* [...] est une sorte de manuel à l'usage des *kadis* contenant des détails de procédure, des règles de preuve, etc.; il manifeste une certaine indépendance d'esprit lorsque, par exemple (II, 142 sq), il essaie de justifier l'attribution au *kadi* de

mentateur Ibn Salmoun, deux jurisconsultes Andalous, sont l'une des sources malékites fondamentales dans l'Avant-projet. On possède peu de renseignement sur la biographie de Bourhân Al-din Ibn Farhoun[392], seulement qu'il a vécu dans la seconde moitié du VIII è siècle de l'hégire (fin du XIVème siècle). Or, c'est la période qui correspond, précisément, à la renaissance des études juridiques dans le Royaume de *Granada* et à son influence culturelle sur les pays de l'Afrique du Nord en particulier. LaTabsirat est un « traité de droit procédural et judiciaire d'une grande hauteur technique pour son époque, y faisant jaillir une profonde perception psychologique des relations des juges avec les parties. Il introduit également des nouveautés notables dans le champ procédural. [...] Durant la dernière période de la présence arabe en Espagne, existait une organisation judiciaire et une normativité très avancées, notamment par rapport aux institutions et aux normes similaires applicables en Espagne chrétienne»[393]. La *Tabsirat* commence avec une exposition des sciences juridiques en mentionnant des témoignages de Malik. En déclarant que l'art de juger n'est pas comme les autres sciences, Ibn Farhoun met notamment en valeur le rôle du juge et l'importance du déroulement pratique des procés. Son commentateur le grenadin Abou Al-Qasim Ibn Salmoun s'intéressait essentiellemnt à deux branches des études juridiques de l'époque. La première s'occupe de la jurisprudence – spécialement la science de la rédaction des contrats (*wathâ'iq*) et ses clauses (*chourout*) –, quand à la seconde, elle est dédiée à la transmission des traditions du Prophète. En somme, les biographes[394] d'Ibn Salmoun sont unanimes sur sa connaissance juridique exemplaire (formation en Andalousie, au Maghreb, en Egypte..) et sa formation en matière notariale ce qui lui a valu la nomination de *cadi* suprême de Grenade[395].

certaines compétences appartenant en théorie au *sahib al-mazalim*, au *sahib al-shurta*, etc.». Voir sa biographie in: *Encyclopédie de l'Islam*, *op.cit*, T. IV, p. 786.

392 Voir sa brève biographie et ses œuvres: Elena DE FELIPE et Fernando RODRIGUEZ, « La produccion interlectual Mâlikî a traves de al-Dîbâj al-Mudhab de IBN FARHŪN », in: *Estudios onomástico-biográficos de Al-Andalus. I.* Editados por Manuela Marín, Consejo Superior de Investigaciones científicas. Instituto de Filología-Departamento de estudios Árabes, 1990, pp. 419-427.

393 Traduction personnelle de l'espagnol. José AGUILERA PLEGUEZUELO, « Un Tratado de Procedimiento aplicado en Al-Andalus », in: *Awraq (R.E.P.I..H.A.C.)*, 1982, n° 5-6, p. 103.

394 À titre d'exemple: Pedro CANO, « Sobre algunos maestros y contempranes del Granadino ABŪ L-QĀSIM IBN SALMŪN», in: Miscelanea de Estudios Arabes y Hebraicos, Universidad de Granada, 1988, Volumen XXXVII, Fasc. 1, p. 38.

395 Sur son influence en Afrique du Nord, voir notamment l'étude de Pedro VANO ÁVILA, « El contrato de compraventa con derecho de opción (bay'al-jiyār) y con derecho de recuperación (ṭunyā), según el jurista granadino IBN SALMŪN (siglo XIV) ». (Le contrat de *khiâr* avec le droit d'option et le droit de récupération, selon le juriste grenadin IBN SALMOUN « XIVème siècle »), in: *Actas XVI Congreso UEAI*, Miguel Ángel Manazano Rodríguez editores, Salamanca, 1995, pp. 89-99.

Ibn Acem Al-Ğharnâti est aussi un célèbre jurisconsulte malékite, grammarien et homme de lettres. L'un de ces ouvrage célèbres: *La Tohfat al-houkam fi nikât al'oukoud wal'ahkâm* était l'une des sources musulmanes principales citées dans l'Avant-projet. C'est un traité de droit malékite en 1698 vers, (appelé également *al'Âssimiya*), devenu l'un des manuels de l'école malékite qui font autorité ». Parmi ses commentateurs, on cite Mohamed Al-Taoudi (1792), Ali ben Abd Assalam Al-Tasouli (1861), tous deux cités également à plusieurs reprises par Santillana. Le recours du codificateur tunisien à ces travaux a incontestablement favorisé sa démarche synthétique. Toutefois, les *fatâwâ* ont joué à leur tour un rôle parfois décisif quoique sensiblement moins visible.

c. La question des *fatâwâ*

La *fatwâ* est l'élucidation d'une question ambiguë ou dépourvue d'une réglementation charaïque[396], généralement en réponse à une question posée. Il s'agit de faire connaître à l'intéressé la position de la religion à propos d'un sujet déterminé. La réponse du *mufti*[397] peut être verbale ou écrite, mais elle n'a pas en tout cas de force obligatoire. L'intérêt des autorités coloniales durant le XIXe siècle aux *fatâwâ* n'était pas spécifique de la Tunisie, dans certains pays arabes les autorités étrangères recoururent aux *fatâwâ* délivrées sur leur demande par des *Ulama*[398].

---

396 Sur la définition du mot *fatwâ* voir: *Le Lissân al-'Arab (Langue des arabes)* d'IBN AL-MANDHOUR Jamal Eddine, Dar Sâdir li'attibâ'a wa'nnachr, Beyrouth, 1968, T. II, p. 1051.

397 La plus haute autorité religieuse actuellemnt en Tunisie est le *Mufti de la République*. L'association entre *mufti*, terme à connotation purement religieuse, et République qui implique la laïcité, ne manque pas d'embrouiller le statut et les fonctions réelles de cette personnalité. Dans la seule étude publiée relative directement au *Mufti* de la République, A. Nouira montre que la fonction de *Mufti Al-Joumhouriyâ* – abstraction faite de son rôle religieux, limité d'ailleurs – a été créée pour assurer au moins deux objectifs: servir la république à travers une certaine « légitimation islamique » de celle-ci, et la mise en œuvre d'une institution qui garantit à l'État le monopole du discours religieux. Ainsi, « l'État s'est fondé – dans sa relation avec l'Islam institutionnel – en premier lieu, sur la méthode de confrontation (face au courant traditionnaliste composé essentiellemnt par les *Zeytouniens*) pour le contenir progressivement [...]. Dès les premières années qui suivirent l'indépendance, le courant *Zeytounien* s'est vu attaqué au sein des domaines de sa domination classique, par la suppression de la *justice charaïque* et la création d'un appareil judiciaire unique; la liquidation des biens *habous* et enfin la « liquidation » pregressive de la *Zeytouna* ». Traduction personnelle du texte arabe. Asma NOUIRA BEN D'AYA, *Mufti Al-Joumhouriyâ fi Tounis. Al-mouassassa wal'wadhifa* (Le *Mufti de la République* en Tunisie. Institution et fonction). Cérès éd., Tunis, 2001, pp. 55-56. De même, sur la liquidation et la transformation de la *Zeytouna*, voir: le décret du 27 avril 1956 relatif à l'organisation de la grande mosquée, J.O.R.T., du 27 avril 1956, p. 789.

398 Un fait curieux mérite d'être rapporté ici: « selon un passage des Campagnes de Napoléon, celui-ci avait songé à islamiser l'armée d'Egypte et il lui fut délivré une *fetwâ* très orthodoxe en vertu de laquelle la circoncision n'était que recommandée...contrairement à l'abstention du vin, ce qui fit échouer le projet! ». G. Henri BOUSQUET, « Théorie du fiqh et réalités sociologiques »; in: *B.E.A.*, novembre-décembre 1948, n° 40, p. 207.

Au fond, la question des *fatâwâ* ne doit pas être totalement dissociée de l'*ijtihad* en Islam, et en Tunisie particulièrement pendant le XIXè siècle. Les divergences des réponses fournies par les *muftis* ne s'expliquent pas uniquement par rapport à leur appartenance au *rite malékite* ou *hanéfite*, mais aussi par leur propre conception de l'apport juridique des *fatâwâ* d'une part, et de l'*ijtihâd*, d'autre part. Un évènement significatif durant l'époque de Kheïreddine mérite d'être évoqué. Le Cheïkh Ahmed Ben Mahdi, disciple du Cheïkh Snoussi – qui a participé à la codification du droit foncier en 1885 – fut victime d'une violente contestation de certains *Ulama* et de *Cheïkh-el-Islam* (Mohamed Mo'âwiya à l'époque) qui ont menacé le Bey de déclencher une révolution s'il n'ordonnait pas de le tuer ou de l'emprisonner. Cet acharnement était déclenché par une lettre qu'Ahmed Ben Mahdi avait rédigée en incitant la communauté à l'ijtihad et à ne se contenter d'imiter les ancêtres que lorsqu'elle se trouve incapable d'agir autrement. Embarassés, le Bey et son Ministre Kheïreddine, n'ont trouvé d'autre issue que d'exiler le Cheïkh Ben Mahdi à la Mecque, où il est mort quelques années plus tard[399].

Les divergences entre les *Ulama* tunisiens au sujet de l'*ijtihad*, permettent de déduire deux choses: l'importance juridique et politique des *fatâwâ* ou des lettres exprimant l'avis personnel de l'auteur, et le choix imposé aux autorités françaises de faire participer seulement les *Ulama* plus ouverts que d'autres au processus de la codification. Rien d'étonnant, si c'est Salem Bou Hajeb par exemple qui était l'un des plus enthousiastes aux idées réformatrices de Kheïreddine, notamment à la collaboration des *Ulama* dans le domaine politique. C'est aussi lui qui a approuvé l'idée de Kheïreddine de constituer un comité ou conseil inspiré du modèle parlementaire européen composé des *Ulama* et de politiciens, dont le but est de veiller sur le bien être de la communauté.

Contrairement à l'Avant-projet, les *fatâwâ* étaient utilisées lors de la codification foncière de 1885. Devant le problème des terres *habous* ou *waqf*[400], les autorités françaises ont trouvé dans les *fatâwâ* le moyen le plus efficace voire le seul permettant l'introduction de ces richesses dans le circuit économique. Comme le statut religieux de ces terres, pourtant fertiles et très étendues, empêche leur cession, la *fatwâ* du *bach mufti* Chadli Ben Salah était, en ce sens, un secours précieux. Il n'a pas participé à la commission qui a préparé le projet du Code foncier; il était cependant membre de la commission désignée par le Bey. Ce mufti malékite suprême avait déclaré dans sa *fatwâ* que les terres *waqf*

---

399 A. ABDESSALEM: Mohamed BAÏRAM, *Safwat Al'itibâr*, *op. cit.*, T. III, p. 95.

400 Ces terres ont été depuis plusieurs générations en dehors du circuit économique. Elles sont intransmissibles dans la mesure où elles sont vouées à accomplir un rôle socio-religieux d'aide et de charité.

pouvaient être louées *(Enzel)*. La coutume était l'argument fondamental exposé dans la *fatwâ*, puisque le bach mufti, tout en reconnaissant la divergence entre les jurisconsultes, s'est référé à la coutume tunisienne pour conforter une *fatwâ* dans le même sens, rédigée par le Cheïkh Ibrahim Arriahi. La source de cette *fatwâ*[401] de Chadli Ben Salah, indique qu'elle a été rédigée en 1886, une année après la promulgation du Code foncier. Sans doute elle était un préliminaire direct pour le décret du 13 novembre 1898, qui a obligé *l'Association des waqfs* à mettre sous l'autorité française une superficie considérable des terres appelées *« waqf 'âm »* (Waqf public: 2000 hectares au moins) – après la désignation d'un spécialiste agraire français – sous l'autorité française.

Finalement, ce qu'il faut retenir de ces analyses, c'est que le recours des autorités françaises aux *fatâwâ* en matière foncière était stratégique et presque inévitable pour éviter une confrontation violente aussi bien avec la population qu'avec les *Ulama*. N'oublions pas que le domaine des biens habous est une institution religieuse régie par des règles musulmanes strictes. Cependant, en aucune étape de sa préparation, la codification civile et commerciale n'a utilisé les *fatâwâ* comme moyen direct de législation ou de légitimation. Cela n'exclut pas évidemment la présence des *fatâwâ* dans certaines sources musulmanes citées dans l'Avant-projet. Ajoutons enfin que l'une des sources doctrinales *hanéfite* importante de l'Avant-projet, n'est pas totalement étrangère à cette manière d'exposer des solutions ou principes juridiques musulmans. Il s'agit du célèbre livre de référence *Al-Fatâwâ Al-Hindiya*. Cette compilation se compose de six fascicules denses; elle est considérée comme une importante référence en droit *hanéfite* mais elle n'a jamais été officialisée, ni rédigée à la manière d'une codification moderne.

Les analogies effectuées entre le droit musulman et les systèmes européens – français et allemand notamment –, ont conduit souvent à la consécration de

---

401 Mohamed Ben Younes ESSOUISSI, *Al fatâwâ Attounissiya fi al-ķarn arrâba'hijri. Jam'an wa tahkiķan wa dirâssatan li'nnachr bi-tounis* (*Les fatâwâ tunisiennes durant le XIVè siècle. Assemblement et révision pour la publication en Tunisie)*, *Thèse pour le doctorat*, Université de la *Charî'â* et des fondement du *fiķh* – Section du *fiķh* et politique charaïque, Tunis, 1986, T. I, p. 47. L'auteur montre que les autorités françaises ont utilisé les *fatâwâ* en matière de naturalisation. Le *Cheïkh-el-Islam* Ahmed Bel-Khouja (qui a participé aux travaux de l'examen de l'Avant-projet) avait déclaré dans une *fatwâ* en date de juin 1877 que le tunisien naturalisé français ne devient pas de ce fait un *đhimmi* (c'est-à-dire un non musulman) au point qu'on lui interdise d'être enterré dans les cimetières musulmans. Il mentionne à la fin de sa *fatwâ* les noms des professeurs à la *Zeytouna* qui partagent son avis, parmi lesquels, il cite Mustapha Rađhouan. Cependant, une *fatwâ* délivrée par Mohamed Chaker de la Mosquée *Al-Azhar* au Caire, témoigne d'une rigidité absolue puisque son auteur considère que la naturalisation engendre l'apostasie. Le pauvre naturalisé se trouve dès lors « maudit » par la *Charî'â*. Voir les deux *fatâwâ* dans la thèse précitée, pp. 324-329.

solutions hybrides[402] dans le code en laissant de côté le problème des fondements juridiques divergents, parfois opposés.

2 – « Analogies » et assimilation des fondements

Pour convaincre des « analogies »[403] existantes entre le droit musulman et les systèmes européens, notamment le système allemand, proposées dans l'Avant-projet (a), Santillana met l'accent sur la similitude ou l'unicité des fondements. Ces affirmations s'apparentent au fond à un château de cartes qui s'éffondre aussitôt devant deux difficultés: le problème des institutions typiquement musulmanes déracinées de leurs fondements (b) d'une part, et le problème des traductions utilisées comme sources, d'autre part (c).

a. Thèse des analogies musulmane et allemande

C'est dans une perspective de recherche d'analogie que le rapport entre l'esprit juridique allemand et son homologue musulman s'impose. Aucun passage, dans l'Avant-projet, n'a été destiné à la technique législative allemande[404]. Au sein de ses notes, Santillana a désigné par le qualificatif « droit moderne », soit la législation, soit la doctrine allemande. Dans certaines notes ou commentaires des sources utilisées, il a tendance à insister sinon sur l'analogie, du moins sur les ressemblances des solutions juridiques retenues en droits allemand et musulman. Ce procédé avait pour objectif de se prononcer avec enthousiasme et certitude sur la similitude qu'il présente comme parfaite et presque totale en partant de la racine commune des origines et par conséquent des solutions. Or, ses réflexions renferment aussi bien des analyses purement juridiques que des propos de légitimation ou d'argumentation. C'est précisément à cet égard, que sa thèse sur les analogies musulmanes et allemandes s'avère largement critiqua-

---

402 Il faut attirer l'attention du lecteur sur un manque de typologie très visible à ce niveau. On parle de synthèse, d'éclectisme, d'hybridité, de synergies, de confusions, etc. Mais au fond, les formes des croisements culturels et juridiques ne sont pas suffisamment étudiées et clarifiées. Un projet qui dépasse le cadre de ce livre.

403 Santillana utilise le terme « analogies » dans une perspective très large et souvent imprécise. La signification juridique est plus restreinte puisqu'il s'agit d'une notion essentiellement méthodologique. Ce sens est bien sûr différent de la ressemblance empirique des systèmes normatifs ou des affinités électives. L'emploi de ce terme n'est qu'une reprise du « langage » propre à Santillana, permettant, en même temps, de prendre distance à l'égard de sa théorie.

404 Pour être précis, il faut rappeler qu'une seule allusion très générale a été faite au début de l'Avant-propos à plusieurs législations européennes, y compris le BGB: « Il était impossible de ne pas tenir compte de ce grand mouvement d'idées qui entraîne l'Europe vers l'unité du droit, pas plus que de négliger les travaux législatifs, très considérables, qui, pour ne parler que de quelques-uns, ont produit récemment le Code fédéral des obligations, le Code de commerce italien, le Code civil et commercial allemand, les différentes lois anglaises en matière industrielle et commerciale[…] ». David SANTILLANA, *Avant-propos de l'Avant projet*, *op. cit.*, p. I.

ble. Faut-il rappeler que l'histoire de la législation civile allemande, et que les travaux doctrinaux, notamment des Pandectistes ont poussé le rationalisme et la systématisation juridique à son plus haut niveau (Seuls les concepts *« Begriffe »* sont rois), et qu'ils n'ont rien de commun avec la logique du droit musulman?

Développé dans des conditions spécifiques et reposant sur ses sources propres, le droit musulman est un système particulier dont la spécificité majeure est son origine divine[405]. Dans cette perspective, l'effort des jurisconsultes n'a jamais été développé jusqu'à la systématisation. Un exemple très révélateur est celui de l'autonomie de la volonté. Si les juristes allemands ont développé et systématisé cette théorie sur des bases rationnelles, abstraites et scientifiques partant d'une certaine image de l'homme, la réglementation musulmane ne s'est pas détachée du donné religieux. Cette conception est présente en particulier dans la doctrine *hanéfite* pour récuser l'idée d'autonomie de la volonté. Pour la détermination du contenu d'un acte juridique, c'est la volonté déclarée qui est prise en compte et non la volonté interne. Dans le système musulman, « cette position pourrait s'expliquer par l'ambivalence qui le caractérise: le droit procédant de la révélation, religion et droit s'imbriquent étroitement. Pour les séparer, les *fuqahâ'* procèdent d'une manière empirique; ils considèrent que tout acte est soumis à une double appréciation, l'une est faite au regard de critères religieux *(diyanat)* et relève de la justice divine, l'autre obéit à des critères proprement juridiques *(kada'an)* et relève de la justice humaine. Or à ce plan, les tribunaux étatiques sont tenus, comme le souligne un auteur « de juger sur l'apparence » »[406]. Il ne leur appartient pas de fouiller les intentions ou de rechercher les motivations des actes qui ne peuvent être connus que de Dieu. La *chari'a*, précise-t-il, ne prévoit aucune situation d'où il ressort qu'une personne puisse être sanctionnée au titre de ses intentions ou de ses motifs, ou qu'on puisse sur un tel fondement juger de la licéité d'un acte.

Sans doute, les conséquences du caractère révélé, quoique multiples, sont d'importance inégale. L'une des plus importante est l'aspect moralisateur sur lequel repose le droit musulman[407]. Celui-ci se propose d'abord d'ordonner le

---

[405] Une divergence sensible, à ce niveau, entre le droit musulman et le droit canon peut-être notée. Les règles canoniques – abstraction faite de l'indissolubilité du mariage – n'invoquent pas à l'instar des règles musulmanes l'origine révélée.

[406] Sélim JAHEL, « Droit des affaires et religions », in: *R.I.D.C.*, 2001, n° 4, pp. 892-893.

[407] Ceux qui s'accrochent d'une façon aveugle à la *Chari'â*, estiment que le fondement des droits occidentaux indifférent aux considérations d'ordre moral ou éthique (sauf dans certains champs juridiques), témoigne de la décadence de l'Occident. Sur le droit musulman en tant que révélateur d'une crise de l'interprétation anthropologique du droit dans les pays musulmans, voir à titre d'exemple: Bernard BOTIVEAU, « Remarques sur les conditions d'une anthropologie du droit », in: *Égypte/M. A.*, 1996, n° 25, pp. 25-37; et du même auteur: *Loi islamique et droit dans les sociétés arabes*, Préface de Jacques Berque, éd. Karthala – Irmam, Paris, 1993, spéc. pp. 75 et s.

bien et de punir le mal[408]. Ce qui explique, en l'occurrence, que les sociétés musulmanes sont elles-mêmes obligées de s'adapter et se comporter à la lumière des principes révélés, et que le droit ait pour rôle d'expliquer et d'analyser. Ainsi, on comprend pour quelle raison le juriste musulman n'a jamais cessé d'être un théologien . Sa première tâche, voir l'ultime, est de formuler des règles de conduite (un habitus) plutôt que développer un système normatif abstrait. La conséquence directe et majeure a été néfaste: l'immutabilité du droit tel qu'il a été conçu. La meilleure illustration en sont des propos attribués à un *Calife* de Damas, et cités par J. Schacht: « Il n'y a plus de Prophète après le nôtre, plus de Livre Saint après le nôtre. Ce qu'Allah a permis ou défendu par l'intermédiaire de notre Prophète le demeure à jamais... »[409].

À partir de la lecture sociologique de Max Weber, il convient de rappeler tout d'abord que le dévelopement idéal typique du droit est passé par quatre stades: la Révélation charismatique ou droits prophétiques; la création empirique du droit ou droit des Notables; l'imposition du droit par des pouvoirs théocratiques ou séculiers; et enfin l'élaboration systématique du droit par les juristes spécialisés[410]. Or, le droit musulman n'a jamais connu la quatrième étape. Au long de son parcours historique, ce droit n'a pas été développé uniquement à partir du Coran ou la *Sunna*. Au contraire, ces deux sources étaient tellement insuffisantes à sa formation – et en l'occurrence à son évolution – que la *Charî'â* apparaît plutôt comme le produit d'un travail spéculatif des *Ulama* ou des quatre grandes écoles du *fikh*. Ce droit qu'on pourrait appeler « le droit des juristes » – dans la mesure où il est constitué des avis personnels ou des jugements –, n'a pas réussi à atteindre la quatrième phase de la systématisation

---

Voir aussi: William Sulayman QUALLADA, « Lecture du Code civil égyptien », in: Dossier du CEDEJ: *Politiques législatives Égypte, Tunisie, Algérie, Maroc*, Le Caire, 1994, pp. 35-43; Rachid FILALI MEKNASSI, « Transformations sociales et mutations juridiques au Maroc », *même dossier*, pp. 59-78; Sufi ABU TALEB, « La shari'a islamique et le droit positif dans les pays arabes: Histoire et perspective », *même dossier*, pp. 137-156; Slim LAGHMANI, « Droit musulman et droit positif: Le cas tunisien », *même dossier*, pp. 157-163. Selon cet auteur: « Au total une différence de structure distingue le droit musulman du système juridique tunisien », *Ibid.*, p. 161.

408 Les versets coraniques en ce sens sont très nombreux. À titre indicatif, nous citons les versets suivants de la sourate *La famille d'Omran*: « 104. Formez une nation qui appelle au bien, ordonne le bien et interdise le mal. A ceux-là le bonheur. 105. Ne soyez pas comme ceux qui se sont divisés et disputés après avoir eu les preuves. A ceux-là le tourment sans borne. 106. Le jour où les visages deviendront les uns clairs, les autres sombres. A ceux dont seront assombris les visages: Êtes-vous devenus des incroyants après avoir cru? Goûtez le tourment puisque vous n'avez plus cru ».

409 Joseph SCHACHT, *Introduction au droit musulman*, Traduit de l'anglais par Paul Kempf et Abdel Magid Turki, Éditions Maisonneuve et Larose, 2ème éd., Paris, 1983, p. 65. Il semble, toutefois, que cette affirmation a été très postérieure à ce *Calife*.

410 C'est le résumé du huitième paragraphe de la sociologie du droit. Concernant le concept de *« Stufen »* où Weber s'appuie sur Bücher voir l'introduction au MWG I/22-3.

pour plusieurs raisons. L'aspect économique occupe une place fondamentale dans l'analyse de Weber. La coexistence, en Islam, d'une dominance patrimoniale[411], d'une part, et d'un droit révélé, la *Sunna* et la « justice du *cadi* », d'autre part, n'a pas favorisé l'émergence et la prospérité d'un système économique libéral et rationnel[412]. De surcroît, sur le plan strictement juridique, la cristallisation du droit musulman s'est achevée officiellement à travers la conviction que le pouvoir juridique de l'interprétation légale, était figé. Par conséquent, la seule activité légale légitime et officielle, consistait à mémoriser, ou effectuer un travail doctrinal qui ne dépasse pas la sphère d'une mémorisation de la tradition et des principes élaborés par les grandes écoles orthodoxes. Le résultat en a été la faille qui sépare le droit comme un « idéal »[413] et les réalités sociales. Néanmoins, alors qu'en théorie le droit musulman paraît rigide, il est en pra-

---

411 Voir à ce sujet la thèse de Siegfried HERMES sur la « Patrimoniale Herrschaft »: *Soziales Handeln und Struktur der Herrschaft. Max Weber verstehende historische Soziologie am Beispiel das Patrimonialismus*, Berlin, Duncker und Humblot, 2003.

412 Ici, l'analyse de Weber ne se contente pas de certaines considérations générales, il cite un exemple, précisément celui de la Tunisie (il vise implicitement la première codification foncière du 1er juillet 1885): « Quoi qu'il en soit, la théocratie est loin d'être au point de vue économique une *quantité négligeable*. Malgré le rétrécissement croissant de son influence, l'élément théocratique dans la juridiction, à côté des particularités du patrimonialisme oriental en tant que forme de domination, est de très grande importance dans le domaine économique. Ici, comme ailleurs, cela est dû non pas au contenu des normes positives de droit sacré, mais à l'« attitude » de principe de la juridiction. Elle recherche une justice « matérielle » et non un règlement formel d'un conflit d'intérêts. Elle juge, par exemple, même dans des procès concernant la propriété foncière, dans la mesure où ils sont de sa compétence, en suivant des points de vue d'équité et ce d'autant plus facilement qu'un droit codifié n'existe pas, elle perd de ce fait de sa prévisibilité (« justice de cadi »). Il en résulte, en Tunisie, par exemple, qu'aussi longtemps que le *chara*, tribunal religieux, est compétent dans les affaires foncières, l'exploitation capitaliste du sol est impossible. Les intérêts capitalistes ont réussi à éliminer cette compétence. Une telle situation est typique de la manière dont la juridiction théocratique s'oppose et doit s'opposer à une économie rationnelle. Ce n'est que le degré d'influence qui varie ». Max WEBER, *La sociologie du droit*, *op. cit.*, pp. 176-177.

413 La ressemblance entre le travail des juristes musulmans et romains relevée par Weber, mérite d'être signalée: « Le droit islamique est donc spécifiquement un « droit de juristes ». Sa validité repose sur la *idjmah (idjmah-al-ammah = Tacitus consensus omnium)* qui est définie en pratique comme le consensus des prophètes de droit, c'est-à-dire des grands juristes *(fuqahâ)*. Officiellemnt, à côté de l'infaillibilité du prophète, seule vaut l'infailliblité de l'*idjmah*. Coran et *Sounnah* ne sont que les sources historiques de cette dernière. Le juge ne consulte pas le Coran ou la *Sounnah* mais les compilations de l'*idjmah*, l'interprétation des écritures sacrées et de la tradition lui est interdite. La position des juristes islamiques ressemble à celle des juristes romains, de même que l'organisation de l'enseignement rappelle l'organisation romaine. Consultation et enseignement coexistent, les juristes sont donc en contact à la fois avec les besoins de la pratique et les besoins pédagogiques nécessitant une articulation systématique. Mais la subordination à la méthode d'interprétation fixée par les chefs d'école et aux commentaires faisant autorité exclut depuis la fin de la période de l'idjtihad toute une liberté dans l'interprétation. Dans les universités comme celle d'*Al-Ashar* au Caire où les quatres écoles sont représentées, l'enseignement se transforme en une récitation mécanique de propositions établies », *Ibid.*, p. 174.

tique fluide et instable. Cette qualité spécifique de ce système a pris toutes ses formes avec l'intensification et l'enracinement de la « justice du *cadi* », avec les consultations fournies par les jurisconsultes ou *Ulama* (*les fatâwâ*)..., bref avec tout un mécanisme institutionnel très pragmatique qui n'a pas été capable pour autant de systématiser[414] des règles abstraites. Contre la part obscure du droit musulman, Santillana a dû faire valoir son côté lumineux. Car c'est précisément dans la justice du *cadi* qu'il a puisé, du moins les matériaux, sinon les solutions juridiques qui ont servi à la codification du COC.

La référence répétitive de Santillana à *l'ijmâ'* dans son Avant- propos n'est ni insensée ni arbitraire. Le codificateur a bien compris l'importance du consensus dans ce processus doctrinal. Il a écrit dans l'Avant-propos que les solutions retenues dans l'Avant-projet ne sont rejetées par aucune doctrine. La Commission a « suivi en général les doctrines de l'Ecole malékite, qui est celle de la majorité des tunisiens, mais elle n'a pas hésité à se faire hanéfite partout où les règles de cette Ecole convenaient mieux au système général du code et aux principes du droit européen. Il n'est rien dans tout cela qui ne soit conforme à la doctrine des jurisconsultes musulmans les plus autorisés »[415]. De cette manière, il a bien su délimiter son champ d'action juridique. C'est un cadre doctrinal à la fois vaste et limité. Il est limité puisqu'il convient de respecter les doctrines des jurisconsultes les plus autorisés. Ce sont eux qui constituent, à ses yeux, des sources aussi bien légitimes que multiples, et à travers lesquelles les possibilités d'adaptation aux systèmes européens ou de création de solutions synthétiques (ces possibilités) sont les meilleures. *L'ijmâ'* est ainsi conçu comme « le fondement du fondement » du droit musulman. En effet, les travaux de la doctrine musulmane fondés sur le *qiyâs*, l'opinion personnelle, les coutumes etc...n'ont été introduits dans le système du *fikh*, que dans la mesure où ils ont été admis par l'*ijmâ'*[416].

Cela dit, un autre facteur, relevé aussi par Weber, a entravé le développement du droit musulman vers la systématisation abstraite. Le conflit entre les *Ulama* et le pouvoir politique s'explique par la manipulation de la *Chariâ'a* par

[414] Les *Ulama* assumaient en tant qu'institution des fonctions sociales propres. A.R. Gible et Hoarold Bowen relevaient à juste titre que les *Ulama*, en principe indivisibles, étaient depuis une époque ancienne de l'histoire des institutions islamiques différenciées en un certain nombre de départements spécialisés. Les *fukahâ*, un tant soit peu autonomes par rapport à l'État, se consacraient à étudier la science du droit *(fikh)*; quant à un autre groupe, celui des *cadi*, il était appelé à prononcer des décisions légales, administrer la justice dans les tribunaux soumis à l'autorité du pouvoir. Bryan S. TURNER, *Weber and Islam – A critical study*, Routeledge & Kegan Paul, London and Boston, 1974, p. 115.

[415] David SANTILLANA, *Avant-propos de l'Avant-projet*, *op. cit.*, p. XII.

[416] Oublie-t-on que cette infaillibilité trouve ses racines *sunnite* dans un *hadith* attribué au Prophète: « ma communauté ne se rassemble jamais sur une erreur ».

les leaders politiques et les autorités militaires. Fragile face aux rapports de force civils et militaires, la *Charî'â* jouait le rôle d'un système d'éthique idéal, potentiellement conscient des réalités empiriques aussi bien de la société que du pouvoir politique despotique[417]. Les causes sociologiques de cet état de chose étaient déterminantes. Les *Ulama* n'étaient que le fruit d'une société marquée par le désordre, les révolutions, la répression politique. La pensée juridique était donc façonnée par un milieu défavorable à l'instauration d'institutions capables de structurer – selon des critères rationnels – un corpus de règles juridiques dotées d'un auto-pouvoir d'opposabilité dans la pratique. Coulson pousse l'analyse plus loin en estimant que « pour les écoles du *fikh*, créer ou faire des jugements légaux était par définition dangereux pour la vie spirituelle. Car cela signifie que le *fakîh* fait en sorte comme s'il était lui-même Dieu »[418]. La conséquence majeure était donc que le *'alim* concevait son rôle comme un guide au sens spirituel et juridique du terme, habilité à conseiller les politiciens et les *cadis*. La pensée juridique musulmane était, dès lors, propice à un pragmatisme doctrinal exploitant notamment les méthodes de (*'amal)* de pratiques courantes ainsi que des ruses ou astuces (*hiyal)*.

Le droit musulman, comme droit des juristes, était un corps éclectique de règles, destiné à résoudre les problèmes juridiques dans un contexte social immédiat. L'ensemble des doctrines juridiques en Islam, n'était donc pas dépourvu de rationalité. Ce qui lui manquait était désormais fondamental: la systématisation et le formalisme juridique[419]. Par ailleurs, Weber insiste sur la domination patrimoniale comme un aspect important de la *Charî'â*. Cette domination a engendré – à côté du caractère arbitraire et imprévisible des décisions judiciaires – l'instabilité du droit. Une idée que l'auteur rapproche du *judge made law* en Angleterre. Toutefois, l'absence de la formalisation systématique dans le cas anglais n'a pas empêché le capitalisme d'entreprise qui a

417 Un auteur en déduit que la *Charî'â* a incorporé des valeurs populistes qui s'adressaient aux gens ordinaires de la cité plutôt qu'aux tribunaux. B.S. TURNER, op. cit., pp. 116-117.

418 Noël J. COULSON, *Histoire du droit islamique*. Traduit de l'anglais par Dominique Anvar, P.U.F., 1ère éd. Paris, 1995, p. 43.

419 Il faut préciser que les handicaps de la société musulmane qui ont entravé une véritable entrée dans la modernité ne peuvent être résumés – du moins sur le plan juridique – aussi brièvement. Il y a des facteurs qui affectent, dialectiquement, d'autres champs socio-économique, mais dont l'influence sur la conception islamique du droit reste envisageable. À titre très sommaire l'Islam n'a guère fait place à la science dans l'économie, c'est-à-dire l'application des procédés scientifiqes aux processus de production. Ce que Max Weber a nommé la *« Rationalisierung der Wirtschaft »* (la rationalisation des procédés économiques). L'expériment et sa mathématisation constituent le caractère innovateur de la science occidentale (*V. Zwischenbetrachtung*). L'application du savoir caractérise l'économie occidentale.

vu le jour, précisément, dans ce pays[420]. Dans le même contexte, Weber note encore le rôle de la religion dans la constitution d'une sphère de valeurs[421] qui affectent sans doute l'univers du droit, de la politique et de la science[422]. La recherche d'un salut hors du monde, pousse ces sociétés à un refus du monde *(Weltablehnung)*. Cependant, si Santillana a souvent travaillé sur un rationalisme spécifique du droit musulman[423], c'est notamment en jouant la carte de sa phy-

---

420 Le cas anglais qui présente des similitudes intéressantes avec le droit musulman, suscite quelques remarques. D'abord, le *« judge-made law »* n'a pas empêché ni retardé le développement du capitalisme « rationnel ». Certes, le caractère formel de la loi n'a pas été développé en Angleterre, néanmoins, deux aspects de la *Common law* ont aidé l'économie capitaliste. Premièrement, le *« legal training »* était monopolisé par les juristes qui servaient activement les intérêts privés du capitalisme. Deuxièmement, depuis que les cours importantes siégeaient à Londres et depuis que les frais des procès s'étaient alourdis, les gens ne disposant pas d'un pouvoir économique étaient plus au moins exclus des services judiciaires. C'est précisément en se fondant sur le cas anglais que Weber, avait déduit que le droit rationnel n'est pas forcément une pré-condition du capitalisme si les nécessités du capitaliste peuvent être satisfaites par d'autres voies légales, y compris celle de la justice du cadi. Il estime que l'Angleterre, en dépit du caractère « irrationnel » de son système juridique, a non seulement instauré, mais aussi achevé le processus d'une économie capitaliste. La différence essentielle avec le cas islamique est que les juristes anglais étaient en relations étroites avec leurs clients bourgeois. Or, le cadi musulman n'a pas établi et conservé de fortes connexions avec les marchands musulmans par exemple. Turner va plus loin dans son interprétation de Weber puisqu'il lui fait dire que l'Islam a échoué à produire une éthique compatible avec la rationalité. *Weber and Islam*, *op. cit.*, p. 271.

421 Max Weber connaît le terme polysémique de « sécularisation », et l'emploie à l'occasion. Il définit très bien et a été l'un des premiers à identifier ce que les sociologues mettent aujourd'hui sous ce vocable. Pour lui, le problème – qui ne concerne pas la seule religion mais affecte celle-ci de manière particulièrement aiguë – est celui du « désenchantement du monde » par la rationalité scientifique et technique. Ironie du sort, le procès de rationalisation de l'univers occidental caractéristique de sa modernité n'est pas sans rapport avec son évolution religieuse. C'est le « miracle de l'éthique protestante de fournir des motifs extra-mondains, religieux, pour des conséquences intra-mondaines ». L'*Éthique protestante* et le *Judaïsme antique* soutiennent… cette thèse. Voir pour plus de détails: Jean SÉGUY, « Rationalisation, Modernité et avenir de la religion chez Max Weber », in: *A.S.S.R*, 1986, n° 61-1, pp. 127-136; Armando SALVATORE, « Beyond Orientalism? Max Weber and the displacement of « Essentialism » in the study of Islam », in: *ARABICA*, 1996, T. XLII, Fasc. 3, pp. 457 et s.

422 Le droit musulman fut marqué durant des siècles et outre les facteurs politiques, par des considérations plutôt éthiques et religieuses en matière économique. Voir pour plus d'analyse le Chapitre XX intitulé « Justice in Islamic philosophical ethics: Miskawayh's mediating contribution » d'un ouvrage consacré à la *Philosophy, Dogma and the impact of greek thought in Islam* (Majid FAKHRY), Aldershot U.K., Brookfield – Variorum (Variorum collected studies series), 1994.

423 Cette caractéristique nécessite un éclaircissement ; en effet, l'Islam est à la fois un principe spirituel et un idéal social et politique. L'homme musulman vit dans un milieu divin, un « univers sacré », au sein duquel la norme divine est le principe d'aménagement du temporel. De plus, il n'y a pas de droit naturel en Islam., c'est-à-dire des normes qui seraient élaborées par l'homme à partir de sa raison et de la nature des choses (le droit naturel est une notion chère à Weber non pour son contenu mais pour la tension entre la sphère du droit positif et la sphère du droit naturel). Ce qu'on peut appeler, désormais, « la loi positive divine » rejoint les requêtes de la raison humaine, mais sans être préexistante à Dieu. Voir par exemple: Louis GARDET, *Introduction à la théologie musul-*

sionomie juridique pragmatique et de sa souplesse typique développées par des jurisconsultes comme « porteurs du droit »[424]. Un choix possible et légitime, d'autant plus qu'il s'avère adapté à sa méthode législative de synthèse. Malheureusement, son œuvre finale a « trahi » son Avant-propos dans la mesure où il n'a pas fait réellement la systématisation du droit musulman, qu'il avait évoqué. Pire encore, la consécration dans le COC de certaines institutions typiquement musulmanes coupées de leurs fondements juridiques, intimement rattachés aux spécificités à la fois de la religion et de la société musulmanes, a entrainé l'émergence d'institutions bâtardes telles que la vente de la chose d'autrui, la dernière maladie, etc. L'absence d'une réflexion sérieuse préalable aux analogies et assimilations effectuées ici et là dans le code a aggravé les discordances entre plusieurs articles du COC.

b. Institutions musulmanes déracinées de leurs fondements: l'exemple de la dernière maladie

Le Code des obligations et des contrats est bourré d'institutions et de contrats inspirés directement du droit musulman, notamment dans sa deuxième partie relative aux contrats spéciaux. Toutefois, nous examinerons les plus importantes manifestations de la « récupération » des théories musulmanes dans la théorie générale des obligations. À cet égard, la théorie de la dernière maladie[425] et des nullités sont des illustrations exemplaires. En outre, l'influence du droit musulman sera examinée à la lumière d'autres grilles: d'une part, celle des traductions des livres de *fikh* et d'autre part, celle des comparaisons minutieuses entre le Projet préliminaire et l'Avant-projet. Ces comparaisons ont permis de

mane, éd. Vrin, Paris, 1948; *La cité musulmane: Vie sociale et politique*, Vrin, Paris, 1954. Et du même auteur: *L'Islam, religion et communauté*, D.D.B, 1970 (Coll. Foi Vivante, n° 127), pp. 496 et s. Voir également: Lucie PRUVOST, *Droit et religion en Islam*. I. Sources – Institutions politiques. Centre d'Études Diocésain, Alger, 1981. Dans le même sens, à propos de la comparaison historique entre droit musulman et droit canonique, voir: D. MASSON, *Monothéisme coranique et monothéisme biblique*, D.D.B., Paris, 1976, p. 9.

424 Ces caractéristiques peuvent être identifiées dans les réflexions de certains auteurs qui, à juste titre, mettent en valeur l'effort doctrinal consistant à réaliser une démarcation assez pragmatique par rapport au Coran. Tel était le commentaire de Sedillot: « le Coran et la Sunna n'offrent point un système régulier, on sentit bientôt la nécessité d'en posséder un pour la théologie et la jurisprudence. Quatre docteurs entreprirent le travail. Ils considérèrent d'abord les ibadat ou pratiques religieuses, c'est-à-dire, les principes qui règlent la vie religieuse du musulman, et les mouamelat ou actes civils c'est-à-dire, les principes qui règlent la conduite du musulman dans la vie sociale ». *Classique de l'Islamologie*, publiés par G. H. Bousquet, La Maison des livres, Alger, 1948, p. 237.

425 Avertissons tout de suite le lecteur qu'il ne s'agit pas d'une étude verticale de l'institution, c'est-à-dire d'une analyse technique de sa nature, ses éléments, son régime juridique, etc. Notre réflexion s'intéresse uniquement aux sources.

découvrir les nouveautés qui ont été introduites en 1899, par exemple la déclaration unilatérale de volonté comme source directe des obligations.

Dans le Projet préliminaire, aucune trace comparable aux articles 401 et 402 AP relatifs au sort de la remise accordée pendant la dernière maladie. Tout d'abord, une remarque préliminaire s'impose. Dans les sources de l'art. 401 AP, un ouvrage traduit du *fiḳh* évoque la question de la dernière maladie. Il s'agit du *Traité de Droit musulman Algérien* (*École malékite*) d'E. Zeys. Or, puisque nous savons déjà que Santillana a cité à maintes reprises cet ouvrage parmi les sources musulmanes, pourquoi a-t-il choisi – dans le cas de l'art. 401 AP – de le citer comme une source européenne? Poussons l'interrogation un peu plus loin: si Le *Mokhtassar* de Khalil, le célèbre abrégé de l'école *malékite*, a été traduit aussi en français, ainsi que la *Tohfat* d'Ibn Acem, pourquoi Santillana les a-t-il toujours cités à gauche des articles, autrement dit au sein des sources doctrinales musulmanes? Quelle est la logique de la représentation?[426]Il faut rappeler que dans un autre article fort intéressant (21 AP) relatif à la promesse de récompense, E. Zeys a été cité parmi les sources musulmanes. Cependant, Santillana ne va pas tarder à renverser la méthode de ses citations, puisqu'il le cite dans l'article suivant (22 AP) avec l'art. 659 BGB.

Cette irrégularité au niveau des citations bibliographiques peut être justifiée en se référant à la politique législative d'une part, et la méthode législative de Santillana d'autre part. Par conséquent, et abstraction faite des multiples erreurs qui ont été relevées dans l'Avant-projet[427], l'emplacement choisi pour l'ouvrage de Zeys ne peut être une erreur. La présence de cette source a constitué un appui doctrinal considérable pour Santillana. Procédons de plus près à l'analyse des textes. L'art. 401 AP[428] a été reformulé dans le COC. En effet, l'art. 354 COC énonce: « La remise faite par un malade, pendant sa dernière maladie, à l'un de ses héritiers, de tout ou partie de ce qui est dû par ce dernier

[426] Voir: ***Annexe 6***.

[427] Souvent, les références sont incomplètes voire erronées (notamment les paginations), nous avons remarqué aussi un manque de précision qui complique sensiblement les recherches dans les sources citées. Quant aux sources musulmanes, les erreurs étaient plus spécifiques. Tout d'abord celles qui résultent de la complexité même des ouvrages du *fiḳh* (multiplicité des commentateurs, le travail sur des éditions différentes…). Ensuite, le problème des traductions et surtout le travail simultané sur la traduction et la version originale en langue arabe. À titre d'exemple D. Santillana a travaillé sur la *Tohfat* d'Ibn Acem qui n'est qu'un ouvrage rassemblant le texte arabe et la traduction de Martel et Houdas ou encore l'ouvrage du tunisien El-Béchir Ettouati: *Recueil de notions de droit musulma et d'actes notariés*; dans ces deux cas Santillana se réfère tantôt au texte arabe tantôt à la traduction sans aucune argumentation logique.

[428] L'art. 401 AP était rédigé ainsi: « *Est nulle* la remise faite par un malade directement ou sous toute autre forme, pendant sa dernière maladie, à l'un de ses héritiers, de tout ou partie de ce qui lui est dû par ce dernier; mais *elle peut être validée*: 1° si les autres héritiers la ratifient; 2° lorsqu'elle a une cause exprimée et dont on justifie l'existence ».

n'est valable [429]que si les autres héritiers la ratifient ». En revanche, l'art. 355 COC a conservé la formulation de l'art. 402 AP en ajoutant une petite phrase à la fin. Il dispose que: « la remise accordée par un malade à un tiers pendant sa dernière maladie est valable jusqu'à concurrence du tiers de ce qui reste dans la succession après le paiement des dettes et des frais funéraires »[430]. En réalité, la difficulté relative à l'institution de la dernière maladie provient de la reformulation de l'art. 401 AP, et non pas de l'art. 402. Santillana a classifié les solutions du droit musulman à gauche de l'art. 401 AP[431], selon qu'il s'agit du *rite malékite* ou *hanéfite*. Commençant par l'école *malékite*, il explique que « tout avantage fait à un héritier, en dehors de sa réserve légitime, est prohibé, ainsi le legs.. »[432]. Il argumente cette position – comme les *malékites* – en citant un verset du Coran, dont les termes sont très généraux et qui n'est donc pas explicitement en rapport avec ces actes[433]. Dans le même sens il cite les vers 1380 (et note 1290), 1399, 1415 et 839 de la *Tohfat* d'Ibn Acem. Puis il ajoute en s'appuyant toujours sur la *Tohfat*: « De même que la reconnaissance de dette: id., 1400...mais cette dernière peut être validée, lorsque la cause en est exprimée et non sujette à constatation: ibid., 1406 »[434].

La lecture isolée du vers 839 cité, montre qu'il était réellement une source formelle de l'art. 401 AP. Selon ce vers, est prohibé *(mounî'â)* l'acte qui priviligie l'un des héritiers. Mais s'il est ratifié par les héritiers, il sera admis comme tel. Or, il faut absolument attirer l'attention sur deux mots clés dans ce vers *mouni'* (prohibé, réprimé) et *outtoubi'* (suivi, accepté)[435], difficiles à traduire en restant fidèle au sens de la langue arabe. Toutefois, la lecture d'autres vers qui n'ont pas été cités par Santillana, permet de découvrir aussi bien la richesse que la complexité de cette source musulmane, ce qui met en grande difficulté l'attitude du codificateur relative au choix de ses références. Il convient, dès lors, pour mieux élucider ce point de rappeler les termes des deux vers 837 et 838 de la *Tohfat*, ainsi que les notes des traducteurs. Le premier est traduit ainsi: « 837. Lorsqu'une personne malade fait un achat ou une vente et vient à mourir

---

429 L'italique est de nous.

430 La phrase ajoutée, certainement par les *Ulama*, est la suivante: « [...] et les frais funéraires ».

431 Voir ***Annexe***, *op. cit.*

432 Notes de Santillana à gauche de l'art. 401 AP, *Avant-projet*, *op. cit.*, p. 170.

433 « Adorez Dieu et ne lui ajoutez pas des dieux. Bienfaisance à vos père et mère et à vos proches, aux orphelins et aux pauvres, au proche voisin et au voisin éloigné, au compagnon et au voyageur et vos esclaves. Et Dieu n'aime pas le vantard insolent ni les avares, prôneurs d'avarice, qui cachent ce que Dieu leur a donné de sa faveur. Car nous tenons prête pour les incroyants la honte du tourment ». *Les femmes*, verset 37.

434 Notes à propos de l'art. 401 AP, *Ibid.* p. 170.

435 Remarquer la version arabe du vers 839 de la *Tohfat*:
Wa mâ bihi al'warithouna h'âbâ mouni' • Wa'in youjizhou al'wârithouna outtoubi'

(783)[436], on n'admet pas que le contrat soit attaqué ». En se référant à la version arabe, la subtilité de certains termes traduits ne tarde pas à poser problème. Les mots «*you'bâ al'imtinâ'*», ont été traduits par la phrase « …on n'admet pas que le contrat soit attaqué ». Or, le terme « *imtinâ'* » signifie littéralement le refus, l'interdiction ou l'abstention, associé par la suite à la formule de négation qui le précède «*you'bâ'* », le sens du principe posé par le vers 837 sera donc la validité des actes conclus par le malade pendant sa dernière maladie. Est-ce la traduction un peu ambiguë du vers 837 qui a poussé Santillana à ignorer le renvoi à ce vers en particulier? Ou s'agit-il d'un choix délibéré? L'examen du vers suivant conduit à soutenir la deuxième hypothèse. En effet, selon le vers 838 tel qu'il a été traduit: « Si elle a, par ce contrat, avantagé un étranger (784), celui-ci prendra sur le tiers de la succession (785) la somme dont il a été avantagé (786) ». Deux de ces trois notes méritent d'être citées vu leur importance[437]. La première est d'ordre philologique mais demeure, néanmoins, au cœur de la critique qui vient d'être développée. En fait, la note explicative se réfère à un terme arabe « *ajnabi* » (c'est-à-dire un tiers)[438] dont la traduction en français « étranger » paraît étrange. « Il faut entendre par cette expression [disent les traducteurs] une personne étrangère à la famille du disposant et n'ayant, par conséquent, de par la loi, aucun droit sur sa succession »[439]. Quant à la seconde, la plus importante d'ailleurs – puisqu'elle évoque la problématique principale qui émerge de la codification des art. 401 et 402 AP – elle porte sur le sort, ou la sanction des actes conclus par le malade pendant sa dernière maladie. Aux termes de la note 786, « l'avantage fait à celui qui n'est pas l'héritier, s'il dépasse le tiers de la succession, est valable jusqu'à concurrence de ce tiers, et *l'annulation*[440] n'est prononcée que pour l'excédent, sans distinguer s'il y a eu

---

436 Les deux traducteurs précisent, à juste titre, dans cette note qu'« il faut supposer, pour qu'il y ait lieu d'appliquer les règles contenues dans les vers 837 à 839, que le malade est mort de la maladie dont il était atteint, lorsqu'il a contracté l'achat ou la vente ». O. HOUDAS & F. MARTEL, *Traité de Droit musulman. La « Tohfat d'IBN ACEM ». Texte arabe avec traduction française. Commentaire juridique et notes philologiques*, Gavault T. Saint, Alger, 1882, p. 448.

437 La note 785 rappelle les spécifités des règles de succession en droit musulman et qui trouvent leur application dans le cadre de la dernière maladie. Martel & Houdas, font une réflexion sur la pensée d'Ibn Acem qui renferme elle-même l'explication suivante: « l'auteur suppose ici qu'un malade en danger de mort, voulant avantager une personne qui n'est pas au nombre de ses héritiers, lui vend une chose à un prix très inférieur à sa valeur réelle ou lui en achète une à un prix beaucoup trop élevé. On applique à cette donation déguisée faite *in extremis* les mêmes règles qu'au legs. Or, on sait et l'on verra plus loin, au chapitre du legs, que la quotité disponible en droit musulman est fixée au tiers des biens du *de cujus* », *Ibid.*, p. 449.

438 Le vers 838 en arabe est rédigé ainsi:
Fa'in yakoun habâ bihi fal'ajnabi • min thoulouthihi ya'hhoudhou mâ bihi habâ, *Ibid.*, p. 448.

439 *Ibidem.*

440 L'italique est de nous.

ou non prise de possession avant la mort de la personne qui a disposé. Si les héritiers autorisent le bénéficiaire à profiter d'une somme supérieure au tiers de la succession, il y a là de leur part une donation véritable qui n'est définitive, selon la règle ordinaire, qu'après la prise de possession. Cette doctrine n'est pas conforme à celle que l'auteur exposera plus loin, au vers 1421 »[441]. Il convient de dégager, en l'occurence, de cette note deux conclusions. L'une concerne le problème des traductions et l'impact de l'utilisation de ce genre de sources doctrinales dans l'Avant-projet, la seconde forme une sorte de « contre-choix » par rapport à ce qui a été consacré législativement dans l'Avant-projet et donc le COC. Tout d'abord, le mot « *ibtâl* » en arabe n'est pas un simple synonyme de l'annulation au sens du droit français. La signification de ce terme chez les jurisconsultes musulmans prend plusieurs facettes, plusieurs degrés en fonction de la nature et du nombre des sanctions qui peuvent frapper l'acte conclu, une théorie beaucoup plus large qu'en droit français. Ensuite, on s'apperçoit, clairement que ce qu'exprime Ibn Acem dans le vers 838 n'est pas ce qui est posé par le vers 1421. Or, Santillana n'a mentionné ni l'un ni l'autre dans ses listes bibliographiques. Cela renseigne-t-il d'avantage sur le piège que l'Avant-projet nous tend en permanence lorsqu'il s'agit des sources musulmanes? Où sont-elles vraiment? Peut-on, à la suite de ces analyses confirmer que ce qui est dit par Ibn Acen, Ibn Nadjim, Khalil ou autre n'est pas conforme à ce que ces mêmes jurisconsultes ont aussi exposé dans d'autres endroits de leurs ouvrages?

Il semble donc que cette technique législative de Santillana – quoique justifiable dans la mesure où elle cherche à mettre en œuvre des choix synthétiques – a entraîné des fractions, des fissures au sein des règles codifiées du droit musulman. Ce qui est en cause, c'est le fait de ne pas tenir compte de l'avis et de l'avis contraire, des spécificités de ce système qui ne peuvent pas être intégrées dans des choix éclectiques par le procédé d'une technique d'analogies, de « découpage législatif » relatif aux solutions et non au fondement. Dans l'art. 402 AP, un renvoi a été fait au vers 838 de *la Tohfat* Santillana ajoute entre parenthèses: « même règle en cas de vente »[442]. C'est précisément cet article qui pose le principe de la validité de la remise accordée par un malade à un tiers pendant sa dernière maladie, qui a été retenu dans le COC. Or, il a été déjà signalé que l'art. 401 AP – en posant le principe de la nullité de la remise – a été reformulé d'une façon qui le rend cohérent avec l'article suivant. Par ailleurs, l'analyse

441 HOUDAS & F. MARTEL, *La Tohfat d'Ibn Acem*, *op. cit.*, p. 449.

442 Effectivement, un article spécial dans le Deuxième Livre du COC consacré aux contrats spéciaux (art. 565) règlemente la question d'une manière structurellement dépendante des art. 401 et 402 AP de la théorie générale des obligations. Notes à gauche de l'art. 402 AP, *Avant-projet*, *op. cit.*, p. 170.

précédente de certains vers de la *Tohfat*, a révélé que cette solution émise par le vers 838 s'accorde logiquement avec le vers 837, jamais cité par Santillana.

Reste maintenant l'épineuse problématique de la sanction. Ce qui a été codifié dans l'AP est-il réellement fidèle à la position du droit musulman, c'est-à-dire précisément à l'une ou aux deux écoles *malékite* et *hanéfite*; seules sources des art. 401 et 402 AP? L'examen des sources *hanéfites* montre que Santillana a travaillé sur Ibn Nadjim *(Al-Achbah)*, *Morched-el-Haïran* et la *Medjella*. Mais il est utile, pour des raisons strictement méthodologiques, de laisser momentanément ces sources et d'examiner la seule citée en bas de l'art. 401 AP, un fragment tiré du livre *Droit musulman* d'E. Zeys. Le passage auquel le codificateur fait allusion est le paragraphe 432 intitulé « capacité », au sein d'un chapitre consacré à l'aveu. Ses termes laissent, toutefois, le lecteur stupéfiait pour des raisons qui seront expliquées aussitôt. Il est dit que: « pour faire un aveu valable, et par conséquent obligatoire, il faut être « *rachid* », c'est-à-dire pubère et doué de discernement. Ainsi, n'est pas valable l'aveu de l'impubère, du fou, de l'homme ivre, du « *safih* ». Mais ce n'est pas tout. Un pubère doué de discernement, pour être capable de faire un aveu, ne doit pas être frappé d'interdiction, ce qui exclut l'insolvable judiciairement déclaré, la femme mariée pour ce qui dépasse le tiers disponible et le malade »[443]. Dans le reste de ce paragraphe, l'auteur s'est contenté de citer des applications détaillées, ou de préciser que le but de cette institution est de protéger les héritiers d'une donation déguisée qui peut engendrer une grave perturbation des règles de succession[444], ou encore en décrivant l'effet de la maladie « qui lui laisse peu d'espoir de guérison… »[445], etc. Des détails que les jurisconsultes musulmans ont aussi longuement développés dans leurs manuels. À cet endroit précis, Zeys fait une note en bas de page extrêmement importante puisqu'il rejoint l'avis de Santillana à propos du rapport entre le droit musulman et le droit romain, à cette différence près qu'il

---

443 E. ZEYS, *Traité élémentaire de Droit musulman algérien (école malékite)* Alger-Imprimeur. Librairie de l'Académie, Alger, 1886, T. II, Chapitre XI « De l'aveu » (*Ikrar*), pp. 19 et s., § 432

444 « Il en est de même si, dans les mêmes circonstances, il fait un aveu 1°/ en faveur d'un proche parent qui n'est pas son héritier, comme son oncle paternel; 2°/ ou en faveur d'une personne dont les droits sont encore incertains; 3°/ ou en faveur d'une de ses femmes pour laquelle il n'avait notoirement aucune affection. Ignore-t-on les sentiments qu'il avait pour cette dernière, il peut également faire un aveu en sa faveur, à moins toutefois que, les autres enfants étant déjà élevés et capables de gagner leur vie, elle n'ait elle-même un jeune, car, dans cette hypothèse, il y aurait lieu de le soupçonner de chercher, par une sorte de donation vulgaire ou même fidéicommissaire, à modifier la loi des successions », *Ibid.*, n° 432.

445 «…Mais, quant il est atteint d'un mal qui lui laisse peu d'espoir de guérison, son point de vue change, ses préoccupations habituelles, son désir d'acquérir et de conserver, change d'objet. Il n'aime plus l'argent pour lui-même. Il songe avec angoisse à ceux qu'il chérit et qu'il va laisser peut être sans ressources suffisantes, dans le vaste monde. Il pèse ses affections au fond de son cœur […] », *Ibidem*.

parle de « rencontre » plutôt que de « racine commune ». « On le voit [dit-il], même dans ses concepts les plus bizarres, le droit musulman peut toujours se rencontrer avec le droit romain ou moderne ».

Toutefois, le fragment important du Traité de Zeys – et qui ne laisse aucun doute sur sa propre compréhension de la dernière maladie – est le paragraphe 191, un paragraphe qui n'a pas été cité par Santillana et qui , de surcroît se trouve dans le premier volume du livre[446]. Ce paragraphe vient, d'abord, dans le cadre du second Livre[447] intitulé « de l'interdiction »: « lorsqu'un individu est atteint d'une maladie qui entraîne généralement la mort, comme la phtisie, le choléra, la fièvre permicieuse, il est frappé de certaines incapacités qui constituent une véritable interdiction.. »[448]. Puis, Zeys donne des exemples – qu'on trouve d'ailleurs dans la matière 1595 de la *Medjella* – tels que « … le criminel emprisonné pour subir la mort ou l'amputation, le soldat en compagne, l'individu qui réside dans une ville où règne une épidémie, sont assimilés au malade »[449]. Pourtant, c'est curieux de voir E. Zeys critiquer les jurisconsultes musulmans à cause de leur « défaut de méthode »[450] dit-il, et parce qu'ils n'ont pas fait de l'interdiction le fondement de la vente pendant la dernière maladie. Ce fondement est, à son avis, plus convainquant et plus logique. En effet, « il est indispensable, avant d'aborder l'étude des contrats, d'avoir des notions précises sur la capacité contractuelle, de savoir quelles sont les circonstances qui la modifient ou l'anéantissent complètement »[451]. La suite de ces propos est très importante parce qu'elle permet de dévoiler la cause réelle de la discordance qui existe dans l'AP et le COC, entre l'origine musulmane de la dernière maladie et la sanction qui s'inspire de la théorie française de la nullité, sanction n'est guère en harmonie avec la logique musulmane en la matière.

E. Zeys poursuivit sa critique non fondée de la méthode des jurisconsultes musulmans en faisant une confusion entre, d'une part la capacité, et d'autre part la sanction préconisée par les jurisconsultes qui n'est pas en phase avec sa propre conception de la théorie. Et l'auteur de préciser « […] Mais ceux de ces actes qui lui sont interdits ne sont pas frappés d'une *nullité radicale*. Ils sont

---

446 Il faut remarquer que Zeys fait lui-même allusion à ce paragraphe dans l'une de ses notes au sein du paragraphe 432 et que, par conséquent, Santillana aurait pu la remarquer.

447 Ce livre comprend les paragraphes 183 à 192. Les trois premiers (183 – 184 – 185) étaient consacré aux généralités, à la définition et à la division. Le paragraphe 186 traite de « l'enfance », 187 de la « folie », 188 de la « prodigalité », 189 de l'« esclavage », 190 de l'« insolvabilité », 191 de la « maladie » et le 192 du « mariage de la femme ».

448 *Ibid.*, § 191.

449 *Ibidem.*

450 « […] Les jurisconsultes musulmans ont rejeté l'interdiction à la suite de la vente, de graves inconvénients résultent de ce défaut de méthode », *Ibid.*, § 183 – Généralités.

451 *Ibidem.*

simplement *suspendus* dans leurs effets juridiques. Meurt-il, ils sont annulés. Guérit-il, ils *deviennent rétroactivement valables* »[452]. Pour les jurisconsultes musulmans, la sanction de la remise faite par un malade pendant sa dernière maladie ne peut être la nullité radicale, ce qui est vrai d'ailleurs. Encore faudra-t-il préciser que, la théorie du contrat suspendu *(al'âkd-al-mawk̦'ouf)* qui s'applique sur la dernière maladie n'est pas reconnue par les droits d'origine romaine. Plus grave encore est la confusion des termes, qui peut facilement induire en erreur. En effet, le mot « annulé » utilisé dans les ouvrages du droit musulman, n'est pas le synonyme du même mot en droit français et comparé en Europe. De ce fait, ni la nullité relative, ni la nullité absolue n'ont la chance d'être appliquées à la dernière maladie conçue par ces jurisconsultes. À leurs yeux, la logique interne de toute l'organisation de cette institution s'explique par la volonté de protéger les héritiers qui pourraient être lésés. Il ne s'agit ni de la capacité ou l'interdiction, ni des conditions nécessaires à la conclusion des contrats et encore moins de la protection du malade. Ce procédé auquel les jurisconsultes musulmans font souvent recours pour édicter des règles juridiques s'appelle traditionnellemnt une « astuce » ou encore « ruse » (*hîla fik̦'hia*).

Un juriste de tradition française ou généralement romaine se heurte à une difficulté sérieuse, celle de l'effet rétroactivement valable des actes conclus par le malade en cas de guérison ultérieure. Une impasse juridique qui est restée insoluble devant les tribunaux tunisiens puisqu'elle s'accommode mal avec la théorie de la nullité relative et absolue, théorie d'inspiration française consacrée législativement dans l'Avant-projet[453]. Que pouvaient faire les magistrats devant des textes tels que l'art. 325 COC qui dispose que « l'obligation nulle de plein droit ne peut produire aucun effet, sauf la répétition de ce qui a été payé indûment en exécution de cette obligation.- L'obligation est nulle de plein droit: 1° lorsqu'elle manque d'une des conditions substantielles de sa formation; – 2° lorsque la loi en édicte la nullité dans un cas déterminé ». Ou devant l'art. 329 COC disposant que: « La confirmation ou ratification d'une obligation nulle de plein droit n'a aucun effet ». Face à ces dispositions et à l'impossibilité de faire recours direct au droit musulman pour appliquer les règles régissant le contrat suspendu, les magistrats se trouvaient dans une véritable impasse juridique. Ils étaient tiraillés, d'une part, par le devoir de trancher dans les litiges et d'éviter le délit de déni de justice, et d'autre part, par le risque de porter atteinte à la valeur normative du code en appliquant des règles musulmanes non codifiées, même si elles étaient les uniques sources matérielles de

---

452 Les italiques sont de nous, *Ibidem.*

453 Les mêmes articles ont été repris dans le COC avec une seule et légère modification de l'un des cinq articles consacrés à la matière.

Santillana. Or, le but principal de cette codification consistait justement à faire barrage à l'application du droit musulman.

Afin de mieux comprendre ce malaise de la jurisprudence tunisienne engendré par une codification inadéquate de la dernière maladie, il suffit de mentionner deux aspects du problème. Premièrement, la contradiction dans laquelle tombe E. Zeys. Car, il précise d'abord dans l'introduction au premier volume de son *Traité*, qu'il est inadmissible de penser que le droit romain a profondément influencé le droit musulman. Il avoue, de surcroît, qu'il était lui-même victime de ce piège lorsqu'il a commencé sa carrière en tant qu'enseignant à Alger. Or, on a bien vu que dans le second volume – le plus cité par Santillana – une note du paragraphe 432 exprime l'idée contraire[454]. Cela confirme notre opinion selon laquelle la citation de cet ouvrage tantôt parmi les sources doctrinales musulmanes, tantôt au sein des sources européennes n'était pas une erreur mais un choix délibéré. Pour Santillana, cet ouvrage lui servait d'un outil doctrinal précieux pour consolider et justifier ses choix législatifs. C'était un aspect de la technique législative, plus important selon les cas, que les solutions juridiques retenues pour le code. Deuxièmement, l'examen minutieux des sources musulmanes aide à mieux élucider les failles de la codification des art. 401 et 402 de l'AP. Ibn Nadjim dit dans la citation mentionnée par la bibliographie du codificateur: « ...et ainsi, si un malade dit pendant sa dernière maladie je n'ai aucun engagement à l'encontre de mon héritier un tel. Ce qu'il prétend ne peut être entendu par un autre héritier et ceci est la ruse au sujet de la remise faite par le malade à son héritier. Il est suspendu. Ainsi dans les ruses *d'al-Hâwi walķodossi*[455]. Et ainsi lorsque le malade fait la remise pour un tiers son acte n'est pas admis par l'héritier...»[456]. Cette ruse se trouve aussi exprimée dans la matière 73 de la *Medjella*. C'est précisément à cette unique matière que Santillana fait le renvoi sans citer ni même mentionner les autres matières qui s'appliquent à la dernière maladie. Selon la matière 73 « l'allégation n'est pas recevable en présence d'une supposition provenant d'une preuve »[457]. Ce texte se trouve au sein d'une partie

---

454 « On voit, même dans ses concepts les plus bizarres, le droit musulman peut toujours se rencontrer avec le droit romain ou moderne ». E. ZEYS, *Traité élémentaire de droit musulman algérien*, *op. cit.*, § 432, note n° 1.

455 Se sont des Manuels célèbres en droit musulman.

456 Traduction personnelle de l'arabe. IBN NADJIM, *AL-Achbah*, *op. cit.*, T. II, (Livre de l'aveu), p. 26.

457 Traduction personnelle. Le mot « allégation » est très difficile à traduire en langue arabe, notamment en matière juridique, de même celui de « *houdjjâ* » qui signifie aussi argument justificatif, prétexte, preuve, raison, témoignage, thèse. D'ailleurs, nous n'avons pas retenu la traduction « preuve » qui – quoique correcte littéralement – induit facilement en erreur à cause du mot « *dalil* » qui

fondamentale de la *Medjella ottomane*, qui réunie les règles absolues ou globales *(ḳawâ'id koulliyâ)*. Plus loin, la *Medjella* explique l'application détaillée de cette règle globale lorsqu'il s'agit de la dernière maladie. Si un homme « reconnait l'existence d'une dette en faveur de l'un de ses héritiers, si c'était durant sa dernière maladie, ceci ne peut être valable tant que les autres héritiers ne l'ont pas ratifié. En effet, c'est parce que la supposition que le malade a voulu priver les autres héritiers est étayée par la preuve qu'il est en état de maladie. Quant au fait que l'aveu fait en cas de bonne santé est valable, cela s'explique par le fait que s'il est une supposition que le de cujus a voulu la privation des autres héritiers, cela s'appuie sur une hypothèse abstraite et une sorte d'illusion, qui n'empêchent pas la validité de l'aveu...»[458]. Si nous admettons, avec Zeys, que c'est sur la base de l'incapacité que les héritiers vont valider la remise faite par leur de cujus, comment peut-on, alors, expliquer la validité des contrats conclus par le malade ou la remise faite au profit de certains héritiers – rétroactivement – dans le cas d'une éventuelle guérison? La position de cet auteur est d'autant plus surprenante qu'il adopte explicitement cette solution musulmane dans son ouvrage[459].

Au final, c'est une confusion doctrinale qui fut à l'origine de la confusion législative consacrée malheureusement dans l'art. 401 AP. L'expression « est nulle » qui a inauguré l'art. 401 (supprimée par la suite dans l'art. 345 COC) renvoie directement à l'ouvrage de Zeys. L'explication est que malgré la distinction d'E. Zeys entre la nullité absolue dont il a exclu toute application dans le cas de la dernière maladie, et la possibilité de l'annulation, rien n'a empêché la confusion entre la nullité absolue et relative en droit français et la théorie de la nullité en droit musulman. C'était aussi à cause de l'interdiction pour incapacité, considérée comme fondement juridique de l'institution de la dernière maladie. Dans les commentaires de Hamaoui sur Ibn Nadjim (toujours dans le Livre consacré à l'aveu) on trouve une explication précise. L'auteur note que « l'aveu d'un malade à l'un de ses héritiers n'est valable que lorsqu'il est ratifié par les autres héritiers, il a mentionné que l'aveu d'un malade à son héritier s'il y a un autre héritier à part le bénéficiaire de l'aveu, n'est pas valable non pas à cause du défaut de l'objet, mais, pour tenir compte des droits des autres héritiers; s'il n'avait pas d'autres héritiers à part le bénéficiaire, son aveu

---

se trouve à la fin de la règle et qui ne peut être traduit dans ce cas que par preuve ou argument. (Il faut remarquer qu'il existe d'autres sens à ce mot tel que « guide », « indicateur »...).

458 Traduction personnelle de l'arabe.

459 « ...mais ceux de ses actes qui lui sont interdits ne sont pas frappés d'une nullité radicale. Ils sont simplement suspendus dans leurs effets juridiques. Meurt-il, ils sont annulés. Guérit-il, ils deviennent rétroactivement valables ». E. ZEYS, *Traité* , *op. cit.*, T. I, § 191.

est valable. Ceci est aussi confirmé par ce qui est dit dans *addiyat* (…). Ainsi lorsque l'aveu est fait par le de cujus ou lorsqu'il libère son héritier et qu'il y a d'autres héritiers, par conséquent, il faut dire qu'il ne produit pas ses effets (*lâ yânfouđh*)[460], il est suspendu (*mawķouf*) jusqu'à la ratification de l'autre héritier, non pas qu'il est illicite (*ğhaïr'jâ'iz*) »[461]. Plus loin, Ibn Nadjim explique: « quant au simple aveu (remise) à l'héritier, il est suspendu jusquà la ratification qu'il soit en nature, une dette ou une exonération dans la limite d'un tiers »[462]. Le deuxième renvoi fait par Santillana à ce jurisconsulte *hanéfite*, à propos de l'art. 402 AP, est soumis à la même règle. On lit dans *Al'Achbah* que « la donation d'un malade pendant sa dernière maladie produit ses effets (*yanfouđh*) dans la limite d'un tiers en cas de non ratification sauf la donation de l'usufruit, valable dans la totalité de l'argent. Ainsi dans *Wassâya al'fatâwâ-assağhira* et *Đhâhirou mâ-fi-talkhiss al-jâma'al-kabir…* »[463]. Ce fragment n'était qu'une source partielle de l'art. 402 AP. Quant au vers 838[464] de la *Tohfat* d'Ibn Acem, il était bel et bien une source matérielle, avec cette précision que le mot « étranger » donné par les deux traducteurs au terme arabe « *ajnabi* », n'est pas approprié à la codification. C'est d'ailleurs le terme « un tiers » qui sera employé par Santillana pour remplacer « étranger ».

À la suite de ces analyses, on peut tout de même se demander si le travail de Santillana sur l'ouvrage de Zeys, alors qu'il aurait pu choisir d'autres sources, implique une volonté de consacrer la solution française de l'art. 909

---

460 Il faut signaler que la traduction littérale du mot *lâ yanfouđh* est: n'entre pas en vigueur. Un sens totalement différent de la signification employée dans les ouvrages des jurisconsultes musulmans. Étant donné la spécificité de la théorie musulmane du contrat suspendu, il convient de préciser que cette théorie est intimement liée à notion de « *wakf* » et « *nafâđh* ». La première désigne la suspension du contrat. Il n'est pas nul mais il ne produit ses effets que lorsque l'une des conditions exigées par les jurisconsultes sera accomplie. Ainsi par exemple, lorsque le contrat est ratifié par les héritiers ou lorsque le malade survit au lieu de mourir ! Le « *nafâđh* », quant à lui, est beaucoup plus compliqué que la traduction littérale « effet, efficacité, réalisation, exécutoire, valable, en vigueur..». Au sens juridique c'est un peu comme l'altération, l'exécution aussi. C'est la période au cours de laquelle le contrat peut produire tous ses effets y compris l'exécution. Or, il faut se rendre compte que l'état de *waķf* qui constitue, justement, une entrave à la *nafâđh*, n'est pas reconnu en droit européen puisqu'il n'a aucun rapport avec les conditions de validité et de nullité des contrats.

461 Traduction personnelle de l'arabe. Le terme *ğhaïr'jâ'iz* n'est pas la simple équivalence de « n'est pas valable ». Littéralement, le verbe « *jâja* », « yajouzou » signifie qu' « il est licite, loisible, permis, possible de, il se peut que ». En outre, la formule de négation nominale: «*ğhaïr'jâ'iz* » signifie: « inadmissible, illicite, invraisemblable… ». Néanmoins, le sens de cette expression en matière de *fiķh* est plus précis et très spécifique vu la spécificité de la théorie de la nullité en droit musulman.

462 Traduction personnelle. IBN NADJIM, *Al-Achbah*, *op. cit.*, T. I, Livre de l'aveu, p. 27.

463 Traduction personnelle. IBN NADJIM, *Al-Achbah*, *op. cit.*, T. II, Livre des testaments, p. 123.

464 838. si elle a, par ce contrat avantagé un étranger, celui-ci prendra sur le tiers de la succession la somme dont il a été avantagé. O. HOUDAS & F. MARTEL, *Traité de droit musulman*, *op. cit.*, p. 449.

C. civ. fr.[465]. La consécration explicite de la théorie de la nullité issue du droit français peut-elle consolider cette hypothèse? Tout en sachant l'existence d'une réglementation juridique de la dernière maladie dans les manuels musulmans – jusqu'aux moindres détails –[466] Santillana a-t-il essayé de soumettre la théorie de la suspention en droit musulman à un régime juridique européen dans le cadre d'une systématisation de ce droit ?

L'interférence entre le domaine du contrat suspendu et, la théorie de la nullité relative (telle qu'elle a été consacrée dans le COC) a induit plusieurs auteurs en erreur – du fait de la ressemblance des régimes juridiques – au point de confondre les deux théories, pourtant distinctes. Par conséquent, les cours de droit privé professés par les juristes français à l'aube de l'indépendance, n'ont pas pris en considération la spécificité de ce nouveau code, la variété remarquable de ses sources et surtout les matières qui ont été influencées par le droit musulman. Penser le droit des obligations tunisien comme si c'était une continuation du droit civil français était à l'origine de confusions et d'erreurs. Ces anomalies sont de deux ordres. Soit on pense des institutions ou des règles musulmanes avec une logique française, soit on essaye d'appliquer les règles d'un système juridique sur un autre sans se rendre compte des particularités inhérentes à chacun[467]. Une logique juridique centrale dans plusieurs théories en droit musulman s'appuie sur une conception objective des obligations.

---

465 Contrairement à la théorie musulmane ce texte n'a aucun rapport ni avec la suspension du contrat ni avec les héritiers en tant que tiers. L'art. 909 C. civ. fr., dispose que: « Les docteurs en médecine ou en chirurgie, les officiers de santé et les pharmaciens qui auront traité une personne pendant la maladie dont elle meurt, ne pourront profiter des dispositions entre vifs ou testamentaires qu'elle aurait faites en leur faveur pendant le cours de cette maladie. Sont exceptées: 1° Les dispositions rémunérations faites à titre particulier, eu égard aux facultés du disposant et aux services rendus; 2° Les dispositions universelles, dans le cas de parenté jusqu'au quatrième degré inclusivement, pourvu toutefois que le décédé n'ait pas d'héritiers en ligne directe; à moins que celui au profit de qui la disposition a été faite, ne soit lui-même du nombre de ces héritiers. Les mêmes règles seront observées à l'égard du ministre du culte ».

466 Si on ne trouve pas dans les ouvrages des *malékites* une réglementation précise de l'institution, les *hanéfites* ont développé, en revanche, de longues analyses constitutives d'un véritable régime juridique de la dernière maladie et dont les principales solutions ont été codifiées par *Morched el Hairan* et *la Madjella*

467 À titre d'exemple dans l'un des premiers et rares commentaires du COC, un auteur range les art. 354 et 355 COC parmi ceux qui s'appliquent dans le cas des personnes auxquelles la loi interdit certains contrats en raison de la nature spéciale de leurs fonctions: les mandataires (il vise certainement les art. 566 et 567 COC), le malade durant sa dernière maladie , et aussi le cas de certains fonctionnaires dans certaines situations (art. 566 COC), etc. Outre les art. 354 et 355 COC, un troisième texte relatif à la vente pendant la dernière maladie (art. 565) dispose que: « La vente faite par un malade, pendant sa dernière maladie, est régie par les dipositions de l'art. 354, lorsqu'elle est faite à un de ses successibles dans l'intention de le favoriser, comme, si par exemple on lui vendait à un prix beaucoup inférieur à la valeur réelle de la chose, ou si on lui achetait à une valeur supérieure. – La vente faite par le malade à un non successeur est régie par les dispositions de

Autrement dit, les règles juridiques dans ce cas ne cherchent pas la protection des parties contractantes mais en premier lieu la préservation de certaines situations juridiques qui se détachent des volontés contractuelles et deviennent ainsi autonomes. Cette protection est indépendante des intérêts personnels qui l'ont initialement suscitée[468]. De surcroît, le terme arabe *« lâ'yassouğhou »* qui a remplacé l'expression « est nulle » dans l'art. 354 COC, a une signification spécifique au droit musulman[469]. Or, c'est d'un point de vue juridique complètement différent que le droit français a prohibé les actes du malade pendant sa dernière maladie. C'est une conception individualiste fondée sur un respect absolu de la volonté contractuelle. Santillana n'a pas cité l'art. 909 C. civ. fr., ni des ouvrages de la doctrine ou la jurisprudence françaises. Cela signifie que pour codifier des règles relatives à la dernière maladie, il a puisé ses sources dans le droit musulman. D'ailleurs, la confusion relevée dans l'ouvrage cité d'E. Zeys ne peut que confirmer cette conclusion. Seules les sources permettent de résoudre le problème, car l'aspect objectif de la vente durant la dernière maladie en droit musulman, se résume dans le fait que la ratification du contrat par les héritiers ne signifie pas qu'ils repoussent la possibilité d'annulation que la loi leur offre. Autrement dit: il est illogique de ratifier (c'est-à-dire rendre valable et exécutable) un contrat juridiquement valable. La preuve est que lorsque l'annulation n'est pas demandée par les personnes concernées, l'acte du malade sera considéré comme définitivement valable. Par le biais de ce détour, le droit musulman cherchait tout simplement à préserver des situations juridiques créées par des contrats conclus au moment de la dernière maladie. Son souci majeur n'est pas la protection de la volonté, mais des situations économiques et sociales qui émergent d'un tel acte.

l'article 355 ». Jean DUBLA, *Explication du code des obligations et des contrats*, Traduction Mohamed-el-Mâlki – 1948 –, CERP, Faculté de droit et des sciences économiques de Tunis, 1986, p. 102.

468 Voir: El-KÂSSANI, *Al-Badâi'*, T.VII, pp. 67 et s.

469 « *In'idâm-a'ssihâ* » en droit musulman ne signifie pas automatiquement la nullité au sens européen. Pourtant le problème épineux surgit à cause de la difficulté que pose la traduction, car, « *In'dâm-a'ssihâ* » qui n'a d'autre équivalent en français que « nulle » n'est pas « *bâtil* », traduit aussi – mais à juste titre cette fois – par « nulle ». La nullité donc, traduction de *« boutlân »* (substantif de *bâtil*) est utilisée pour traduire deux notions juridiques totalement différentes. Hélas, le cadre de ce livre ne permet pas de s'aventurer davantage dans les problèmes de terminologie et de traduction des théories spécifiques du droit musulman. Pour plus d'analyse et pour mieux comprendre cette spécificité du droit musulman, voir: IBN NADJIM, *Al-Achbah*, *op. cit.*, T. II, pp. 30 et s; Al-KORAFI, *Charh'tankih-al-foussoul fi'al-Oussoul wa bihâmichihi charhouhou li Ibn Jalloul al-Kaïrawani al-mâliki*, Imprimerie Tunisienne, rue Souk al-blât, Tunis, non daté, pp. 106 et s. (cet ouvrage contient aussi – comme son titre l'indique – le commentaire du *malékite* Ibn Jalloul al-Kaïrawani).

Le fossé que la démarche analogique a créé ne se limite pas au rapport entre les règles juridiques régissant une matière du code et son fondement, il s'étend à la transposition terminologique à travers la traduction des manuels de droit musulman.

c. Traductions: L'exemple de la promesse de récompense

D'autres concepts juridiques du droit musulman, qui ne sont pas méconnus par le droit civil allemand, méritent d'être étudiés. C'est le cas par exemple des articles. 21 et 22 AP. Ni l'un ni l'autre n'a existé dans le Projet préliminaire de 1897. Chose logique dans la mesure où la déclaration de volonté n'était pas considérée comme source autonome des obligations dans ce projet. Les deux textes ont été maintenus dans le COC; le second intégralement[470], alors que le premier a subi quelques modifications[471]. E. Zeys était la source doctrinale principale dans les deux articles. Il a été cité tantôt parmi les sources musulmanes, tantôt à côté de la seule source européenne: le BGB. Néanmoins, les renvois à Zarkani étaient relatifs non pas à la promesse de récompense mais à la location[472]. En réalité, l'art. 21 AP trouve sa source formelle dans l'art. 658 BGB[473], puis d'une manière subsidiaire dans la traduction d'El-Béchir Ettouati. Un recours doctrinal secondaire, mais qui ne perd pas pour autant son importance, car le passage cité n'existe pas dans l'art. 658 du code civil

470 Art. 22 AP (devenu 21 dans le COC): « Si plusieurs personnes ont accompli en même temps le fait prévu par la promesse de récompense, le prix ou récompense promis est partagé entre eux. Si elles l'ont accompli en des temps divers, la récompense appartient au premier en date; si elles l'ont accompli chacune pour une part, la récompense est partagée dans la même proportion; si le prix ou récompense ne peut se partager, ou ne peut être donné qu'à un seul, d'après les termes de la promesse, la décision est remise à la voie du sort ».

471 Comparer les art. 21 AP et 20 COC. Selon la première version de l'Avant-projet: « la promesse de récompense peut être révoquée tant que le fait prévu n'a pas été accompli, mais elle peut donner lieu à une indemnité équitable lorsque la révocation survient après l'exécution commencée. La révocation n'est valable que si elle est faite en la même forme que la promesse, ou si elle a été personnellement notifiée à l'autre partie. Celui qui a fixé un délai pour l'accomplissement du fait prévu est présumé avoir renoncé au droit de révoquer sa promesse jusqu'à l'expiration du délai ». Dans le COC l'art. 20 est devenu: « La promesse de récompense ne peut être révoquée lorsque la révocation survient après l'exécution commencée. Celui qui a fixé un délai pour l'accomplissement du fait prévu est présumé avoir renoncé au droit de révoquer sa promesse jusqu'à l'expiration du délai ».

472 ZARKANI, *op. cit.*, T. VII, pp. 60-63 et 64. Voir aussi les commentaires de Bennani dans les mêmes pages.

473 L'art. 658 BGB énonce: « La promesse de récompense peut être révoquée jusqu'à l'accomplissement de l'acte. La révocation n'a d'effets que si elle est publiée de la même manière que la promesse de récompense elle-même ou si elle est faite par un avis spécial. Il est possible dans la promesse de récompense elle-même de renoncer à cette révocabilité; dans le doute, la renonciation est impliquée dans la fixation d'un délai prévu pour l'accomplissement de l'acte ».

allemand. Selon cet auteur, « l'offre ne pourra être retirée par le promettant dès qu'il y aura eu commencement d'exécution. Si une condition précédente vient à manquer et que l'agent ait terminé l'ouvrage, il aura droit à une rétribution équitable »[474]. Si le BGB est considéré comme une source formelle par excellence, c'est en raison de la terminologie législative. Car, l'expression « la promesse de récompense » employée dans ces articles a remplacé les différents termes spécifiques du droit musulman. Termes qui diffèrent selon la formation de chaque jurisconsulte, de l'école à laquelle il appartient, et surtout des traductions de leurs ouvrages. Dans le cas présent, l'exemple est très révélateur. Perron, par exemple, qui a traduit le fameux *Mokhtassar* (l'abrégé) de Khalil, traduit l'expression *« jou'el »* par une formule assez complexe « pacte ou engagement conditionnel ou promesse conditionnelle de rétribution »[475]. Quant à Jules Abribat qui a traduit le *Recueil des notaires* d'Ettouati, il emploie l'expression « pacte conditionnel ». La même formule est utilisée par Seignette dans une autre traduction du *Mokhtassar Khalil.* Curieusement, E. Zeys, utilise un terme étrange qui n'a pas tardé à provoquer une interprétation confuse de son *Traité du droit musulman*. En effet, *« jou'el »* est traduit par « salaire » (*âj'r* en arabe), alors que Houdas & Martel, les traducteurs de la *Tohfat* d'Ibn Acem, se sont contentés de l'expression « forfait »[476]...

Il est évident que le sens et la traduction des termes juridiques[477] musulmans constitua l'une des difficultés majeures dans la codification du COC. Ceci est dû au fait que l'équivalent du sens n'existe pas dans la langue de traduction. Sans vouloir prôner la non traduisibilité des cultures en général, le problème est central pour une communication entre cultures de droit. Il est certain que la codification de la déclaration de volonté n'était possible qu'en

---

474 Jules ABRIBAT, *Recueil*, *op. cit.*, p. 143.

475 PERRON M., *Précis de jurisprudence musulmane ou principes de législations musulmane civile et religieuse selon le rite malékite. Par* KHALIL IBN ISHAK, *exploration scientifique de l'Algérie pendant les années 1840-1841-1842,* publié par ordre du gouvernement et avec le concours d'une commission Académique, Imprimerie National, Paris, 1848-1854, T. IV, pp. 85 et s.

476 Voir à titre d'exemple: E. ZEYS, *op. cit.*, T. II, pp. 165 et s., § 595; SEIGNETTE, *Code Musulman par Khalil,* Imprimerie L. Arolet, Constantine, Alger, 1878, p. 377.

477 En fait, même en dehors des traductions le « produit linguistique » est forcément offert par un espace social et culturel déterminé. Il s'ensuit que « le style, qu'il s'agisse de la poésie comparée à la prose ou de la diction d'une classe (sociale, sexuelle ou générationnelle) comparée à celle d'une autre classe, n'existe qu'en relation avec des agents dotés des schèmes de perception et d'appréciation qui permettent de le constituer comme ensemble de différence systématiques, syncrétiquement appréhendées. [...] La communication entre classes (ou, dans les sociétés coloniales ou semi-coloniales, entre ethnies) représente toujours une situation critique pour la langue utilisée, quelle qu'elle soit. Elle tend en effet à provoquer un retour au sens le plus ouvertement chargé de connotations sociales [...] Dès lors il n'y a plus de mots innocents ». Pierre BOURDIEU, *Ce que parler veut dire. L'économie des échanges linguistiques*, Fayard, Paris, 1982, pp. 16-19.

partant du code civil allemand. L'examen de certains ouvrages musulmans cités confirme cette conclusion. Dans l'ouvrage de Zarkani, par exemple,[478] un chapitre est consacré à la validité du « *jou'el* » (récompense)[479]. Or, Bennani, le commentateur de Zarkani, définit la promesse de récompense en se référant à un autre jurisconsulte. « Ibn Arafa l'a définie en disant que le *jou'el* est un contrat d'échange qui porte sur un travail humain récompensé [...] et il ne sera exigé qu'avec l'accomplissement [...] un travail humain comme la location des bâteaux des nomades (il parle des bêtes de voyage: chameaux, chevaux, etc.) [...] l'irrigation, le prêt, la société de labour [...] »[480].

Cette méthode d'exposition (une définition fort complexe et l'immense quantité d'exemple) n'aide pas à introduire dans l'Avant-projet des articles contenant des règles systématisées, abstraites et concises. Par ailleurs, ce que les jurisconsultes nomment *jou'el*, n'est pas dépourvu d'une certaine ambiguïté. Curieusement, ce phénomène ne se manifeste pas uniquement dans les ouvrages des jurisconsultes musulmans. Dans l'une des traductions des *Mille et Une nuits* s'étale un mariage étrange entre *el-jou'el* et la vente. Dans l'histoire de *Saïf-el-mouloud*. Hassan, était un esclave de l'un de ceux qui voulaient obtenir l'histoire. Pour satisfaire son maître, Hassan promet à un vieux savant dix pièces d'or s'il parvient à procurer l'histoire et, cent pièces supplémentaires, prix de la copie que le savant va lui donner[481]. Lane, cite dans sa traduction anglaise des *Milles et Une nuits* les mêmes faits avec une légère modification concernant la valeur de la promesse de récompense, et la vente: « *I will give you ten a hundred pieces of gold as its price, and ten as a gratuity [...]* »[482].

Les références européennes citées pour l'art. 21 AP posent le problème fondamental de la confusion terminologique. Santillana nous renvoie à Toullier, Demolombe, Laurent, et aux allemands Savigny et Windscheid. La consultation de ces sources a révélé que F. Laurent a analysé, dans le fragment mentionné, l'offre et la demande dans le cadre de l'obligation contractuelle plutôt que la déclaration de volonté[483]. Quant à Demolombe, il était farouchement opposé à la position de Larombière en estimant que l'acceptation de l'offre dans les délais fixés par les parties, mène à la création de l'obligation même

478 Ouvrage cité à plusieurs reprises comme source de l'art. 21 AP.

479 ZARKANI, *op. cit.*,T. VII, pp. 75 et s.

480 Traduction personnelle. BANNANI, *Ibidem.*

481 *Mille et une nuits*, éd. Macnaghte, Calcutta, 1839, T. III, p. 593.

482 LANE, *One thousand and one nignts*, Murray, London, 1859, T. III, p. 346. De même, le Dictionnaire de Dozy fait allusion à cette différence. DOZY, *Suppl. Aux Dictionnaires arabes*, Maisonneuve, Paris, 1881, T. I, p. 199.

483 François LAURENT, *Principes de droit civil français*, Bruylant Christophe et Cie Éditeurs, Bruxelles, A. Maresquaine, Paris, 1878, T. XV, § 476.

lorsque l'offre est retirée[484]. L'amalgame de Santillana entre les juristes français, qui ne traitent pas la déclaration de volonté – inexistante d'ailleurs dans le code civil français –, et les juristes allemands, qui étudient à juste titre cette source d'obligation, ne permet pas de dire que toutes les sources citées sont des sources réelles de l'art. 21 AP. S'agissait-il d'un amalgame afin de justifier les choix? Où plutôt d'une tentative de synthèse impossible entre des sources très diverses? Certes, ce n'est pas un hasard si le codificateur emploie la même référence doctrinale à Laurent dans deux articles complètement différents: l'art. 21 et 35 AP[485]. Le second, relatif à la fixation d'un délai pour l'acceptation de l'offre, est effectivement plus en harmonie avec le passage cité de l'ouvrage de Laurent. L'absence d'une théorie générale en droit musulman et l'ambiguïté des règles relatives à la déclaration de volonté dans l'école *malékite*[486] étaient sans doute la cause de cette confusion. En tout état de cause, même s'il est vrai que la déclaration de volonté n'a pas été systématisée par les auteurs français, le BGB a réglementé cette question dans son neuvième Titre consacré à la « promesse de récompense » (les articles de 657 à 661). Si non, comment peut-on expliquer que Santillana se soit contenté dans l'art. 22 AP – qui n'a pas été modifié dans le COC – du droit allemand[487] sans oublier la doctrine *malékite*[488]? Dans d'autres endroits de l'Avant-projet, le rythme de l'utilisation des sources doctrinales musulmanes et le droit allemand, change. Par exemple, dans l'art. 150 AP[489] (132 COC), relatif à la condition, seul le dernier paragraphe de

484 « ... D'où il suit que si, en effet, il accepte avant l'expiration du délai de huit jours, la convention sera formée; lors même qu'au moment où il acceptait, l'offre aurait été retirée par celui qui l'avait faite! Telle est la doctrine qui nous parait la plus juridique ». Jean-Charles-Florent DEMOLOMBE, *Cours de Code Napoléon. Traité des contrats ou des obligations conventionnelles en général*, Imprimerie générale Durand et Pedone Lauriel Libraires – Hachette Cie Libraires, Cosse, Marchal et Billard, Paris, 1877-1879, T. XXIV, pp. 62 et s., § 65.

485 Devenu par la suite, l'art. 33 dans le COC: « Celui qui a fait une offre en fixant un délai pour l'acceptation est engagé envers l'autre partie jusqu'à expiration du délai. Il est dégagé si une réponse d'acceptation ne lui parvient pas dans le délai fixé ».

486 Santillana ne cite, parmi les jurisconsultes malékites, que Zarkani.

487 L'art. 659 BGB dispose que: « Si l'acte pour lequel il est promis une récompense a été exécuté plusieurs fois, la récompense revient à celui qui l'a accompli le premier. Si l'acte a été exécuté simultanément par plusieurs personnes, il revient, à chacune d'elles, une part égale de la récompense. Lorsqu'il est impossible de fractionner la récompense en raison de sa nature ou lorsqu'une personne doit l'obtenir d'après la teneur de la promesse de récompense, il est tiré au sort ».

488 E. Zeys, était uniquement une source matérielle de cet article, au même titre que le renvoi à Zarkani et Bannani. Quant au renvoi à Ettouati, il n'était pas relatif au sujet précis de l'article puisqu'il parle d'un cas spécifique, lorsqu'il y a offre de deux valeurs différentes de la récompense. « Si le promettant – dit l'auteur – offre successivement à deux individus une rétribution et que tous les deux ramènent l'esclave, ils se partageront la plus forte des primes fixées si elles sont différentes ». Jules ABRIBAT, *op. cit.*, p. 143.

489 Selon l'art. 150 AP: « la condition accomplie ne produit aucun effet, lorsque l'évènement a eu lieu par le dol de celui qui était intéressé à ce que la condition s'accomplisse ».

l'art. 162 BGB[490] était une source formelle. La *Medjella* et Ibn Nadjim étaient aussi cités parmi les sources. L'article 99 de la *Medjella* dispose que « celui qui se précipite pour avoir une chose avant le terme est puni par sa privation »[491]. En revanche, la référence à l'ouvrage d'Ibn Nadjim annoté par El-Hamaoui était fausse. Dans ce fragment l'auteur et son commentateur analysent la question de la propreté en Islam[492] et non la condition.

L'art. 495 AP[493] présente un cas différent. Ici, Santillana a pris un fragment de l'ouvrage d'Ibn Nadjim comme source matérielle en esseyant d'étendre les dispositions de l'art. 128 BGB à cet extrait *d'Al-Achbah*. Le résultat fut la disparition totale de cet article 495 AP. À étudier cette seule source doctrinale musulmane citée, on se rend compte que deux raisons au moins ont empêché cette synthèse. D'abord, Ibn Nadjim a analysé les règles applicables à un acte écrit lorsqu'il s'agit de celui qui écrit à une jeune fille en demandant sa main (offre) et, c'est elle qui demande dans le lieu de sa présence le témoignage de certaines personnes sur son refus ou son acceptation de cette offre (acceptation). L'écrit dans ce cas concerne, donc, deux personnes dont l'une se trouve loin de l'autre. Toutefois, si l'art. 128 BGB a posé une règle générale, Santillana a voulu rapprocher l'art. 495 AP de l'application analysée par Ibn Nadjim sans omettre d'édicter une règle générale. Deuxièmement, l'existence d'une divergence entre les jurisconsultes à propos de l'acte écrit fondé sur des témoignages[494]. Par conséquent, le rejet semble prévisible en tenant compte de ces discordances provenant du droit musulman lui-même.

L'étude de la nature des sources formelles dans plusieurs articles de l'Avant-projet a montré qu'il y a non seulement une multiplicité des sources utilisées, mais aussi, une diversité du comportement du codificateur et de sa méthode

---

490 Art. 162 BGB: « Si l'avènement de la condition est empêché de mauvaise foi par la partie au détriment de laquelle il se réaliserait, la condition est réputée réalisée. Si l'avènement de la condition est amené de mauvaise foi par la partie à laquelle il profite, la condition est réputée non réalisée ».

491 Traduction personnelle de l'arabe.

492 IBN NADJIM, *Al-Achbah*, *op. cit.*, T. I, (Chapitre de la propreté), p. 212.

493 Cet article était rédigé en 1899 de la manière suivante: « L'acte est également authentique lorsque l'offre, d'une part, et l'acceptation, d'autre part, ont été reçues avec les solennités requises par officiers publics à ce autorisés dans le lieu où chacun des actes est passé ».

494 « ...Et si elle a reçu l'acte écrit, elle convoque des témoins afin de lire devant eux l'acte et elle dit j'ai accepté de me marier avec lui, ou elle dit que la personne un tel lui a écrit en demandant sa main, alors soyez témoins que j'ai accepté de me marier avec lui, mais si elle se contente de dire devant les témoins je me marie avec un tel la conclusion n'aura pas lieu (*Fath al'Kâdir*) [...] et si c'est le mari qui vient devant les témoins avec l'écrit poinçonné en disant ceci est mon écrit à une telle, soyez témoins de cela, ce n'est pas permis en se basant sur l'avis *d'Abou-Hanifa* [...] jusqu'à ce que les témoins sachent ce que contient l'écrit. *Abou Youssef*, [...] l'a déclaré valable sans la condition d'informer les témoins de son contenu...». Traduction personnelle de l'arabe. IBN NADJIM, *Al-Achbah*, *op. cit.*, T. II, p. 196.

« analogique ». Celle-ci n'est pas uniforme dans la mesure où, autant les renvois aux sources que leur utilisation comme partie intégrante des normes édictées dans l'Avant-projet, n'ont jamais été homogènes. C'est la raison pour laquelle il convient de s'interroger sur le rapport entre le pragmatisme et la légitimation des choix législatifs chez Santillana.

Chapitre II: Pragmatisme et légitimation des règles

Le paradoxe de la codification Santillana réside dans la juxtaposition de son devoir en tant que codificateur d'assurer au code la stabilité émanant de l'essence même de la loi moderne, et son ouverture sur le local, le spécifique, démarche recommandée par la politique législative française. Concernant les exégètes français, Santillana a bien saisi le mouvement d'idées qui animait les juristes de l'époque. Même ceux qui défendaient rigoureusement la clarté, voire l'immuabilité de la loi, ne manquaient pas de nuancer leurs propres propos[495]. Ainsi, l'importance de l'ouverture sur le rôle de la jurisprudence, les coutumes et les considérations moralisatrices de la vie juridique, étaient les mécanismes indispensables pour assurer la flexibilité du droit. La seconde catégorie des sources doctrinales assurant le pragmatisme, Santillana l'a trouvée dans les ouvrages des juristes *Andalous* et *Ifriquiens* notamment, et aussi chez les *hanéfites* et *chafiîtes*. En effet, la théologie classique elle-même reconnaissait qu'on avait laissé une latitude considérable aux opinions des jurisconsultes, c'est-à-dire à l'appréciation de ce que pouvaient requérir les circonstances particulières et l'esprit de la jurisprudence musulmane. Ils élaborèrent eux-mêmes toute une gamme de ruses destinées à contourner l'interdiction de l'usure, la preuve par écrit, entièrement subordonnée au témoignage dans la théorie du droit, largement acceptée dans la pratique; les jurisconsultes inventaient les contrats les plus soigneusement composites. En définitif, Santillana devait intégrer dans la codification civile et commerciale lancée par la France une *Charî'â* qui continua jusqu'à l'époque moderne d'exercer une domination théoriquement exclusive qui ne le fut jamais absolument dans la pratique. Dans une large mesure, « elle était presque sans vie, mais jamais totalement. Ses textes législatifs prirent une double forme: soit celle d'une succession stérile de commentaires, super-commentaires et gloses, soit celle d'une série compilée de *fatâwâ* ou consultations juridiques, qui donnent une certaine idée des méthodes selon lesquelles les doctrines des commentaires étaient appliquées dans la pratique »[496]. De ce fait, l'étude du pragmatisme qui a caractérisé la technique législative de Santillana, laisse transparaître une certaine compréhension des justifications par le droit musulman (I). En même temps, la validation politique et sociale de sa codification était intimement liée à son discours de légitimation. Lequel discours a parfaitement épousé la démar-

---

495 À titre d'exemple, selon François Laurent: « la loi fût-elle mille fois absurde, encore faudrait-il s'en tenir à la lettre, parce que le texte est clair et formel ». Mais il nuançait aussitôt: « la clareté évidente est plus rare qu'on le croit », *Cours élémentaire de droit civil, op. cit.*, T. I, pp. 18 et 20.

496 J. N. D. ANDERSON, « Le droit comme force sociale dans la culture et dans l'histoire de l'Islam », in: *IBLA*, 1959, T. XXII, p. 46.

che historique, parfois philologique du codificateur qui ramène tous les systèmes comparés qui ont inspiré son Avant-projet – y compris le droit musulman – à une racine commune: le droit romain (II).

I – Les justifications par le droit musulman

Dans l'Avant-propos du codificateur, le droit musulman a occupé la majeure partie du discours. Onze pages sur treize ont été consacrées à cette question. Une étude de ce discours se révèle dès lors indispensable. L'idée du pragmatisme et de la moralité dont la religion a imprégné ce droit mérite d'être analysée (1). Même si Santillana a consacré le seul ouvrage qu'il a publié en deux tomes sur le droit musulman à une comparaison entre le *rite malékite* et *chaféite*, l'élaboration de l'Avant-projet était plutôt dominée par la référence tantôt au *rite malékite*, tantôt au rite *hanéfite* (2). Non seulement son propre discours dans l'Avant-propos en témoigne, mais aussi les sources musulmanes citées, puisqu'elles relèvent de l'un de ces *rites*, ou des deux simultanément. D'une manière générale, la vérification de cette valeur pragmatique des sources musulmanes, ne sera pas uniquement fondée sur la spécificité de la doctrine musulmane c'est-à-dire sur son aspect casuistique. Il faudra aussi comprendre dans quelle mesure Santillana a réussi à adapter des règles énoncées pour des cas particuliers à un nouveau langage juridique constituant une sorte de langage réconciliant les cultures du droit. Par le rejet de la méthode casuistique du droit musulman, tout en répondant à la structure des codifications civiles modernes, le codificateur tunisien a voulu réaliser une codification à la fois éclectique et pragmatique.

1 – Pragmatisme du droit musulman

Le discours explicatif de Santillana insiste sur l'indissociabilité du caractère pragmatique du droit musulman (a). Cette donnée a profondément déterminé l'incorporation de ce droit dans le COC (b).

a. Dialectique religion et droit dans la *Charî'â* selon le codificateur

À travers plus d'une dizaine de pages, Santillana a longuement exposé ses réflexions relatives au droit musulman[497], à « la science du droit (*fikh*) »[498], au

[497] *Avant-propos*, *Avant-projet*, *op. cit.*, p. II.
[498] *Ibid.*, p. IX.

« pouvoir législatif du prince musulman »[499], au « système musulman »[500], aux « droits de Dieu et droits de l'homme »[501], à « l'intérêt social », à l'« obligation morale »[502]... Bref, tout un exposé complexe et riche, qui reste malgré tout partagé entre les analyses scientifiques et une forte volonté de légitimation et d'argumentation des choix législatifs retenus pour le Code. Par ailleurs, une correspondance datée du 1 juin 1899 de M. Roy adressée à Santillana témoigne de l'importance juridique et politique de ce document, (l'Avant-propos). La lettre du président de la Commission de codification des lois tunisiennes, le Consul et secrétaire général du gouvernement tunisien Roy était brève mais adressée personnellement à Santillana: « Ci-joint ce qui m'a été livré jusqu'ici du texte du code. L'imprimeur ne m'a pas encore envoyé d'épreuves de l'avant propos; je les réclame d'urgence »[503]. La première idée relevée par Santillana à propos du droit musulman est celle du cadre « rigide »[504] du dogme, en un mot de la « Loi religieuse »[505]. Le point de départ était donc la conciliation entre le droit moderne européen et « les doctrines de l'Islam »[506]. Car, « enserré dans le cadre rigide du dogme, le système musulman et le progrès par sa nature propre, qui est d'être une Loi religieuse »[507]. Ce qui est remarquable, c'est qu'il commence son analyse non seulement par repousser une telle affirmation, mais en procédant à des argumentations par des analogies soit entre les religions musulmane et chrétienne, soit entre les histoires arabe et latine. C'est en ces termes qu'il explique: « on fait ordinairement, en ces matières, une confusion entre deux ordres d'idées très différents. Comme le Christianisme, comme toute religion, l'Islam a ses dogmes qu'il n'est permis ni de discuter, ni de changer. Mais il serait tout aussi injuste de l'accuser d'immobilité, que d'en accuser le Christianisme, si merveilleusement adapté, dans l'ordre temporel, à s'accommoder aux circonstances les plus diverses ». Puis, Santillana conclut qu'« il y a, dans tout grand système religieux, autre chose que des dogmes, et Saint Thomas a pu dire avec beaucoup de vérité: « Le bien commun, fin de la Loi, s'étend à beaucoup d'objets différents, suivant les personnes, les circonstances et les temps » »[508]. Aussitôt, il consacre une large part de ce discours

499 *Ibid.*, p. VIII.
500 *Ibid.*, p. XI.
501 *Ibid.*, p. IX.
502 *Ibid.*, p. X
503 Correspondance de M. Roy du 1. 6. 1899, *Ministère des affaires Étrangère – Archives Diplomatiques de Nantes*, Tunisie, 1er versement, n° 1252. Voir : ***Annexe 7***.
504 *Avant-propos de* l'*Avant-projet*, *op. cit.*, p. II.
505 *Ibidem.*
506 *Ibidem.*
507 *Ibidem.*
508 *Ibidem.*

relatif au droit musulman à une analyse sociologique intéressante. Ses propos annoncent le cours de philosophie qu'il donnera quelques années plus tard à l'Université du Caire[509]. Néanmoins, ce n'était pas la seule occasion qui ait permis à Santillana d'évoquer cette question, « la société est un fait nécessaire [dit-il] car l'homme est un animal politique, car ses forces sont limitées et ses besoins sont multiples »[510]. Ses notes en bas de page sont aussi importantes que le texte, il fait un renvoi fondé sur une analogie curieuse entre la *Medjella ottomane*, Aristote et SaintThomas[511]. Un peu plus loin, il revient sur cette analogie davantage fondée sur l'histoire des religions que sur la philosophie. « Il y a bien eu un moment, à l'origine de l'histoire, où les hommes « ne formaient qu'un seul peuple » [Koran]; ignorant le mal, ils vivaient dans une paisible et innocente anarchie, dans une sorte d'islamisme primitif, et suivant les préceptes d'une loi naturelle, ou loi de raison (*chariâ-âklya*). Cet âge d'or finit avec le premier crime, celui de Caïn; les passions des hommes, leur cupidité, prirent le dessus, et amenèrent le désordre, la perte de la vraie foi, et l'introduction des lois particulières »[512]. Il commente ces propos en bas de page en faisant un amalgame bibliographique entre certains jurisconsultes tels que Razy, Khalil et Ibn Nadjim, le Koran et des auteurs comme Augustin ou Justin[513]. C'est en

---

509 Ce cours publié pour la première fois en 1981 en langue arabe par l'égyptien Mohamed Jalal Charaf, est intitulé: Les courants philosophiques grecs dans le monde musulman, éd. Maison de *annahdha al-arabiya li'ttiba' wa'nnachr*, Beyrout, 1981, 232 p. Cette publication est en réalité une édition du manuscrit laissé par Santillana et du microfilm n° 2990, conservés tous les deux dans la bibliothèque *Maison des livres du Caire*. Le texte original a donc été édité et quelquefois annoté. Et l'auteur d'y préciser que ce manuscrit a subi quelques rectifications au moins à deux niveaux. Celui de la langue arabe qui était parfois mal employée par Santillana ainsi que les fréquentes erreurs grammaticales; et les références à quelques sources relatives notamment au mouvement de traduction et à la réception de la philosophie grecque chez les arabes. Il faut remarquer surtout que les fréquentes erreurs de Santillana se rapportent non seulement aux renvois aux sources arabes, mais aussi à l'attribution d'une idée ou d'un passage à un philosophe ou jurisconsulte alors qu'il ne s'agit pas de l'auteur réel. On peut citer à titre d'exemple ses renvois à *Ikhbâr alhoukâm bi'akhbâr al-houkamâ* d'Al-Ķafti; *'Ouyoun al'anbâ fi tabaķât al'atibbâ'* de Ibn Abi-Qussaïbi'a, et à *Alfahra'st* d'Ibn Annadim. Cela prouve l'existence des erreurs bibliographiques et linguistiques – lorsqu'il s'agit des ouvrages arabes – plusieurs années après l'élaboration de l'Avant-projet. Ces données renforcent les conclusions précédentes selon lesquelles l'Avant-projet était loin d'être à l'abri de telles erreurs. Il faut ajouter enfin, que ce manuscrit n'a été traduit ni en français ni en italien.

510 *Avant-propos*, *op. cit.*, p. II.

511 *Ibidem.*, note n° 1. Voir aussi la note n° 3.

512 *Ibid.*, pp. III et IV.

513 « Razy, Comm., sur le *Koran*, II, 302, 303. Ibn Nadjim, II, 202, et note 5, pages 97, 98. De cette idée d'un Islamisme naturel antérieur à la Révélation, vient la règle que « l'esclave païen ne doit pas être vendu aux infidèles, car le païen est virtuellement Musulman, et le Musulman ne doit pas être vendu aux infidèles » (Khalil, III, 177, cf. Le *anima naturaliter christiana* de Tertullien, apologet. 17. De testim. An. 1.) La conception d'un christianisme primitif, commun à tous les hommes par le fait de leur participation à la raison générale (logos) est dans les premiers Pères de l'Eglise (Justin,

effet une introduction pour parler de « la seconde période de l'histoire », certainement celle qui l'intéresse le plus en tant que codificateur « celle de la Loi, de la Cité temporelle »[514]. Ce qu'il appelle donc le « curieux parallèle »[515] entre le christianisme et « cette idée d'un Islamisme naturel »[516], servira notamment à argumenter et à légitimer le passage d'une société qui applique le droit religieux à une autre qui doit obéir à la Loi *laïque*[517]. Évidemment, c'est sans doute le non dit qui prédomine dans le discours de Santillana, même s'il soutient à maintes reprises pour des raisons de légitimation l'idée du fondement religieux. Puis, il rappelle une dernière fois ce parallélisme. « Il est, à cet insuccès une autre raison: les Arabes ont exagéré le principe fondamental de leur doctrine. Cette idée que la justice consiste dans la réciprocité, les Arabes, comme nos canonistes, ont voulu l'appliquer jusqu'au bout: la philosophie d'Aristote y a contribué autant et plus que le principe religieux: la prohibition de l'intérêt sous toute indétermination dans les contrats, toutes les singularités, en un mot, du droit musulman viennent de là, et tiennent à la même conception générale. C'est que, dans tous ces cas, l'égalité est violée, par conséquent aussi la justice, et le jurisconsulte s'applique méthodiquement, consciencieusement, à rétablir l'équilibre, la réciprocité absolue, en éliminant toute combinaison qui en trouble la rigoureuse application – *ut æqualitas arvetur*, disaient nos canonistes dans les mêmes cas »[518]. Ce serait une erreur de penser que cette méthode de parallèlisme ou d'analogie entre les religions et les philosophies des arabes et des chrétiens n'était employée dans l'Avant-propos que pour les fins de la codification. Le codificateur tunisien reprend les mêmes idées dans ses conférences données à l'Université du Caire. L'éditeur de ce cours affirme dans son introduction que Santillana voyait dans la philosophie musulmane une « partie complémentaire des idées grecques, ou une image complémentaire voire une imitation intégrale de la philosophie hellénique »[519]. Par ailleurs, la lecture de ces conférences révèle que cette idée constitue l'axe central de toute sa pensée juridique et philosophique: « Les sciences musulmanes [dit-il dans sa

---

apologie, II, c. 8, 13, etc.) Sur l'état d'innocence primitive où l'homme vivait sans la loi. – AUGUSTIN De civil. Dei, XV. – Avec Caïn, commence la seconde période de l'histoire, celle de la Loi, de la Cité temporelle (AUGUSTIN, ib. XV.) On pourrait continuer ce curieux parallèle, si c'en était ici le lieu », *Ibid.*, p. IV.

514 *Ibidem.*

515 *Ibidem.*

516 *Ibidem.*

517 Santillana utilise souvent l'expression « la Loi humaine ».

518 *Ibid.*, p. XI.

519 Traduction personnelle de l'arabe. David SANTILLANA, *Al-madhâhib al-younâniya al-falsafia fi al'âlam al-islâmi*, Traduction de Mohamed Jalal CHARAF, dar annahdha al-arabia li-tibâ wa nachr, Beyrouth, 1981, Intrduction p. 15.

première conférence] sont fondées dès leur naissances sur les sciences, les idées et mêmes les illusions grecques »[520]. Dans un autre passage, il affirme sans aucune nuance que « cette différence entre Platon et Aristote est la même entre *al'acha'ria* et les *moutazilites* »[521]. Or, il est bien connu que le discours religieux était au cœur de la pensée des différentes écoles musulmanes comme celles qui viennent d'être citées. Plus frappant encore, son opinion selon laquelle si on fait une comparaison entre les idées de Platon et la pensée des mystiques musulmans, on trouvera une concordance totale entre les deux[522]. Ou encore, il déclare avec fermeté que tel ou tel courant philosophique n'a pas eu d'influence sur la pensée arabe. La critique de la démarche de parallélisme dans l'Avant-propos est ainsi plus confirmée. Toutefois, Santillana paraît plus convaincant lorsqu'il rappelle, à juste titre, que le caractère doctrinal du droit musulman intrinsèquement fondé sur la religion, a entravé longtemps son développement rationnel et sa systématisation[523]. Et le codificateur d'ajouter des réflexions importantes sur le pouvoir politico-législatif dans les sociétés musulmanes, des idées qui seront développées plus tard (dans certains articles ou dans son ouvrage sur le droit musulman), et qui serviront en premier lieu d'argument politique, juridique voire religieux, afin de convaincre la société tunisienne de sa codification civile. Le lien entre le social et le politique est très étroit estime-t-il. Car, « de la nature et de la fin de la société viennent la nature et la fin de l'Etat; il faut aux hommes réunis un pouvoir central, modérateur et régulateur, qui empêche les convoitises et les passions individuelles de se donner libre carrière, qui assure l'unité sociale. « Le pouvoir de toute autorité se fonde sur l'utilité générale ». Sans doute, toute puissance vient de Dieu (Koran), elle se constitue et se maintient par la volonté de Dieu, même celle du tyran, même celle de l'usurpateur[524]. Mais au point de vue du droit, le pouvoir tire sa légitimité de sa fonction: il se fonde sur cette règle essentielle dans toute société: « tout dom-

---

520 Traduction personnelle. *Ibid.*, p. 27.La méthode de son cours est critiquable dans la mesure où elle est dépourvue souvent de rigueur et de clarté scientifique. L'ambiguïté de certains renvois et des conclusions mal argumentées s'ajoute à son style très littéraire et parfois ennuyeux. Son raisonnement est presque entièrement fondé sur des confrontations brèves et très fragmentaires entre la philosophie grecque et les ouvrages de philosophie ou de théologie arabes. Ainsi par exemple les passages suivants: « ces courants sont connus chez les arabes [...] quelle qu'elle soit, la citation de la philosophie civile (par opposition à la philosophie naturelle) comprenez que c'est la philosophie fondée par Aristote, Platon...; ces idées et autres que vous trouvez dans *al-ihyâ'* de Ghazali, *Attafsir* de l'imam Razi, et dans les écrits du Cheikh Mouhi-eddine Ibn Arabi et d'autres mystiques, abstractions faite des philosophes musulmans, sont des idées purement platoniciennes... ». *Ibid.*, pp. 40, 48, 57 et 58.

521 *Ibid.*, p. 67.

522 *Ibid.*, p. 113. Voir aussi le développement de cette Thèse dans les pp. 108 et s.

523 D. SANTILLANA, *Avant-propos*, *op. cit.*, p. XI.

524 Ici, Santillana nous rappelle son cours sur les courants philosophiques grecs dans le monde arabe; il utilise les mêmes références, mais surtout, il s'appuie largement sur l'argumentation religieuse.

mage injuste doit être supprimé »[525]. L'autorité, c'est-à-dire le pouvoir de se substituer à la volonté d'autrui, n'a point d'autre justification en droit que le bien de celui qu'elle régit »[526].

L'analyse de cette argumentation permet de dire qu'elle se fonde sur trois idées fondamentales. D'abord, le fondement religieux du pouvoir en Islam. Ensuite, l'utilité de ce pouvoir qui doit assurer le bien général. Le religieux se voit ainsi occulté par une vision plutôt sociale et morale du pouvoir. Enfin, Santillana termine en déplaçant le débat relatif au pouvoir politique et la fonction de l'État sur un terrain purement rationnel et laïque, en insistant sur le fait que c'est uniquement par le biais de la Loi que l'État réalise sa fin. Cela lui permet d'aborder les fonctions judiciaires, c'est-à-dire la sécularisation. Il est cependant resté prudent en affirmant que la Loi « est un fait qui dérive de la société »[527], autrement dit des hommes et non de Dieu. En effet, « ce bien est double [dit-il] comme la fin de l'homme lui-même: l'Etat a une fonction matérielle et une fonction morale; gouverner « c'est conduire les âmes au bien en ce monde, et au salut dans l'autre »[528]. Cette fin, l'Etat la réalise au moyen de la loi. La loi est un fait qui dérive de la société, et qui est aussi nécessaire que celle-ci: dès qu'il y a des hommes réunis, il leur faut une règle: cette règle, c'est la loi, qui prévient et réprime les conflits des égoïsmes naturels. De là viennent aussi la légitimité et la nécessité des fonctions judiciaires[529]. L'interférence entre le religieux et le social dans le discours de Santillana, afin de repousser les dogmes religieux, prend toute son ampleur dans ces propos: « le but de la Loi, c'est donc l'utilité sociale. Elle doit, comme l'Etat dont elle est l'expression, « supprimer le mal, et promouvoir le bien » »[530]. Ces analyses atteignent leur point culminant plus

---

Voir à ce sujet: RAZY, Comment. II, 640, 641. D'après les Motazélites, le pouvoir juste serait seul d'origine divine. *Avant-propos*, *op. cit.*, p. III, note n° 3.

525 IBN NADJIM, *Al-Achbah*, *op. cit.*, T. I, p. 118, note n° 4.

526 *Ibid.*, p. III.

527 *Ibidem.*

528 La note à laquelle renvoie ce passage est remarquable: « *Eddor-el-Mokhtar*, III, 203, 204. MAWARDI, p. 3. IBN SALMOUN, ap. TAOUDI, I, 17, arg. *Koran*, 51, 56. cf. ARISTOTE, Polit. I, 1; IV (7) ch. 1 et 8 (édition SAINT HILAIRE), et la doctrine de tout le Moyen Âge (p. ex. DANTE, *De Monarchia*, III, 167) qu'on retrouve dans l'Encyclique *Diuturnum*, § Elsi homo arrogantia: « L'autorité, dit Léon XIII, est le principe qui dirige les sociétés dans la poursuite de la fin pour laquelle elle existe »», *Ibid.*, note n° 6.

529 *Ibidem.*

530 *Avant-propos*, *op. cit.*, p. IV. La note de bas de page que le codificateur insère est très révélatrice, puisque c'est ici et non pas dans le corps de son texte qu'il parle explicitement de « la loi humaine ». Ses sources traduisent encore une fois le parallélisme qu'il voulait constamment justifier: « *Koran*, III, 100 et RAZY, ad loc. Cf. ARISTOTE, *Eth. Nicom*, V, 5; Polit., IV (7), ch. 3; III, ch. 7, et SAINT-THOMAS, 1a 2ae, quest. 90, a. 2, quest. 95 a. 2. « La loi humaine doit non seulement écarter le mal, mais promouvoir le bien. », *Ibid.*, et note n° 2.

loin dans l'Avant-propos, le codificateur déplace encore une fois le problème du pouvoir politique du Prince musulman sur un terrain purement juridique dans la mesure où il va évoquer son pouvoir législatif[531] et les prérogatives dont il dispose dans ce domaine. L'objectif est sans doute de légitimer sa propre intervention. Il s'explique en notant que « le Prince est en effet le gérant de la communauté musulmane. Son autorité n'a rien de personnel; il n'est qu'un administrateur, comptable de tous ses actes, astreint à une responsabilité rigoureuse, n'ayant que des pouvoirs très limités, dès qu'il s'agit de diminuer le patrimoine qui est confié à sa gestion. Mais, s'il ne peut rien par lui-même, il peut tout par son office ; cet administrateur est un mandataire de confiance: il a le droit et il est tenu d'agir au mieux des intérêts qui lui sont confiés; dès que l'intérêt public est en jeu, dès qu'il y a nécessité ou même simplement utilité, ce pouvoir, d'abord si restreint, prend une ampleur presqu'indéfinie. C'est surtout dans les rapports de droit public que le Prince a ces pouvoirs. Il peut changer l'ordre des juridictions, déférer un genre déterminé d'affaires à certains juges, défendre à un tribunal de connaître de certaines affaires, restreindre ou étendre la délégation qu'il donne à ses juges de la manière qui lui paraît plus conforme aux intérêts publics et aux exigences des temps. Dès que le souverain a ordonné de juger d'après cette opinion, les juges ne peuvent valablement appuyer leurs décisions sur un système contraire »[532].

Par ailleurs, la méthode comparative de Santillana joue un rôle fondamental dans son discours, car, à la suite de ces paroles, il en arrive au cœur de ses choix législatifs: en utilisant les comparaisons entre les *rites*, il argumente le choix des solutions proposées par un *rite* plutôt qu'un autre. « C'est dans ce même ordre d'idées que les princes du Maroc et d'autres Etats de l'Afrique occidentale, ont ordonné aux cadhis de statuer sur toutes les questions d'après l'opinion dominante dans la doctrine, et de ne pas suivre l'opinion isolée d'un jurisconsulte; qu'en Espagne, le Khalife Mostanser Billah trancha une controverse qui s'agitait depuis longtemps dans les écoles *malékites*; il s'agit de la validité des actes accomplis par l'interdit, avant l'interdiction judiciaire: Mâlek était pour la validité; Ibn el Kacem pour la nullité; le Khalife ordonna au grand-cadhi de Cordoue de juger d'après le système d'Ibn el Kacem. On voit ici à l'œuvre le pouvoir législatif du prince musulman; il ne peut se substituer directement à la loi traditionnelle; mais il peut donner la prépondérance à l'un des systèmes qui se partagent la doctrine, il peut donner force de loi à la coutume, il peut enfin, dans les cas d'utilité ou de nécessité, pourvoir directement sous forme de

---

531 « L'organe de ce développement, c'est le Prince, le chef de l'Etat musulman ». *Ibid.*, p. VIII.

532 *Ibidem*. Il faut rappeler que toutes les notes de bas de page, dans l'Avant-propos, ne sont pas systématiquement indiquées ici.

décret, à ce que les circonstances exigent, comme tout bon mandataire doit le faire dans l'intérêt de son mandant »[533]. Néanmoins, Santillana tient à garder une certaine prudence pour prendre en main le pouvoir législatif. Il pose une question délicate: « est-ce à dire que l'idée religieuse n'ait joué aucun rôle dans le développement du droit musulman? »[534]. Et il répond: « ce serait méconnaître la puissante unité morale qui a fait la grandeur de l'Islam: la science du *fikh*… »[535]. Pourtant, cette réponse va ouvrir le débat à deux autres problèmes juridiques développés dans l'Avant-propos: la science du droit (*fiḳh*) d'une part, et la place de la morale dans les doctrines de l'Islam, d'autre part. Enfin, en relevant l'obligation d'obéissance que les musulmans doivent à leur Prince – selon l'ordre d'allégeance exprimé dans le verset coranique « Obéis à Dieu, à son Envoyé et à ceux qui détiennent le pouvoir » – à un devoir sacré même lorsqu'il s'agit d'un tyran, (« la tyrannie est préférable à la guerre civile » répètent les juristes, dit-il); à travers cela, il a certainement confirmé ce qu'il a esquissé dans l'Avant-propos de l'Avant-projet. Ce n'est sans doute pas un hasard s'il a estimé qu'« un gouvernement même très mauvais vaut mieux que l'anarchie, et entre deux maux il faut choisir le moindre. Les juristes du Maghreb résument la doctrine en la maxime: *Détenteur de pouvoir, digne de loyauté* »[536].

Entre la religion et le droit, Santillana a donc choisi de se faire entendre et de convaincre par l'intermédiaire de réflexions relatives au pouvoir politique en Islam. C'est un passage inévitable pour un codificateur placé dans de telles circonstances, mais c'est aussi un choix très médité; c'est ainsi qu'il va déterminer la manière d'interpréter le droit musulman dans la codification.

b. Incoporation du droit musulman dans le Code

Santillana traite dans son Avant-propos la problématique de l'incorporation du droit musulman dans le code en s'appuyant sur deux données principales: d'abord l'aspect scientifique du *fiḳh* et une approche critique de la méthode doctrinale musulmane; ensuite l'approche à la lumière de laquelle ce droit sera

533 *Ibid.*, pp. VIII et IX.

534 *Ibid.*, p. IX.

535 *Ibidem.*

536 Traduction personnelle. « *[…] perchè un governo anche pessimo, è migliore dell'anarchia, e tra due mali convien scegliere il minore. I giuristi dell Magrib compendiano la dottrina in un aforismo legale: « Man istaddat wat'atuhu waǧabat ta'atuhu » « cui soverchia la potenza è dovuta l'obbedienza »*», David SANTILLANA, *Istituzioni di Dirittoo musulmano Malichita con riguardo anche al Sistema Sciafiita*. Vol. I: *La comunità musulmana e il suo capo- Fonti del diritto e loro ermeneutica – La legge nello spazio e nel tempo – Le persone – La famiglia – Diritti reali*, Istituo per l'Oriente, Anonima Romana Editoriale, Roma, 1926, p. 350.

intégré au « système général du code »[537] et « aux principes du droit européen »[538]. Une perspective curieuse dans la mesure où elle est porteuse de la vision d'un droit européen, avant même son apparition.

Pour ce qui est de la science, il estime que: « la loi est essentiellemnt *perfectible*[539]. Elle l'est en effet, en tant que science: œuvre de logique et de raisonnement inductif, la science du droit n'est pas chose immuable et affaire de tradition: « On a prétendu que cette science (le droit), n'était qu'un recueil de traditions et d'exemples de ceux qui nous avaient précédés, et que nous n'avions qu'à les suivre sans discussion: ce serait réduire la science à une sorte d'histoire, et ne pas lui reconnaître un objet ayant une existence indépendante… »[540] Sa méthode propre, c'est l'analogie: ce qu'on déduit par analogie, par application inductive des principes généraux de la loi, a la même valeur que ce qui est exprimé. C'est là le rôle du jurisconsulte, et ce qui constitue la science du droit: « La règle de droit, disent les Hanéfites, n'est pas absolue, elle n'a pas le même caractère que les règles grammaticales et les principes de la logique; elle exprime ce qui arrive le plus souvent, et se modifie avec les circonstances de fait qui l'ont fait naître. »[541] La loi est également susceptible de modification, de perfectionnement, au point de vue de la jurisprudence, du droit appliqué: « Le principe général, en droit malékite, c'est qu'il faut avoir égard à l'utilité, lorsqu'elle est générale, et qu'elle s'impose » […] « Il est hors de doute, disent à leur tour les Hanéfites, que l'application de la loi peut changer avec le temps »[542] […] « C'est l'utilité qui est la règle du jurisconsulte »[543]. Les arabes en ont très bien vu la raison: c'est que les sociétés vivent et se transforment au cours de leur histoire »[544]. Plus loin, le codificateur met l'accent sur un volet technique intéressant. Dans le but d'insister à nouveau sur la possibilité de séparer les règles du *fikh* des dogmes purement religieux, il associe le concept « droits de Dieu et droits de l'homme » dans la *Charî'â* aux notions de droit privé et droit public. Ce serait méconnaître [dit-il] la puissante unité morale qui a fait la grandeur de l'Islam: la science du droit (*fikh*) fait partie de la théologie, et on a pu la définir, chez les hanéfites, « la science des droits et des devoirs

537 *Avant-propos*, *op. cit.*, p. XII.

538 *Ibidem.*

539 En italique dans le texte.

540 Le Khan Bahadour, *Houçoul el Mâmoul*, p. 6.

541 Instruction du Khalife Omar à Mouça Elachary: Ibn Farhoun, I, 24. Le Khan Bahadour, *Houçoul el Mâmoul*, pp. 141, 161, 174; *Eddor-el-Mokhtar*, III, 467; Ibn Nadjim, II, 269, 270, *Ibidem.*

542 *Eddor-eloMokhtar*, III, 388; *Medjella*, 39, *Ibidem.*

543 Ibn Nadjim, I, 354. Un pieux Khalife, Omar Ben Abd Elazize, avait coutume de dire: « A des abus nouveaux, il faut de nouvelles lois » (cf. Le brocard de droit canon: *Novis morbis nova antidota sunt præparanda*), *Ibidem.*

544 *Ibidem.*

de l'homme »[545] de même qu'on a divisé toute la matière du droit en deux parties « droit de Dieu et droits de l'homme » [...]. Dans les doctrines politiques et sociales de l'Islam, au moins autant et plus peut-être que dans celles du Christianisme, Dieu a pris la place qu'avaient dans la doctrine antique, la Cité, l'Etat. Cette substitution est assurément d'une importance capitale, elle marque la transition d'une civilisation à une autre. Mais il faut aussi se garder de l'exagérer. Avec plus d'attention, en pénétrant au delà des mots, on s'aperçoit souvent que l'expression seule a changé, et on est surpris de constater combien, dans une forme différente, les Arabes ont dit les mêmes choses que les anciens et que nous. Ainsi, dans l'exemple qu'on vient d'indiquer entre les *droits de Dieu*, et ceux de *l'homme*, la distinction se réduit tout simplement à celle du *droit public* et du *droit privé*. Dans ce qui tient aux idées morales et politiques, l'esprit humain n'a pas trouvé la même force d'invention que dans les arts mécaniques et dans les sciences: un certain nombre de formules, dont il varie sans cesse les combinaisons, ont suffi à tous ses besoins »[546].

Toutefois, l'éloge qu'il fait au *fikh*, à sa capacité d'ouverture et d'adaptation, est mis en doute très rapidement dans des passages ultérieurs. Il n'en demeure pas moins que l'analyse des derniers passages de l'Avant-propos – à travers lesquels le codificateur dévoile pour la première fois explicitement quelques traits de la technique législative – nécessite tout d'abord la compréhension de la généalogie du *fikh*. Est-elle vraiment telle que Santillana l'a présentée?

Le droit dans la théorie islamique classique, est la volonté révélée de Dieu[547]. Or, le grand problème historique relatif au droit musulman et, auquel Santillana s'est vu confronté était l'intégration de ce système juridique fondé

---

545 « Comparez la définition romaine « Jurisprudentia est... rerum humanarum atque divinarum notitia » DIGESTE, I, 1, 10 § 2. « Savoir le droit est un devoir religieux » TAOUDI, II, 2, 3. ZARKANI, V, 1. « La consultation juridique (*fatoua*) et le jugement rendu par le juge sont tous deux la déclaration de la volonté de Dieu » TASOULI, I, 18. LAMIATE EZZAKKAKE, p. 9 et s.», *Ibid.*, p. IX. Et note n° 2.

546 *Ibidem.*

547 Le dualisme entre la religion et l'État reste fortement caractéristique du droit musulman. Un auteur a expliqué à juste titre que « la loi juive s'appuyait sur la cohésion de la communauté, renforcée par la pression extérieure; ses règles sont l'expression directe de ce sentiment de cohésion, qui conduit au rejet de tout dissident. Le droit canon et la loi islamique, au contraire, sont dominés par le dualisme de la religion et de l'État, alors que l'État n'est pas, à la différence du Judaïsme, un pouvoir étranger, mais l'expression politique de la religion elle-même. Mais leur opposition prit des formes différentes. Dans la Chrétienté, ce fut la lutte pour le pouvoir politique, menée par une hiérarchie ecclésiastique fortement organisée; le droit canon fut une de ses armes politiques. Au contraire, l'Islam ne fut jamais une « église ». La loi islamique ne fut jamais soutenue par un pouvoir organisé; par conséquent il n'y eut jamais de véritable épreuve de force. Il n'y eut que des discordances entre la loi sacrée et la réalité pratique dont faisaient partie les règlements promulgués par l'Etat. Ce fossé était plus au moins profond, selon le temps et le lieu, paraissant devoir être comblé en certaines circonstances, mais se recreusant continuellement ». Joseph SCHACHT, *Introduction au droit musulman*, *op. cit.*, p. 12.

sur la religion dans un processus rationnel qui fait que le droit doit émaner de la raison, de la société et non de Dieu. Cependant, quoique la loi islamique soit une « loi sacrée »[548], elle n'est pas pour autant foncièrement irrationnelle. Elle ne fut pas établie par le procédé irrationnel d'une révélation continue, mais par une interprétation rationnelle et méthodique, et les normes religieuses ou les règles morales qui furent introduites dans le contenu juridique fournirent le cadre de sa cohésion interne en tant qu'ensemble de normes concrètes et matérielles. En revanche, son caractère juridique formel est peu développé.

L'étude de la genèse de la *Chari'â* révèle que la science du droit islamique[549] n'a pas commencé comme une étude scientifique de la pratique des tribunaux, mais plutôt comme un corpus de droit différent[550]. D'ailleurs, « les premiers jurisconsultes étaient hommes de religion plutôt qu'hommes de loi ». La méthode ainsi que la philosophie des premières écoles juridiques, incitent à s'interroger sur la valeur scientifique réelle de ces travaux. Une interrogation bel et bien posée dans l'Avant-propos, mais toujours, ou presque, volontairement occultée par les avantages du *fikh*: c'est-à-dire son aspect très imprégné de morale, son pragmatisme, etc. Si Santillana a repoussé l'énoncé sur la méthode qui sera retenue dans l'intégration des sources musulmanes dans le code à la dernière page de son Avant-propos, c'est tout simplement pour dire qu'il va

---

548 Les récits historiques mentionnent notamment une tentative d'introduction de la codification dans la société musulmane, dont le secrétaire d'État et écrivain Ibn el-Mouqaffâ'a fut l'auteur. Un iranien converti à l'Islam et mis à mort en 756. Il suggérait au calife de réviser les différentes doctrines, de codifier et de promulguer ses propres décisions dans l'intérêt de l'uniformité, et de rendre ce code obligatoire pour les juges.

549 Il faut noter que c'est avec l'arrivée des *Abbassides* au pouvoir en 750 après J.C., que les spécialistes du droit religieux furent publiquement reconnus comme les architectes d'une structure de gouvernement et de société que les *Abbassides* s'étaient engagés à bâtir et ce fut sous ce patronage politique que les écoles juridiques prirent rapidement leur essor. N. COULSON, *Histoire du droit islamique, op. cit.*, p. 38.

550 Voir ce sens par exemple: Nathan BROWN, « Shari'a and state in the modern muslim Middle East », in: *Int. J. Middle East Stud.* 29, 1997, pp. 359-375; Georges MAKDISI, *Religion, Law and learning in classical Islam*, Gower house, Hampshire, Brookfield,Variorum, 1991, spéc. pp. 9-55 sur l'aspect théologique dans les travaux de Chafi'î; J. SCHACHT, « Problems of modern Islamic Legislation », in: *S.I.*, 1960, pp. 99 et s; I. GOLDZIHER, *Le dogme et la loi de l'Islam. Histoire du développement dogmatique et juridique de la religion musulmane*, Traduction de Félix Arin, Librairie orientaliste Paul Geuthner, Paris, 1958, spéc. pp. 213 et s; Savvas PACHA, *Étude sur la théorie du droit musulman. Deuxième partie: La méthode législative de l'Islam*, Marchal et Billard, Éditeurs, Paris, 1898, spéc. pp. 33 et s; Chafik CHEHATA, *Études de droit musulman*, P.U.F., Paris, 1971, spéc. pp. 33-165; A. EL SANHOURY, « Le droit musulman comme élément de refonte du Code civil égyptien », in: *Introduction à l'étude du droit comparé. Recueil d'Études en l'honneur d'Edouard LAMBERT*, Troisième partie: Le droit comparé comme science juridique moderne – Quatrième partie: Le droit comparé comme science internationale moderne, L.G.D.J., Paris, 1938, pp. 621 et s. Et Jean CARBONNIER dans son article: « La religion, fondement du droit? », qui parle de la « dualité règles de droit et droit sans règles » in: *A.P.D.*, 1994, T. XXXVIII. *Droit et religion*, p. 17.

s'inspirer des solutions des *rites*, de la moralité du droit musulman, de son pragmatisme, de son utilité, etc., mais non de sa méthode. C'est précisément cette méthode dépourvue de scientificité et de systématisation qui est mise en cause. Rappelons à cet égard que l'un des traits les plus frappants de la loi islamique est la méthode casuistique qui est étroitement liée à la structure de ses concepts juridiques. « Toutes deux résultent d'une pensée analogique et non analytique qui la régit totalement. La loi islamique est un exemple extrême d'un « droit de juristes ». Elle fut créée et développée par des spécialistes indépendants. C'est la science juridique, et non l'Etat, qui assuma le rôle de législateur, et les manuels d'école ont force de loi »[551].

De cette manière, Santillana a délimité son champ de travail en droit musulman. Il est devant un droit de juristes par excellence: pluralité d'écoles, pluralité de *rites*, immense quantité de solutions juridiques, d'arguments religieux et extra-religieux. Les différences entre ces écoles provenaient principalement de facteurs géographiques, tels que les difficultés de communication entre elles et la différence entre les situations sociales, entre les lois coutumières et les habitudes; elles ne résultaient pas de désaccords notables sur les principes ou les méthodes. Inutile donc, de chercher dans la méthode, puisqu'il y aura toujours une possibilité de trouver la solution désirée[552], celle qui s'accommode, s'adapte à ses choix législatifs. C'est de cette manière qu'il déclare à la fin de son Avant-propos que « les considérations qui précèdent indiquent quelle devait être ici la tâche de la Commission: elle avait surtout à mettre de l'ordre, de la lumière, de l'unité dans cet ensemble de doctrines incohérentes, à en dégager les principes et à en préciser les formules. A côté de cette œuvre délicate de reconstruction, elle en avait une autre à accomplir tout aussi délicate: elle devait éliminer tout ce qui tient à un état de chose et d'idées que la société musulmane elle-même a dépassé depuis longtemps, remplacer ces parties surannées par d'autres plus adaptées à l'état actuel, les compléter là où elles sont insuffisantes. [...] Il n'est rien dans tout cela qui ne soit conforme à la doctrine des jurisconsultes musulmans les plus autorisés »[553]. C'est ainsi que l'acte de mettre de l'ordre, de la lumière, de l'unité ne touche en aucun cas la méthode du droit musulman, il s'agit tout simplement de choisir les solutions adéquates. Or, pour les besoins de la légitimation, le codificateur a tenu à consacrer une partie de son discours à la méthode. Le ton de légitimation atteint d'ailleurs son apogée dans le passage

551 J. SCHACHT, *Introduction au droit musulman*, *op. cit.*, spéc. p. 13.

552 La loi islamique n'a jamais été uniforme non plus, à aucun moment de son évolution. Dès l'origine, son contenu juridique variait selon les lieux, et les différences géographiques comptent pour beaucoup dans les divergences entre les écoles juridiques.

553 David SANTILLANA, *Avant-propos de l'AP*, *op. cit.*, p. XII.

suivant: « on a procédé partout avec les plus grands égards pour la doctrine traditionnelle de l'Islam. Le système musulman qui se prête parfaitement, on l'a vu, à presque toutes les réformes nécessaires, renferme aussi beaucoup de parties qui ne le cèdent *(sic)* en rien aux conceptions juridiques les plus récentes du Droit civil et commercial européen. On s'est donc appliqué à les conserver; on a tenu à ne parler aux Arabes que dans le langage même et, pour ainsi dire, par la bouche de leurs jurisconsultes »[554]. De ce fait, l'incorporation du droit musulman dans le COC a été notamment marquée par le pragmatisme des références aux rites.

2 – Pragmatisme des références aux *rites*

Lorsque Santillana décrit dans son Avant-propos les traits de ses sources musulmanes, il désigne en premier lieu le rite *malékite*, et à titre plus ou moins « subsidiaire », son homologue *hanéfite*. « Elle (la Commission) a suivi en général [dit-il] les doctrines de l'Ecole malékite, qui est celle de la majorité des tunisiens, mais elle n'a pas hésité à se faire hanéfite partout où les règles de cette Ecole convenaient mieux au système général du code, et aux principes du droit européen… »[555]. Or, cette manière de schématiser le travail sur le droit musulman ne traduit, objectivement, ni la prédominance quantitative d'un *rite* sur l'autre, ni la valeur juridique réelle de chaque *rite* dans le Code, ni la manière dont le codificateur s'est inspiré de chaque école. À cet égard, il ne faut pas oublier deux données. Premièrement, il serait naïf d'imaginer que l'influence de chaque *rite* passe obligatoirement par des solutions juridiques définies. Ce fut un grand travail de choix, de découpage juridique, de reformulation, de dislocation en quelque sorte, de la pensée juridique musulmane médiévale. Dans chaque école il n'y a pas que des solutions concrètes à des situations juridiques déterminées ; chacune a développé ses techniques, sa méthode propre, sa logique référentielle par rapport aux composantes matérielles de la *Charî'â*. D'ailleurs, Santillana n'a pas manqué de rappeler dans une brève note de bas de page que « ce sont surtout les hanéfites qui ont développé le système des fictions: tout un livre d'Ibn Nadjim y est consacré; il en est, dans le nombre, qui eussent réjoui le Pascal des Provinciales »[556]. Deuxièmement, les sources doctrinales citées dans l'Avant-projet sont très diverses, à côté du *malékisme* et du *hanéfisme* exposés dans les ouvrages des jurisconsultes orientaux, on note une place de choix octroyée à un malékisme plus spécifique, celui de l'Andalousie et de l'Afrique du nord. Cette particularité permet de tenter tout d'abord une

---

554 *Ibidem.*

555 David SANTILLANA, *Avant-propos de l'Avant-projet, op. cit.*, p. XII.

556 *Ibidem.*

différenciation entre les deux *malékismes*. Santillana n'a pas cessé de développer sa réflexion sur les *rites* et la théorie des sources en droit musulman (b) même après la codification du COC. Si l'objectif est de saisir et de comprendre les spécificités tunisiennes au niveau des *rites*, le passage par une analyse de ces deux écoles notamment, est nécessaire (a).

a. Naissance et évolution des *rites*

La tâche consistant à choisir entre les écoles n'a pas été simple. On s'en aperçoit en étudiant les commentaires du codificateur et ses listes bibliographiques. Une note dans l'Avant-propos en témoigne: « on discute chez les philosophes (*ouçoulyionne*) la question de savoir s'il est permis de suivre les principes d'une école autre que la sienne dans les questions particulières; il est certain que cela est permis au point de vue de l'utilité »[557]. Essayer de comprendre cette logique, revient à comprendre d'abord et en premier lieu la genèse des *rites*. Évidemment, il ne s'agit pas de faire un exposé historique. L'analyse généalogique des développements des deux écoles *malékite* et *hanéfite* a pour but de saisir les raisons qui ont permis à Santillana de faire ses choix au sein de ces doctrines. Car il est bien évident que des considérations autant historiques que sociales l'ont conduit à travailler précisément sur ces deux *rites*. Néanmoins, des raisons purement juridiques ont été aussi les motifs de cette méthode. Les « analogies » ou même les affinités électives avec certaines dispositions, voire avec des théories juridiques allemandes ont largement favorisé cette tendance.

Historiquement, la prise du pouvoir par les *Abbassides* (vers 750 après J. C.), a été un tournant décisif pour la communauté musulmane, non seulement sur le plan politique et religieux, mais aussi juridique. À partir de cette période, la science du droit musulman va commencer, non comme une analyse scientifique de la pratique des tribunaux disposant d'une autorité considérable, mais en tant que formulation d'une structure du droit s'opposant à cette pratique. Le changement par rapport à la période *omeyyade* est marqué par l'apparition d'un esprit de « spéculation savante »[558] qui se substitue à l'esprit fondamentalement pragmatique de la pratique juridique antérieure. Un auteur soulève deux caractéristiques de la méthode juridique durant cette phase de genèse des écoles. « Au cours de l'évolution de la méthode juridique au début de l'époque abbasside, deux tendances principales de la doctrine se dégagèrent. Premièrement, par souci d'uniformité et de cohérence, le raisonnement devint plus systématique et l'opinion arbitraire ou *ra'y* céda progressivement la place à la

557 Il cite dans ce sens Tasouli, II, 188, 189., *Avant-propos*, *op. cit.*, p. XII.

558 Expressions empruntées à N. COULSON, *Histoire du droit islamique*, *op. cit.*, p. 38.

déduction analogique *qiyâs* [...] La seconde tendance de la science du droit à ses débuts fut l'importance croissante donnée à la notion de *sunna* ou doctrine établie. Pour que fût consolidée l'idée de tradition, on représenta la doctrine comme plongeant ses racines dans un passé lointain et on invoqua, dans sa formulation, l'autorité des générations précédentes »[559]. À ce stade, il faut souligner le caractère fragmentaire de la doctrine musulmane malékite de l'époque: absence de principes généraux ou de toute systématisation[560].

Le *rite hanéfite* a connu au contraire un développement différent. Car, si l'attachement conservateur à la tradition a marqué les premiers juristes de *Médine*, les savants de *Koufa*, vivant au sein d'une société nouvellement formée, sans racines dans le passé, étaient animés d'un esprit de libre recherche et de spéculation. Koufa[561] fut le berceau d'Abou Hanifa (m. 767), fondateur de l'école *hanéfite*. Une chose reste, en l'occurrence, essentielle: l'attachement de l'école malékite à la *Sunna* était accompagné aussi d'un raisonnement juridique essentiellement attaché aux considérations d'ordre pratique et notamment à la coutume considérée comme la tradition vivante. Certes, grâce à son pragmatisme, le *malékisme* a su s'adapter, voire se métamorphoser en fonction des conditions sociales propres à la Tunisie, et même à l'Afrique du nord en général. Or, dans cette entreprise de la codification civile tunisienne, le *rite hanéfite* a aussi trouvé une place priviligiée. Pour quelles raisons?

Dire que le codificateur a intégré dans son projet de code civil des solutions juridiques inspirées des deux *rites*, uniquement pour cette raison que le *malékisme* était le *rite* de la majorité des habitants et que le *hanafisme* était celui de la classe dirigeante, revient à donner une vision simpliste. En effet, il ne faut pas oublier que les caractéristiques de la pensée juridique *hanéfite* ont également joué un rôle important. Cette pensée n'est pas seulement appuyée sur des bases plus larges et appliquée plus complètement que celle de ses contemporains plus âgés; elle est aussi plus évoluée, plus prudente et plus raffinée. Un haut niveau de raisonnement, souvent un peu rude et excessif, avec peu de respect pour la pratique, est typique de la pensée juridique d'*Abou Hanifa* dans son

---

559 *Ibid.*, pp. 40-41. Il convient de préciser que cette notion de *sunna* est une pierre angulaire dans la généalogie des quatre écoles orthoxes de l'Islam, y compris l'école *châfi'ite* dont le fondateur *al-Châfi'î* était un véritable maître architecte de la doctrine juridique musulmane, et à qui Santillana va consacrer son livre parallèlement à l'école *malékite*.

560 Coulson va jusqu'à faire une analogie avec le droit romain en matière des contrats. « La littérature juridique ultérieure, bien qu'elle traitât indubitablement chaque matière dans un enchaînement plus logique, garda l'aspect fragmentaire du *Muwatta'*. Les traités de droit islamique ne présentent pas d'abord les principes généraux, suivis des détails d'application, mais présentent une succession de sujets séparés et isolés », *Ibid.*, p. 47.

561 L'école de Koufa était géographiquement plus ouverte et plus réceptive aux systèmes juridiques étrangers.

ensemble[562]. Il ne faut pas oublier, non plus, que Santillana n'a pas travaillé directement sur des raisonnements juridiques du deuxième siècle. Les traités qui ont constitué l'essentiel de ses sources étaient ceux des jurisconsultes tardifs, autrement dit même au sein d'un même *rite*, la schématisation du raisonnement juridique n'a pas été statique. Par exemple, *Abou Youssef*, qui a été cité plusieurs fois dans l'Avant-projet bien qu'il ait repris en gros la doctrine d'*Abou Hanifa*, son maître, avait un raisonnement distinct et surtout sa propre conception des sources. La particularité la plus marquante de la pensée juridique d'*Abou Youssef* est qu'il se réfère davantage aux traditions qu'*Abou Hanifa*, car il y avait, à son époque, plus de traditions officielles venant du Prophète et, par rapport à ces traditions, les considérations de morale islamique d'ordre matériel étaient moins importantes. En outre, la doctrine d'*Abou Youssef* représente souvent une réaction contre le raisonnement parfois excessif d'*Abou Hanifa*. En se séparant de son maître, *Abou Youssef* abandonne parfois une doctrine plus évoluée.

Avec *Châfiʿî* (m. 820), le raisonnement juridique « atteignit son zénith »[563]. Un raisonnement juridique explicite, qui est généralement d'une très haute qualité, tient une plus grande place dans la doctrine de *Châfiʿî* que dans celle de ses prédécesseurs, même en tenant compte des divergences au niveau du style et de la forme littéraire. Aussi, il ne faut pas perdre de vue que lorsqu'il écrivait, l'imprégnation du droit par des idées religieuses et morales était achevée pour l'essentiel[564]. Par ailleurs, la confiance fondamentale qu'il accordait à la tradition du Prophète, qui le faisait suivre les traditionalistes, impliquait une manière différente et formelle « d'islamiser la doctrine juridique ». En théorie, *Chafiʿî* distinguait nettement les arguments empruntés aux traditions et les résultats d'une pensée logique. Toutefois, dans la pratique de son raisonnement, les deux aspects sont étroitement mêlés[565]. *Châfiʿî* fut un véritable « maître architecte »[566], puisque c'est avec lui qu'une réelle innovation a eu lieu. Sa théorie

562 J. Schacht a visiblement insisté sur le côté purement théorique du raisonnement juridique du fondateur de l'école *hanéfite;* il rappelle, à juste titre, que le fait qu'*Abou Hanifa* n'était pas un juge a fait de lui un jurisconsulte moins sensible aux considérations d'ordre pratique, *Ibid.*, p. 46.

563 N. Coulson, *Histoire du droit islamique*, *op. cit.*, p. 53.

564 Nous ne le trouvons donc presque jamais influencé – affirme J. Schacht – « dans sa pensée juridique consciente, par des considérations matérielles d'une nature religieuse ou morale, comme celles qui avaient joué un si grand rôle dans les doctrines d'Awzâ'î, de Mâlik, d'Ibn Abî Laylâ ou d'Abû Hanîfa. Nous le trouvons aussi plus cohérent que ses prédécesseurs, lorsqu'il sépare les aspects moraux des aspects juridiques chaque fois qu'ils se présentent ensemble à propos du même problème ». *Ibid.*, pp. 46-47.

565 Schacht estime à ce propos qu'« il se montre à la fois lié par les traditions et la logique, et nous pouvons considérer cette synthèse nouvelle comme caractéristique de sa pensée juridique », *Ibid.*, p. 47.

566 C'est ainsi que Coulson a intitulé le chapitre de son ouvrage précité consacré à *Châfiʿî* et à son école. Voir: *Histoire du droit islamique*, *op. cit.*, pp. 53 et s. Il est appelé aussi: le « géant de l'histoire juridique islamique », *Ibid.*, p. 55.

juridique se sépare nettement de celles de *Mâlik* et d'*Abou Hanifa*. En général, *Châfi'î* n'admettait qu'un raisonnement strictement analogique et systématique, autrement dit et au sens étroit et technique: les méthodes de *qiyas*, *ijtihâd*, la logique ou l'utilisation de la raison *mâ'koul*. L'innovation se manifeste dans son rejet des décisions ou opinions arbitraires (*ra'y* et *istihssân*), largement utilisées par les jurisconsultes antérieurs. À y regarder de près, et bien que l'influence de *Châfi'î* sur le contenu du droit musulman n'ait pas été très importante, son rôle fut cependant prépondérant sur le plan de la méthode. Comme il en ressort de son célèbre *Rissâla' (L'Épître)*[567], l'innovation de ce jurisconsulte tient moins à l'introduction de nouveaux concepts juridiques qu'au fait de donner à ceux qui existaient déjà une construction systématique. Certes, la nouvelle conception de la théorie des sources majeures ou racines (*ouçoul-al-fikh*) de la loi, ainsi que des sources secondaires (*fourou'*), est l'un de ses grands mérites. L'apport de *Châfi'î* à la théorie des sources du droit, notamment à sa deuxième source la *sunna* et à sa quatrième racine, le raisonnement par analogie, est décisif. Il faut savoir que la quantité immense de doctrines fragmentaires et la multitude de solutions juridiques frôlent l'anarchie. Dès la fin du IXe siècle, la virulence des querelles de principe que la thèse de *Châfi'î* avaient suscitées s'était largement apaisée et la place de la *sunna* ou pratique du Prophète dans le droit musulman s'était stabilisée.

Santillana s'est trouvé plusieurs siècles plus tard devant les doctrines cristallisées des quatre écoles juridiques. Admettons qu'il était appelé à composer avec les deux *rites malékite* et *hanéfite* – pour des raisons sociologiques évidentes –; comment a-t-il envisagé son travail sur le *rite chafi'îte*, qu'il a longuement comparé avec son homologue *malékite*, dans un livre publié plusieurs années après la codification du COC?

b. Réflexions du codificateur sur la théorie musulmane des sources

Il était évident pour le codificateur tunisien que le Coran, et la *sunna* n'ont jamais été un arsenal juridique capable, à lui seul, de résoudre tous les conflits qui se posent dans la vie réelle. L'ordre du Coran n'a pris en considération, ni les dates de la révélation, ni l'unité de la composition des sujets qu'il cite. La cause de cette situation peut s'expliquer par le fait que ce livre sacré a pour objet principal la construction et l'établissement des bases fondamentales de la religion; l'objet législatif est plutôt établi d'une façon secondaire[568]. Par

567 C'est le fameux ouvrage de *Châfi'î*, composé au Caire où il passa les cinq dernières années de sa vie. Ce livre expose la maturité de la théorie juridique de son auteur.

568 Plusieurs historiens et chercheurs soutiennent de plus en plus la thèse selon laquelle à l'intérieur des

ailleurs, la formule légale de ce qu'on peut appeler « la règle coranique », n'est pas moins problématique. La plupart des normes du Coran qui sont imposées comme lois ne prennent pas la forme propre à une règle juridique. Ainsi, on constate que le Coran n'a pas pris une attitude absolue par rapport à tout acte strictement interdit. Autrement dit, il n'a pas utilisé le mot « interdit » pour chaque interdiction, ni le mot « devoir » pour chaque action qu'il a imposée. La méthode générale qu'il a suivie était la prédication, l'avertissement, la menace de l'enfer, la récompense par le paradis, les allusions qui expriment la satisfaction de Dieu ou sa colère pour telle ou telle action...De ce fait, le Coran est loin d'être un corpus juridique. Les règles « juridiques » du Coran peuvent être, en l'occurence, divisées en cinq catégories d'actes: a) devoirs obligatoires, ceux qui se rapportent entièrement au « bien »; b) interdits obligatoires, ceux qui se lient entièrement au « mal »; c) recommandations, ceux dans lesquels le « bien » est prépondérant; d) déconseillés, ceux où le « mal » est prépondérant; e) actes qui n'ont ni l'un ni l'autre, ou les deux en proportions égales et laissées au choix de l'individu[569].

Dans son livre comparatif entre les deux *rites malékite* et *chafi'îte*, Santillana inaugure un chapitre consacré à la « méthodologie juridique/herméneutique » ou *ouçoul-al-fikh*, pour évoquer cette caractéristique du droit musulman, consistant à se reposer sur un livre sacré dont les quelques dispositions à caractère législatif soulèvent des difficultés. « Il serait en effet une erreur [estime-t-il] de croire qu'il suffit de prendre en mains le Coran ou de recueillir des traditions pour résoudre les problèmes que la vie pratique présente à chaque pas; plusieurs questions ne se trouvent pas dans les sources [...]. Il est nécessaire de savoir utiliser les sources[570], et le problème est plus vaste et complexe qu'il n'apparaît à première vue. Afin que la loi ait une efficacité obligatoire et soit retenue et applicable, il faut avant tout être sûr de son authenticité »[571]. Ce sont des problèmes multiples et des genres divers – historiques, critiques, philologiques, juridiques – qui se montrent à celui qui veut seulement utiliser les sources du droit précise-t-il. Sans doute, « il est compréhensible que la capacité

---

sourates, les versets suivent l'ordre donné par le Prophète lui-même. Quant à l'ordre des sourates, il provient sans doute d'Othmân. Voir par exemple: *Le Saint Coran*-Traduction: « sur une question Othmân répondit: « [...] Quand le prophète recevait quelques choses, il appelait les scribes et disait: « mettez ces versets dans la sourate qui parle de telle et telle chose... ». Muhammad HAMIDULLAH, *Le Saint Coran*-Traduction, éditions Maison Enno, Paris, 1986, Introduction, p. XXX.

569 Rappelons que la règle coranique contient toujours certains aspects religieux ou moraux. Ce phénomène est bien clair quand on regarde les fins des versets qui se terminent souvent ainsi: « Dieu entend, vraiment il sait, Dieu est pardonneur [...] Dieu sait et vous ne savez pas... »

570 Sur ce point relatif aux sources, Santillana fait un renvoi en note de bas de page à *Châfi'î* (p. 96).

571 Traduction personnelle de l'italien. David SANTILLANA, *Istituzioni di Dirittoo musulmano Malichita con riguardo anche al Sistema Sciafiita*. Vol. I, *op. cit.*, p. 40.

de les résoudre, ne soit pas donnée à tout le monde. La science qui s'occupe spécialement de ces problèmes et enseigne à tirer des sources les règles du droit positif applicables à la vie pratique est précisément la science des « principes » ou « fondements » du droit (« oussoul al-fikh »), laquelle comprend la méthodique juridique, c'est à dire la critique et la philologie des sources. Dans la classification musulmane, cette science des « oussoul » sera distincte de celle du droit positif (fikh) »[572].

Les propos de Santillana suscitent plusieurs remarques. Il distingue les solutions évidemment pratiques (ce qu'il a appelé le « droit positif » pour désigner le *fiḳh*) des démarches techniques et scientifiques mises en place par *Châfi'î*. Cela confirme-t-il sa méthode législative eu égard au droit musulman dans l'Avant-projet? La réponse n'est qu'une ouverture sur la seconde remarque. Les analyses du codificateur tunisien dans ce livre, montrent que son étude historique et juridique des sources du droit musulman, demeurent fondamentalement philologiques. Son traitement est souvent fondé sur une vision externe des institutions et du raisonnement juridique musulmans. Sans doute, sa formation d'avocat a-t-elle joué un rôle déterminant, et a accentué son sens du pragmatisme, même lorsqu'il s'agit d'un traitement théorique de l'histoire juridique musulmane. Telle était le cas dans son livre. Après tout, même si Santillana avait vraiment l'intention de faire une critique structurelle du *fiḳh*, au moyen d'une analyse généalogique, était-il suffisamment armé pour le faire? Non, sans aucun doute.

En dépit des analyses descriptives des sources musulmanes du droit l'analyse de Santillana n'atteint pas le niveau d'une critique de fond, qui s'étende autant aux sources du droit musulman qu'à ses modes de raisonnement juridiques. Un passage de son livre traduit parfaitement cette démarche: « résolues les difficultés relatives à l'authenticité du texte (Coran ou « hadīṭ ») l'interprète doit accomplir une autre tâche. À la recherche historique critique s'ajoute l'herméneutique proprement dite, c'est à dire la détermination du signifiant et de la portée de la loi (*mens legis*), grâce à l'examen des paroles employées et du contenu même de la loi. Premier en ordre, il y a le problème de l'interprétation grammaticale et philologique, à l'égard de la *forme* de la loi (« dalālat al-lafź, dalālat al-malfūź »), ou comme nous disons, l'interprétation littérale. [...] Nous nous limitons à une règle d'herméneutique qui peut intéresser même les juris-

---

572 *« Si comprende senz'altro che non a tutti sia dato risolverli. La scienza che si occupa specialmente di questi problemi ed insegna a trarre dalle fonti le regole di diritto positivo applicabili alla vita pratica, è appunto la scienza dei « principî » o « fondamenti » del diritto (« uşul al-fiqh »), la quale comprende la metodologia giuridica, cioè la critica e la ermeneutica delle fonti. Nella classificazione musulmana, questa scienza degli « uşulī » vien distinta da quella del diritto positivo (« fiqh ») », Ibidem.*

tes non philologues: Dans l'interprétation des sources, les paroles seront prises dans leurs significations propres, et seulement à titre d'exception, dans le sens figuré (...) la première recherche de la méthodologie juridique est, naturellement la recherche historique critique, dirigée pour accepter l'authenticité ou la vérité (« ṭubūt ») des sources _ (la « höhere Kritik » des Allemands; Gazâli, I. C., I, 5; Nawawi-Mouslim, I, 4-5) »[573] .

Pourtant, une interrogation surgit à la lumière des analyses de l'ouvrage de Santillana. Pour quelle raison met-il sur un pied d'égalité l'esprit critique – rationnel – allemand avec la plus célèbre compilation des *« hadith »* du prophète (celle de *Nawâwi* et *Mouslim*) et les écrits de *Ğazâli?* Cette question ouvre la porte à l'étude du rôle du droit romain, non seulement dans la technique des analogies largement déployée par Santillana, mais aussi dans la légitimation de ses choix législatifs.

II – Rôle du droit romain dans la légitimation des choix

Le mot clé dans les propos de Santillana qui permet de comprendre le choix pluraliste des sources se résume dans les analogies. Celles-ci viennent selon lui d'un esprit universel. Ainsi, l'esprit humaniste de ce juriste apparaît dans toute son envergure. En outre, il met l'accent sur une autre idée centrale, celle de la bonne foi (notion centrale dans le droit romain et le droit musulman). Son but était double: délimiter le cadre théorique de ses choix tout en insistant sur l'aspect pragmatique de la codification qu'il a réalisée. Son raisonnement juridique et philosophique dans l'Avant-propos exprime fidèlement cette interprétation. « Dès qu'on pénètre au fond des choses, [dit-il] on est surpris de voir combien les idées des grands jurisconsultes de Médine, de Koufa, de Courdoue, offrent, avec les nôtres, d'étroites analogies. Ces analogies ne viennent pas seulement de l'identité essentielle de l'esprit humain, à laquelle il faut assurément faire une très large part dans les recherches de ce genre. Elles tiennent aussi à ce que les deux systèmes de Droit, l'arabe et le nôtre, ont tous deux un principe commun, la *bonne foi*, et qu'ils procèdent, en partie du moins, d'une commune racine, le Droit Romain. C'était le système plus au moins altéré qui dominait en Orient, dans les pays où les Arabes vinrent d'abord planter leur tente; et on peut déjà supposer *à priori*, sans trop d'invraisemblance, qu'à l'égal des autres éléments de civilisation qui flottaient en Orient entre le VIIe et le IXe siècle, le Droit romain

[573] *Ibid.*, p. 41.

se soit infiltré dans la civilisation musulmane, et qu'il ait fini, insensiblement par s'y incorporer »[574].

À la suite de ces propos, Santillana signale deux choses: premièrement, la relativité des analogies et des similitudes entre le droit musulman et le droit romain; deuxièmement, l'ouverture d'un horizon de réflexion historique et juridique sur la question. « Cette assimilation, si vraisemblable en elle-même, paraît en effet s'être accomplie, du moins dans certaines parties du droit. Comment s'est-elle réalisée, quelle part faut-il faire dans le résultat définitif à l'influence des pays conquis, aux idées propres à l'Islam, à d'autres éléments encore, ce sont là sans doute des recherches pleines d'intérêt, mais dont la place n'est pas ici. Ce qui nous intéresse, ce sont les analogies qu'on peut relever entre les idées, et même souvent le langage des textes romains et ceux des jurisconsultes arabes »[575]. Les derniers propos du codificateur sont précieux puisqu'ils jettent un peu de lumière sur la technique de citation des sources. « On s'est appliqué [écrit-il] à les signaler (les analogies), dans les notes apposées au bas de chaque article; on a pensé que ces rapprochements n'auraient pas seulement un intérêt historique très considérable, mais qu'ils auraient facilité l'intelligence des textes musulmans que la Commission plénière va être appelée à discuter »[576]. Si l'on croit les paroles du codificateur, celui-ci a voulu mettre en valeur les sources musulmanes en les associant au droit romain (il parle de l'intelligence des textes musulmans). Message destiné, sans doute, aux membres français de la Commission, mais aussi aux *Ulama* qui participeront à la révision. Pour convaincre, il fallait insister sur l'universalité, la moralité, l'humanisme. Ici, le rôle des analogies avec le droit romain était déterminant (2). Or, l'historicité du phénomène de la réception du droit romain, en France et en Allemagne notamment (1), a été largement occultée ce qui a pesé lourd sur l'efficacité interne du COC.

1 – Réception du droit romain en France et en Allemagne

La grande différence entre le Projet préliminaire de 1897 et celui de 1899, laisse entendre que toute la méthode législative de Santillana – y compris la présentation des sources et ses notes explicatives – était fondée sur les analogies. Dans le Projet préliminaire, Digeste, Code et Novelles étaient à peine mentionnés, alors que la source la plus citée dans l'Avant-projet, était le Digeste. Toutefois, il convient avant de critiquer cette approche de Santillana d'exposer la réception du droit romain en France et en Allemagne notamment. Ce qui permettra de comprendre le rôle des travaux doctrinaux français et allemand utilisés comme

574 David SANTILLANA, *Avant-propos de l'Avant-projet*, *op. cit.*, pp. XII-XIII.
575 *Ibid.*, p. XIII.
576 *Ibidem.*

sources dans la codification du COC. Cette réception sera examinée par rapport à un double point de repère, deux mondes séparés par leur espace mais surtout par leurs histoires différentes: l'ancien Orient et l'Occident. L'objectif de cette brève esquisse réside dans la tentative de cerner le processus et les modalités de la réception du droit romain, ce qui aidera à mieux comprendre la démarche de Santillana. Comme le point de repère, l'objectif sera double lui-aussi. Comment comprendre le codificateur tunisien lorsqu'il évoque le droit romain: voulait-il parler du droit romain classique? Ou du droit romain tel qu'il a été enfin – et après un long effort doctrinal en France et en Allemagne – intégré dans les codifications modernes du XIX^è siècle? Peut-on parler des romanistes allemands au même titre que de leurs homologues italiens ou français? Enfin, il convient de répondre à la plus importante interrogation, savoir si ce que Santillana a réalisé dans l'Avant-projet, était aussi une réception tunisienne du droit romain par le biais des analogies avec le droit musulman?

Dans une *Note sur les contacts entre les systèmes juridiques*, H. Léy-Bruhl « distinguait « l'emprunt limité » de certaines institutions et « la substitution intégrale ou quasi intégrale », le « changement de structure » que l'on pourrait qualifier de « Révolution » »[577]. Plus importantes sont les études relatives à ces questions de vocabulaire entreprises en Allemagne[578]. Mais, s'agissant du COC, peut-on parler d'une réception ou d'une « pénétration », ou d'une simple influence[579]? La synthèse de Santillana écarte d'ores et déjà non seulement

577 Jean GAUDEMET, « Les modalités de réception du droit romain dans le droit français », Estratto da: *Le Nuove Frontiere del Diritto e il Problema dell'Unificazione*, T. I, Atti del Congreso internazionale organizzato dalla Facoltà di Giurisprudenza dell'Università di Bari (Bari, 2-6 aprile 1975), p. 411.

578 « S'il y a réception [dit J.P.Lévy] cela signifie que le droit romain est devenu le droit positif du pays, que le *Corpus juris Civilis* en est la loi de base. C'est ce qu'on dit *(Aufnahme)* pour l'Allemagne à partir du XVIème siècle. La pénétration *(Eindringen)* peut aller plus loin: le droit originaire, par exemple le droit coutumier continue d'exister. Mais le droit romain y exerce une influence, y pénètre. Plus ou moins. Nous avons, il y a maintenant assez longtemps, proposé de distinguer deux sortes de pénétration: l'une n'est que superficielle. Elle prend diverses formes, avant tout celle d'une terminologie romanisante. Les institutions coutumières sont désignées par des mots du droit romain, mais le fond du droit et les règles coutumières ne sont pas touchés. Plus importante est la pénétration substantielle, lorsque des règles, des institutions romaines, voire une matière entière sont adoptées ». Jean-Philippe LÉVY, « La pénétration du droit romain dans le droit français de l'ancien régime (esquisse générale) », in: *Mélanges en hommage à Jean Gaudemet_ nonagesimo anno*, pp. 475-476.

579 A. GOURON, « La science juridique française aux XIème et XIIème siècles », in: *I.R.M.A.E.*, I, 4 d, pp. 28 et s. Voir aussi: P. OURLIAC, « De quelques problèmes concernant la renaissance du droit romain au Moyen Âge », in: *R.S.H.D.*, Écrit, VI, 1967, pp. 51-53 ; Jean GAUDEMET, « Observations générales sur l'influence du droit romain en France », in: Romanitas, 1965, pp. 102-129, « La réception du droit romain dans les pays latins »; « L'influence des droits savants (romain et canonique) sur les textes de droit coutumier en Occident avant le XVI ème siècle », in: *Studi Sassaresi*, V, 1981, pp. 477-490.

toute incarnation pure et simple du droit romain, mais aussi l'intégration dans l'Avant-projet d'un modèle unique de réception de ce droit, qu'il soit le modèle français, allemand ou italien.

La réception du droit romain en Europe médiévale était un phénomène complexe et progressif. Il est vrai que le rôle important des juristes et des praticiens (juges, notaires, rédacteurs d'actes… et même des officiers royaux) dans la diffusion des règles et des techniques romaines était intimement lié à l'apparition d'un corps moderne spécialisé en matière juridique. C'était le fruit direct de la renaissance universitaire et de l'État moderne en général. Si la réception du droit romain n'a pas été identique en France et en Allemagne[580], et si les codifications civiles dans ces deux pays se distinguent en fonction des travaux doctrinaux qui ont préparé le terrain de la codification; le rôle de la doctrine au cours du processus de la réception doit être examiné. Cela permettra de comprendre le profil d'une systématisation doctrinale qui a fait du concret et de l'abstrait les traits principaux de cette réception.

En France, le Code civil de 1804, qui a couronné un long parcours de développement de la pensée juridique, a diffusé dans les pays annexés de l'Europe le modèle d'un code rationnel, moderne et pragmatique. À tel point que même au sein de l'Empire germanique – alors que se développait un mouvement opposé au Code Napoléon et favorable à l'unification et à la codification du droit allemand – la bourgeoisie libérale allemande est demeurée favorable à la codification civile française qui répondait mieux à ses conceptions. Pourtant, presque un siècle plus tard, le Code civil « le plus abstrait » de l'Europe verra le jour en Allemagne. Mais, à part des travaux réalisés par les juristes allemands (spécialement des Pandectistes), est-il possible de trouver dans le Droit romain les bases juridiques qui ont favorisé une réception et une évolution abstraite des travaux doctrinaux en Allemagne, et une évolution vers plus de pragmatisme en France? Plusieurs études[581] soulignent la logique concrète des romains dans l'organisation de leur vie politique, sociale, militaire, etc. La science juridique romaine[582] ne semble pas avoir échappé à cet esprit. En général, le formalisme

---

580 Sur les principales voies de cette réception en Occident médiéval et à la veille des codifications française et allemande notamment, voir: Raja SAKRANI, *Sources doctrinales du Code des obligations et des contrats tunisien*, Thèse pour obtenir le grade de docteur de l'Université de Paris II (Panthéon-Assas), 2003, T. II, pp. 495 et s.

581 Jacques-Henri MICHEL, « Trois expériences romaines de formalisation empirique », Le nombre et le texte. Hommage à Etienne ÉVRARD, in: *R.I.S.S.H.*, T. XXIV, 1988, pp. 277-284; « Une expérience romaine de formalisation empirique: les formules de la procédure classique », *même Revue*, T. XXI, 1985, pp. 171-183.

582 Sur les sources du droit romain voir: O. F. ROBINSON, *The sources of roman Law: problems and methods for ancient historians*, Routledge, New York-London, 1997. pp. 18 et s.

qui caractérise ce droit peut être considéré comme la preuve la plus importante de cet intérêt que l'esprit juridique romain accorde à cette manifestation du concret dans sa technique juridique[583]. Les manifestations de certains traits abstraits de la conception juridique romaine en matière d'obligations, sont restées limitées, voire exceptionnelles par rapport à la prépondérance du pragmatisme. Ainsi, l'apparition et le développement des contrats romains reproduisent la même démarche concrète, et la tendance vers l'abstraction était, en revanche, progressive et lente[584]. Sans doute, le caratère procédural qui a dominé tout le droit classique et par conséquent, la primauté du procés sur le droit substantiel, ont fait du droit romain un droit éminemment procédural. Certains auteurs ont même trouvé dans cette caractéristique la cause majeure qui « a enfermé la réflexion des juristes classiques à l'intérieur de chaque contrat, ce qui les a détournés notamment d'une théorie générale du contrat ou de la responsabilité contractuelle »[585]. Cet aspect formel et pragmatique n'a pas perdu toute son ampleur dans des codifications civiles modernes. Le concret persiste dans la technique du législateur ou des juristes afin d'assurer la sécurité juridique exigée dans la pratique. Il est vrai toutefois, qu'en droit civil français le principe de l'autonomie de la volonté et le respect des intentions profondes des parties contractantes, est l'une des dérogations consubstantielles au formalisme.

La présentation des règles juridiques, n'a pas atteint chez les romains un degré d'abstraction significatif. Il est même possible de dire, en paraphrasant Cicéron, que le droit civil a été réduit aux « proportions » du manuel élémen-

583 Le formalisme « consiste toujours à lier la validité d'un acte juridique à l'accomplissement d'actes matériels, voire à la présence d'autres éléments qui relèvent du monde sensible ». Jacques Henri MICHEL, « Brèves observations sur quelques limites épistémologiques de la science romaine du droit », in: *Mélanges de droit romain d'histoire ancienne. Hommage à la mémoire de André MAGDELAIN*, éd. Panthéon-Assas, Paris, 1998., p. 307.

584 Ceci était valable pour « la stipulation – limitée au seul formalisme oral – ou des contrats réels, qui naissent du transfert effectif de leur objet. Certes, dira-t-on à juste titre les contrats consensuels: la vente, le louage, la société et le mandat – les plus abstraits de tous – surgissent très tôt à l'aube de la période pré-classique. Mais ici, la persistance du concret réside dans le fait que tous quatre sont restés, à travers tout le droit romain et jusqu'à Justinien, l'exception qui vient confirmer la règle », *Ibidem.*

585 *Ibid.*, p. 308. Néanmoins, l'auteur marque une certaine nuance en déclarant: « Je me risque ...à penser, d'une part, que la possession a précédé la propriété et que, d'autre part, le droit des obligations a vu naître des délits avant les contrats. (...) quant à l'antériorité des délits sur les contrats, dans le domaine des obligations, je la crois probable, ne fût-ce que parce que le dommage causé par le délit appartient d'ores et déjà à la réalité concrète alors que l'engagement du débiteur, dans le cadre du contrat, se situe nécessairement dans l'avenir, qui relève de l'abstraction », *Ibidem.* Voir aussi du même auteur: *La gratuité en droit romain, Institut de sociologie de l'U. L. B.*, Bruxelles, 1962, spéc. pp. 349-351.

taire. Par ailleurs, le rôle historique du manuel de Gaius[586] s'est prolongé par l'intermédiaire des *Institutes*, jusqu'à l'époque moderne, dans la mesure où le Code civil a largement incarné son plan. Quoi qu'il en soit, il est certain que la préoccupation de faire la synthèse encyclopédique des savoirs les plus divers est une constante permanente de la culture romaine »[587]. Le problème de la formulation abstraite des règles du droit romain surgit notamment à propos de ce que la codification Justinienne *(Digeste)* a apporté de nouveau à cette tradition romaine. Un auteur n'a pas hésité à relever « une faiblesse singulière de la technique juridique telle que l'ont maniée les jurisconsultes: c'est l'absence d'esprit de synthèse qui marque jusqu'aux grands recueils de Justinien »[588]. En revanche, le paradoxe méthodique des romains que les juristes européens parviendront, des siècles plus tard, à dépasser est leur don analytique, dépourvu toutefois de la capacité de synthèse juridique[589]. Car, s'il est vrai que les jurisconsultes romains ont laissé un certain nombre de définitions juridiques – ce qui prouve qu'ils ont pu amorcer cette phase d'abstraction en la matière – Rome n'a pas connu un code synthétique. Une explication peut-être avancée: la méthode casuistique des jurisconsultes romains a empêché une telle entreprise. Et un romaniste d'affirmer qu'un tel argument peut être consolidé par l'exemple du système anglais, puisque depuis le moyen âge, la *Common law* « obstinément fidèle à l'autorité du précédent, donc à la méthode des cas, continue elle aussi à faire victorieusement obstacle à l'élaboration de codes synthétiques… »[590].

---

586 *Gaius Institutiones*, un manuel de droit romain en quatre livres. Sur le même modèle: les *Institues de Justinien*, sur le modèle du manuel de Gaius (en quatre livres aussi); *Ulpie*n, et son maunel *Tituli*, en un seul livre, inachevé ou en partie perdu, sur le modèle de Gaius (au début du III ème siècle); *Celse, De medecine*, au milieu du Ier siècle, (comprend huit livres) et seul ouvrage d'une suite encyclopédique. Voir pour plus de détails: J. H. MICHEL, « Du neuf sur Gaius? », in: *R.I.D.A.*, T. XXXVIII, 1991, pp. 175-217.

587 J. H. MICHEL, « Brèves observations sur quelques limites épistémologiques de la science romaine du droit », *op. cit.*, p. 313.

588 Et l'auteur d'ajouter: « Alors que Gaius avait montré la voie de l'avenir dans son manuel des « Institutiones », dont le modèle allait inspirer les Institutes, et plus récemment le plan du Code Napoléon, les commissaires de Justinien, pour composer la vaste anthologie du Digeste, s'en sont tenu au plan, typiquement empirique de l'édit du préteur suivi par les jurisconsultes classiques, sans compter que le Code n'est pas satisfaisant pour l'ordonnance logique des constitutions impériales, l'un et l'autre ouvrage se bornant au surplus à collectionner les textes sans en élaborer la substance », *Ibidem*.

589 Voir l'image que Weber dessine du droit romain dans *Sociologie du droit*, *op. cit.* Voir aussi pour le fondement de cette distinction: v. Ihering, *Geist des römischen Rechts auf den verschiedenen Stufen seiner Entwicklung*, Theil 1, 3 Aufl.- Leipzig: Breit Kopf & Hartel, 1873.

590 J. H. MICHEL, « Brèves observations sur quelques limites épistémologiques de la science romaine du droit », *op. cit.*, p. 311.

Si le droit romain est formaliste et procédural par excellence alors que le droit musulman est caractérisé par son consensualisme, comment peut-on envisager des analogies entre les deux systèmes?

2 – « Analogies » entre les systèmes juridiques romain et musulman

La théorie de Santillana sur la relation entre les droits romain et musulman est critiquable à plusieurs égards. Pour le démontrer deux voies sont possibles. La première a le privilège de montrer à l'aide d'une démarche empirique, l'essence même de la technique utilisée par le codificateur dans l'Avant-projet, celle des analogies entre les règles romaines et musulmanes. En effet, sa lecture, souvent philologique de l'évolution de chacun des deux systèmes, ainsi que les analogies relevées réelles ou forcées, témoignent de la fragilité de cette méthode. Reste à savoir si cette fragilité relevant de la logique juridique implique nécessairement sa faillite au niveau du pragmatisme retenu pour le Code.

Lors d'une recherche visant à dévoiler l'origine et le sens du mot « doctrine musulmane » *(fiḳh islâmi)*, on se trouve face à une association terminologique entre la définition de ce concept arabe et le droit romain. L'*Encyclopédie de l'Islam*, dans son édition de 1927, parle des lois et coutumes romaines – en vigueur en Syrie, au Liban, et dans d'autres régions du Moyen Orient à l'époque où ils étaient soumis à la domination romaine – qui se sont adaptées à l'esprit de la religion musulmane, suite à la conquête des arabes[591]. Plus intéressante encore l'allusion faite à Santillana, comme un codificateur réputé et l'un des meilleurs juristes qui ont réussi à démontrer les bases de cette adaptation grâce à son Avant-projet de 1899[592]. Curieusement cette allusion disparaîtra par la suite dans la réedition de la même Encyclopédie en 1978[593]. C'est Ignace Goldziher

591 L'une des traces importantes laissées par les enseignants de l'école juridique romaine à Beyrouth est le *Livre coutumier syro-romain*, connu chez les chaldéens sous le nom de *Leges Saecubre*, écrit à l'origine en grec durant le cinquième siècle, puis traduit en langue syrienne et arabe (après la conquête). Ce livre contient certaines règles juridiques en vigueur en Syrie, tout en cotoyant le droit romain également applicable à l'époque. Voir pour plus de précisions: Abd-Elmâjid Al-HAFNAOUI et 'Oukacha Mohamed ABDEL'ÂL, *Histoire des institutions sociales et juridiques et le droit romain* (en langue arabe), éd. Maison universitaire, Beyrouth, 1991, pp. 90 et s.

592 « Beaucoup de matériaux pour la solution de ce problème ont été apportés par Santillana dans son projet, exécuté pour le gouvernement de Tunis, d'un code civil et commercial tunisien (1899). L'étude comparée d'un chapitre du droit privé a fourni les preuves les plus marquantes de l'acceptation par les juristes de l'Islam du droit romain dans une large mesure ». *Encyclopédie de l'Islam. Dictionnaire géographique, ethnologique et biographique des peuples musulmans*, Librairie et imprimerie E.S.Brill & Auguste Picard éditeur, Paris, 1927, *op. cit.*, T. II, p. 107.

593 *Encyclopédie de l'Islam* – Etablie avec le concours des principaux orientalistes, sous le patronage de l'Union Académique Internationale E.J.Brill, Maisonneuve & Larose.S.A, Nouvelle édition, Paris, 1978, pp. 907 et s.

qui remplace, désormais, le renvoi fait à Santillana. Est-ce parce que Santillana s'est souvent référé lui-même aux études d'Ignace Goldziher (1850-1921)[594]? Il semblerait que la réception des travaux de Santillana « a perdu » face aux travaux de Goldziher, représentés comme référence occidentale de base. Quoi qu'il en soit, il est certain que le sujet des coutumes romaines a suscité l'intérêt des jurisconsultes musulmans bien avant Santillana.

Al-Balâđhouri nous informe de l'avis d'*Abou Youssef*, qui prétend que le prince musulman n'a pas le droit d'ordonner la subrogation d'une *« sunna »* ou vieille coutume, tant que la religion musulmane ne l'a pas interdite, même si le peuple se plaint de sa rigidité, alors que *Malik* et *Châfi'î* acceptent sa suppression. Partant, plusieurs auteurs ont considéré que cette ouverture a permis, non seulement au droit romain, mais aussi byzantin, talmudique, canonique et même le persan-sassanide, de s'infiltrer dans le droit musulman dès les origines de sa formation. À cet égard, les résultats obtenus par certaines recherches sont éloquents. À n'en citer que quelques uns, Goldziher remonte l'origine du mot doctrine *« fiķh »* et *« fuķahâ »* en langue arabe, et *« hakhamim »* en hébreu, à la racine latine: *iuris prudentia* et *juris prudentes*. Quant au danois Erik Schttram-Nielson, il va plus loin en considérant que les règles juridiques musulmanes ne sont en réalité qu'une transmutation des règles romaines[595]. Santillana a adopté l'hypothèse de l'influence et de la dissolution des règles romaines, progresssivement, dans le *fiķh*[596]. De ce fait – et en se référant notamment à l'Avant-propos de l'Avant-projet – Henri Bousquet l'a rangé parmi les auteurs qui soutiennent l'idée de l'influence du droit romain sur le système juridique musulman[597].

Mais, avant d'entamer un débat critique, rappelons que le mot arabe *fiķh* (doctrine) n'a pas d'équivalent dans le lexique occidental. La chose se compli-

---

594 David Santillana, *Istituzione di diritto musulmano Malichita*, *op. cit.*, voir à titre d'exemple: pp. 27-29-31.

595 « À ce qu'il semble, il fut donc inévitable que la pensée et la casuistique juridique romaines eussent de l'influence sur le développement du droit musulman qui, à la grande époque des conquêtes, en était encore à ses débuts. Ceci ne signifie pas cependant que les règles romaines sont purement et simplement reproduites dans la théorie juridique musulmane, dans l'ensemble, il faut plutôt caractériser les normes musulmanes en vigueur, comme une paraphrase des règles romaines ». Erik SCHTTRAM-NIELSEN, *Erstaetmingslaeren i Islamisk Ret* (La théorie des dommages-intérêts en droit musulman), Thèse de doctorat, Université de Copenhague, 1944. Extrait intitulé: « Le Droit romain et le Droit musulman », in: *IBLA*, 1948, n° 36, pp. 5 et s.

596 « C'était le système plus au moins altéré (Droit romain) qui dominait en Orient, dans les pays où les Arabes vinrent d'abord planter leur tente, et on peut déjà supposer à priori, sans trop d'invraisemblance, qu'à l'égal des autres éléments de civilisation qui flottaient en Orient entre le VIIè et le XIXè siècle, le Droit romain se soit infiltré dans la civilisation musulmane, et qu'il ait fini, insensiblement par s'y incorporer ». David SANTILLANA, *Avant propos*, *op. cit.*, p. XII.

597 « Santillana, Avant-propos et code tunisien des obligations (introduction), et (implicitement) ses références au droit romain dans la traduction de Khalil ». E. SCHTTRAMNIELSEN, « Le droit romain et le droit musulman », *op. cit.*, p. 6.

que davantage, dans la mesure où ce qu'on appelle communément droit musulman n'est pas fondé sur des bases positives, à l'image du droit européen. Ses règles contiennent aussi bien des questions juridiques que celles relatives aux pratiques religieuses, ce que les systèmes juridiques d'origine latine ignorent. De plus, il n'offre pas une organisation précise des droits public et administratif. Aux yeux du colonisateur européen, ce droit musulman représentait l'équivalent d'un droit local qui comprend aussi les usages et les coutumes. La question qui restera néanmoins posée est relative au fondement de la théorie soutenue par Santillana. Était-elle le fruit d'une longue étude des racines *(ouçoul)* du *fikh*, ou s'est-il contenté des branches *(fourou')* et des solutions casuistiques avancées par les différents *rites* en adoptant des solutions qui, sinon s'accordent avec le droit romain[598], du moins offrent des possibilités de créer des règles composites? Pour répondre, nous avons choisi de suivre deux pistes. La première n'explorera que les théories ou les institutions typiquement musulmanes. On verra, alors, comment le droit romain a été cité et de quelle manière les sources ont été instrumentalisées. La deuxième, s'intéressera à l'aspect technique de la citation. Quelques articles choisis de l'Avant-projet seront examinés.

L'art. 19 AP[599], qui a disparu du COC en 1906, comprend à sa gauche une analyse de Santillana, à travers laquelle il affirme l'existence d'une concordance entre le droit musulman et le droit romain. En effet, « la simple *pollicitation (nadhr)* ne crée point d'obligation en droit musulman comme en droit romain; on a dérogé à ce principe en faveur de quelques causes spéciales, telles que les institutions pieuses et de bienfaisance, les établissements publics, etc. »[600]. Il donne par la suite une liste de sources afin d'argumenter cette opinion. Or, la consultation des sources citées[601] révèle parfois des surprises. Le renvoi à Ibn Nadjim, quoique correct, ne s'accorde pas réellement avec l'objet de l'art. 19 AP. Cet auteur évoque le *nadhr*, au sein de l'explication de l'une des règles glo-

598 Car la concordance entre les solutions de l'un des *rites* et le droit romain, ne signifie guère l'existence d'une analogie, ou même ressemblance, entre les autres *rites* et les règles romaines.

599 Art. 19 AP: « La promesse unilatérale de donner une chose ou une valeur déterminée à une institution ou à un corps moral, telle qu'une mosquée, un hospice, ne crée d'obligation que si elle est acceptée avant sa révocation par ceux qui représentent légalement l'institution ou le corps moral ».

600 Notes de David Santillana à propos de l'art. 19 AP, *Avant-Projet*, *op. cit.*, p. 10.

601 Il convient d'avertir le lecteur que vu l'abondance de la matière, ainsi que l'impossibilité matérielle de traiter toutes les sources, seules seront analysées celles dont la consultation révèle un caractère fonctionnel et utile pour la présente étude. Certaines autres seront uniquement citées en bas de page à titre sommaire ou pour d'éventuelles comparaisons. À ce titre, on peut mentionner l'argument de Santillana emprunté au Coran, mais dont la portée juridique demeure sujet de discussion: « Ils tenaient leurs promesses, ils craignaient le jour dont le malheur survole tout ». Sourate *L'homme (LXXVI)*, vers. 7.

bales[602], et plus précisément dans le cadre du serment. Quant à Zarkani[603], il a effectivement parlé des mosquées, mais uniquement dans le cadre du vol[604]. Cependant, le *nadhr* a été analysé dans un chapitre entier, au sein duquel certains indices contredisent l'art. 19 AP. Car, le *nadhr* chez Zarkani, et d'autres auteurs[605], est un engagement préférentiel *(mandoub)*, qui ne dépend ni de l'acceptation ni d'aucune autre formalité[606]. Cet avis renvoie à une étude réalisée par Marcel Morand portant sur la nature juridique des *habous* (les fondations pieuses). Selon cet auteur, les règles juridiques qui régissent cette matière, témoignent « plus que d'autres » de la grande ressemblance entre les règles du droit musulman d'une part, et le droit romain d'autre part. Elles concordent avec les dispositions romaines sur les fondations pieuses. De surcroît, il estime que les *habous*, chez les arabes étaient une astuce ou montage, qui a permi de faire face aux abus des princes musulmans qui confisquaient abusivement des propriétés privés. Par ailleurs, cette même astuce a permis, selon Morand, d'intégrer les règles du droit romain dans le droit musulman[607]. Cependant, on trouve dans un manuel souvent cité (Zarkani) un passage qui contredit aussi bien cette idée que les notes de Santillana à gauche de l'art. 19 AP. Zarkani affirme, en effet, que les *habous* ont leur origine dans les traditions du prophète et ses compagnons; il nie même que les *qouraïchites* les aient pratiqués avant la révélation de l'Islam[608]. Quoi qu'il en soit, il semble que le rejet de cet article lors de la promulgation du COC, ne s'explique pas uniquement par des raisons techniques liées aux sources, car ce sujet touche aussi le domaine foncier, autrement dit le champ d'application du Code immobilier de 1885.

---

602 *« Al'machakâ tajlibou a'ttayssir »*. IBN NADJIM, *Al-Achbah*, *op. cit.*, T. I, p. 113.

603 Santillana a travaillé sur l'ouvrage de *Abdel'bâk'î A'ZARKANI* précité. La vérification des commentaires d'*Al'BANNANI* – cité lui-aussi souvent dans l'AP associé à Zarkani – a aidé à trouver la dite source. Il ne faut pas confondre non plus avec *Mohamed A'ZARKANI* dans son commentaire du *Mowatta'* de l'imam *Malek*.

604 «…tel que le vol des portes des mosquées, ses toits ou faire sortir ses lampes et ses tapis…. ». ZARKANI, *Charh Mokhtassar Khalil*, *op. cit.*, T. VIII, p. 126. (Traduction personnelle de l'arabe).

605 Voir en ce sens: *Char'h A'ZARKANI*, *op. cit.*, pp. 90 et s.

606 « C'est ce qu'il s'est tenu d'accomplir en remerciement à Dieu de ce qu'il était […] il est permis de le faire, l'engagement est ainsi valable sans être suspendu à condition… ». Traduction personnelle. *Ibid.*, pp. 92 et s.

607 « Ils ont, ainsi, emprunté au droit romain du Bas-Empire sa réglementation des fondations pieuses. De même que, bien plus tard, l'on verra des héritiers d'Orient, en Egypte, notamment, emprunter la forme du waqf, pour consentir des libéralités à leurs églises… ». Marcel MORAND, *Étude sur la nature juridique du Habous*, Typographie adolphe Jourdan, Alger, 1904, p. 27.

608 « Ils n'avaient pas des intentions pieuses, ces pratiques étaient plutôt un signe d'honneur ». ZARKANI, *Charh' Moukhtassar Khalil*, *op. cit.*, T. VII, p. 94. Voir aussi les commentaires de Bannani sur la même page.

Cinq autres articles (art.168; 309; 386; 475 et 491) permettent d'analyser la technique législative de Santillana en citant uniquement des sources romaines et musulmanes. En mentionnant les sources de l'art. 168 AP[609], aucune note n'est faite dans le sens de l'analogie. Or, l'emploi de l'expression « arguments »[610] et la citation des sources romaines au sein de la liste musulmane[611], sont révélateurs. Le premier renvoi au Coran est très général[612], mais les notes explicatives témoignent d'un effort de synthèse visant à édicter une règle juridique relative aux legs en partant de plusieurs registres: religieux, doctrinal, social... La règle de l'art. 168 n'est en réalité qu'une consécration législative du célèbre adage: « pas de legs avant le paiement des dettes ». Reste que la méthode d'instrumentalisation des manuels doctrinaux – parfois dans des sens contradictoires en fonction des choix – est surprenante. La mort civile dans le livre d'Ibn Nadjim[613] était limitée au cas de l'apostasie[614], Santillana l'a bien noté[615] et en a tiré une règle générale. De la même manière cet ouvrage a été utilisé pour la deuxième fois en découpant l'un de ses passages, afin de pouvoir construire une règle relative à l'échéance des obligations lorsque le débiteur meurt (mort naturelle ou civile)[616]. Il est possible d'interpréter de deux manières l'utilisation répétée d'Ibn Nadjim et de son commentateur Hamaoui. Soit ce renvoi voulait donner une légitimation religieuse à la mort civile à côté de la mort naturelle. Dans ce cas, on peut supposer que la deuxième partie de la règle mentionnée dans *Al-Achbah*: l'échéance logique de l'obligation suite à la mort (seulement naturelle) a été élargie par Santillana afin de l'étendre à la mort civile. Soit l'intérêt du codificateur était concentré sur le fond de la règle

---

609 Selon l'art. 168 AP: « La mort civile ou naturelle du débiteur fait venir à échéance toutes ses obligations, même celles dont le terme n'est pas échu ».

610 En fait Santillana utilise l'abréviation *« Arg. »*, pour désigner: « arguments » ou « argumentation ».

611 Aucune source européenne n'est citée.

612 « À vous la moitié des biens que laissent vos femmes si elles n'ont pas d'enfants, le quart si elles en ont un, une fois faits les legs et payées les dettes. A elles le quart des biens que vous laissez si vous n'avez pas d'enfants, le huitième si vous en avez un, une fois faits les legs et payées les dettes. Si quelqu'un, homme ou femme, laisse des biens sans avoir d'héritier direct et qu'il ait un frère ou une soeur, un sixième à chacun d'eux. S'ils sont plus d'un ils se partagent le tiers des biens, une fois faits les legs et payées les dettes, sans nuire à personne. Injonction de Dieu. Dieu sait et il est patient ». *IV. Les femmes*, vers. 12-13.

613 L'importance de cet auteur *hanéfite* est capitale dans cet article. Il a été cité à plusieurs reprises, toutefois, le premier renvoi était faux (IBN NADJIM, II, p. 217). *AP*, *op. cit.*, p. 87.

614 IBN NADJIM, *Al-Achbah*, *op. cit.*, T. II, p. 213 et note 3 de Hamaoui.

615 Notes de Santillana à gauche de l'art. 168, *AP*, *op. cit.*, p. 87.

616 Santillana note, à juste titre, la position des *hanéfites* et *chafites*, ceux qui ont inspiré cette règle: « Quid si la mort du débiteur a été produite par le fait du créancier? L'échéance arriverait quand même d'après les chaféites et les hanéfites: (HAMAOUI, II, 212 note 3)... ». *Idem.*. La même idée a été développée par Hamaoui.

qui est le délai[617], et l'utilisation de cette source au sujet de la mort civile[618] était secondaire. D'une certaine manière, l'art. 444 du Code civil et criminel de 1861, cité dans la même liste, peut renforcer cette hypothèse dans la mesure où il a explicitement consacré l'échéance des dettes par la mort ou la faillite, sans toutefois, édicter une règle générale, comme l'a fait Santillana, ni même évoquer la mort civile[619].

À travers les articles 386, 475 et 491, on découvre un autre aspect des associations faites entre le droit romain et le droit musulman. L'art. 386 AP, est particulièrement intéressant, dans la mesure où les notes de Santillana sont révélatrices pour comprendre son choix des sources dans l'art. 386[620]. En premier lieu, rappelons ses notes avant de les commenter, mais il faut mentionner aussi que les sources doctrinales musulmanes relèvent uniquement du *rite hanéfite*. Par ailleurs, Aubry & Rau et Laurent, ainsi que le Digeste et le Code sont cités parmi les sources musulmanes. « Les *hanéfites* [explique-t-il] réduisent tous les modes d'extinction de l'obligation à deux catégories principales: 1° la *satisfaction du créancier*[621] ou paiement; 2° la renonciation du créancier ou remise de la dette, sans qu'un paiement soit intervenu: (cf. Ibn Nadjim, I, 336 et note 8; II, 210; Hamaoui, II, p. 8, note 1.) *Ils distinguent l'obligation de son objet*[622]: l'extinction de l'obligation ne consiste pas dans la remise de la chose qui en fait l'objet, mais dans la résolution du lien de droit moyennant le paiement ou une autre cause admise par la loi: Hamaoui, II, p. 44, note 2. *N. B.* – Théoriquement, la confusion et la prescription n'auraient pas dû être rangées parmi les modes d'extinction de l'obligation: la confusion dégage la personne du débiteur, sans éteindre l'obligation (Digeste, XLVI, 1, 71 pr.); la prescription paralyse l'action, mais n'atteint pas le lien de droit: (Cod. VII, 39, 3 et note à l'art.)[623]. Voir aussi pour la doctrine moderne: Aubry & Rau, §§ 314 et 330; Laurent, XVII, 469. Cependant, il a paru plus conforme aux besoins de la pratique de

617 Il convient de rappeler que l'art. 168 AP (150 COC) appartient à un chapitre intitulé « Du terme ».

618 Cette partie a été éliminée du COC, car l'art. 150 COC prévoit que « la mort du débiteur fait venir à échéance toutes ses obligations, même celles dont le terme n'est pas échu ».

619 Art. 444 du Code de 1861: « Si le débiteur meurt ou tombe en faillite avant l'échéance, le créancier pourra exiger le paiement immédiat de la dette, mais les héritiers ou les créanciers du mort ou du failli ne pourront, en aucun cas, exiger le paiement de ses créances avant leur échéance ». Code, *op.cit.*, p. 73.

620 Cet article a conservé sa rédaction initiale et est devenu l'art. 339 COC. Il dispose que: « Les obligations s'éteignent par: 1° le paiement; 2° l'impossibilité de l'exécution; 3° la remise volontaire; 4° la novation; 5° la compensation; 6° la confusion; 7° la prescription; 8° la résiliation volontaire ».

621 En italique dans l'Avant-projet.

622 *Ibidem.*

623 Vide dans l'AP, Nous ne savons pas s'il s'agit d'une erreur d'impression ou d'une omission de Santillana.

grouper ici les différentes causes qui éteignent l'obligation ou lui font perdre son efficacité »[624]. Quelques conclusions s'imposent. Premièrement, le codificateur tunisien relève – mais rarement – les divergences entre le droit romain et la doctrine musulmane qu'il a choisi de citer en parallèle. Le cas de l'art. 386 AP est typique. Deuxièmement, même s'il est vrai que Santillana a averti dans son Avant-propos des non-concordances entre les deux systèmes, il a atténué largement cette nuance dans l'Avant-projet. Autrement dit, il existe une nette différenciation entre les convictions personnelles, les bases théoriques de ses choix juridiques d'une part, et la technique législative mise en œuvre d'autre part. Ainsi, dans l'exemple ci-dessus, on se rend compte que la source formelle n'a pas été citée explicitement. On la trouve dans l'une des sources doctrinales citées: le cours d'Aubry & Rau. En effet, l'art. 1234 C. civ. fr.[625] a bel et bien inspiré le codificateur tunisien dans l'art. 386 AP[626].

À son tour, l'art. 475 AP[627], est extrêmement important puisqu'il s'agit du texte qui énumère les moyens de preuve reconnus par la loi. Évidemment, la mise en valeur de l'écriture comme moyen désigné en second lieu[628], explique la citation du Coran[629] en tête de la liste des sources doctrinales. En revanche,

---

624 David SANTILLANA, Notes à gauche de l'art. 386 AP, *Avant-projet*, *op. cit.*, pp. 164-165.

625 Cet article dispose que: « Les obligations s'éteignent: Par le paiement, Par la novation, Par le remise volontaire, Par la compensation, Par la confusion, Par la perte de la chose, Par la nullité ou la rescision, Par l'effet de la condition résolutoire, qui a été expliqué au chapitre précédent... ». Voir aussi: Charles AUBRY & Frédéric Charles RAU, *Cours de droit civil français d'après l'ouvrage allemand de C. S. ZACHARÆ*, Cosse, Marchal & Billard, 4ème éd., Paris, 1869-1897, Vol. IV, § 314, pp. 147 et s.

626 Son commentaire sur la théorie des *hanéfites* n'est pas tout à fait exact (les renvois eux, sont corrects) car Ibn Nadjim ne considère pas le paiement et la remise de la dette comme étant les seules causes de l'extinction des obligations. Il cite aussi la compensation et la remise pour impossibilité d'exécution *(isḳât li-ttâ'jiz)*. IBN NADJIM, *Al-Achbah*, *op. cit.*, T. II, p 210 et note 8.

627 Cet article a subi une légère modification lors de la révision de l'*Avant-projet* par les *Ulama*. Car les expressions: « ... et le refus de le prêter », ont été rajoutées au serment, cinquième moyen de preuve. En l'occurence, la modification la plus importante a touché le second moyen, c'est-à-dire l'écrit. Selon l'art. 427 COC: « Les moyens de preuve reconnus par la loi sont: 1° *l'aveu* de la partie; 2° la *preuve littérale* ou *écrite* [...] ». Sans doute, Santillana était prudent en rédigeant l'art. 475 AP, puisqu'il n'a pas dit clairement: écrit ou preuve littérale, mais il parle de l'aveu qui résulte de la preuve littérale.

628 Art. 475 AP: « Les moyens de preuve reconnus par la loi sont: 1° L'*aveu* de la partie; 2° l'aveu qui résulte de la *preuve littérale*; 3° la preuve testimoniale; 4° la présomption; 5° le serment ». Les italiques de Santillana n'ont pas disparu de la version du COC publiée en 1906.

629 « Vous qui croyez, si vous avez une dette à terme, inscrivez-la. Qu'un scribe l'écrive avec exactitude. Qu'un scribe ne s'y refuse pas selon que Dieu l'a instruit. Qu'il écrive et que le débiteur dicte. Qu'il craigne son Seigneur et ne diminue pas la dette. Si le débiteur est sot ou faible ou s'il ne peut dicter, c'est à son répondant à dicter avec exactitude. Prenez à témoin deux de vos hommes, ou, à défaut de deux hommes, prenez un homme et deux femmes, que si l'une se trompe, l'autre la fasse se souvenir. Et que les témoins demandés ne se récusent pas. Ne dédaignez pas d'inscrire une dette petite ou grande, avec son terme. C'est plus équitable devant Dieu, plus correct pour les témoins, plus propre à écarter les doutes. A moins d'un marché entre vous de la main à la main: aucun grief

le renvoi à *Medjella* ainsi qu'à Ibn Farhoun, voulait préciser les significations du mot *« al-bayinnâ »*[630]en droit musulman, mais aussi faire l'association avec « la définition du mot *instrumenta causae* »[631], en droit romain.

Cela dit, il semble que dans certains cas d'analogie entre les droits musulman et romain, le codificateur recourt soit à la pratique soit à la littérature juridique locale du pays, pour faciliter la synthèse. Le présent article sur l'énumération des moyens de preuve, en est un bon exemple. Nous avons démontré que la difficulté majeure pour Santillana dans ce cas, était la mise en valeur de l'écrit comme moyen de preuve, dans un pays qui privilégiait d'autres moyens. « Un moyen de preuve [dit-il] fort usité en droit musulman est la preuve par commune renommée ou acte de notoriété, qui a aussi un certain rôle dans notre pratique commerciale »[632]. Il renvoie à ce propos au *Formulaire des Notaires* du tunisien Béchir Ettouati. L'examen des six références mentionnées par Santillana révèle que le codificateur a accordé un intérêt considérable à la portée économique du COC. De plus, sa méthode pragmatique d'une part et sa méfiance d'une intervention législative brusque – en imposant la preuve littérale comme moyen de preuve plus important que le témoignage et le serment notamment – d'autre part, l'ont poussé à accorder un intérêt particulier à cet ouvrage. Toutefois, ces multiples renvois ne signifient pas son indépendance vis-à-vis des sources, puisqu'il ne consacre réellement dans l'art. 475 AP qu'un énoncé abstrait de l'aveu « qui résulte de la preuve littérale » sans s'aventurer dans les détails minutieux de la preuve par commune renommée sous ses différentes formes[633]. De même, une note intéressante du traducteur relative à la

---

alors à ne pas l'écrire. Prenez donc des témoins quand vous négociez, mais ne nuisez pas au scribe ni au témoin, ce serait pervers. Soyez fidèles à Dieu, car Dieu vous instruit, Dieu sait tout. Si vous êtes en voyage et ne trouvez pas de scribe, donnez un gage. Si vous confiez un dépôt, que le dépositaire le restitue, qu'il soit fidèle à Dieu, son Seigneur. Ne cachez pas non plus de témoignage, ce serait pécher et Dieu sait vos actes. A Dieu sont les êtres des cieux et de la terre. Que vous cachiez ou non ce qui est en vous, Dieu vous en demandera compte. Il pardonne à qui il veut et tourmente qui il veut. Dieu peut tout ». Sourate *la Vache*, vers. 282 et 283.

630 « Medjella, 77: « La preuve sert à établir un état contraire à ce qui est présumé et le serment à confirmer la présomption ». Ibn Farhoun, I, 162: La preuve *(baïna)* est tout ce qui sert à le rendre évident. « Elle comprend, par conséquent, les témoins, l'aveu, les preuves littérales, etc… ». David SANTILLANA, Notes à gauche de l'art. 475 AP, *Avant-projet*, *op. cit.*, p. 199.

631 Il renvoi au Digeste, XXII, 4, *Ibid.*

632 *Ibidem.*

633 M. Béchir ETTOUATI, *Recueil de notions de Droit musulman et d'actes notariés* – Traduction de Jules ABRIBAT, *op. cit.* Les trois premiers renvois sont relatifs aux *habous*: Formule d'acte de preuve testimoniale relative à un habous dont on a une connaissance directe (p. 80); Formule de preuve testimoniale *malékite* par commune renommée constatant un habous (p. 81); Formule de preuve testimoniale *hanéfite* par commune renommée constatant un habous (p. 82). De même les quatrième et cinquième renvois sont relatifs à la manière de rédiger une preuve littérale à partir de témoignages: « Formule de nomination de tuteur. Louage à Dieu! Un tel a requis acte de ce qu'il nomme pour tu-

Tohfa d'Ibn Acem (qui n'a pas été mentionnée par Santillana) explique la liaison faite par le codificateur entre ce type de preuve et sa valeur économique[634].

Un autre exemple de synthèse, dans lequel certaines sources doctrinales témoignent d'une divergence substantielle entre l'esprit musulman et celui du droit romain. Il découle de cette constatation que Santillana adopte en général une attitude très sélective avec ses sources, à tel point que le découpage de certains passages trompe le lecteur de l'Avant-projet, puisqu'il ne présente guère une image fidèle de l'ouvrage cité, en ne retenant – sauf exception – que les sources favorables à la règle adoptée. Dans l'art. 491 AP, l'énoncé de la règle relative à l'aveu est brève et générale[635]. Les sources sont citées seulement à gauche de l'article, mais ne sont pas uniquement musulmanes, car le Digeste est cité à plusieurs reprises; plus intéressante encore une référence à un juriste du « droit moderne » selon les expressions de Santillana: Windscheid. La source musulmane la plus importante[636], qui appuie la règle de l'art. 491 AP et la contredit en même temps, est *Al-Achbah* d'Ibn Nadjim. Le premier renvoi à cet ouvrage confirme, en partie seulement, la règle de l'art. 491 AP; le second, le contredit radicalement. D'après, la première référence, Ibn Nadjim ne fait que rapporter des solutions admises dans d'autres classiques du *fikh*, et des jugements de certains *cadi*[637]. En revanche, la page suivante comprend un passage qui rejette explicitement l'aveu résultant d'une preuve écrite[638].

teur testamentaire de ses enfants [...] Il a fait ainsi nomination parfaite par laquelle il a mis le tuteur testamentaire en son lieu et place et l'a substitué à sa propre personne. Dont acte, etc. Louange à Dieu. Les témoins du présent connaissent d'une façon positive, parfaite, l'honorable un tel fils d'un tel. Avec cela, ils attestent qu'il est du nombre des gens de bonnes mœurs.... », *Ibid.*, pp. 90-91.

634 « On peut distinguer: 1° le témoignage personnel et direct, quand un individu dépose sur des faits auxquels il a assisté ou à propos de paroles qui ont été prononcées devant lui; 2° Le témoignage par oui-dire, quand sans avoir lui-même rien vu ni entendu, le témoin rapporte ce qu'il a entendu dire à telle ou telle personne, qu'il peut désigner nommément; 3° Le témoignage par commune renommée. Ici encore, la personne qui dépose n'est pas un témoin oculaire, elle fait part de ce qu'elle a entendu dire, mais sans pouvoir désigner qui que ce soit individuellement; elle rapporte ce qui était le bruit public (Houdas et Martel, *La Tohfat d'Ibn Acem*, note 107) », *Ibid.*, p. 83 et note 1.

635 Article qui inaugure une Section intitulée *« De la preuve littérale »*, repris sans modification dans le COC (art. 440). Il dispose que: « L'aveu de la partie peut résulter de preuves écrites ou littérales ».

636 À la tête de la liste des sources, le codificateur reprend de nouveau le verset 282 de *la Sourate la Vache*, il cite aussi Ibn Farhoun, *Amalyat* et *Medjella. Avant-projet*, *op. cit.*, p. 205.

637 Ainsi, il explique que l'aveu « entre les mains des témoins est de plusieurs catégories [...] s'il écrit et ne dit rien il n'y a pas d'aveu et le témoignage d'un aveu n'est pas recevable, tel que le cadi *annaçafi* rapporte s'il rédige un aveu et le témoin a eu connaissance, il est valable [...] si un absent écrit une lettre en déclarant qu'il lui doit quelque chose son écrit est considéré comme un aveu car l'écrit d'un absent est comme un discours d'un présent qui s'exprime par des paroles [...] ». Traduction personnelle. IBN NADJIM, *Al-Achbah*, *op. cit.*, T. II, p. 197.

638 On lit dans *Al-Achbah*: « le *cadi* a rapporté ... tel prétend que tel lui doit de l'argent et il a montré un écrit d'un aveu de cette dette. Le défenseur dément. On lui demande d'écrire et entre les deux écritures il y a une nette ressemblance indiquant qu'il ne s'agit que d'une seule écriture. Il n'est pas

Il découle des exemples étudiés que l'affirmation d'une grande analogie entre les systèmes musulman et romain, ne repose pas sur des arguments juridiques solides. Certes, les analogies existent, mais elles ne suffisent pas pour affirmer des similitudes des logiques juridiques internes dans les deux systèmes. En outre, Santillana a profité des analogies, non entre le droit romain et le droit musulman dans sa totalité (c'est-à-dire en tenant compte des divergences entre les *rites*), mais entre les règles romaines et les solutions de l'une des écoles juridiques en Islam. Cela ne permet pas de généraliser et de parler au nom de tous les *rites*.

Si Santillana s'est appuyé sur l'idée de l'origine commune des systèmes juridiques, cette approche peut-elle être justifiée historiquement et prouvée juridiquement dans un sens normatif?

condamné à payer la dette dans *Assahih* (ouvrage de droit musulman) car il peut dire c'est bien mon écriture et c'est moi qui ai rédigé mais ce n'est pas moi qui doit cette somme. Ainsi il ne doit rien. Sauf pour le financier et le courtier ». Traduction personnelle. *Ibid.*, p. 198.

Titre III

Critique du pluralisme comme méthode législative

Ce qu'il y a de plus difficile c'est de légiférer. « Tout y est difficile: le gouvernement des hommes et l'administration des choses, la recherche du juste, de la paix, de l'utile et du possible, l'exactitude du mot, l'élégance de la langue, la clarté de l'expression, la maîtrise du concept, la cohérence de l'ensemble, l'intelligence et la compréhension de l'histoire, celle des hommes, de leurs sentiments et de leurs intérêts. Comment rendre à chacun son dû. Depuis des siècles, nous débattons sans cesse de l'essentiel: ce qu'est le droit, quels en sont les fondements, les sources réelles, les fins et les moyens de l'appliquer? Nous ne savons pas, précisément, ce qui est fondamental et inconnaissable »[639]. Les codificateurs ont leur science propre. Ce sont eux qui cherchent à traduire la pensée en signes pour écrire les lois[640]: il y a la science, la technique, mais aussi le mystère et le « devenir imprévisible »[641]. Au fond, l'oscillation entre la démarche scientifique, la méthode et le devenir imprévisible, place implacablement tout codificateur face à sa nature humaine faillible et perpétuellement inachevée, tout comme celle de son œuvre. C'est dire que le souhait cher de Portalis, il faudrait des Dieux pour donner leurs lois aux hommes, n'a aucune chance de trouver écho dans les codes noircis par les plumes des hommes. Et pourtant cet acte magistral dans sa faillibilité ne cesse d'offrir à la codification la puissance d'inventer un autre monde que le monde vécu réellement. Encore faut-il que l'acte citoyen de consentir à respecter et à vivre dans l'univers du code, soit conditionné au préalable par les bons choix et la bonne technique. Telles furent aussi les préoccupations de notre codificateur Santillana.

On s'abuserait à coup sûr en insistant sur ses failles méthodologiques qui ont pesé très lourd sur son code: Technique des analogies très critiquable sur le plan scientifique (CHAPITRE I), ainsi que sa démarche excessivement philo-

---

639 Philippe MALAURIE, « L'effet pervers des lois », in: *Droit civil, procédure, linguistique juridique. Ecrits en hommage à Gérard Cornu.* Textes réunies et publiés par J. Beauchard et P. Couvrat, P.U.F., Paris, 1994, pp. 309-310.

640 « Tandis que la lecture, nécessairement ouverte à tous, et pas seulement aux juristes détenteurs de secrets et de prétentions, permet d'extraire la pensée des signes ». François TERRÉ, « Lettres à un jeune juriste », in: *Le Droit privé français à la fin du XXème siècle. Études offertes à Pierre CATALA*, Litec, Paris, 2001, p. 991.

641 Selon J. Carbonnier: « Un Code, un Corpus digne de ce nom porte en lui un devenir imprévisible que lui donneront non seulement les juges et les commentateurs, mais la nation entière, c'est une mémoire en développement ». Jean CARBONNIER, « Le code Napoléon en tant que phénomène sociologique », in: *R.R.J.*, 1981, p. 334 et note 7.

logique (Chapitre II) et l'ouverture très timide et insuffusante sur les théories allemandes des intérêts qui auraient aidé, en les associant au droit musulman, à réaliser un travail plus scientifique sur celui-ci (Chapitre III). Mais on s'abuserait aussi en martelant son génie, son érudition, son sens pragmatique, et pardessus tout son humanisme, parfois trop rêveur. Son humanisme n'est qu'une chimère lorsqu'il prétend créer un code universel qui embrasse l'humanité entière : un code qui souscrive à la modernité juridique de l'Europe sans exclure l'Islam et la sagesse des arabes en passant par la grandeur des romains. Ce droit des obligations universaliste dans sa pluralité juridique « multiculturaliste » nous questionne profondément sur l'apport d'une moralité du devoir intégrée à la norme juridique afin d'assurer l'équilibre contractuel (Chapitre IV).

Chapitre I: Critique de la technique des « analogies »

« L'analogie » est une technique remarquablement présente tout au long de l'Avant-projet. Nous ferons l'analyse des inconvénients provoqués par cette technique à travers deux modalités empiriques. La première ne s'interessera qu'aux articles rédigés d'après l'analogie opérée entre des sources musulmanes et romaines (I). La seconde examinera les autres sources supplémentaires utilisées (II).

I – Assimilations des solutions musulmanes et romaines

Dans l'art. 24 AP[642] (23 COC), qui a conservé sa version initiale, aucune source ne correspond au contenu de l'article. Leur importance repose sur l'argumentation employée par le codificateur[643]. Pas d'analogie visible, donc, entre

[642] Art. 24 AP: « La convention n'est parfaite que par l'accord des parties sur les éléments essentiels de l'obligation, ainsi que sur toutes les autres clauses que les parties considèrent comme essentielles (1). Les modifications que les parties apportent d'un commun accord à la convention, aussitôt après sa conclusion, ne constituent pas un nouveau contrat, mais sont censées faire partie de la convention primitive, si le contraire n'est exprimé (2) ».

[643] Selon une division bipartite de la liste des sources, le premier renvoi à Khalil était faux (Voir: M. PERRON, *Précis de jurisprudence musulmane*, *op. cit.*, T. IV, p. 132). Quand au second renvoi (au même ouvrage), il ne traite pas explicitement les conventions mais la simple promesse d'obligation qui n'entraîne aucun engagement (*Ibid.*, T. IV, p. 272). D'un autre côté, Hamaoui n'a pas commenté Ibn Nadjim à propos des conditions nécessaires constitutives du contrat, mais plutôt au sujet de l'offre et de la demande. Voir: HAMAOUI, *Al-Achbah*, *op. cit.*, T. I, pp. 271-272. De son côté, Zarkani analyse un cas spécifique dans un chapitre consacré à la vente de la chose d'autrui, sans faire aucune allusion ni à la formation de ce contrat, ni à ses éléments constitutifs (ZARKANI, *op.*

les deux systèmes. Dans l'art. 129 AP[644], l'analogie entre le droit romain et musulman découle d'un seul rite, le *chaf'îte*[645]. Santillana précise au sein de la liste des sources arabes que les écoles *malékite* et *hanéfite* divergent à propos de la détermination de la valeur de la chose endommagée[646]. Même au sein de l'une des sources qui s'accorde avec la solution retenue dans l'art. 129[647], si l'on continue la lecture après le passage visé par Santillana, on arrivera à une solution qui contredit la première[648], car Malek ne retient que la valeur des plantes au moment du fait dommageable[649]. Santillana suit à peu près un processus pareil pour la règle de l'art. 53 AP relatif à l'erreur[650]. Il a fallu procéder à une synthèse entre des solutions spéciales afin d'en tirer une règle générale, et d'affirmer ensuite, l'existence d'une similitude entre le droit romain et musulman. En témoigne la méthode consistant à insérer, systématiquement, des renvois

---

cit., T. V, p. 24). C'est au sein de la deuxième partie des sources que Santillana fait allusion au droit romain en déclarant que: « les consentements doivent être échangés in ipso congressu », et en l'intégrant dans d'autres sources musulmanes, notamment *Radd-el-Mehtar*, T. IV, pp. 25-26. *AP*, *op. cit.*, p. 12.

644 Article éliminé du COC (de même les articles de 127 à 131 AP). Comme il présente un cas d'analogie, d'une part; et que l'analyse de la technique de Santillana n'est pas liée au maintien ou au rejet de certains articles, d'autre part, cet exemple a été maintenu. Il dispose que: « L'auteur du fait dommageable doit payer la chose à sa plus haute valeur, entre le moment où le fait a été commis et celui du jugement ».

645 « Le système *chaféite* est analogue à celui du droit romain. Cf. Van Den Berg, 112 ». Notes de Santillana à gauche de l'art. 129 AP, *Avant-projet*, *op. cit.*, p. 71. Néanmoins, il faut remarquer que même si Vandenberg considère la position chafi'îte analogue au droit romain, il ajoute aussi les divergences des jurisconsultes même au sein de cette école, chose qui n'a pas été évoquée par Santillana. Voir: L. W. C. VAN DEN BERG, *Principes du droit musulman selon les rites d'Abou Hanîfah et de Châfi'î*, Traduit du hollandais avec l'autorisation de l'auteur par R. De France De Tersant, Typographie Adolphe Jourdan, Alger, 1896, pp. 112-113.

646 « Les *malékites* font payer la valeur du jour où la chose a été soustraite: Taoudi, II, 348, Tasouli, II, 348. Voir pourtant Zarkani, V, 19. En cas de mort, on doit la valeur au moment de la mort, non de la blessure; en cas de blessure, la valeur au moment où la victime a été atteinte: Zarkani, VIII, 14 [On a relevé une erreur relative à la page visée. Santillana cite la page 14, alors qu'il s'agit en réalité de la page 13]. Les *hanéfites* font payer la valeur du jour où la chose a été soustraite ou détruite, plus les dommages: Eddor-el-Mokhtar, V, 161; Medjella, 366, 370, 375, 376, 381, 382. En cas de différence entre les expertises sur la valeur de la chose, on suit celle qui donne le chiffre le plus élevé: Ibn Nadjim, II, 222 », *Ibidem*.

647 C'est là aussi où il cite le Digeste: « En cas de dommage aux plantes, on doit la plus haute valeur entre le moment où le fait a été commis et le jugement ([...] Ibn Farhoun, II, 129) D'après quelques auteurs, la condamnation serait du double (Digeste, XLIV, 7, 7 *in fine*.) », *Ibidem*.

648 Voir: IBN FARHOUN, *Attabsira*, *op. cit.*, T. II, p. 129.

649 «*Asbağh a dit* Malek n'admet pas ce qui a été exposé concernant le dédoublement de la valeur des plantations et sa destruction et il a dit il n'a qu'à répondre de la valeur de ce qui a péri». Traduction personnelle. *Ibidem*.

650 L'art. 53 AP dispose que: « Dans l'appréciation de l'erreur, soit de droit, soit de fait, les juges devront toujours avoir égard à l'âge, au sexe, à la condition des personnes, et aux circonstances de la cause ».

au Digeste et Code au sein des citations et commentaires des sources musulmanes[651]. En réalité, les renvois à *Al-Achbah*[652] ne renferment aucun principe général à l'instar de celui édicté par l'art. 53 AP. Santillana renvoie donc à des solutions particulières[653]. D'ailleurs, il reprend à la lettre un fragment de cet ouvrage relatif à l'inexcusabilité de l'ignorance en matière de droit, contrairement aux questions de fait, exception faite de l'illetrisme. De surcroît, le Code civil tunisien de 1861 semble être la clé de l'une des origines réelles de l'art. 129. Deux articles de ce code sont mentionnés: 406[654] et 408. En réalité, c'est le second qui traite plus explicitement l'objet de l'art. 129 AP[655]. Toutefois, plusieurs erreurs dans les références ont été relevées à propos des ouvrages musulmans cités en concordance avec les sources romaines[656]. Tous les indices convergent vers une seule conclusion: il s'agie d'une utilisation « forcée » de certaines sources pour prouver des « analogies ».

---

651 « [...] L'erreur doit-elle être excusable? Cette théorie, admise par les *hanéfites*, est controversée chez les *malékites*; d'après IBN ROCHD, dès que les intérêts des tiers sont en cause, l'erreur ou ignorance n'est jamais excusable ; lorsque l'intérêt des tiers n'est pas en cause, il faut examiner si l'erreur ou l'ignorance est admissible, eu égard à la personne; elle est excusable dans ce sens, elle ne l'est pas dans le cas contraire (TASOULI, II, 75 et 283). D'autres établissent le principe général: « Celui qui dit ignorer ce que le commun des hommes ignore, doit être cru sur son affirmation. » [...] L'erreur ou ignorance qui se rapporte au fait d'autrui est généralement excusable (HAMAOUI..., *Radd-el-Mokhtar*...IBN NADJIM....DIGESTE, XXII, 6, 2, tandis que l'ignorance de droit est inexcusable en général: ZARKANI, V, 136, IBN NADJIM, II, 139, 5), à moins qu'il ne s'agisse d'une personne illettrée, d'une question controversée, de celui qui, malgré sa diligence, n'a pu consulter un homme de loi (IBN NADJIM..DIGESTE, XXVI, 2, 9 § 3; XXII, 6, 9pr., §1; Cod.I, 18, 3, 11, 13; Cod. VI, 30, 22 pr. § 15; vi, 9, 8; Digeste, II, 13, 1 § 5. L'erreur de fait n'est pas toujours excusable, lorsqu'il s'agit d'un fait notoire (TASOULI...DIGESTE...) ». *AP*, *op. cit.*, Notes à gauche de l'art. 53, p. 25

652 « En résumé, l'erreur de droit comme l'erreur de fait peuvent donner lieu à la rescision du contrat; mais l'une et l'autre doivent être excusables; elles doivent être telles qu'on ne puisse imputer à leur auteur ni faute, ni dol », *Ibidem*.

653 Voir par exemple: *« Al fatwâ fi hakki al'jâhili bimanzilati al'ijtihâdi fi hakki al-moujtahidi kadhâ fi cadâ'i al-khaniya »*. IBN NADJIM, *Al-Achbah*, *op. cit.*, T. II, p. 108; HAMAOUI, *Ibid.*, T. II, p. 138, notes 4 et 7. Notons quelques erreurs dans les renvois, ainsi celui fait à *Al-Achbah*, *op. cit.*, T. I, pp. 350-351. Aussi, des erreurs ont été découvertes dans les renvois à l'ouvrage de Zarkani.

654 Selon les termes de cet article: « En cas de différence entre l'auteur du crime et le propriétaire sur la qualité de l'objet, si la preuve produite ne l'indique pas, la prétention du propriétaire appuyée par le serment, sera prise en considération si elle est reconnue admissible par la raison et par l'usage ».

655 Il dispose que: « Si la chose prise violemment augmente de prix comme dans le cas de celui qui, après s'être emparé d'un terrain, y bâtit une maison, l'amélioration sera acquise au propriétaire qui ne sera obligé de payer que le prix des matériaux qui pourraient encore servir après démolition. Si, au contraire, l'objet pris violemment diminue de valeur, soit par suite de démolition ou pour toute autre cause, l'auteur de la violence sera responsable de cette détérioration ». Cet article appartient au Chapitre VII du Code intitulé « Des crimes et Délits en matière d'argent contre les particuliers ». Voir: *Code civil et criminel du Royaume tunisien de 1861*, *op. cit.*, pp. 67- 68.

656 Erreurs dans les renvois à: Ibn Nadjim dans *Al-Achbah*, pp. 350-351; à Abdel-baki Zarkani dans son *Charh Moukhtassar Khalil*, *op. cit.*, T. V, pp. 67-136.

Dans l'exemple de l'art. 126 AP[657], cette conclusion est confirmée. À première vue, la rédaction de cet article diffère nettement de sa première version dans le Projet préliminaire de 1897 (art. 98-3 PP)[658]; pourtant, les deux seules sources doctrinales musulmanes citées dans le PP[659] sont reprises dans l'Avant-projet, avec cette différence: un renvoi au Code de 1861 d'une part, et des références au droit romain en bas de l'article d'autre part. En fait, l'art. 410 du Code civil et criminel tunisien de 1861 a bien constitué une source d'inspiration directe pour Santillana[660], bien que la reformulation législative de la règle soit visible dans l'art. 126 AP. Pourquoi a-t-il donc choisi de maintenir au même titre Tasouli et Khalil, est-ce pour les besoins d'argumentation? C'est-à-dire pour trouver un contre poids aux sources romaines? Il faut remarquer que les valeurs des sources n'ont jamais été homogènes dans l'Avant-projet. Dans ce sens, les deux renvois à Khalil n'ont pas la même importance. Le premier est mal choisi, ambigu et n'est pas cohérent avec la règle énoncée par l'art. 126, car il traite des généralités en matière de successions. Le second aide à comprendre le remplacement des expressions: « la mauvaise foi » dans l'art. 98-3 PP, par « délits et quasi-délits » dans l'art. 126 AP. En effet, Khalil, ou plus précisément la traduction de Khalil utilisée par Santillana, évoque la mauvaise foi et l'usurpation dans le cadre de la responsabilité des héritiers qui ignorent l'origine de la chose ou qu'elle a été usurpée[661]. Or, le codificlateur renvoie au Digeste à plusieurs reprises tout en mentionnant les « délits » et « appropriation indue »[662]; et à même l'art. 410 du Code de 1861 qui ne parle pas expli-

[657] Art. 126 AP: « Dans les obligations dérivant des délits et quasi-délits, l'héritier est tenu des mêmes obligations que son auteur dans la mesure où il a profité du fait de celui-ci. Il est tenu des mêmes obligations que son auteur, s'il connaissait les vices de la possession de ce dernier ».

[658] Dans le PP, l'art. 98-3 était rédigé de la manière suivante: « L'héritier du posseseur de mauvaise foi n'est jamais considéré comme possesseur de bonne foi; alors même qu'il ignorait les vices de la possession de son auteur, et il est tenu des mêmes obligations que lui ».

[659] « Khalil, IV, 309, 404 et Tasouli, II, 354 ». Comparer les sources de l'art. 98-3, PP, *op. cit.*, p. 25, et l'art. 126 AP, *Avant-projet, op. cit.*, p. 69.

[660] L'art. 410 du *Code de 1861* dispose, en effet, que: « Tout individu qui, par achat, donation ou héritage, consent à être possesseur d'un objet qu'il sait avoir été pris par violence à son propriétaire, sera responsable envers ce dernier de l'objet et de son produit, comme s'il avait été lui-même l'auteur de la violence; mais s'il en ignorait l'origine, il aura son recours contre celui qui le lui aura vendu, ainsi qu'il est dit à l'art. 413 ».

[661] «[...] Pour l'héritier, ou le donataire, ou l'acquéreur, s'il est prouvé (ou si l'on obtient les preuves) que ces derniers ignoraient l'origine de la chose. En d'autres termes, les fruits et produits de la chose mise en œuvre appartiennent à l'héritier de celui qui ignorait que la chose eût été usurpée, ou de celui dont l'acte d'usurpation était ignoré, ou de celui qui a acquis la chose en l'achetant de l'usurpateur, mais les produits et fruits n'appartiennent jamais à l'héritier direct de l'usurpateur... ». PERRON, *Précis de jurisprudence musulmane, op. cit.*, T. IV, p. 404.

[662] Voir les notes de Santillana en bas de l'art. 126 AP, *Avant-projet, op. cit.*, p. 69.

citement des délits mais de la violence[663]. En général, les sources musulmanes reprises du Projet préliminaire, ne sont pas les sources réelles de l'art. 126, mais la présence du Code tunisien de 1861 a aidé à consolider le noyau de la règle juridique dont les prémisses ont été dessinées dans le Projet préliminaire.

Dans l'art. 462 AP[664], trois références musulmanes sont citées[665], Santillana traduit d'ailleurs un fragment de *Al-achbah* selon lequel: « il y a *distrat* ou résiliation dans le cas où, aussitôt après la vente conclue, le vendeur fait donation à l'acheteur de la chose vendue »[666]. Si l'on continue la lecture de ce fragment traduit, on pourra se rendre compte d'une autre manifestation de la consécration légale dans l'Avant-projet du consensualisme qui caractérise le droit musulman. En effet, Ibn Nadjim cite dans le but de confirmer la règle (résiliation), les cas où le droit musulman exige certaines formalités dans des « questions telles que la donation qui ne se conclut pas par une vente sans payer le prix [...] ni la vente par les mots du mariage, ni la libération d'une esclave en employant des termes spécifiques au divorce même en présence de l'intention. Et le divorce et la libération exigent le respect des mots non seulement du sens... »[667]. La lecture du commentaire de Hamaoui dans la page citée par Santillana confirme l'idée de consensualisme en matière contractuelle, alors que le formalime – qui n'est que l'exception[668] – est la règle en droit romain. En tout état de cause, l'élargissement de la sphère des sources au-delà de ces deux systèmes, rend la mise en œuvre de cette technique des « analogies » plus complexe.

II – Élargissement des « analogies » au-delà des systèmes romain et musulman

Les « analogies » des sources utilisées par le codificateur tunisien, afin de prouver que les règles juridiques romaines sont aussi connues et appliquées en droit musulman, ne sont pas seulement relatives aux articles dont les sources n'appartenaient qu'à ces deux systèmes. Ainsi, lorsque la liste bibliographique de Santillana contient aussi d'autres sources, la recherche de la (ou les) sources

663 Pourtant, il appartient au Titre VII intitulé « Des crimes et Délits en matière d'argent contre les particuliers ». Voir: *Code de 1861*, *op. cit.*, pp. 67 et 69.

664 Selon l'art. 462 AP, « la résiliation peut être tacite, tel est le cas où après une vente conclue, les parties se restituent réciproquement la chose et le prix ». Ce texte est devenu l'art. 416 dans le COC.

665 *Medjella*, *Radd-el-Mehtar* et *Al-Achbah* d'Ibn Nadjim. Voir: *Avant-projet*, *op. cit.*, p. 193.

666 *Ibidem*.

667 Traduction personnelle de l'arabe. IBN NADJIM, *Al-Achbah*, *op. cit.*, T. I, p. 323.

668 HAMAOUI, *Ibid.*, et note 6.

réelles et – éventuellement des incohérences entre les manuels – devient plus complexe. Nous avons d'abord, essayé de repérer les articles au sein desquels le codificateur renvoie aux sources autres que les musulmanes et les romaines. On peut citer plusieurs articles: 50 – 66 – 105 – 110 – 191 – 246 – 251 – 257 – 345 – 374 – 513 – 575 – 592 – 633 – 634 – 638 – 648 – 649... mais les sources de quelques uns seulement seront analysées.

L'art. 66 AP[669] (61 COC) relatif à la lésion est particulièrement intéressant en droit civil tunisien, en raison de la richesse des discussions doctrinales mentionnées par le codificateur dans sa bibliographie et sa propre remarque aux termes de laquelle: « dans le cas de violence, le Droit romain accordait la restitution en entier, non seulement contre l'auteur de la violence, mais contre les tiers même de bonne foi *(actio in rem scripta)*. Il en est de même en droit *malékite*: ZARKANI [...] IBN FARHOUN [...], et *hanéfite*, IBN NADJIM [...] *Radd-el-Mehtar* [...] »[670]. L'analyse de l'instrumentalisation des sources permet de tirer quelques conclusions. D'abord, les deux renvois à Ibn Nadjim liés à sa note mentionnée ci-dessus, concernent le droit d'annulation donné à celui qui a été victime d'une violence lors de la conclusion de l'acte; ne concerne en aucun cas le tiers de bonne foi d'autant plus que c'est un droit exceptionnel[671]. Dans le second renvoi, Ibn Nadjim explique dans le moindre détail les règles régissant la violence[672] sans évoquer le tiers de bonne foi. En réalité, Santillana parle dans une première note antérieure d'autres vices de consentement. À ce niveau, il affirme que « dans tout les cas de dol, d'erreur, de lésion, celui qui prouve qu'il n'a pas donné son consentement au contrat peut, à son choix, en demander la rescision, ou exiger qu'il soit exécuté; le contrat n'est donc pas nul, il est annu-

669 Selon cet article: « La lésion donne ouverture à la rescision lorsque la partie lésée est un mineur ou un incapable, alors même qu'il aurait contracté avec l'assistance de son tuteur ou conseil judiciaire dans les formes déterminées par la loi, et bien qu'il n'y ait pas dol de l'autre partie. Est réputée lésion, toute différence au delà du tiers entre le prix porté au contrat et la valeur effective de la chose ». Rappelons que dans la première version de cet article dans le Projet préliminaire de 1897, l'art. 53 ne contient pas les expressions «...donne ouverture... », mais « ...donne lieu à rescision lorsque la partie lésée est un mineur ou un incapable: est réputée lésion, dans ce cas, toute différence notable entre le prix auquel la chose a été vendue et la valeur effective ». Il faut noter aussi qu'à côté des sources musulmanes citées (y compris l'art. 509 du Code tunisien de 1861) qui ont été maintenues et augmentées dans l'AP, la seule source européenne citée était le Code civil français (art. 1305 et 1314). Par ailleurs, Santillana n'a pas manqué de laisser une N.B, extrêmement intéressante puisqu'elle laisse entendre, d'ores et déjà, la possibilité de reformuler l'art. 53 PP, dans le cas de son maintien dans la rédaction définitive: « *N.B.* j'ai inséré cet article pour être exact; mais il y aura lieu de le supprimer dans la rédaction définitive: il y a là trop d'incertitude: si on le maintient, il faudra au moins fixer la différence qui peut constituer une lésion ». Chose qui a été effectivement faite dans l'art. 66 AP. Voir: *Projet préliminaire*, *op. cit.*, p. 14.

670 Notes de Santillana à gauche de l'art. 66 AP, *op. cit.* p. 32.

671 Voir: IBN NADJIM, *Al-Acbah*, *op. cit.*, T. I., p. 331.

672 Voir: Ibn Nadjim et Hamaoui, *Al-Acbah*, *op. cit.*,T. II, pp. 95 et s (Titre: la violence).

lable »[673]. Il affirme de nouveau, la similitude des droits romain et musulman. Cependant, admettant que le droit français prévoit la rescision en cas de lésion au lieu de la nullité[674], pourrait-on parler de similitude pour autant? Le droit romain, à l'origine, connaît-il la différence entre les différents degrés de nullités analysées par Ibn Nadjim dans les renvois mentionnés? Connaît-il aussi la notion d'option *(khiyâr)* qui dépasse la simple décision soit de poursuivre l'exécution du contrat, soit de le résilier? Le droit musulman se distingue nettement du droit romain en ce qui concerne les degrés de la nullité. Une chose est pourtant claire dans les renvois à de telles sources: Santillana insiste sur la spécificité du droit musulman, puisqu'il donne aux contrats une dimension objective, indépendante de la volonté des parties contractantes, même s'il s'avère ultérieurement qu'ils étaient entachés de vices de consentement. La preuve est que la lésion, en droit musulman, est une porte qui ne peut être franchie par tout contractant[675]. De surcroît, il y a une grande polémique doctrinale entre les jurisconsultes à propos de la réglementation de l'évocation de la lésion *(khiyâr al'ğhabn)*[676]. Au final, les sources doctrinales de l'art. 66 AP, sont trompeuses. Certes, elles ont offert au codificateur des éléments juridiques qui ont fait corps avec la règle formulée, mais n'ont jamais constitué une source directe et encore moins des arguments au profit de sa thèse relative au droit romain comme racine commune. La preuve est que les références citées de l'ouvrage de Khalil, par exemple, étaient fausses, que le premier renvoi à Ibn Nadjim contredit la deuxième note de Santillana qui associe cet ouvrage au droit romain[677]. En fin de compte, l'article 66 a été modifié dans le COC. Il semble qu'outre la valeur juridique des polémiques doctrinales entre jurisconsultes musulmans, la controverse évoquée par Santillana en renvoyant à Aubry & Rau[678], d'une

---

673 Notes de Santillana à propos de l'art. 66 AP, *Avant-projet*, *op. cit.*, p. 32.

674 Selon l'art. 1305 C. civ. fr. (cité d'ailleurs en bas de l'art. 66 AP): « La simple lésion donne lieu à la rescision en faveur du mineur non émancipé, contre toutes sortes de conventions: et en faveur du mineur émancipé, contre toutes conventions qui excèdent les bornes de sa capacité, ainsi qu'elle est déterminée au titre de la minorité, de la tutelle et de l'émancipation ».

675 À ce titre un passage important de Hamaoui mérite d'être cité. Il explique que l'évocation de la lésion n'est pas attribuée à tous les contractants, il cite, en effet le mandataire, le donateur, et l'acheteur qui emploie des manœuvres frauduleuses en profitant de la stupidité de l'acheteur. Un grand classique en droit musulman a été mentionné par Hamaoui, celui de *Fatâwâ Al-Mouçannaf.* HAMAOUI, *Al-achbah*, *op. cit.*, T. II, p. 195 et note 3.

676 L'exposé de Hamaoui est remarquable dans ce sens. *Ibid.*, et note n° 5.

677 Hamaoui évoque dans le cas mentionné par Santillana, l'exemple de celui qui loue un bainmaure (qui a le statut d'une institution pieuse *« waqf »*) à un prix relativement dérisoire, un nouvel administrateur du même bain n'a pas le droit d'augmenter le loyer lorsque la différence par rapport à la valeur réelle, n'est pas exorbitante et que n'importe qui peut « être dupé » de la sorte. Hamaoui, *Al-Achbah*, *op. cit.*, T. II, p. 53, note n° 6 (Dans le titre des locations).

678 Les deux auteurs distinguent dans le cadre de l'action en rescision entre le droit personnel qu'elle

part, et aux art. 1305 et 1314 C. civ. fr., d'autre part, était fondamentale pour le choix définitif.

Par conséquent, la solution adoptée par l'Avant-projet n'est pas celle du Code civil français ni des sources doctrinales citées. Cela n'empêche pas, en l'occurrence, de dire que la polémique évoquée par Santillana, était utile pour sa codification. Cette constatation devient d'autant plus pertinente lorsqu'on l'associe à une autre source – réelle cette fois – de l'art. 66 AP. Il est certain que l'art. 509 du Code de 1861 a constitué la source directe de la solution applicable en cas de lésion[679]. La lecture *à contrario* de cet article nous donne la deuxième partie de la règle énoncée par l'art. 66 AP, avec une nouvelle reformulation[680]. Ici, l'influence du Code civil français et des réflexions d'Aubry & Rau, est de nouveau considérable. En effet, dans une note que Santillana n'a pas reprise dans l'Avant-projet, il explique que « l'acte fait par le pupille sous l'autorité du tuteur, devrait être considéré comme fait par le tuteur lui-même »[681].

---

peut constituer et le droit indistinctement attribué aux majeurs comme aux mineurs. Dans ce cas, ils distinguent à l'instar du C. civ. fr., entre les mineurs émancipés et les non émancipés d'une part, et du contractant majeur qui bénéficie de ce droit mais seulement dans certaines obligations, d'autre part. Néanmoins, et contrairement au COC , le mineur n'a pas le droit d'attaquer les obligations conclues en présence de son tuteur. Une remarque importante s'impose: Santillana n'a mentionné du Cours de ces deux juristes français que la partie qui s'accorde plus avec la règle de l'art. 66 AP, c'est-à-dire des mineurs, c'est ce qui explique par exemple l'absence de l'art. 1118 C. civ. fr., et le commentaire des auteurs dans la liste des sources dans l'Avant-projet. Aubry & Rau s'expliquent ainsi: « L'action en rescision pour cause de lésion est, tantôt un privilège personnel, spécialement attribué aux mineurs, contre toutes sortes de conventions, tantôt un droit indistinctement accordé aux majeurs, comme aux mineurs, mais seulement dans certains actes juridiques. Art. 1118. [...] L'action en rescision pour cause de lésion, considérée comme privilège personnel, est accordée aux mineurs émancipés et aux mineurs non émancipés, sous les distinctions suivantes: Les mineurs non émancipés ont le droit d'attaquer, au moyen de l'action en rescision, toutes les obligations qu'ils ont consenties en l'absence de leurs tuteurs. Art. 1305. Cette action ne leur est ouverte, ni contre les obligations que leurs tuteurs ont valablement consenties en leur nom, ni contre celles qu'ils ont eux-mêmes valablement contractées avec l'autorisation de leurs tuteurs. Les mineurs émancipés ont le droit d'attaquer, au moyen de l'action en rescision, toutes les obligations qu'ils ont consenties sans l'assistance de leurs curateurs, dans les cas où cette assistance est requise. [...] Du reste, les mineurs non émancipés et les mineurs émancipés ne peuvent attaquer que par voie de rescision, et non par voie de nullité, les obligations qu'ils ont consenties en l'absence de leurs tuteurs, ou sans l'assistance de leurs curateurs dans les cas auxquels la loi exige cette assistance... ». AUBRY & RAU, *Cours de droit civil français*, *op. cit.*, T. IV, § 335, pp. 252 et s et notes 4 et 9.

679 L'art. 509 du Code civil et crimiminel du Royaume tunisien dispose que: « Celui qui vendra un objet avec toutes les formalités voulues ne pourra plus revenir sur la vente en alléguant qu'il y a eu lésion, quand même cette lésion dépasserait le tiers du prix, à moins que l'objet vendu ne soit la propriété d'un orphelin ou d'une personne n'ayant pas la libre administration de ses biens. Dans ce cas, l'affaire sera portée devant le tribunal religieux ». Cet article fait partie du Titre XII intitulé « *Des ventes* ». Voir: *Code de 1861*, *op. cit.*, pp. 80-81.

680 On ne parle plus de l'orphelin mais du mineur en général.

681 « D'après le Code Napoléon, bien différent en cela du Droit romain, c'est le tuteur qui agit au nom du pupille. Art. 450. Aussi n'y est-il jamais question du pupille agissant sous l'autorité du tuteur.

La divergence est quelquefois apparente entre les deux systèmes romain et musulman. D'ailleurs, Santillana n'hésite pas parfois à souligner explicitement les différences. Dans l'art. 191 AP[682], il a signalé que la question des créanciers solidaires est controversée en droit romain. La disparition du premier paragraphe lors de la rédaction définitive du COC, et l'insertion d'un dernier,[683] témoigne d'une double difficulté: celle de concilier d'abord le droit romain et la logique musulmane (spécifique en la matière) d'une part, et l'ensemble des sources de l'article d'autre part, c'est-à-dire en plus de ces deux systèmes le code civil allemand (§. 420 et 1198 BGB). En droit romain, le créancier solidaire est considéré dans sa relation avec le débiteur, comme un créancier unique. Il en découle logiquement l'extinction des obligations de tous les créanciers solidaires, lorsque celle de l'un d'entre eux est éteinte[684]. Or, le droit musulman a une vision complètement différente. Ibn Nadjim cité dans l'Avant-projet, précise que la créance est solidaire, qu'elle est commune entre les créanciers, sauf dans certains cas tels que la tutelle pour marier des mineurs[685].

Les difficultés de la synthèse peuvent être relevées dans un nombre considérable d'articles. S'ajoutent à cela des notes intéressantes du codificateur relatives à la controverse en droit romain tout en l'associant au renvoi à certaines sources allemandes notamment. En témoigne l'art. 257 AP. Dans d'autres cas, et malgré la similitude qui pourrait exister entre les systèmes romain et musulman, des divergences (entre les écoles par exemple en droit musulman) ont souvent abouti au rejet de la règle. L'art. 653 AP[686] est un exemple de cet échec.

Mais, si cela avait eu lieu, l'acte fait par le pupille sous l'autorité du tuteur, devrait être considéré comme fait par le tuteur lui-même: celui-ci en a assumé la responsabilité par son autorisation... ». AUBRY & RAU, *Cours*, *op. cit.*, p. 254, note n° 5.

682 Art. 191 AP: « Dans les rapports des créanciers entr'eux, l'obligation solidaire se divise de plein droit, si le contraire ne résulte de la convention des parties ou de la nature de l'affaire. Ce que chacun des créanciers reçoit, soit à titre de paiement, soit à titre de transaction, devient commun entre lui et les autres créanciers, lesquels y concourent pour leur part. Si l'un des créanciers se fait donner une caution ou une délégation pour sa part, les autres créanciers ont le droit de participer aux paiement faits par la caution ou par le débiteur délégué ».

683 En effet, l'art. 172 COC (192 AP) a été rédigé ainsi: « Ce que chacun des créanciers solidaires reçoit, soit à titre de paiement, soit à titre de transaction, devient commun entre lui et les autres créanciers, lesquels y concourent pour leur part. Si l'un des créanciers se fait donner une caution ou une délégation pour sa part, les autres créanciers ont le droit de participer aux paiements faits par la caution ou par le débiteur délégué: le tout si le contraire ne résulte de la convention des parties ou de la nature de l'affaire ».

684 Voir dans ce sens: Aubry & Rau, *Cours de droit civil français*, *op. cit.*, § 298 bis, pp. 15 et s. Et les deux auteurs d'ajouter: « [...] les rédacteurs du code se sont placés à un point de vue tout différent. Partant de l'idée que les créanciers solidaires doivent être réputés de droit associés entre eux, ils leur ont refusé le pouvoir de déposer individuellement de la totalité de la créance... ».

685 IBN NADJIM, *Al-Achbah*, *op. cit.*, T. II, p. 212 et T. I, p. 244.

686 Art. 653 AP: « un droit éteint ne peut survivre ».

Non seulement les sources de l'article sont variées, mais aussi les controverses. D'autant plus que cette règle est largement contestée en droit musulman qui repose sur la justice, l'équité et la lutte intemporelle contre l'injustice. Il est vrai que l'appui de Santillana sur un représentant de *l'École hanéfite* est justifié, puisque Hamaoui déclare que ce qui est éteint ne peut revivre en se référant à un autre classique du *fikh «Al-bazazia»* (HAMAOUI, *Al-Achbah*, T. II, p. 31, note n° 9). Mais les divergences demeurent fondamentales entre les jurisconsultes et leurs écoles. Ajoutons enfin, que le droit musulman connaît – à la différence de son homologue romain – la distinction entre l'extinction de l'empêchement *(zawâlou al'mâni')*, d'une part, qui n'empêche pas le droit ou l'obligation de revivre; et le retour de la remise *('aoudou açâkit)* d'autre part. Dans ce sens, Ibn Nadjim rappelle la polémique entre les jurisconsultes en matière de vente, certains admettent l'extinction, d'autre, refusent le principe. Ibn Nadjim ne se prononce pas clairement sur la question mais il rappelle la distinction qu'il faut faire entre l'empêchement *(al-mâni')* et la remise *(açâk'it)*. (*Al-Achbah*, T. II, p. 164). De même, Hamaoui, dans un autre renvoi de Santillana, affirme que le prix du sang et la préemption par exemple, ne peuvent être éteints[687]. Pour ce qui est des sources européennes, l'attachement au droit romain (Digeste) est très visible, mais aussi au droit français: Code civil et doctrine sont présents. Santillana cite, en effet, l'art. 1299 C. civ. fr. Selon lequel: « Celui qui a payé une dette qui était, de droit, éteinte par la compensation, ne peut plus, en exerçant la créance dont il n'a point opposé la compensation, se prévaloir, au préjudice des tiers, des privilèges ou hypothèques qui y étaient attachés à moins qu'il n'ait eu une juste cause d'ignorer la créance qui devait compenser sa dette ». De plus, la compensation ou « confusion » dans les notes du codificateur tunisien a aussi renvoyé à Toullier pour la « condition défaillie » et à Aubry & Rau (à deux reprises), Toullier et Demolombe pour la novation. Remarquer ce que disent les sources: « Au contraire, si la nouvelle obligation venait à être annulée ou rescindée pour une cause postérieure au contrat, ou imputable au créancier, la novation n'en aurait pas moins éteint l'ancienne obligation avec tous ses accessoires *(obligatio, sive actio semel extincta non reviviscit...)* ». Cette règle romaine a été citée par Santillana en tête des sources européennes[688].

---

[687] HAMAOUI, *op. cit.*, T. II, p. 87, note n° 4.

[688] C. B. M. TOULLIER, *Le Droit Civil français suivant l'ordre du Code*, éd. B. Waree oncle, Librairie de la Cour Royale au Palais de Justice, Paris, 3ème éd., entièrement conforme à la seconde, 1821/1834, T. VII, § 300, p. 360. Les comparaison entre ses renvois et les fragments doctrinaux correspondants ont révélé que Toullier cité dans l'Avant-projet est: C. B. M. Toullier et non pas Frédéric Toullier. Selon Demolombe: « Est-il besoin d'ajouter que le sort du contrat est irrévocable, fixé dès que la condition est défaillie ou accomplie. Une fois accomplie, elle ne saurait s'accomplir, une fois qu'elle est défaillie (art. 1168) *conditio semel impleta, non resumitur, conditio quae definit, non restauratur* ».

La consécration législative dans l'Avant-projet de solutions semblables dans les deux systèmes romain et musulman était dans l'ensemble possible et surtout pragmatique. Mais, cela n'implique pas le succès total de la technique de synthèse. Les renvois mentionnés par Santillana au droit romain, avec une prudence apparente (par exemple dans les art. 246, 258, 403, 404 de l'AP), renforcent l'idée que les similitudes n'étaient pas toujours réelles. Peut-être sa recherche aurait-elle été plus pertinente, s'il avait utilisé le procédé historique et généalogique dans la compréhension des deux systèmes. Les ressemblances auraient pu être prises, non comme des arguments en faveur de la synthèse, mais plutôt des indices favorisant la création d'un système juridique non seulement éclectique mais aussi plus scientifique. Toutefois, il faut dire que cette critique s'applique plus à la partie générale du COC (théorie générale des obligations) qu'à sa seconde partie consacrée aux contrats spéciaux, là où le droit musulman est visiblement plus dominant.

[règle citée par le codificateur dans l'Avant-projet]. DEMOLOMBE, *Cours*, *op. cit.*, T. XXVI, § 354; « [...] Le maintien de la novation et de ses effets, n'est pas subordonné à l'exécution effective du nouvel engagement, d'ailleurs juridiquement efficace, qui s'est trouvé substitué à l'ancienne obligation (Actio semel extincta non reviviscit)». AUBRY & RAU, *Cours*, *op. cit.*, T. IV, § 324 (La novation), pp. 211 et s.

Chapitre II: Critique de la méthode philologique du codificateur

La critique de la méthode philologique de Santillana s'inscrit dans le cadre plus large des travaux réalisés par certains orientalistes sur le droit musulman (I). En effet, la particularité majeure de la construction juridique musulmane fondée sur le consensualisme, avait été souvent occultée (II).

I – Orientalisme et droit musulman

Certaines recherches des orientalistes relatives à la religion, au *fikh* et à la société musulmane dans son ensemble, méritent un bref rappel. Ignace Goldziher par exemple, a consacré une étude portant sur l'influence du bouddhisme sur la religion musulmane[689]. Suivant les mêmes démarches, l'influence du droit romain sur les jurisconsultes musulmans, a été établie en se basant sur les écoles romaines du Moyen Orient (de Beyrouth et Damas notamment), d'Alexandrie; ou encore de ce qui a été traduit du latin ou grec en arabe[690]. Quant aux recherches menées à l'époque du Protectorat, elles étaient multiples et s'étendaient à plusieurs disciplines. O. Houdas, R. Basset[691] en collaboration avec F. Martel ont traduit la Tohfat d'Ibn Acem, une source importante dans l'Avant-projet[692]. Le premier a enseigné la littérature à Alger, le second était juriste. Les traductions que le gouvernement français leur a confiées depuis l'instauration du Protectorat[693], étaient capitales. Leur mission était complexe

---

689 C'est une recherche qui ne s'intéresse pas directement au *fikh* mais au mysticisme.

690 Fitzgerald avait poussé sa thèse plus loin en affirmant, à partir des travaux de certains historiens comme Von Kremer et Khuda Bakch, que *chafi'ï* et *awza'ï* ont été influencés par les règles juridiques romaines et byzantines. Il évoquait aussi leur naissance en Syrie, et même leurs études du droit romain.

691 Il était aussi chargé de cours à la Faculté des Lettres d'Alger.

692 Il est évident que Santillana ait travaillé sur leur traduction de *Attabsira* d'Ibn Farhoun. Il en est de même pour *Talkhiss al'fourouk* d'Al-Korafi. O. HOUDAS et René BASSET, *Mission scientifique en Tunisie (1882)*, *op. cit.*, pp. 145-147.

693 « Au commencement de l'année 1882, M. Le Ministre de l'Instruction publique nous chargeait d'une mission scientifique à l'effet de recenser les manuscrits arabes existant dans les Bibliothèques de la Régence de Tunis. Ces recherches ne laissaient pas de présenter de sérieuses difficultés causées, d'un côté, par le manque de catalogues et, de l'autre par l'hostilité religieuse, à peine déguisée, des indigènes qui nous fermaient l'accès des collections publiques et privées. Il ne nous a pas été permis, en effet, sinon à Qairouân, de pénétrer dans les mosquées et de vérifier par nous-mêmes l'exactitude des renseignements que nous sommes parvenus à nous procurer, et nous n'avons pu

et difficile[694], car les travaux ont porté sur la littérature, la science des commentaires, la science de la théologie, la science des principes *('îlm al-ouçoul)*, la section de l'art du droit *(fann al-fikh)*, la section de l'art des décisions jurisprudentielles *(fann al-fatwâ)*, la science des successions et la science mathématique[695]. Incontestablement, ce mouvement a aidé Santillana lors de sa codification. Il n'en demeure pas moins que l'idée de base de sa démarche philologique est critiquable.

Carlo Alfonco Nallino avait avancé – dans une conférence lors du Congrés International qui a eu lieu à Rome en 1933[696] – des arguments pour réfuter l'hypothèse de l'influence du droit romain sur le droit musulman. Il reproche à certains orientalistes – notamment à Santillana – la mise à l'écart de la grande divergence entre l'ancien Occident et le *fikh*, dans leurs conceptions du droit et de ses sources. Il estime qu'il y a des idées et des institutions juridiques enracinées dans le monde hellénique conquis par les arabes, ce monde dont certains pensent que les arabes se sont inspirés pour construire leur civilisation. Or, ces idées et ces institutions n'ont pas réussi à pénétrer dans le droit musulman. Il cite ensuite des exemples. La vente chez les romains est un contrat réel; au contraire tous les *rites* sont unanimes pour la considérer comme un contrat obligatoire dès le simple échange de consentement. Il s'agit donc d'un contrat consensuel. De même, l'hypothèque, très répandue dans les fiefs romains les plus fertiles, n'a réussi à s'infiltrer dans les règles du droit musulman que tardivement, et grâce aux législations européennes modernes. Aussi, les contrats emphytéotiques, pratique courante dans le monde hellénique, ont mis des siè-

---

obtenir communication que d'une seule liste incomplète des livres appartenant au mufti h'anéfite de Qaïrouan...», *Ibid.*, p. 43.

694 « Les renseignements que cet ouvrage [*Me`âlim El Imân*] nous fournissait sur l'histoire de Qaïrouân et l'inutilité de nos efforts à Tunis nous décidèrent à hâter notre départ pour la seconde ville sainte de l'Islam. Là encore, les mêmes difficultés contre lesquelles nous avions eu à lutter à Tunis se présentèrent, mais grâce à l'aide bienveillante de l'autorité militaire, et particulièrement de MM. le général Etienne, le colonel Mieulet et le capitaine Janier, nous pûmes venir à bout de la résistance sourde que nous rencontrions chez les indigènes. Il est juste, cependant, de faire une exception en faveur du cheikh Morali, imâm de la mosquée h'anéfite de Qaïrouân, qui n'hésita pas à nous prêter le concours le plus empressé. A notre retour à Tunis, le nouveau système d'administration commençait à porter ses fruits [...] La mosquée de l'Olivier (Djama` Zitouna) [...] possède deux Bibliothèques: l'une provenant des collections de H`osaïn Khodja et donnée, en 1840, par le Bey Ah'med; la seconde constituée, plus tard, par le général Kheir-Eddin.», *Ibid.*, pp. 43-45.

695 *Ibidem*. Il semble d'après cette source que la majeure partie relative à la science du droit, des principes, les *fatâwâ*, etc; avait été réalisée à Qaïrouan et non à Tunis.

696 Conférence publiée après sa mort et intitulée: *Sélection des Études des Orientalistes (Al-mountakâ min dirâssât al-moustachrikin)*, rassemblée, traduite en arabe et commentée par Salah-eddine ALMOUNJID, éd. Matba'at lajnat attâ'alif wa attarjama wa'nnachr, Le Caire, 1955, T. I, pp. 43 et s: Réflexions sur les rapports entre le droit musulman et le droit romain (en langue arabe). Traduction de C.A.NALLINO.

cles pour être acceptés dans le corpus des règles juridiques musulmanes, encore faut-il noter que certains *rites* ne les admettent pas, en raison des terres indivises, *waqf*, et des fiefs gouvernementaux. Et Nallino d'achever son intervention en déclarant qu'il est étonné par le fait que ceux qui soutiennent ces revendications ne voient pas que les grandes ressemblances existant dans la rédaction des dispositions spéciales dans des chapitres particuliers, sont inévitables, quel que soit le droit d'un peuple et quelle que soit sa civilisation. Au contraire, si les jurisconsultes arabes « ont mis devant eux les manuels du droit romain à l'époque pour l'imiter, ils n'auraient jamais pensé disperser les questions de propriété des terres, des esclaves ou des métaux dans différents chapitres – dans lesquels se perdent les juristes européens – ou intégrer les questions de l'usure dans le chapitre des ventes »[697]. En réalité il y a des traces qui prouvent que les arabes ont constitué la majeure partie de leur droit d'une façon indépendante. De son côté, E. Zeys repousse l'existence de ressemblances ou d'influences entre les deux systèmes juridiques romain et musulman, en dépit des solutions semblables[698]. Il explique dans l'introduction de son *Traité élémentaire de Droit musulman algérien*, cité dans l'Avant-projet, le « piège méthodologique » qui l'a dupé lorsqu'il a commencé à étudier scrupuleusement le *fikh*, en remarquant certaines classifications musulmanes semblables à celles des législations européennes[699]. Cependant, plus il avançait dans ses études, plus il découvrait des divergences et des contradictions au sein de l'image qu'il s'était faite lors de ses premières réflexions. Il avoue, en l'occurence, que « cette leçon » était positive pour son expérience, à tel point qu'il avait fini par apprendre à oublier tout ce qu'il avait appris sur le droit français ou romain, chaque fois qu'il ouvrait un livre du droit musulman, « qui doit être étudié en lui-même et d'une façon indépendante»[700].

Les travaux de certains auteurs – tels que Carusi qui n'a vu dans le droit musulman qu'une imitation pure du droit romain, précédé par Hughes depuis 1878 dans l'affirmation de cette thèse – ont été qualifiés de « naïveté scientifique »[701]. Si on abandonne les quelques thèses qui sont demeurées au stade de

[697] *Ibid.*, p. 53.

[698] « [...] Non pas que l'on ne trouve dans le droit islamique des principes déjà admis par les jurisconsultes romains, ou même par les nôtres, ces rencontres sont même assez fréquentes, mais elles démontrent simplement que les hommes adoptent les mêmes solutions, malgré la différence des temps, des milieux, des croyances, de l'éducation, quand il s'agit de résoudre les mêmes problèmes ou de répondre à des besoins identiques. Et encore, faut-il éviter de conclure trop rapidement d'une simple ressemblence à une similitude complète ». E. ZEYS, *Traité*, *op. cit.*, T. I, Introduction, p. VIII.

[699] Il cite l'exemple des choses fongibles et non fongibles, *Ibidem*.

[700] *Ibid.*, p. IX.

[701] Par Nallino par exemple.

théorie spéculative sans être fondées sur des arguments scientifiques sérieux, et aussi certaines recherches philologiques naïves, on peut dire que les renvois de Santillana au droit romain, autant dans l'Avant-projet de 1899 que dans sa traduction de *Mokhtassar Khalil*, sont importants. Ce procédé n'a pas réussi, en revanche, à apporter une nouveauté juridique réelle pour l'étude des règles musulmanes en elles-mêmes, ni pour la véritable spécificité du droit romain. Il est vrai que la consécration législative dans l'Avant-projet de solutions semblables dans les deux systèmes était dans l'ensemble possible et surtout pragmatique; cela n'implique pas pour autant que la technique de synthèse a totalement réussi, ni qu'elle a abouti à la création d'un système original.

II – Procéduralisme romain *versus* consensualisme musulman

Alors que les droits modernes admettent en général la synonymie entre convention et contrat et reconnaissent à toute convention, c'est-à-dire à tout accord de deux ou plusieurs volontés données dans des conditions régulières, un effet obligatoire, le droit romain a du contrat une conception étroite et refuse à la simple convention un effet obligatoire[702]. Seules ont cet effet les conventions reconnues par le droit et qualifiées de contrats. Gaius explique que l'obligation « est contractée par la remise d'une chose, par des paroles, par l'écrit, ou par le consentement »[703]. C'est ainsi que les contrats ont été classés selon leurs sources, en verbaux, littéraux, réels et consensuels[704]. D'autres classifications peuvent aussi être relevées[705], mais le principal est que pendant toute son histoire,

702 DIGESTE, II, 14, 7, 5; 19, 5, 15.

703 INSTITUTES, III, 89, 90.

704 « Pour les trois premières catégories, la formation du contrat comporte un élément formel (remise d'une chose, prononciation de paroles, rédaction d'un écrit). Pour les contrats consensuels, cet élément n'existe pas: ils se forment par un simple échange de consentement. On constate qu'à la même période sont encore apparus des contrats formalistes (comme le dépôt ou le gage)». Jean GAUDEMET, *Droit privé romain*, Monchrestien, 2ème éd., Paris, 2000, p. 253. Voir aussi des analyses détaillées à propos de ces types de contrats (et autres): J. GAUDEMET, dans le même ouvrage, pp. 253-269; sur le contrat en général en droit romain, voir: Frédéric GIRARD, *Manuel élémentaire de droit romain*, 8ème éd. revue et mise à jour par Félix Senn, Librairie Arthur Rousseau et Cie, Paris, 1929, pp. 461 et s.

705 Une autre classification fondée sur les effets des contrats: les contrats synallagmatiques, générateurs d'obligations réciproques; les contrats synallagmatiques imparfaits qui ne font naître qu'une obligation à la charge de l'une des parties (mais peuvent occasionnellement en imposer à l'autre) et les contrats unilatéraux qui ne font naître d'obligation qu'à la charge de l'une des parties. La classification peut aussi se référer à la citoyenneté, c'est-à-dire des contrats de « droit civil » ou de « droit des gens ».

le droit romain a ignoré la force obligatoire du contrat; il posait le principe que « du pacte nu ne naît aucune action »[706]. Cette formule lapidaire révèle bien l'esprit fondamentalement procédural du droit romain. Plus donc que le droit en tant que tel (qu'une personne peut avoir ou non), c'est l'action en justice qui est la base de son raisonnement. Cela exige un formalisme particulier[707]. Il est vrai que le droit canon, surtout, a transformé l'état du droit en affirmant que du pacte nu naît une action. Ainsi, en se détachant de sa source procédurale, le droit a attribué la force obligatoire au pacte nu, à partir du moment où celui-ci a une cause.

Or, ni le caractère procédural, ni le formalisme rigoureux, n'ont été caractéristiques de la pensée juridique musulmane. Le consentement suffit à lui seul pour créer l'obligation contractuelle. Même si les contrats consensuels ont bien existé en droit romain, celui-ci n'était pas au fond un droit consensuel. La preuve relève de deux ordres, le premier historique, le second scientifique. En premier lieu, l'absence de formalisme pour ce type de contrats « tient en partie à ce qu'il s'agit de contrats qui ne sont apparus à Rome qu'à une époque relativement tardive »[708]. De plus, la majorité des chercheurs romanistes contemporains contestent l'idée que les romains – même à l'époque de Justinien – ont développé une conception consensualiste du contrat[709]. D'ailleurs, au moment ou le consensualisme a marqué toute la logique du droit musulman[710] – en se référant au Coran lui-même[711] – la déclaration unilatérale de volonté était aussi reconnue comme source d'obligation. Alors qu'en droit romain, la *pollici-*

---

706 Voir par exemple: R. von IHERING, *L'esprit du droit romain dans les diverses phases de son développement.* Traduit sur la 3ème édition avec l'autorisation de l'auteur par O. De Meulenaere, éd. A. Marescq, Paris, 1877, T. III, p. 156.

707 « [...] tout le droit romain classique reste imprégné de l'exigence essentielle de certains éléments spécifiques, pour estampiller les situations méritant protection juridique. Et, pour n'être plus purement extérieurs et tout en formes, ces éléments n'en demeurent pas moins rigoureusement précisés dans leur substance et stéréotypés dans leur manière d'être ». François GENY, *Méthode d'interprétation et sources en Droit privé positif. Essai critique*, T. I, *op. cit.*, pp. 173 et s.

708 Jean GAUDEMET, *Droit privé romain, op. cit.*, p. 253

709 Notamment les travaux de: R. MARTINI, *Il mito del consento nella doctrina del contratto*, Jura, 1994. Et J. Gaudmet de noter que « la doctrine du contrat serait pour une bonne part innovation de Domat, ou peut-être de ses prédécesseurs du XVIè siècle », *Droit privé romain, op. cit.*, p. 254 et note n° 1.

710 Il faut signaler qu'au contraire le juge musulman n'a pas joué un rôle strict, voire répressif dans l'application ou l'interprétation des obligations. Au contraire, son homologue romain disposait d'un dispositif juridique et judiciaire puissant et rigoureux qui lui ouvrait un champ d'action plus large. En effet, certains contrats « sont sanctionnés par des actions de droit strict, dans lesquelles le juge apprécie de façon étroite les obligations du débiteur, les autres par des actions de bonne foi, qui laissent au juge une plus grande liberté d'appréciation et où il doit estimer selon la bonne foi les obligations des parties », *Ibid.*, p. 254.

711 À titre d'exemple, rappelons le verset 29 du Sourate *Les femmes* « vous qui croyez, ne dévorez pas à tort vos biens entre vous, sauf dans le négoce et de gré mutuel ».

tatio ne suffit pas à la naissance de l'obligation sauf dans certains cas tels que les vœux envers les Dieux, offrande faite à une cité, etc. Sans doute, c'est grâce à ces exceptions que les juristes allemands ont élaboré toute la théorie de la manifestation unilatérale de volonté, consacrée législativement dans le BGB. Mais, initialement, les romains ne l'ont pas instaurée comme partie intégrante de leur système juridique des obligations[712]. La preuve est que la réception du droit romain en France, par exemple, n'a pas aboutit à une évolution similaire. Sur ce point, la démarche de Santillana peut être sévèrement critiquée, puisqu'il ne laisse entendre, dans son Avant-propos comme dans l'Avant-projet lui-même, ni une conscience historique de l'évolution du droit romain ni les particularités de sa réception dans les pays de l'Europe. Par conséquent, même s'il est vrai que les règles du droit canonique (notamment après le détachement du droit de sa source procédurale) s'approchent plus du droit musulman en s'appuyant sur des considérations morales[713], l'amalgame fait dans l'Avant-projet entre les règles romaines, canoniques, musulmanes, et le droit français ou allemand issu de l'esprit juridique romain n'a sûrement pas de bases scientifiques solides.

En se fondant sur la religion et la morale, les jurisconsultes musulmans ne se sont jamais préoccupés – comme les romains – de classifier les contrats, ni de poser des limites à la volonté des contractants, sauf en tenant compte de considérations morales, sociales ou religieuses[714]. Le célèbre *Alkâssâni* dit dans son ouvrage *Albadâ'(Les merveilles):* « Le principe est que l'acte de la personne parvient conformément à sa volonté… »[715]. De même, le droit musulman ne distingue pas – contrairement au droit romain – entre les droits et par conséquent entre les actions personnelles et réelles. Il distingue plutôt entre la dette et la chose *('aïn)*, dans la mesure où le droit intéresse le patrimoine du débiteur et la chose constitue l'objet du droit. Ceci est dû, en réalité, à l'aspect matériel et objectif du droit personnel en droit musulman, à tel point qu'il paraît très proche du droit réel. C'est la raison pour laquelle les musulmans se sont concentrés minutieusement sur la détermination des règles régissant l'objet du

712 Les jurisconsultes romains ont bien élaboré des principes généraux relatifs aux divers types de contrats, aux effets des obligations, sanctions, etc. En l'occurence, ils n'ont jamais élaboré une théorie d'ensemble, c'est-à-dire ce que les civilistes modernes appellent « théorie générale des obligations ».

713 Voir en ce sens: Abdelrazaķ ASSANHOURI, *Sources du droit en droit musulman et occidental. Étude comparative* (En langue arabe), Institut des études arabes supérieures, Ligue des Nations arabes, Le Caire, 1953, p. 80.

714 Remarquer par exemple une certaine notion de l'ordre public dans ces deux *hadith* du prophète et une forte connotation religieuse les conditionnent: « la conciliation ente musulmans est possible sauf conciliation qui interdit une permission ou qui permet un interdit » et « les musulmans respectent leurs engagements sauf engagement qui interdit une permission ou permet un interdit ».

715 Traduction personnelle. ALKÂSSÂNI, *Al-badâï'*, *op. cit.*, p. 259.

droit plus que sur les parties elles-mêmes[716]. Or, puisque le droit romain a une conception personnelle, subjective, de l'obligation, il n'a pas accepté dans ses premières étapes l'idée de la transmission (positive ou négative) des obligations. Par la suite, et devant les difficultés pratiques dues à cette rigidité, les prétoriens ont procédé à un raisonnement complexe afin d'admettre cette transmission.

La prédominance de l'objet des obligations par rapport aux parties, en droit musulman, a permis la consécration du principe de la représentation *(niyâba)*, de la déclaration unilatérale de volonté, etc. La nullité est aussi un point juridique sur lequel les deux systèmes romain et musulman, divergent sensiblement. Dans ses débuts, le droit romain n'a connu que le contrat valable; il ignorait donc, le contrat annulable. Toutefois, la cohabitation en pratique entre le droit civil, d'une part, et prétorien d'autre part (le premier strictement axé sur le sens littéral des mots, le second imprégné d'équité et souple) a permis d'imaginer un contrat valable conformément au droit civil, mais sans effet du point de vue du droit prétorien. Le droit musulman a connu, en revanche, un développement tout autre. Sa logique n'est pas fondée sur la dualité des législations européennes issues du droit romain. Les jurisconsultes musulmans ont fait en sorte que le contrat passe par quatre étapes selon les effets qu'il produit et, non comme une simple relation personnelle entre les contractants. Il est donc considéré comme un fait social ayant des critères objectifs. Sur ces bases, le contrat passe graduellement (avec certaines divergences entre les *rites* évidemment) de la validité à la nullité, de la nullité au vice *(façâd)*, du vice à la suspension *(wakf)*, puis de la suspension à l'altération *(nafâdh)* et de l'altération à l'imposition *(louzoum)*[717]. Cette particularité du droit musulman a laissé ses traces dans le COC, car le travail philologique de Santillana associé à sa démarche éclectique n'ont pas épargné au code des confusions voire des contradictions entre certaines dispositions. Il en est ainsi de la dernière maladie par exemple ou de la vente de la chose d'autrui, car si le COC ne consacre – textuellement – que la nullité relative et absolue du droit français, ces deux institutions inspirées du droit musulman se heurtent à des solutions non codifiées et donc inapplicables.

Les « analogies » entre les droits romain et musulman ou les similitudes, ou encore le postulat selon lequel le droit romain est la racine commune de tous les systèmes juridiques, s'inscrivent dans un cadre théorique qui dépasse le travail entrepris pour la codification du COC. En effet, le travail philologique amorcé dans l'Avant-projet va profondément marquer les écrits ultérieurs de

---

716 Voir en ce sens: IBN NADJIM, *Al-Achbah*, *op. cit.* , T. I, pp. 231 et s.

717 Voir pour des analyses approfondies: IBN NADJIM, *Al-Achbah*, *op. cit.*,T. II, pp. 107 et s; IBN FARHOUN, *Attabsira*, *op. cit.*, T. I, pp. 56 et s.

Santillana. Le codificateur tunisien était aussi critiqué par G. H. Bousquet[718], pour ce qu'il a écrit dans l'Encyclopédie de l'Islam: « grâce au droit romain, les sources du droit musulman se sont formées ». Bousquet met donc en cause l'idée de Santillana selon laquelle le droit romain est une source fondamentale pour le droit musulman. Dans un deuxième temps, il a critiqué le travail bibliographique réalisé par Santillana, dans la traduction italienne de *Mokhtassar Khalil*, en collaboration avec Guidi, particulièrement dans une partie consacrée à la violence en droit musulman. Et l'auteur (Bousquet) de préciser que les exemples pour lesquels Santillana fait renvoi au droit romain, peuvent « venir à l'esprit de n'importe quel juriste sauf les coups sur la nuque, ici précisément, il ne nous renvoie pas au droit romain »[719]. À l'appui de ces critiques, rappelons le passage critiqué : « La violence consiste dans la crainte d'un mal, tel que la mort, des coups, la prison, le fait d'être lié ou enchaîné, un coup sur la nuque donné en public à un homme de caractère viril, la menace de mort adressée au fils, ou aux descendants de la victime de la violence, un dommage à ses biens, mais la doctrine n'est pas établie touchant le fait de savoir si ce dommage doit être grave pour constituer la violence »[720]. Même si l'on admet, comme les traducteurs, que ces exemples ont été inspirés du droit romain, selon quelle logique peut-on accepter qu'une définition juridique (qui ne consiste qu'à ramasser une telle masse de cas de violence) constitue une influence romaine sur le droit musulman ? Chacun des deux systèmes a connu son parcours d'évolution, a développé sa technique d'une manière indépendante, et surtout avait sa logique interne propre, sans oublier les institutions juridiques directement liée à la religion tels que le mariage, l'esclavage, l'usure, les contrats d'aléa, les moyens de preuve, les successions, etc. Le droit musulman se distingue de l'esprit juridique romain, au moins par deux caractéristiques. Premièrement, l'aspect religieux et moral qui a accompagné la naissance des écoles et leurs évolutions. Deuxièmement, l'esprit casuistique dominant dans la littérature juridique musulmane.

Sans doute, la formation juridique romaniste de Santillana dans les Universités italiennes, ont profondément marqué son parcours intellectuel. Son but ultime était d'atteindre ce qu'il a appelé « l'identité essentielle de l'esprit humain », idée qui a séduit de nombreux juristes à l'époque. Fitzgerald fait une autre lecture de Santillana. L'auteur estime dans l'un de ses articles que ceux qui ont considéré que le mot arabe *« fiḳh »* n'est qu'une traduction littérale

---

718 G. H. BOUSQUET, « Le mystère de la formation et des origines du fiqh », in: *R.A.T & M de lég. & de J.S.P.*, 1947, pp. 67-81.

719 *Ibid.*, p. 73.

720 *Traduction de Khalil*, T. II, pp. 81-716-718-719. Cité par Bousquet, *article précité*, p. 72.

du terme latin *« prudentia »*[721], ne font qu'une déduction facile et naïve. C'est précisément ici qu'il met en valeur la pensée de Santillana puisqu'il explique que le fait de trouver une même signification pour les deux mots (comprendre, concevoir, savoir, doctrine..) n'implique pas automatiquement que l'un des deux systèmes a emprunté à l'autre. Cela s'explique plutôt par ce que « Santillana appelle, à juste titre, l'unité de l'esprit humain »[722]. Puis l'auteur poursuit en affirmant qu'en réalité, tous les systèmes juridiques utilisent la raison pour comprendre [...] si non il est permis, alors, de dire que les expressions qui signifient la logique et la compréhension transmises de l'école philosophique hindoue au droit hindou, impliquent la relation entre les indous et les romains[723]. Or, cette différenciation subtile n'est en réalité qu'apparente, puisque la notion « de l'identité essentielle de l'esprit humain »[724] a joué un double rôle dans l'Avant-projet. Premièrement, légitimer le travail philologique qui a facilité soit la synthèse, soit le choix de la solution retenue. Deuxièmement, priviligier les grandes lignes de la politique législative française, qui a tiré profit de la technique législative de Santillana. La preuve était la réaction positive des autorités françaises en Algérie, peu après l'apparition de l'Avant-projet de 1899[725]. L'accueil chaleureux de l'œuvre législative réalisée par Santillana en Tunisie, a même poussé certains français à réclamer une expérience analogue en Algérie, ou du moins à tirer profit de l'effort[726].

Entre français et italiens en Tunisie, les divergences furent aussi celles du domaine législatif. Certains juristes français comme Berge ont considéré que la mission réelle du projet législatif en Tunisie, ne réside pas dans la création ou l'imposition par la force d'un nouveau corps de règles juridiques, mais plutôt l'utilisation intelligente des règles et des coutumes en vigueur. Un tel choix

721 Dans le même sens, Goldziher considère que le mot arabe *« ra'y »* est la traduction d'*« opinio »* en latin.

722 *Al-Mountakâ min dirâssât Al-Moustachrikin (Sélection de recherches orientalistes)*, *op. cit.*, p. 103.

723 *Idem.*

724 Il est utile de relire certains passages de l'Avant-propos, à travers lesquels le codificateur exprime nettement cette idée: « Le système musulman [...] renferme aussi beaucoup de parties qui ne le cèdent en rien aux conceptions juridiques les plus récentes du Droit civil et commercial européen [...] Ces analogies ne viennet pas seulement de l'identité essentielle de l'esprit humain [...] elles tiennent aussi à ce que les deux systèmes de Droit, l'arabe et le nôtre, ont tous deux un principe commun, la bonne foi, et qu'ils procèdent, en partie du moins, d'une commune racine, le Droit romain... », D. SANTILLANA, *Avant-propos*, *op. cit.*, p. XII.

725 *Essai de Codification du Droit musulman algérien*, *op. cit.*, p. 5.

726 « [...] mais aussi de les amener, par une sage et progressive infiltration du droit français dans leurs coutumes, à adopter peu à peu, en toutes matières, les principes généraux et essentiels de notre législation civile, provoquant ainsi, une assimilation juridique qui pourra ouvrir la voie à un rapprochement entre deux races demeurées jusqu'à ce jour si obstinément fermées l'une à l'autre ». *Essai de codification du Droit muuslman algérien*, *op. cit.*, p. 1.

avait déjà suscité des discussions, parfois violentes, entre partisans et opposants parmi les juristes français. D'où les critiques farouches qui ont été adressées à Berge, par exemple[727]. En réalité c'était un déchirement qui a persisté même au moment de la préparation de l'Avant-projet : copier les formes extérieures, « mais éliminer l'élément français »[728], n'était pas le souhait de plusieurs juristes français. Cependant Berge, treize ans après la promulgation du COC, continuait à soutenir une politique judiciaire qui n'excluait pas le corps judiciaire tunisien : « [...] La suppression intégrale de la justice tunisienne et le transport de sa compétence à la justice française est radicalement impossible à deux points de vue, l'un de politique générale, l'autre de pratique judiciaire. Le point de vue de politique générale dérive des traités qui rattachent la France à la Tunisie. La première de ces puissances s'est engagée à maintenir et à respecter la religion, les mœurs, les institutions des indigènes, et elle porterait atteinte à tout cela, si elle supprimait intégralement la justice tunisienne; elle ne peut pas le faire. [...] au point de vue plus étroit de l'administration de la justice, ce serait encore une très mauvaise solution: l'expérience a démontré que les contestations civiles entre indigènes sont généralement d'une importance infime et que si on les soumet à un régime judiciaire impliquant des déplacements de personnes, des pertes de temps, l'emploi d'intermédiaires coûteux, des frais de justice importants et une procédure compliquée, on supprime tout l'intérêt que les justiciables ont à les produire, ce qui revient à leur refuser la justice elle-même.... »[729]. Quant à Santillana, et outre son travail de juriste, la question avait un intérêt politique certain pour l'Italie. Car elle voulait profiter de la présence de Santillana sur le sol tunisien, non seulement pour réduire l'ampleur de l'opposition anti-italienne, mais aussi dans un but de

---

[727] « On nous dit que la France poursuit la *conquête morale et définitive* de la Régence. Cette proposition, bien qu'un peu vague, nous semble inexacte. Nous sommes de ceux qui ne croient pas les musulmans assimilables aux chrétiens, ou prétendus chrétiens, que nous sommes. Nous pensons que c'est servir l'intérêt public et l'intérêt de nos colons que de conserver aux Tunisiens la liberté de leurs mœurs, de leur religion, de leurs institutions séculaires. Cette assimilation, la France ne songe pas à la poursuivre. Elle ne le pourrait d'ailleurs pas sans dangers. Et je serais bien surpris si, au fond, telle n'était pas l'opinion intime de la plupart des signataires du mémoire que nous parcourons », E. Bonnier ORTOLAN (Avocat), *Observations sur le Mémoire pour servir à l'extension de la Justice française en Tunisie* (Imprimerie du Commerce « H. Bonheur », Tunis, 1899, pp. 3-4.

[728] C'est ce qui ressort clairement des dates d'apparition des deux Mémoires, mentionnés ci-dessus: 1898 et 1899.

[729] *La Justice en Tunisie*, Rapport de M. BERGE (Président du Tribunal de Tunis, Président honoraire du Tribunal mixte, Directeur honoraire des services judiciaires au gouvernement tunisien), *Congrés coloniaux quinquennaux organisés sous le patronage de l'Union coloniale française – Congrés de l'Afrique du Nord, tenu à Paris du 6 au 10 octobre 1908*, T. II, Questions indigènes, publié par M. CH. Depincé au siège du Comité d'organisation du Congrés, Paris, 1909, p. 322.

propagande politique utile à son programme colonial en Lybie[730]. La diffusion du droit civil italien (d'origine romaine), se trouvait en tête de ce stratagème. D'ailleurs, la lecture de certaines correspondances adressées par Santillana au gouvernement italien, confirme cette idée. C'est dans ce cadre que la religion musulmane ne constitue pas à son avis une cause d'opposition aux italiens. Importante aussi l'allusion faite à un membre de la Sous-commission formée par les *Ulama* tunisiens: le *Cheïkh* Salem Bou Hajeb, qui a visité l'Italie, garde les meilleurs souvenirs de son séjour et avoue ne pas connaître d'européens plus affectueux que les italiens[731].

En fin de compte, les analogies forcées entre les deux systèmes juridiques romain et musulman ont souvent conduit le codificateur à manipuler ses sources afin d'appuyer et légitimer ses choix personnels ; mais qui relèvent aussi d'un contexte colonial complexe. Peut-être est-il que cette démarche a largement entravé la rigueur de la méthode comparative qui aurait pu être plus profonde et surtout plus scientifique. En témoignent les limites du travail effectué sur la théorie allemande des intérêts.

---

730 *« Il Governo di Roma voleva che l'azione di SANTILLANA, oltre a calmare le agitazioni antitaliane, avesse anche dei fini propagandistici. Si riteneva, infatti, che la missione avrebbe dato modo « di profittare dei jugge rimenti di quei dotti e di far risultare nel mondo musulmano che ci siamo ispirati in quanto possibile nelle nostra legislazione relativa ai musulmani di Tripolitania e Cirenaica ai consigli dei giureconsulti più autorevoli ».* Anna BALDINETTI, *David SANTILLANA, L'uomo e il giurista 1855/1931, Scritti inediti 1878/1920*, Istituto per l'Oriente C. A. Nallino, Università degli studi di Roma "Tor Vergata", Quaderni di diritto Musulmano e dei paesi islamici, Roma, 1995, p. 43.

731 *«...Uno dei multi più autorevoli, il Saykh SALEM BU HAGEB, il quale è stato da giovane in Italia, mi disse di conservare il miglior ricordo del suo soggiorno e delle sue relazioni italiane. 'Non ho trovato, mi diceva, nessun europeo che sia più affectuoso italian'», Ibid.*, p. 56.

Chapitre III: Ouverture limitée sur les théories allemandes des intérêts postérieurs au BGB

Le choix de certaines sources musulmanes n'a pas toujours été fait dans le cadre d'une systématisation générale et complète, même si le codificateur tunisien déclare le contraire. La synthèse fragile entre les valeurs musulmanes et le droit allemand (I) est due à une technique conditionnée par les choix éclectiques et pragmatiques, d'une part, et le caractère casuistique du droit musulman, d'autre part. Par ailleurs la vocation moralisatrice attachée à ce système a laissé des traces spécifiques dans le code (II).

I – Synthèse fragile entre les valeurs musulmanes et l'esprit du droit allemand

L'évaluation de la synthèse nécessite l'examen des travaux de certains juristes qui auraient influencé cette codification, sans être pour autant cités dans les listes bibliographiques de l'Avant-projet. Cette démarche est d'autant plus justifiée puisque Santillana a déclaré lui-même que la doctrine et la jurisprudence citées en bas de chaque article ne constituent pas une bibliographie complète. Elle est aussi complexe, car il est difficile de prouver sa parenté avec le COC. Le codificateur n'a jamais cité dans sa liste bibliographique un courant de la pensée juridique allemande postérieure au BGB, qui aurait pu non seulement orienter ses choix pragmatiques mais aussi présenter une certaine parenté avec le droit musulman. L'étude de la nature des sources formelles parmi les institutions musulmanes adoptées dans l'Avant-projet, aidera sans doute à comprendre ce qui pourrait rapprocher le droit musulman de certaines théories allemandes.

À la fin du XIXe siècle, critiques et éloges avaient éclaté dès l'apparition du BGB[732]. Le premier projet avait suscité des réactions nettement hostiles. En effet, outre Bähr[733] et Gierke[734] par exemple, Bekker et Fischer n'avaient

---

732 Voir M. Weber, « 'Römisches' und 'deutsches' Recht », in: MWG I/ 4, 1, Halbband, pp. 526-534 (paru originairement en 1896)

733 Selon lui le projet n'est qu'un petit Windscheid. Otto BÄHR, « Entwurf eines Bürgerlichen Gesetzbuchs für das deutsche Reich », in: *Kritische Vierteljahresschrift für Gesetzgebung Rechtswisenchaft*, 1888, Der ganzen Folge, Bd. XXX, p. 327.

734 Selon Otto Gierke, le Projet de BGB ne fait que dissoudre dans une abstraction pauvre le droit concret et originel. L'auteur s'interroge: « Le Projet [...] puise-t-il le droit aux sources profondes de la conscience nationale? Surmonte-t-il le fossé existant entre le monde intellectuel des juristes

pas manqué de faire des comptes rendus de « jugement »[735] de ce projet[736]. Mais, en dépit de « l'allègement » du caractère abstrait dans le projet définitif du BGB[737], celui-ci a gardé depuis lors un langage conceptuel très distingué. Il est possible de dire pour renverser les mots de Gény, que dans le BGB, les idées ont plus de place que les faits[738]. Rien d'étonnant si les styles du Code civil français et du BGB n'ont pas cessé d'être respectivement opposés: « réalité vivante contre abstraction sans âme »[739]. En revanche, la casuistique, l'excès des règles spéciales sont souvent jugés comme un symptôme d'incapacité législative. Autrement dit, le système législatif fondé sur l'abstraction repose sur une différenciation entre le droit et les buts. Avec Puchta et Ihering, la science du droit, dont les concepts libres détachés de la loi et de la réalité présentaient l'élément productif, devenaient auto-productive. « Tout cela conduisait à une justice de système où la logique se portait garante de la vérité (ou rectitude) juridique et la vérité (ou rectitude) juridique de la justice sociale. On imaginait donc la forme la plus abstraite comme un gage de vérité. Les *Begriffe* semblaient

et les idées juridiques populaires? ». Ajoutons les farouches critiques de Gierke émanant surtout du fait qu'il était profondément germaniste. *Der Entwurf eines bürgerlichen Gesetzbuchs und das deutsche Reich*, Duncker und Humblot, Leipzig, 1889, pp. 1-3. Et un auteur d'écrire en se fondant sur ces réflexions: « La germanité était donc, lui semblait-il, silencieuse dans ce projet. Le peuple était rudoyé, frappé par le mutisme des mots et des formules qu'il ne pouvait comprendre: le droit des juristes triomphait sur le droit du peuple; le projet n'utilisait plus la langue latine, il n'employait pas non plus la langue du peuple allemand mais un allemand abstrait de juristes que le laïc ne comprend pas mieux que le latin du *Corpus Juris Civilis* au peuple, ce code tendait une pierre à la place du pain », Valérie Lasserre-Kiesow, *La technique législative*, *op. cit.*, p. 44.

735 Raymond SALEILLES, *Introduction à l'étude du droit civil allemand*, Librairie Cotillon F. Pichon éditeurs, Paris, 1904, p. XV. Voir aussi: Ernst Immanuel BEKKER, «System und Sprache des Entwurfes eines Bürgerlichen Gesetzbuches für das Deutsche Reich», in: *Beiträge zur Erläuterung und Beurtheilung des Entwurfes eines Bürgerlichen Gesetzbuches für das Deutche Reich*, zweites Heft, J. Guttentag, Berlin und Leipzig, 1888.

736 « Des articles innombrables publiés dans les revues de droit, d'économie politique et sociale, ou même littéraire, sans parler des journaux, articles consacrés à toute une matière spéciale ou même à de simples dispositions ». R. SALEILLES, *op. cit.*, p. XV. D'ailleurs, à l'occasion du centenaire du code plusieurs articles évoquent pratiquement sans exception, cette importance caractéristique du BGB. Voir en ce sens par exemple: Michel PÉDAMON, « Le centenaire du BGB », in: *Dalloz*, 1997, pp. 107-110. Rolf KNIEPER, « BGB, Hundert Jahre und Kein Greis », in: *Die Zeit*, 9 August, 1996.

737 Les propos de R. Saleilles par exemple, en témoignent: « [...] Toutefois, le caractère forcément doctrinal des ouvrages d'enseignement, qui avait quelque peu passé dans le Premier Projet, a heureusement disparu du texte définitif ». *Introduction au Code civil allemand*, *op. cit.*, p. XVIII.

738 François Gény parlait du code civil français lors d'une comparaison avec le BGB en disant que les faits ont « plus de place que les idées ». Voir: « La technique législative dans la codification civile moderne. A propos du centenaire du code civil ». in: Le code civil. 1804-1904. Le livre du centenaire publié par la Société d'études législatives, *op. cit.*, T. II, pp. 1025 et s.

739 V. LASSERRE-KIESOW, *La technique législative*, *op. cit.*, p. 23.

être rois »[740]. Néanmoins, les critiques adressées au projet de BGB et partant à la *Begriffsjurisprudenz* des pandectistes, tentaient avant tout de mettre en valeur une conception d'un droit qui ne place pas le concept au dessus de la vie, donc qui tient compte des éthiques et des objectifs socio-économiques[741]. Or, il est vrai que « *la jurisprudence des notions* de Puchta et de Windscheid fut une excellente préparation formelle aux travaux législatifs, mais on ne peut pas lui décerner une portée absolue. La précision était loin de suffire à l'élaboration d'un nouveau code. Cette précision des notions n'a pu servir qu'en tant que noyau de la technique législative, moyen à l'aide duquel il a fallu répondre aux besoins de la vie actuelle en prenant une large indépendance à l'égard du texte du droit romain, comme on l'avait fait en rédigeant le Code Napoléon » [742]. L'autorisation excessive de la norme était à l'origine des critiques farouches de la *Begriffsjurisprudenz* voire de son échec. En effet, l'élément téléologique du droit qui était purement et simplement banni en faveur de la méthode logique – idéalisée – dans l'interprétation du droit, a été aussitôt revalorisé par Ihering. Pour lui, ce sont les moments téléologiques qui déterminent le droit et son application et non pas les *Begriffsjurisprudenz*[743].

Quelques années seulement avant que la codification civile soit lancée en Tunisie, l'auréole scientifique de l'art législatif commence à se dégrader sous la pression d'au moins deux théories intéressantes: la théorie naturaliste de la réalisation des buts humains de Ihering et celle de la nécessité collective de Gierke de sa théorie de la "reale Verbands person,,. Certains historiens de la philosophie du droit font remonter la *Interessenjurisprudenz* (théorie juridique des intérêts) qui est censée succéder ou contre balancer la *Begriffsjurisprudenz*, à Ihering, et font de Philipp Heck et Max von Rümelin les principaux représentants de cette théorie. La doctrine des intérêts débouchera naturellement sur la doctrine des valeurs *(Wertungsjurisprudenz)*, dans la mesure où la pensée des

740 *Ibid.*, p. 43.

741 D'ailleurs, Saleilles qui revendiquait un droit civil allemand plus « social », s'est expliqué ainsi à propos du premier projet qui: « était conçu sous une forme doctrinaire et purement technique, qui le rendait difficilement intelligible à la masse du public. Préparé par un groupe de professionnels, qui n'était que de purs juristes, il ne tenait aucun compte du mouvement spécial qui tend à pénétrer de plus en plus aujourd'hui l'ensemble du droit privé ». *Introduction à l'étude du droit civil, op. cit.*, p. 28.

742 Zdnek KRYSTUFEK, « La querelle entre Savigny et Thibaut et son influence sur la pensée juridique européenne », in: *R.H.D.fr.étr.*, 1966, p. 72.

743 Voir en ce sens notamment: Franz WIEACKER, *Privatrechtsgeschichte der Neuzeit*, 2., neubearb. Aufl., Göttingen, Vandenhoeck & Ruprecht, 1967. Dans le même ordre d'idées, Guido Fasso note que: « déjà dans le dernier volume de l'Esprit du droit romain d'Ihering paru en 1865, [...] il montrait qu'il était en train d'abandonner la confiance en la validité de la méthode logico-systématique ». Guido FASSO, *Histoire de la philosophie du droit XIXème et XXème siècle.* Traduit de l'italien par Catherine ROUFFET, L.G.D.G., Bibliothèque de Philosophie de droit, Vol. XX, Paris, 1976, p. 150.

intérêts implique la considération portée sur le jugement de valeur fait par le législateur. Or, dans le cas du COC cette pensée des intérêts échappe, dans plusieurs endroits, au jugement du législateur puisqu'elle demeure sous l'emprise de la source musulmane.

II – Vocation moralisatrice attachée au droit musulman

Curieusement, le travail réalisé par Santillana dans l'Avant-projet n'est pas totalement étranger à ces nouvelles tendances juridiques de l'époque; plus étonnant encore le rapprochement qu'on peut souligner entre des théories allemandes d'un côté et certains principes du droit musulman de l'autre côté. S'agissait-il pour Santilana d'une conception « moderniste » dans laquelle il a puisé ses choix législatifs, bien qu'il ait totalement ignoré Puchta et Ihering dans ses longues listes bibliographiques? Ou plutôt de tenir le juste milieu entre l'abstraction et la concrétisation? Oublie-t-on , au moins dans la partie réservée au droit musulman, ses propres mots selon lesquels le recours aux buts et aux motifs «*'illâ* » est de l'essence même du *fikh?*

En tant que codificateur, Santillana devait résoudre au préalable le problème de la transcendance avant de se prononcer sur le rapport entre l'Islam et la morale qui intègre les normes de conduite y compris les règles juridiques. La légitimation de son travail est passée précisément par cette articulation complexe. Cette figure du codificateur – moralisateur épouse celle du « Prince, [le] chef de l'Etat musulman »[744]. Pour se faire accepter, la première codification civile en Tunisie ne doit pas totalement s'affranchir (du moins en apparence) de sa vocation moralisatrice. Ainsi il a réussi, dans une large mesure, à intégrer des valeur musulmanes dans le système normatif du code, tout en les mariant avec les instruments juridiques moralisateurs développés notamment en Allemagne. Or, ce mariage était très timide, fondée sur une approche fragile du point de vue scientifique. Certes, le COC a pu être doté d'un large éventail d'instruments juridiques moralisateurs qui permettent aux juges, en cas de conflit d'intérêt, de découvrir et de respecter l'échelle de valeur du codificateur. Malheureusement, cette vocation moralisatrice, excessivement rattachée au droit musulman, (notamment les articles consacrés aux règles générales du droit qui couronnent le premier livre du code) est aussi très dangereuse, puisqu'elle met en cause la scientificité de la codification. Santillana a joué l'ambiguïté pour faire passer son code, en oubliant peut-être que l'ambiguïté conjuguée à la

[744] D. SANTILLANA, *Avant-propos de l'Avant projet*, *op. cit.*, p. VIII.

moralité du droit islamique pourrait faire basculer l'interprétation dans d'une conception moralisatrice et religieuse de la codification.

Se trouvant devant un dilemme: codifier pour un pays arabo-musulman d'une part (la religion pose un problème de taille sur le plan juridique), perfectionner le modèle français d'autre part, ce juriste a choisi de fonder son code sur une forte moralité du devoir. Son argumentation insistait sur l'influence de la philosophie grecque sur les arabes[745] et le droit romain comme racine commune des droits musulman et européen[746]. Mais en réalité, il y a au fond toute une sagesse méditerranéenne qui n'est pas toujours issue de la religion. Ceci dit, le but majeur du droit musulman est d'assurer l'équilibre contractuel en éliminant les risques d'exploitation de la partie la plus faible dans le contrat. Partant, la liberté contractuelle est considérablement limitée. La conception objective de l'obligation en droit musulman ébranle, en réalité, le principe même du consensualisme. Cette objectivité s'explique par le fait que le *(ridhâ)*, qu'on traduit communément par consentement, n'est ni un véritable consentement au sens occidental, ni un élément suffisant à la création du lien contractuel. Le *ridhâ*[747] a nécessairement besoin du *qâsd*: l'intention ou l'animus. En tant qu'élément accessoire, le *ridhâ* n'est pas indispensable à la formation du contrat, mais il est une condition de validité de celui-ci. Par conséquent, la théorie des vices de consentement et des invalidités des actes juridiques par exemple, sont très spécifiques en droit musulman. C'est grâce à un acte de volonté déclenché à ce moment précis que le contrat en tant que cause va provoquer l'application des effets juridiques prévus par le droit musulman. La volonté joue un rôle limitée par rapport à une situation objective (le contrat) conçue de manière à ce que les effets juridiques à elle suspendus, s'appliquent automatiquement. Une telle conception est d'emblée distincte du subjectivisme français.

---

745 « Les théoriciens de l'Islam ont vu, et très bien vu, ces distinctions nécessaires: la doctrine politique d'Aristote, combinée avec le principe de la Révélation, a produit chez les Arabes un système qui offre, avec les idées politiques du Christianisme médiéval, de curieuses et assez naturelles analogies. On nous permettra d'y insister », *Ibid.*, p. V.

746 *Ibid.*, p. XII.

747 Le *ridhâ* n'est autre que l'état d'esprit dans lequel se trouve le contractant favorable au contrat. C'est ce qui explique l'unanimité des auteurs *hanéfites* qui considèrent que la volonté à elle seule n'est pas génératrice de droit des obligations.

Chapitre IV: Moralité du devoir et équilibre contractuel

Contre une visible démarcation du subjectivisme français (I), le code Santillana reflète une véritable perspective moraliste de la société (II).

I – Démarcation du subjectivisme français

La codification de l'abus de droit dans le COC est considérée comme une démarcation importante par rapport au Code civil français, dans la mesure où la présence des sources allemandes et musulmanes fut déterminante[748]. Non loin des règles relatives à l'abus de droit, Santillana a intégré explicitement la religion dans certaines règles. Dans l'art. 122, inséré pour la première fois en 1899 dans l'Avant-projet,[749] il évoque explicitement la « religion ...des juges » sans qu'aucune source musulmane n'ait été mentionnée. Evidemment, ni les deux sources législatives (§ 847 BGB[750], 55 suisse[751]), ni le renvoi à Laurent et à Aubry & Rau, n'impliquent la présence de la religion dans ces textes. Rien d'étonnant d'ailleurs, si l'on constate que l'art. 122 AP a été à son tour supprimé du COC. Dans ce cas il est certain que la main responsable de cette disparition n'est pas celle des *Ulama*. Il fallait veiller à ne pas impliquer la religion du juge civil dans le nouveau code.

[748] Voir: sources des articles 114 et 115 *AP*.

[749] Art. 122 AP: « Lorsque le dommage consiste principalement ou uniquement en un préjudice moral, résultant de l'atteinte portée au crédit, à l'honneur ou aux chances d'avenir de la partie lésée, l'évaluation des dommages est remise à la religion et à la prudence des juges, ils devront les évaluer différemment, selon qu'il s'agit de la faute du débiteur ou de son dol. Ils pourront aussi ordonner, selon les cas, et à titre de réparation, telles publications qu'ils jugeront utiles ». *Avant-projet*, *op. cit.*, p. 68.

[750] L'art. 847 BGB est relatif au dommage moral. Il énonce: « En cas de lésion corporelle ou d'atteinte à la santé, comme en cas de privation de la liberté, la personne lésée peut aussi exiger un dédommagement équitable en argent pour les dommages qui ne sont pas causés à ses biens. Ce droit n'est pas cessible et ne passe pas aux héritiers, à moins qu'il n'ait été reconnu par contrat ou ne soit devenu l'objet d'une instance judiciaire. Pareil droit appartient à la personne du sexe féminin contre laquelle a été commis un crime ou un délit contre les mœurs ou qui, par tromperie, menace ou abuse d'un rapport de subordination, a été déterminée à consentir à une cohabitation extraconjugale ».

[751] L'art. 55 C. civ. suisse réglemente la responsabilité de l'employeur. Il énonce dans ce sens: « l'employeur est responsable du dommage causé par ses commis, employés de bureau et ouvriers dans l'accomplissement de leur travail, s'il ne prouve qu'il a pris tous les soins commandés par les circonstances pour détourner un dommage de ce genre ou que sa diligence n'eût pas empêché le dommage de se produire. L'employeur a son recours contre la personne qui a causé le préjudice, en tant qu'elle est responsable du dommage ».

Certes, l'une des innovations remarquables dans l'Avant-projet, notamment par rapport au droit français, est la consécration d'un texte qui réglemente la responsabilité des choses inanimées, une entreprise qui n'a pas été tentée lors de la préparation du premier projet en 1897. C'est ainsi que l'art. 107 AP prévoit que: « Chacun doit répondre du dommage causé par les choses qu'il a sous sa garde, lorsqu'il est justifié que ces choses sont la cause directe du dommage, s'il ne démontre: 1° qu'il a fait tout ce qui était nécessaire afin d'empêcher le dommage; 2° et que le dommage dépend, soit d'un cas fortuit, soit d'une force majeure, soit de la faute de celui qui en est victime »[752]. Le seul renvoi a été fait au droit musulman, au malékite Ibn Farhoun. La note est brève et repose sur un cas pratique: « un enfant s'amuse à agacer un porteur d'eau ayant sur le dos une amphore pleine. L'amphore tombe et tue l'enfant. Le porteur n'est pas responsable »[753]. En revanche, il remarque en bas de l'article que la « question est controversée en droit français »[754]. D'ailleurs, le renvoi à l'art. 1384 C. civ. fr., n'est qu'une recherche d'appui dans le Code Napoléon. Cette méthode ne se distingue pas vraiment de celle déployée par la jurisprudence française qui a essayé – afin de combler cette lacune législative – de « fouiller » dans le C. civ. fr. et d'inventer un arrière fond textuel. De surcroit, le recours aux travaux de Laurent et Demolombe était important.

Il est vrai que dans le cadre de la responsabilité, le nombre des articles ajoutés pour la première fois dans l'Avant-projet est remarquable, mais il est vrai aussi que la méthode qui cherche appui sur les sources, notamment doctrinales, est très instable. Nous pouvons citer dans ce sens l'exemple de l'art. 106 AP, qui dispose que: «Le propriétaire, fermier, ou autre possesseur du fonds n'est pas responsable du dommage causé par les animaux sauvages ou non sauvages provenant du fonds, s'il n'a rien fait pour les y attirer ou les y maintenir. Il y a lieu à responsabilité: 1) s'il existe dans le fonds une garenne, un bois, un parc ou des ruches destinés à élever ou à entretenir certains animaux, soit pour le commerce, soit pour la chasse, soit pour l'usage domestique; 2) si l'héritage est spécialement destiné à la chasse ». Aucune référence à la doctrine musulmane. Toutefois, la première source est l'art. 838 BGB. Cet article est relatif au dommage causé par les constructions, aucune allusion n'est faite au dommage causé par les animaux. Il dispose que: « Celui qui entreprend pour le possesseur l'entretien d'un bâtiment ou d'un ouvrage uni à un fonds, ou celui qui doit entretenir le bâtiment ou l'ouvrage du chef d'un droit de jouissance lui appar-

---

752 Cette règle a été intégralement maintenue dans l'art. 96 du COC.

753 *Avant-projet*, *op. cit.*, p. 57.

754 *Ibidem*.

tenant, est responsable, de la même manière que le possesseur, du dommage causé par l'écroulement ou la chute de parties isolées »[755].

Il a été démontré que dans l'Avant-propos Santillana ne s'est préoccupé – à aucun moment – de la technique normative, encore moins de la scientificité de son œuvre. Pourtant, lorsqu'il analysera la légitimité de l'affiliation européenne du code et la « perfectibilité » du *fikh*, il évoquera la logique et la science. Mais, là encore on n'est pas dans un discours étranger à l'idée du bien et de l'utilité sociale[756] dont la morale pourrait bien être l'attribut. Non seulement il déclare explicitement que le droit de chacun doit avoir des limites, mais il les associe exclusivement au droit musulman. Or, s'il est vrai que l'intérêt social est une notion fondatrice dans le système musulman (notion qui n'est pas totalement extérieure à la religiosité d'ailleurs); il n'en demeure pas moins que la prohibition de causer dommage à autrui ou l'obligation de réparation n'est guère un principe exclusivement musulman. De surcroît, la consécration législative de l'obligation de réparer le dommage subi, dans le Code civil français, n'a pas été subordonnée à une obligation morale. Or, il ne faut pas perdre de vue que contrairement à Portalis, Santillana était obligé d'expliquer son travail non seulement aux juristes français mais surtout aux tunisiens. Est-ce à dire qu'il a choisi de passer par la morale pour faire passer son œuvre? La « loi morale » dans le COC, celle qui sert à limiter les intérêts privés, n'est-elle donc qu'un pont de légitimation?

II – Perspective moraliste de la société

Dans l'Avant-propos, Santillana s'est longuement attardé sur des notions qui ont constitué des concepts centraux tout au long de l'évolution du droit musulman. À l'évidence, la loi islamique est un exemple particulièrement instructif de loi sacrée, c'est un phénomène très différent de toutes les autres formes de droit. Outre son aspect consensuel et l'affranchissement du formalisme, ce droit reste profondément marqué par son aspect moral. Dans l'Avant-propos, le codificateur, parle de ce qu'il appelle « les principes fondamentaux du droit civil musulman »[757]. Il les associe clairement au caractère moral de la règle ju-

[755] Sont également cités, Aubry & Rau, Laurent, Toullier, ainsi qu'un arrêt de cassation du 15 juin 1895 et la Loi française du 4 avril 1889 sur le Code rural, art. 4, 8.

[756] « Ayant pour but le bien des hommes, fondée sur l'utilité sociale, la loi est essentiellement perfectible. Elle l'est en effet, en tant que science: œuvre de logique et de raisonnement, la science du droit n'est pas chose immuable et affaire de tradition… ». *Avant-propos de l'Avant projet*, *op. cit.*, p. V.

[757] David SANTILLANA, *Avant-propos de* l'*AP*, *op. cit.*, p. IV.

ridique musulmane. Cette partie de son travail est extrêmement révélatrice de l'apport pluraliste dans la mesure où il a réussi à marier certaines théories musulmanes célèbres tels que l'abus de droit ou l'enrichissement sans cause avec les nouvelles théories juridiques utilitaires en Europe à l'époque. De même, il a bien insisté sur « l'utilité », ou « l'utilité sociale », notions capitales dans la pensée des jurisconsultes arabes. Mais Santillana l'emploie aussi pour des raisons de légitimation. Le « but de la loi, c'est donc l'utilité sociale »[758], déclare-t-il. Puis il insiste en s'appuyant sur le Coran, Aristote et Saint-Thomas, qu'« elle doit, comme l'Etat dont elle est l'expression, « supprimer le mal, et promouvoir le bien » »[759]. C'est grâce à l'utilité sociale que la loi est « essentiellement perfectible »[760].

Santillana savait que les dispositions légales étrangères au droit musulman, notamment celles qui sont en contradiction avec ses principes, risquaient de provoquer une réaction violente aussi bien de la population que des autorités religieuses. L'introduction de l'utilité comme pilier fondamental de l'esprit innovateur qui va marquer le nouveau code civil et commercial, était largement justifiée. À tel point que cette référence s'élève au rang religieux, celui de la *sunna* du Prophète plus précisément. Et le codificateur de déclarer que « ce progrès, cette continuité de la vie, on les voit dans l'histoire même de l'Islam: « On voit en effet que les Compagnons du Prophète ont pris plusieurs décisions à cause de leur utilité, et sans y être autorisés par aucun précédent: c'est ainsi qu'ils ont décidé que le Koran serait mis par écrit, alors que rien de pareil dans le passé ne les y autorisait [...] qu'ils ont institué les bureaux des différentes administrations (*Diouan*), frappé la monnaie, bâti des prisons [...] C'est également pour le même motif *(l'utilité)* que la loi a soumis le témoignage à des conditions rigoureuses, qui ne se trouvent pas dans la tradition..., qu'en vue de la nécessité, elle a largement interprété certains contrats, tels que le prêt, le bail à comptant, la commande (*kirâdh*) et autres conventions. Toutes ces modifications et ces nouveautés, – et elles sont nombreuses dans la loi (*charia*), – ont été imposées par le changement des conditions générales et la diversité des temps [...] » »[761].

Toutefois, il ne faut pas attribuer à ce raisonnement un sens absolu. L'utilité sociale n'a pas toujours été à l'origine des innovations, bien qu'elle soit

758 *Ibidem.*

759 *Ibidem.*

760 *Ibid.*, p. V.

761 *Ibid.*, p. VI. Santillana se fonde sur certains ouvrages connus, ce qu'il indique dans une note: « Korafi ap. Ibn Farhoun, II, 117, 118. Ces considérations ont fait admettre chez les Malékites la validité de la vente de certaines choses impures telles que le fumier: *Amalyat*, p. 124; *Tohfat* d'Ibn Acem, 677; le contrat à portion de fruits: Tasouli, II, 188, 189; le Khoulou: Bennani, VI, 128...».

vitale dans l'évolution de la pensée des juristes classiques musulmans. Cela émane sans doute de l'évolution historique du droit musulman. Progressivement, l'aspect moral de ce système sera dessiné et développé dans les manuels des jurisconsultes. L'utilité sociale était une notion fondamentale, liée aux considérations religieuses, par conséquent, les règles juridiques musulmanes se caractérisaient dans leur ensemble par un haut degré d'aspiration morale. La religion ainsi que le droit musulmans représentent un système de devoirs comprenant des obligations rituelles, morales et légales mises sur le même plan, et les soumettant toutes à l'autorité du même impératif religieux. Il est aisé, dès lors, de comprendre que le Coran ait prévu des sanctions pour les infractions, mais là encore, elles sont essentiellement morales, et accessoirement pénales.

Dans son Avant-propos, le codificateur associe le social et le moral au sein d'une perspective « moraliste » de la société, qui demeure liée à l'utilité. C'est pourquoi il estime que « cette fonction sociale et morale, la Loi l'accomplit en empêchant les hommes de réaliser un avantage indu aux dépens l'un de l'autre. C'est ce qu'on appelle dans le langage technique du droit musulman un dommage, *dharar* (*damnum injuria datum*). Telle est l'essence de la justice (*âdl*) et la fonction essentielle du juge. « L'office du juge, c'est de faire cesser tout dommage injuste » car la justice consiste essentiellemnt dans la réciprocité »[762]. Plus on avance dans la lecture de ce discours, plus on se rend compte qu'il s'enracine profondément dans l'esprit moralisateur de la religion. Les deux principes fondamentaux du droit musulman sont incontestablement: *l'égalité* et la *bonne foi*. Aussi, l'une des caractéristiques fondamentales de ce droit est l'absence, de tout formalisme. Cet aspect n'a pas été totalement écarté lors de la codification du COC. « Fondé sur la bonne foi, ce système de droit fait nécessairement une très large part à la volonté humaine et s'affranchit de tout formalisme. De quelque manière qu'elle s'exprime, la validité ou la nullité d'un acte dépend, en droit musulman, d'une question de forme. Partout, la règle *consensus solus obligat* est fondamentale »[763]. D'ailleurs, cet affranchissement du formalisme est intimement lié au rôle de la volonté dans le système musulman. Ceci tient, naturellement, à l'importance de l'intention, de la disposition intérieure, dans le culte et dans la morale[764].

[762] David SANTILLANA, *Avant-propos de l'Avant-projet*, *op. cit.*, p. IV.

[763] *Ibid.*, p. V.

[764] En réalité, les actes formels – comme l'a indiqué le codificateur – « sont en très petit nombre (société agricole, délégation, mariage, etc.), Ibn Farhoun, I, 81. Ibn Nadjim, I, 155, 184, et les notes aux articles 469, 470 de ce projet. En général « ce qui est essentiel, c'est le sens et non l'expression » Ibn Nadjim, I, 321. « L'inexactitude des expressions employées n'a aucune importance, si la volonté des contractants est certaine » Tasouli, II, 207; Khalil, I, 120; III, 454; IV, 88. Voir: les notes aux articles 600, 679, 684 du projet du Code », *Ibidem*.

L'impact de ces considérations morales est visiblement important dans l'Avant-projet. Le Projet de 1897 n'était pas autant marqué par ces valeurs, mais les prémisses de ce choix y étaient déjà présentes. Ainsi, l'art. 110 de l'AP relatif aux troubles de voisinage a existé dans le Projet de 1897 (art. 85), il a été légèrement modifié. En revanche, une grande différence est visible au niveau de la liste des sources musulmanes, remarquablement élargie, et corroborée par le rapprochement avec le droit romain. L'art. 110 énonce: « les voisins ont action contre les propriétaires d'établissements insalubres ou incommodes pour demander, soit la suppression de ces établissements, soit l'adoption des changements nécessaires pour faire disparaître les inconvénients dont ils se plaignent; l'autorisation des pouvoirs compétents ne saurait faire obstacle à l'exercice de cette action »[765]. Le noyau des sources aussi bien européennes que musulmanes a été maintenu[766] et enrichi. Outre la référence à certains jurisconsultes musulmans supplémentaires et au droit allemand, l'influence de la jurisprudence française de l'époque, qui a essayé de combler les lacunes du Code civil français et de son caractère individualiste, était à son tour déterminante[767].

Les droits et le patrimoine de l'individu en Islam n'ont de raison d'être que dans la mesure où ils sont conçus comme un don de Dieu[768]. Le travail de la doctrine avait une marge de manœuvre bien définie: l'exercice de ces droits ne peut se faire que dans la sphère du permis, de l'impératif religieux et des préceptes moraux qui en découlent. Par ailleurs, si la liberté individuelle est largement limitée, le sens du devoir juridique, de l'obligation morale envers l'autre est particulièrement large. Alors que la codification française est fondée sur le principe de l'autonomie de la volonté, corollaire d'une conception indi-

---

765 Dans le Projet préliminaire, l'art. 85 était rédigé de la manière suivante: « Les voisins ont toujours action contre les propriétaires d'établissements insalubres ou incommodes pour demander, soit la suppression de ces établissements, soit l'adoption des changements nécessaires pour faire disparaître les inconvénients dont on se plaint: l'autorisation des pouvoirs compétents ne saurait faire obstacle à l'exercice de cette action des voisins ».

766 La seule source européenne était française: « DALLOZ, Responsab. 118, 121, 761, 762; Propriété, 164, 165, 166; Industrie, 212, 213 ». Quant aux sources musulmanes, Santillana s'est référé à « Khalil, IV, 201. *Amalyat*, 245, 246. Tasouli, II, 338, 342. Taoudi, II, 338, 342, *Medjella*, 1200 ». Une remarque du codificateur a été maintenue, mais complétée, dans l'AP: «(On comprend [dit-il] dans ces dommages le bruit excessif, d'après l'école de Tolède: Tasouli, II, 340, 341 et d'autres jurisconsultes) ». *Projet préliminaire*, *op. cit.*, p. 21.

767 « Cassation, 14 juillet 1873 (D. P. 76, 1, 447); 3 janvier 1887 (D. P. 88, 1, 39); 18 novembre 1884 (D.P. 85, 1, 71) ». *Avant-projet*, *op. cit.*, p. 60.

768 Le codificateur tunisien l'a explicitement mentionné dans son discours: « C'est dans ce sens qu'on a pu dire: « L'homme n'a aucun droit dont Dieu n'ait sa part: cette part, c'est le commandement de Dieu de rendre à chacun ce qui lui appartient, et de ne point s'approprier injustement le bien d'autrui » ». D. SANTILLANA, *Avant-propos*, *op. cit.*, p. XI.

vidualiste des droits subjectifs fruit des philosophies des Lumières et d'un libéralisme économique; la codification tunisienne s'est trouvée devant la difficulté de concilier ce choix libéral avec un système qui ne reconnaît ni le libéralisme économique ni la liberté individuelle comme principes autonomes. Pourtant, dans les deux expériences, les considérations morales n'étaient pas totalement étrangères à la codification. La morale du Code civil provient de l'ordre naturel des choses dans l'esprit de Portalis. Et si l'on admet, comme Ripert, l'impossibilité d'une totale séparation entre religion et morale même dans le Code civil[769], on insiste sur le grand acquis et on affirme que même si la sécularisation n'est pas achevée en France, « le principe de laïcité a triomphé »[770]. C'est ainsi que Ripert déclare fermement: « la morale traditionnelle, si elle veut être conservée dans le droit, doit se laver de son péché originel, car le droit moderne ne veut rien devoir à l'idée religieuse »[771]. De l'autre rive de la Méditerranée, les choses se passaient autrement. Au moment où les autorités françaises ont déclenché la codification civile et commerciale, on savait que les rapports juridiques de la population tunisienne sont régis par un ordre où le juridique et le moral s'entrecroisent. On savait aussi que cet ordre moral a pour assise principale l'Islam. Autrement dit, l'interdépendance était solide entre le droit, la religion et la morale. De part cette complexité, Santillana va décider de doter le code d'une morale inhérente à la norme juridique dans le but de « moraliser » la principale source française (jugée parfois injuste parce que trop libérale[772]) et de récupérer le droit musulman pour libérer les obligations civiles de l'emprise de la religion.

L'œuvre finale avait au moins l'avantage non seulement de désacraliser le droit musulman mais aussi, et surtout, de l'intégrer dans un corpus pluriel de règles et de valeurs. Ainsi, l'individualisme et la liberté contractuelle s'y sont frayés un chemin vers une consécration de principe. C'est le cas du consensua-

---

769 « Les rédacteurs du Code civil ont usé du procédé en invoquant les principes du droit naturel pour justifier une organisation juridique nouvelle, qui, il est vrai, restait malgré sa laïcisation imprégnée de la morale chrétienne ». Georges RIPERT, *Les forces créatrices du droit*, LGDJ, Paris, 1955, p. 161. Au fond la conception de justice et de rationalité tant chez Saint Thomas que Ibn Rûchd ou Maimonide, est selon certaines études analysée comme « l'expression d'une forme de communauté plus complexe où coexistaient au sein d'un tout harmonieux des éléments laïcs et des éléments religieux ». Voir en ces ens: Alasdair MAcINTYRE, *Quelle justice? Quelle rationalité?*, Traduit de l'anglais par Michèle Vignaux D'hollande, Léviathan – P.U.F., Paris, 1993, p. 419.

770 *Ibid.*, p. 146.

771 *Ibid.*, p. 136.

772 « Le contrat, auquel le Code civil donnait la force de loi pour l'organisation des rapports privés, et que les auteurs classiques déclaraient ne pouvoir être injuste puisqu'il est librement conclu, est dénoncé comme l'expression de la loi du plus fort, générateur d'injustice par sa conclusion et dans son exécution », RIPERT, *op.cit.*, p. 162.

lisme. Car, contrairement aux affirmations de Santillana dans l'Avant-propos, le droit musulman n'a jamais consacré l'autonomie de la volonté. La vocation moralisatrice du COC a laissé planer une ambiguïté, nécessaire peut-être pour l'acceptation du code, mais qui a largement entravé sa scientificité. Ainsi les règles générales de droit, dont l'un des buts est d'orienter moralement l'application du texte, ont pu être critiquées par F. Gény dans ces termes: « On se rend compte, notamment, [dit-il] de tout le vague, qui subsisterait dans cet Avant-projet, en lisant ses art. 617-657, placés sous cette rubrique: De quelques règles générales de droit »[773]. Or, il convient de préciser que Santillana s'interrogeait sur une éventuelle élimination de ces règles dans « la rédaction définitive »[774]. Craignait-il une lecture réductrice des dites règles, compte tenu de leur ascendance islamique?

Poser la question est d'autant plus vital aujourd'hui, puisque les interprétations des juges, en se référant aux règles générales de droit qui couronnent la théorie générale des obligations, semblent converger dans le sens d'un conservatisme de plus en plus ancré et d'un retour inquiétant au droit musulman au nom d'une certaine lecture morale. Ils font souvent recours à ces règles pour résoudre des problèmes tels que le mariage d'une musulmane avec un non musulman, l'homosexualité, le transsexualisme, etc., en louchant vers la *chari'â* en quête de solutions incompatibles par définition avec la notion de l'individu et de la liberté.

---

[773] François Gény, « La technique législative dans la codification civile moderne (À propos du centenaire du Code civil)», in: *Le Code civil 1804 – 1904*, Dalloz, Paris, Réédition 2004, p. 1036, note 3. Concernant la teneur générale de l'Avant-projet: « (…) nous pourrions admettre qu'un usage judicieux des principaux moyens du *Bürgerliches Gesetzbuch* de 1896 serait suffisant pour assurer à notre technique législative française les perfectionnements les plus immédiatement désirables, à l'heure présente. Et c'est ce que paraît avoir pressenti le savant et habile auteur de l'Avant-projet de Code civil et commercial tunisien, publié en 1899, M. D. Santillana, dont l'œuvre, complexe et d'une haute inspiration, a su, – en dehors même de la place qu'elle devait assurer au droit musulman –, améliorer notablement les formules de notre droit français par le contact des idées allemandes mais sans avoir , – malheureusement, à mon gré – serré d'assez près les procédés techniques, dont le Bürgerliches Gesetzbuch de 1896 lui présentait le précieux modèle », *Ibidem*.

[774] D. SANTILLANA, N.B. à gauche de l'intitulé du Chapitre II du Titre VIII « De l'interprétation des déclarations de volonté et de quelques règles générales de droit ». *Avant-projet, op. cit.*, p. 246: « Ces règles de droit n'ont été insérées ici qu'afin de faire saisir la conformité des principes généraux du droit musulman avec ceux de notre législation, et de faciliter ainsi le travail de la Commission; il y aura peut être lieu de les éliminer dans la rédaction définitive »

Conclusion

David Santillana est un passionné des lois, emporté par le vœu d'exhaustivité, l'ambition d'un code universel. (1) Ses sources telles qu'elles ont pu être analysées laissent entrevoir leur richesse à travers le pluralisme comme choix et comme méthode, mais aussi leur limite fonctionnelle dans cette œuvre qui a vu le jour au carrefour de multiples systèmes juridiques pluriels[775], difficiles à concilier. C'est tout d'abord l'application de la méthode comparative qui est mise en question. Tous les enjeux des réceptions juridiques supposent une prise de conscience de leurs dimensions historiques: leurs causes, les facteurs qui influent sur le déroulement du processus, leurs résultats et surtout l'étude de la question importante de savoir si la réception a été effective et acceptée par la pratique. Depuis les Lumières, l'esprit comparatiste soufflait déjà avant même la codification Napoléonienne[776].

Parallèlement et curieusement, la recherche du code parfait n'était pas un vœu juridique réservé aux seules nations européennes. Le manuscrit du Résident Général, lançant la codification civile en Tunisie en témoigne: « Les codes devront être établis sur le type des codes français correspondants, en apportant

---

775 Un auteur rappelle un problème fondamental qui se pose dans les enceintes du palais et intéresse les juges: celui de l'interprétation en cas de silence législatif. Ce problème a des dimensions spécifiques lorsqu'il s'agit des pays arabes en général, notamment de ceux de la rive Sud de la Méditérranée puisqu'il est directement lié à la question des sources: « Dans certains États, et spécialement dans ceux du Maghreb, la codification s'est trouvée en présence de courants multiples, difficiles à concilier entre eux et dont les arrières-plans politiques rendaient toute transaction malaisée. Aux traditions coutumières s'ajoutaient en effet la loi islamique et le souvenir respecté ou honni des droits « européens ». C'est ainsi que l'art. 1 du Code civil algérien de 1975 renvoie « aux principes du droit musulman », en cas d'absence de dispositions dans le code ». Jean GAUDEMET, *Les naissances du droit. Le temps, le pouvoir et la science au service du droit*, Monchrestien, Paris, 1997, p. 218.

776 Sous l'égide de Bonaparte, Premier Consul, un bureau de Législations Étrangères avait été établi en 1801. La réponse du Ministre de la justice (Abrial) approuvée par Bonaparte à un mémoire lançant ce projet est riche de significations: « Il m'a paru que l'exécution d'un projet de cette nature présentait un degré d'utilité qui le rend digne de fixer l'attention du gouvernement. L'étude de la collection précieuse qui en serait le fruit offrirait aux législateurs le résultat de l'expérience de plusieurs nations éclairées, et leur apprendrait d'un côté à éviter les fautes dans lesquelles elles sont tombées, et de l'autre, à profiter de leurs découvertes dans plusieurs branches de législation qui ont atteint chez elles un degré de perfection dont la nôtre n'approche point ». Ce mémoire a été rédigé par « A. J. Lemierre, homme de lettres, interprète assermenté près le Conseil des prises pour les langues du Nord et du Midi [...] et Emmanuel Brosselard, homme de loi, commissaire du gouvernement près les tribunaux civils de Paris, auteur d'une traduction des Offices de Cicéron, sous le titre des Devoirs de l'Homme ». Voir le texte intégral de ce mémoire présenté par Paul GRUNEBAUM-BALLIN, «Comment Bonaparte, Premier Consul, fonda le premier organisme français d'étude des Législations Étrangères et du Droit comparé », in: *R.I.D.C.*, 1953, n°2, pp. 267-273. (voir: p. 269).

à ceux-ci les simplifications et les perfectionnements qui seraient désirables même en France...»[777]. Pour le pays, l'entreprise de codification était une gigantesque révolution: unifier et moderniser le droit civil. Il est vrai que « l'importation d'un code étranger peut être imposée suite à une colonisation ou à une occupation militaire: ne procédant pas d'un acte délibéré de choix d'une technique législative, seul le maintien ou le rejet du code à la décolonisation ou à la libération peut être significatif »[778]. Or, un siècle plus tard, l'effectivité du Code des obligations et des contrats est d'emblée le signe d'une codification pérenne et problématique à la fois.

(2) Fils du XIX[è] siècle, son codificateur David Santillana, juriste doué et arabisant distingué, n'était pas pour autant à l'abri des grandes discussions de l'époque. Législateurs, juges et juristes cherchaient tous, chacun dans son domaine et avec ses méthodes, le code parfait et son application parfaite. Quant aux juristes, ils mettaient tout leur art à relire les codes, les détruire pour les refonder, ceci est valable même pour certains exégètes. La réflexion sur les codifications, leurs sources et leurs techniques, leurs buts et leurs mises en œuvre, était au centre d'un duel[779], relevant du combat et de l'union, entre juristes et législateurs. Santillana devait rédiger son code, à l'époque des belles codifications qui se voulaient système, exhaustivité[780], renouveau, voire rupture et discontinuité, qui cherchaient, aussi, à embrasser l'art de dire les Lois. La codification est la création d'un univers complexe et harmonieux à la fois, il y a en elle « un esprit de système de totalité, une intention de renouveau politique, en même temps qu'un espoir d'arrêter le cours de l'histoire »[781].

---

777 Manuscrit « Travail de Législation musulmane », *Archives Diplomatiques de Nantes, Ministère des Affaires Étrangères, C.A.D.N.*, Fonds: Tunisie – Premier versement, n° 1252, *op. cit.*

778 Rémy CABRILLAC, *Les codifications*, *op. cit.*, p. 290.

779 Jean-Louis BERGEL parle d'un autre duel: celui du juge et du législateur. « La loi du juge. Dialogue ou duel », in: *Études offertes à Pierre KAYSER*, P.U.A. M., T. I, pp. 21-41.

780 Le voeu d'exhaustivité inhérent à la codification « est parfois poussé à son paroxysme, la codification étant alors conçue pour embrasser non seulement d'un pan du droit, mais la totalité du droit. Telle est l'opinion, déjà évoquée, de Bentham qui rêve d'un code universel, le Pannomion. [...] Certaines codifications à travers l'histoire ont poursuivi cet objectif d'exhaustivité. Ainsi le Svod Zakonov de la Russie tsariste du XIXème siècle se veut codification unique et quasi universelle des règles du droit public comme du droit privé en 16 gros volumes. Ce type de « codification systématique » connaît aujourd'hui un certain engouement: en France en particulier, le vaste mouvement de codification entrepris s'étendant à de nombreux secteurs du droit vise explicitement à l'exhaustivité, l'ensemble du droit français devant être ainsi réuni en une soixantaine de codes ». Rémy CABRILLAC, *Les codifications*, *op. cit.*, pp. 255-256.

781 Jean CARBONNIER, *Droit civil – Introduction*, P.U.F., 27ème éd., Paris, 2002, p. 199, n° 113. Ce lien établi entre la codification et le pouvoir, « célébré jadis par Bentham en termes emphatiques, montre à l'évidence qu'un « code est à la fois un système et une histoire » ». Bruno OPPETIT, *Essai sur la codification*, *op. cit.*, p. 9.

En ne se contentant pas des législations comparées, il a codifié un droit des obligations fondé sur des sources plurielles, riches mais aussi éclatées et parfois antagonistes. Il voulait aussi un code populaire et pragmatique. À cet égard, la distance qu'il avait prise vis-à-vis de la technicité du BGB, tout en exploitant les travaux scientifiques de la doctrine allemande, est révélatrice. Est-ce grâce à ce choix que le COC a pu résister au temps et au changement? Alors que dès sa promulgation en 1906 certains auteurs ont critiqué son langage et son contenu, d'autres l'ont considéré en avance sur son temps. La vie relativement longue du COC semble justifier cette dernière opinion. Mais la modernité de la théorie générale des obligations notamment[782] va stagner durant un siècle, « le code va survivre avec ses réserves de modernité, dans une grande solitude, dans un grand oubli; ce n'est qu'à la fin du XXè siècle qu'un léger souffle de modernité est venu parcourir certains de ses articles »[783]. La même stagnation va marquer pendant de longues années la Faculté de droit[784] et le Palais[785]. Le pragmatisme du COC ne doit pas, certes, occulter ses défauts scientifiques et formels. En revanche, malgré sa recodification à droit constant, le COC n'en continue pas moins de régner sereinement même s'il n'a pas été profondément exploré[786] en Tunisie.

---

782 Celle de la deuxième partie du code relative aux contrats spéciaux est plus influencée par le droit musulman, ses sources sont visiblement moins plurielles et la méthode législative est moins synthétique.

783 L'auteur désigne par ce souffle de modernité les réformes du 7 février 2000 et du 13 juin 2000 notamment. La première supprima l'art. 831, le deuxième paragraphe de l'art. 1481 et le deuxième paragraphe de l'art. 1524 COC (contrats spéciaux). Depuis la femme mariée n'a plus besoin de l'autorisation de son mari pour travailler, pour son cautionnementet sa capacité d'exercice est devenue entière. Quant à la seconde, son objectif fut la modernisation du droit de la preuve et son adaptation aux nouvelles technologies (art. 453; 470, 471 COC). Mohamed Larbi HACHEM, « Le Code des Obligations et des Contrats: Cent ans de solitude? », in: *Mélanges en l'honneur de Mohamed CHARFI*, *op. cit.*, pp. 233, 241 et 242.

784 « ...nos professeurs le citaient à peine pour dire que la même règle, en parlant d'un article du Code Civil, est reprise par le COC à l'article...; la jurisprudence analysée est celle des cours françaises et on enseignait que la jurisprudence tunisienne serait pratiquement la même ou proche, la règle juridique étant la même. », *Ibid.*, p. 239.

785 L'aliénation aveugle et presque totale de la majorité des juges tunisiens au code civil et à la jurisprudence français était alarmante de nombreuses années durant.

786 Voir la longue étude de Nadhir BEN AMMOU, « La doctrine tunisienne de droit privé de l'aube du XXè à la veille du XXIè siècle », in: *L'apport du XXè siècle au droit privé tunisien*, *op. cit.*, p. 110 et s, n° 37-42. Selon cet auteur, une partie de la doctrine tunisienne est en quête de conformité, « la quête de conformité – ou encore ce que l'on pourrait appeler la méthode conformiste – consiste à rechercher la concordance des solutions tunisiennes soit avec le droit musulman, soit avec les droits européens », *Ibid.*, pp. 110-111, n° 37. Mohamed Charfi parle des « travaux trop attachés aux textes, [qui] relèvent plus de la technique juridique que de la réflexion créatrice ». M. CHARFI, *Introduction à l'étude du droit*, Cérès éditions, 3ème édition revue et augmentée, Tunis, 2001, p. 198, n° 420.

(3) Le codificateur avait une conception pluraliste des sources. Ce sont elles qui se sont trouvées au cœur de toute l'entreprise: résoudre le paradoxe et concilier les inconciliables. Quelques conclusions ont pu être tirés. Premièrement, la pluralité et la richesse des sources ont fait du COC un code éclectique. Deuxièmement, le caractère éclectique des solutions juridiques consacrées législativement n'implique pas forcément une originalité, ni au niveau de l'invention d'un nouveau type de codification, ni au niveau de la technique législative. Troisièmement, l'apport particulier de Santillana était son ouverture sur la pensée juridique européenne de l'époque. Il est vrai que codifier en perfectionnant le modèle français, était une directive de la politique législative française. Néanmoins, le choix ciblé de ce qu'il a appelé dans l'Avant-propos la « science française »[787], les « quelques auteurs des plus autorisés »[788], le « droit moderne » (en désignant les pandectistes), bref d'un « grand mouvement d'idée qui entraîne l'Europe vers l'unité du droit »[789], d'une part, et les doctrines de l'Islam, de l'autre, témoigne de l'influence personnelle de ce codificateur et de ses propres réflexions sur le code. Quatrièmement, l'apport de Santillana en matière de droit musulman est intéressant, fiable et critiquable à la fois. Problème de langage, d'abord. Le droit musulman tel qu'il est exposé dans les manuels, n'est pas systématisé. Les théories et les principes généraux dégagés par les jurisconsultes, n'ont pas réussi à doter ce droit d'un langage abstrait et formel[790]. Difficulté de systématisation, ensuite. Or, Santillana a essayé de résoudre ce problème en cherchant des « analogies » et en faisant du droit romain la racine commune de tous les systèmes juridiques. En partant de l'idée que le système romain a influencé le droit musulman, il a concentré son effort sur la recherche des similitudes, les règlementations semblables, quitte à forcer les solutions, à déformer des institutions et à ignorer les divergences des fondements et de la logique interne propres à chaque système. À partir de là, on a vu que cette méthode a sensiblement fragilisé le code en plusieurs endroits. Cinquièmement, le travail de Santillana a trahi en fin de compte son discours de l'Avant-propos et n'a pas réussi à systématiser le droit musulman. L'explication et l'argumentation romaines ou européennes des règles musulmanes ont abouti , certes, à la création d'un système hybride et pragmatique en général, celui du COC. Mais cette efficacité législative est limitée, puisqu'elle met en

[787] David Santillana, *Avant-propos de l'Avant-projet*, *op. cit.*, p. I.

[788] *Ibidem.*

[789] *Ibidem.*

[790] Dans le langage du droit « se manifeste un des caractères les plus constants et les plus importants de l'activité juridique: la tendance à se réduire en formules. La loi s'exprime en formules ». Jean-Louis SOURIOUX et Pierre LERAT, *Le langage du droit*, P.U.F., 1ère éd., Paris, 1975, p. 69.

cause non seulement la cohérence générale du code, mais aussi sa scientificité, idée pourtant chère à Santillana.

Pour convaincre, il suffit d'étudier les règles d'interprétation des conventions et des règles générales de droit dans le COC. La note de Santillana à propos de cette partie de l'Avant-projet montre qu'une lecture myope de ces règles a entravé longtemps le véritable rôle que les juges tunisiens étaient censé assumer, parce qu'elle a embrouillé lourdement l'ouverture et la souplesse du Code[791]. Est-ce de nouveau la preuve que le COC était en avance sur son temps, et que Santillana était en décalage par rapport au corps judiciaire chargé de l'appliquer? Certes. Mais l'embrouillage émane du désavantage inhérent au pluralisme adopté comme méthode par un codificateur qui voulait, aussi, faire le pédagogue en essayant d'évacuer certains préceptes de base du droit musulman. On se contente de mentionner l'exemple de l'art. 543 COC au sein du paragraphe relatif à « quelques règles générales de droit » et qui prévoit que « la coutume et l'usage ne seraient prévaloir contre la loi, lorsqu'elle est formelle ». Or, nous savons bien que le droit musulman accorde une place de premier rang à la coutume en tant que source de droit. L'œuvre finale a occulté ou banalisé l'apport profond d'une synthèse réelle entre le droit musulman et les autres systèmes comparés. C'est à juste titre d'ailleurs qu'un auteur avait critiqué ce « mélange » entre les règles du code français et celles du droit musulman, qui ne s'est pas fait sans « disparate et sans arbitraire »[792].

(4) Dans le discours de l'Avant-propos, on peut dévoiler à la fois une parodie et « contre-parodie » de l'œuvre majeure de Rousseau: *Du Contrat social.* Comme le législateur est « à tous égards un homme extraordinaire dans l'Etat »[793], et comme sa fonction est « particulière et supérieure [et] n'a rien de commun avec l'empire humain »[794]; Rousseau suggère – à l'instar des villes grecques et des Républiques modernes de l'Italie et de Genève – de confier à des étrangers l'établissements des lois. La critique de Rome s'explique par la réunion « sur les

---

[791] En appliquant les articles du COC, les juges tunisiens ne cessaient de suivre la position de la jurisprudence française en application du Code civil. En est témoin la position de la jurisprudence tunisienne en matière de responsabilité: celle du commettant du faits de ses préposés; de même en ce qui concerne la clause pénale et la théorie de l'imprévision. Or, elle était capable de satatuer autrement en procédant à une lecture plus attentive et plus approfondie des art. 243, 268 à 280, 541etc. COC et de tout le code.

[792] Émile LARCHER, *Code tunisien des obligations et des contrats, accompagné d'observations critiques, op. cit.*, p. VII.

[793] Jean-Jacques ROUSSEAU, *Du Contrat social*, précédé de Discours sur l'économie politique et de Du Contrat social – Première version et suivi de Fragments politiques. Texte établi, présenté et annoté par Robert Derathé, Gallimard – folio, Paris, 2005, Livre II – Chapitre VII: *Du Législateur*, p. 204.

[794] *Ibidem.*

mêmes têtes l'autorité legislative et le pouvoir souverain »[795]. Car, « si celui qui commande aux hommes ne doit pas commander aux loix, celui qui commande aux loix ne doit pas non plus commander aux hommes; autrement ses loix, ministères de ses passions, ne feroient souvent que perpétuer ses injustices, et jamais il ne pourroit éviter que des vues particulières n'altérassent la sainteté de son ouvrage »[796]. En un mot: il y a une grande abdication dans l'acte de légiférer. Or, même s'il est vrai que Santillana répond à l'étrangeté garante du point de vue neutre et détaché du codificateur – de par son extranéité –, il n'échappe pas pour autant au paradoxe de la pensée rousseaunienne. En ce sens que le législateur dépouillé du pouvoir politique assume une lourde tâche morale dans l'esprit de Rousseau. « Le feu de l'enthousiasme », les « profondeurs de la sagesse » et « la consistance de la vertu » forment « la grande ame du legislateur »[797]: c'est le vrai miracle qui doit prouver sa mission. Néanmoins, cet aspect vertueux de l'acte de légiférer est soumis à la volonté générale, puisque « la Loi est un Acte public et solennel de la volonté générale »[798]. Autrement dit, le législateur dispose inévitablement d'un pouvoir souverain d'où la loi tire sa force et qui légitime son acte en permettant au peuple de le juger. Ici, le discours de Santillana sur le rapport entre le pouvoir du Prince musulman et son pouvoir en tant que codificateur devient plus compréhensible quoique critiquable en associant, dans un esprit théologique, loi et religion.

(5) Autant dans l'Avant-projet que dans son livre sur les *Institutions musulmanes*, Santillana voulait étudier les règles juridiques musulmanes en insistant sur deux données principales: le pouvoir et le social. Plus tard, lorsqu'il publiera son livre *Istituzioni di Diritto musulmano*, une partie sera consacrée au pouvoir politique en Islam ou plutôt à la trilogie religion, politique et droit en Islam. Dans un extrait du premier volume de son ouvrage, publié par la Revue *Oriente moderno*[799], les propos de Santillana rappellent vivement son Avant-propos. Car, si le « Prince est une intégration de la loi (chari'â) »[800], et si l'homme est « un animal essentiellement politique »,[801] « la loi est une lutte permanente contre les mauvais instincts de l'homme ». Dans la mesure où les hommes

---

795 *Ibidem.*
796 *Ibidem.*
797 *Ibid.*, p. 139.
798 *Ibid.*, p. 148.
799 « Il concetto di Califatto e di Sovranità nel Diritto musulmano », in. *Oriente Moderno – Rivista mensile d'informazioni e di studi per la diffusione e la conoscenza dell'Oriente*, sopra tutto musulmano, pubblicata a cura dell'Istituto per l'Oriente, Anno IV, Gennaio – Dicembre 1924, Istituto per l'Oriente, Roma, pp. 339-350.
800 Traduction personnelle. *Ibid.*, p. 339.
801 Traduction personnelle. *Ibidem.*

ont besoin pour leur bien d'une limite, « Dieu a intégré la loi en instituant le Prince (imâm)[802] en prescrivant de lui obéir »[803]. En revanche, ces propos ne l'empêchent pas d'affirmer en même temps que le droit est un fait social[804]. Le plus important a sans doute été consigné dans ses analyses relatives aux caractéristiques du pouvoir politique en Islam entre la religion et le droit. Santillana a certainement bien compris l'effet que peut avoir un « Prince musulman » – grâce à l'étendue de son pouvoir – sur ce qu'il a appelé l'ordre social (*l'ordine sociale*)[805]. La même raison qui exige l'institution de ce chef, exige qu'il soit le seul souverain, parce que l'unité de la loi divine requiert l'unité du pouvoir qui doit l'appliquer […] »[806]. En tout cas, la pérennité de ses réflexions demeure entachée par un zèle de parallélisme, parfois simpliste et naïf, entre la tradition canonique chrétienne et la tradition musulmane[807].

Certes, il ne s'agissait pas de codifier un droit religieux, mais de maintenir la présence du système musulman dans la nouvelle codification. C'était l'objectif de Santillana comme celui de la politique française dont la formulation est teintée par une exagération certaine: « ces Codes ne devront rien comprendre qui ne puisse être mis en accord avec le droit musulman »[808]. Il a permis au codificateur d'utiliser des arguments théologiques et politiques pour légitimer ses choix. De cette manière, l'association dangereuse entre le pouvoir politique et

---

802 Bien que cela ne relève pas de notre sujet, il convient d'attirer l'attention sur une question délicate. Il s'agit de l'emploi impropre de certains termes très spécifiques qui ont des connotations religieuses délicates. L'exemple dans ce cas est le mot *« imâm »*, car cette expression ne signifie pas seulement la direction des croyants au moment de la prière dans les mosquées, mais aussi un titre donné au commandeur des croyants ou au prince des musulmans. Or, justement dans ce cas l'*imâm* implique une doctrine religieuse et politique propre à certains groupes ou sectes (tel que les *chiîtes* par exemple).

803 *« […] Ed è perciò che Dio ha integrato la legge, istituendo il Principe (« imâm »), e prescrivendo di obbedirgli ». Ibid.* p. 340.

804 *Ibid.*, p. 339.

805 *Ibid.*, p. 340.

806 Traduction personnelle. *Ibidem.*

807 Par exemple lorsqu'il parle des quatre premiers *Califs qouraïchites* et de la dynastie *Omayade: « I primi quattro Califfi, Abu Bakr, Umar, Utman, Ali sono tutti quraysciti; la dinastia Ommiade che li seguí, è anch'essa qurayscita, come qurayscìti sono i loro successori 'Abbasidi, ed è forse in quest'ultimo periodo che la pratica costante assume forma dottrinale, e viene consacrata dalla tradizione canonica », Ibid.*, p. 341. Aussi, tout en admettant cette analogie, Santillana n'hésite pas à rappeler l'avis de certains orientalistes allemands tel que Lo Strothmann (*Staatsrecht der Zaiditen*, pp. 81-82), qui croit que la confrontation avec les lois ecclésiastiques nestoriennes pour l'institution du sacerdoce, part d'un concept erroné. En effet, les conditions voulues par l'institution du *Califat* sont en grande partie les mêmes qui étaient exigées pour les « sayid » ou chefs de la tribu arabe. De même, on trouve des analogies bizarres comme celle entre la doctrine musulmane du Prince *« amir el-mo'minin »* (prince des croyants) et un mode démocratique: le suffrage universel (suffragio universale), *Ibid.*, p. 342.

808 Manuscrit du Résident général, *« Travail de législation musulmane », Archives Diplomatiques de Nantes, op. cit.*, p. 2.

la volonté de Dieu, est tempérée par un discours moralisateur social aussi bien du politique que du droit. « Sans doute [déclare Santillana] toute puissance vient de Dieu, elle se constitue et se maintient par la volonté de Dieu, même celle du tyran, même celle de l'usurpateur. Mais au point de vue du droit, le pouvoir tire sa légitimité de sa fonction: il se fonde sur cette règle essentielle à toute société: « tout dommage injuste doit être supprimé » (...) l'Etat a une fonction matérielle et une fonction morale (...). Cette fin l'Etat la réalise au moyen de la loi: la loi est un fait qui dérive de la société »[809]. L'association entre le prince musulman et le choix entre les rites ou les jurisconsultes, témoigne d'une légitimation du pouvoir législatif qui sera concrétisée dans l'Avant-projet. En effet, « (...) le pouvoir législatif du prince musulman, (...) ne peut se substituer directement à la loi traditionnelle; mais il peut donner la prépondérance à l'un des systèmes qui se partagent la doctrine, il peut donner force de loi à la coutume, il peut enfin, dans les cas d'utilité ou de nécesité, pourvoir directement sous forme de décret, à ce que les circonstances exigent, comme tout bon mandataire doit le faire dans l'intérêt de son mandant »[810]. Or, cette méthode qui donne à un « chef de l'Etat musulman » dont « le pouvoir (...) prend une ampleur presqu'indéfinie », le pouvoir de dire le droit, implique que Santillana a délibérement placé son discours relatif au politique et au droit dans la sphère de la religion. Néanmoins, ses tentatives successives de déplacer le problème sur le terrain du social et des intérêts, incitent à penser qu'il n'a pas hésité à reproduire le modèle juridico-politique en vigueur, tout en préparant son propre dépassement vers un type de société où le juridique « peut de moins en moins coder le pouvoir ou lui servir de représentation »[811]. La normalisation et le contrôle social doivent déterminer, ainsi, et le fonctionnement du pouvoir et l'acte de dire le droit.

809 David SANTILLANA, *Avant-propos de l'Avant-projet*, *op. cit.*, p. III.

810 C'est précisément à ce niveau qu'il précise, dans une note, qu'en Tunisie les exemples de cette intervention du pouvoir politique dans l'ordre judiciaire ne manquent pas ». Santillana mentionne en ce sens quelques décrets beylicaux: « on peut rappeler la déclaration de moharem 1262 (23 janvier 1846) abolissant l'esclavage dans la Régence, la transformation de Beit-el Mâl *(fisc)* et l'affectation des revenus appartenant à cette caisse aux dépenses de l'instruction publique (décret du 27 ramadan 1258 (1er novembre 1842) BOMPARD, p. 183); le droit que se réserve le gouvernement, en renvoyant une affaire au tribunal religieux, d'indiquer l'école ou rite d'après lequel l'affaire devra être jugée (décret du 2 moharrem 1292, BOMPARD, p. 280), ce qui, dans bien des cas, équivaut à indiquer la solution à donner », *Ibid.*, p. IX.

811 Michel FOUCAULT, *La Volonté de savoir*, Gallimard, Paris, 1976, pp. 116 et s. Sur la genèse de la relation religion, pouvoir et droit en Islam, voire: Mircea ELIADE, Ioan P. COULIANO avec la collaboration de H. S. WIESNER, *Dictionnaire des religions*, Plon, Paris, 1990, notamment pp. 207-214-215-216.

On aura par ailleurs compris que la méthode d'argumentation et d'interprétation romaine du droit musulman n'est pas scientifique. Les critiques de l'allemand B. V. G. Bergsträßer portées en 1929 sur le livre *Istituzioni di diritto musulmano*, s'appliquent parfaitement au travail de Santillana réalisé dans l'Avant-projet. Ce livre a été jugé comme dépourvu de « critique méthodique »[812]; de même dans l'Avant-projet l'intégration des sources musulmanes, la technique de citations, d'explication des solutions juridiques retenues, d'argumentation, souffre de l'absence d'une systématisation scientifique réelle de ce droit. Le manque d'une « méthode plus rigoureuse, et [d'] un esprit plus synthétique »[813], la « tendance à l'anarchie (...) qui a le plus empêché le droit musulman de se développer comme système scientifique »[814], a été, dans la plupart des cas, traité dans l'Avant-projet en recourant aux analogies. Or, plutôt pragmatique que scientifique, cette technique est responsable des fragilités et des failles du Code.

La critique adressée à Santillana s'inscrit dans une approche relative à l'herméneutique en général. Dans *Vérité et Méthode*, Gadamer met en cause la considération de l'herméneutique juridique comme purement historique. Pour un juriste, il est indispensable d'avoir une réflexion sur le changement[815]. C'est dans cette lecture, qui se doit d'être critique, des systèmes juridiques musulman et romain, que le travail de Santillana n'était pas scientifique.

---

812 *« So stellen sich die islamischen Schulen den Stoff des Rechts (fiqh) und seine Einteilungen vor. Es ist mir mehr als zweifelhaft, daß auch nur einer dieser Gesichtspunkte sich tatsächlich aus einem islamischen faqīh belegen läßt. Das gerade ist das Gefährliche an solchen Ableitungen, wie sie sich im ganzen Buch verstreut finden, daß sie islamisch zu sein glauben, während sie im Grund europäisch sind, daß sie also unbewußt und daher ohne kritische und methodische Kontrolle europäisieren»*. B. V. G. BERGSTRÄßER, « Santillana, David: Istituzioni di diritto musulmano malichita con riguardo anche al sistema sciafiita », in: *Orientalistische Literaturzeitung. Monatsschrift für die Wissenschaft vom ganzen Orient und seinen Beziehungen zu den Angrenzenden Kulturkreisen*, Zweiunddreißigster Jahrgang, Verlag der J.C. Hinrichs'schen Buchhandlung, Leipzig, 1929, p. 279.

813 D. SANTILLANA, *Avant-propos de l'Avant-projet*, *op. cit.*, p. XI.

814 *Ibidem.*

815 Savigny et son travail sur le droit romain, ainsi que Schleiermacher, se trouvent au centre des critiques: « Savigny dans son *Système du droit romain*, considérait la tâche de l'herméneutique juridique comme purement historique. De même que Schleiermacher ne voyait aucun problème dans l'obligation faite à l'interprète de s'identifier au lecteur primitif, de même Savigny ignore-t-il, lui aussi, la tension existant entre le sens juridique premier et le sens juridique présent. Avec le temps, il est apparu très clairement qu'il s'agissait là d'une fiction insoutenable du point de vue juridique. Dans une étude excellente, Ernest Forstholl a montré comment, pour des raisons purement juridiques, devait naître une réflexion spécifique sur le changement des choses au cours de l'histoire, dans laquelle le sens premier d'une loi et le sens appliqué dans la pratique juridique en arrivent à se détacher l'un de l'autre ». Hans-Georg GADAMER, *Vérité et méthode. Les grandes lignes d'une herméneutique philosophique (Warheit und Methode, 1960)*, Seuil, Paris, 1996, p. 349.

(6) Le droit n'échappe pas au pluralisme tout comme le langage ne se soustrait pas à la grammaire[816]. Certes, le droit unifié est de plus en plus un rêve au moment où la mondialisation est devenue une toile de fond de tous les discours politiques et économiques, voire culturels. Or, le droit civil universel, chimère à l'époque de la codification Santillana, et chimère il restera même si le monisme juridique ne cesse de se développer en Europe. Par ailleurs, la diversité inhérente au droit et partant au pluralisme dépend des mobilités sociales. Autrement dit, le pluralisme est fondamentalement une question de degré puisqu'il varie selon les structures socio-culurelles et politiques de chaque société. Il est aussi dynamique et variable tant la réception demeure malgré tout complexe et difficile, tant la codification ne peut se soustraire totalement à des croyances morales profondément ancrées et tant les arguments juridiques en conflit se situent dans le cadre du raisonnable et du possible à la fois. D'ailleurs, nous ne pouvons nous empêcher de penser aux propos d'un auteur pluraliste en philosophie politique; non pas pour « commencer à croire »[817], en empruntant sa formule, mais pour le dire avec persuasion: la difficulté majeure du pluralisme adopté par le codificateur – notamment du pluralisme interne qu'il voulait ancrer dans la codification – ne relève pas des choix qui se situent entre le mal et le bien, mais entre le bien et le bien. Ce pluralisme interne qui est inhérent, dans les traditions romano-germaniques, au grand rôle attribué à la jurisprudence et à sa réflexion sur les valeurs, demeure malgré tous les cadres « unifiés » ou « unitaristes » des débats juridiques sur le pluralisme, le plus tranversal et le plus préoccupant.

A-t-on au final le droit de s'interroger sur la nature ambivalente de l'œuvre? L'humanisme conciliant qui a guidé le travail du codificateur, en s'autorisant entre autres de sources musulmanes, pouvait-il échapper à la composition d'un texte sujet à l'indécidable? La synthèse entre la tradition et la modernité saurait-elle donner lieu à une systématicité moins relative que celle du COC? Une création législative qui plus est se réclame d'une telle généalogie plurielle, n'est-elle pas toujours sujette à l'horizon de la temporalité, à la faillibilité ou la perfectibilité de la loi, cause et motif de la lutte des interprétations?

---

[816] Voir en ce sens Bernard REBER & René SÈVE, in: *Le Pluralisme – Avant-propos*, *A.P.D.*, T. 49, Dalloz, Paris, 2006, p. 5.

[817] William GALSTON, « Expressive liberty, moral pluralism, political pluralism: three sources of liberal theory », *William and Mary Law Review*, 1999, Vol. 40, spéc. pp. 771 et s.

Annexe 1

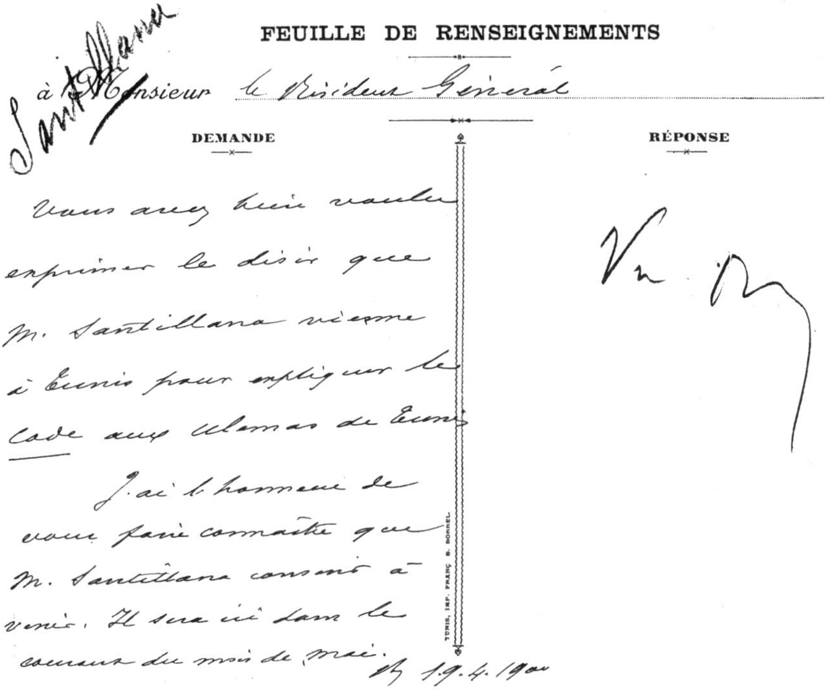

FEUILLE DE RENSEIGNEMENTS

Santillana

à Monsieur le Résident Général

DEMANDE	RÉPONSE
Vous avez bien voulu exprimer le désir que M. Santillana vienne à Tunis pour expliquer le Code aux Ulamas de Tunis. J'ai l'honneur de vous faire connaître que M. Santillana consent à venir. Il sera ici dans le courant du mois de mai. 19.4.1900	Vu

TUNIS, IMP. FRANÇ. B. BORREL

Annexe 2

David Santillana: Aperçu Biographique

Il était le seul membre de la Commission chargée d'étudier la codification des lois tunisiennes qui avait ce que Levi Della Vida a appelé *competenza in fatto di diritto islamico*. Son invitation par le Résident général français René Millet[818], en 1896, à faire partie de la Commission s'explique non seulement par sa maîtrise de la langue arabe et du droit musulman, mais aussi par sa connaissance profonde de la société tunisienne et sa formation imprégnée de plusieurs cultures. Négociateur brillant et juriste distingué, ce personnage complexe a connu les désillusions de la politique ; en témoignent, du reste, les déceptions au cours de ses missions diplomatique[819]. Les origines multiples de Santillana et son ouverture sur le droit musulman ont pesé de tout leur poids sur les choix pluriels et la démarche conciliatrice dans le COC.

I. Origine et environnement

Des deux catégories de juifs de l'époque[820], les tunisiens ou autochtones d'une part et les juifs andalous, d'autre part, Santillana appartient à la seconde[821].

---

818 Voir sur les différents Résidents généraux en Tunisie, l'institution de la Résidence générale, les services et les cabinets qui y sont attachés, aussi bien en parallèle aux services du Bey qu'en commun avec ceux-ci: Anna DESSEN, *Travail préparatoire au reclassement des Archives du Protectorat français en Tunisie (1881-1956) conservées aux Archives diplomatiques de Nantes*, Mémoire de maîtrise Mécadocte option archivistique, Université de Haute Alsace, 1994, spéc. pp. 47 et s; *Avant-propos* de *l'Avant-projet, op. cit.*, p. XIII.

819 Les derniers mots de Santillana dans l'Avant-propos de l'Avant-projet renvoient implicitement à cet arrière goût amer: « [...] son vœu le plus vif [la commission de codification des lois tunisiennes], c'est que tous les hommes de bonne volonté contribuent à cette œuvre de haute civilisation dont la France a pris l'initiative, et dont elle aura l'honneur devant l'histoire, lorsque bien d'autres triomphes, plus retentissants, seront ensevelis dans l'oubli que l'avenir réserve à tout ce qui ne relève que de la force ». *Avant-propos* de *l'Avant-projet, op. cit.*, p. XIII. Il déclare, ainsi, que les mérites de cette codification civile tunisienne ne sont pas attribués aux hommes politiques. Il est juriste et l'œuvre qu'il vient de créer en sera témoin.

820 Voir par exemple: Jean GANIAGE, *Les Origines du Protectorat Français en Tunisie* (1861-1881), P.U.F., 1959, p. 152; Mustapha KRAÏM, *La Tunisie pré-coloniale*, S.T.D., Tunis, 1979, T. I, pp. 51 et s.

821 Issu d'une famille israélite d'origine espagnole, Mosé David Santillana est né à Tunis le 9 mai 1855, mort à Rome le 12 mars 1931. Il s'agit d'une descendance de la famille SANTILLANA qui a vécu en Espagne durant les XIVe et XVe siècles. *Encyclopedia Universalis*, 2002, Vol. XVI, pp. 446 et 447. Voir aussi les principales et rares biographies de Santillana écrites par G. Levi Della Vida in: *Enciclopedia Italiana di Scienzi, Lettre ed Arti;* Istituto della Enciclopedia Italiana fondata da Giovanni

Cette appartenance jouera un rôle important dans sa formation qui influencera plus tard la codification du COC. En effet, sa prospérité économique et son niveau social élevé ont fait de cette catégorie[822] une « aristocratie distinguée »[823]. Les commerçants, médecins, pharmaciens etc., qui en constituaient les principaux représentants, ont réussi à se rapprocher du Bey (D.Santillana sera le second interprète personnel du Bey), à tel point que certains d'entre eux ont été chargés de quelques missions administratives et diplomatiques[824]. Anna Baldinetti qui essaie de reconstituer, notamment, le milieu dans lequel Santillana entra « en contact avec d'autres avocats italiens », précise que cela s'effectua aussi bien pour le compte de l'Administration de l'État, que pour les financiers livournais[825].

II. Formation imprégnée de plusieurs cultures

Son collègue à l'Université Égyptienne du Caire, G. Levi Della Vida, auteur de l'importante – et peut-être la seule – nécrologie de Santillana, signale que celui-ci avait reçu une éducation imprégnée « de la tradition de culture italienne »[826]. De surcroît, il paraît que Richard Wood, le consul anglais à Tunis a joué un rôle considérable sur ce plan[827].

Treccani, Istituto Poligrafo dello stato, Roma, 1949, XXX, p. 787; *Grande Dizionario Enciclopedico. UTET.*, Fondato da Pietro Fedele, Unione Tipografica Editrice Torinese. Carso Rafettello, Torino, 1991, Quarta edizione, p. 102.

822 Qu'on appelle aussi: les « Livournais » ou *« Grana »*. Voir pour plus de détails: Nassime CHAMAMA, « De la naturalisation française des Israélites tunisiens et l'accroissement de l'extension de juridiction des tribunaux français », in: *Congrès de l'Afrique du Nord*, 1908, T. II, pp. 356-374; M. SMAJA, « Extension de la nationalité française aux Tunisiens », in: *Congrès*, *op. cit.*, pp. 374-377; Jean GANIAGE, « La crise des finances tunisiennes et l'ascension des juifs de Tunis (1860-1880)», in: *R. A.*, 1955, T. 96, pp. 153-173.

823 M. KRAÏM, *La Tunisie pré-coloniale*, *op. cit.*, pp. 51-57.

824 J. Ganiage, nous informe par exemple que Jod Cohen a été chargé, au début du XVIIe siècle, de quelques missions relatives aux affaires des Juifs tunisiens: *les Origines*, *op. cit.*, pp. 156 et s. – pp. 183 et s.

825 Le père de David Santillana, Mosé est « né autour de 1815 à Tunis, il fut greffier et interprète du consulat britannique jusqu'en 1872. Il quitta ce poste lorsqu'il fut nommé au Conseil d'administration de la Commission Financière Internationale ». Anna BALDINETTI, « David SANTILLANA et Odoardo MAGGIORANI au service du Bey », in: *R.H.M.*, mai 1999, n°93-94, p. 71 et note 5.

826 G. Levi DELLA VIDA, « Necrologia », in: *R.S.O.*, 1929-1931, XII, pp. 453-461.

827 Richard Wood maîtrisait les langues: arabe, turque, grecque, en plus de l'hébreu et de l'anglais. Aussi, il était un grand expert diplomate, concernant surtout la politique britannique au Moyen Orient. Jean GANIAGE, *Ibid.*, pp. 27 et s. – p. 243.

III. Missions administratives et politiques

En tout état de cause, ce qui confirme son génie et sa culture hors du commun, c'est sa nomination précoce[828] en tant que secrétaire de la Commission Internationale des Finances Tunisiennes en 1871[829]. Il exerça l'activité d'interprète de 1860 à 1877. Il dirigea aussi le journal officiel ar-Rā'id at-Tūnisī et l'imprimerie beylicale »[830]. Santillana travailla souvent avec l'avocat Odoardo Maggiorani, « auquel l'unissait une profonde amitié »[831]. Néanmoins, il abandonna ses fonctions en janvier 1879 à la demande du gouvernement français, faisant suite à la question de *Sidi Thabet*[832]: il faisait partie d'une commission nommée par le Bey, chargée de reprendre la possession d'un terrain donné en concession au français Ferdinand Veillet-Devaux, connu comme comte de Sancy. Toutefois, la commission échoua et, le gouvernement français obtint du Bey la démission de ses membres. Durant les années au service du Bey, Santillana fit partie de plusieurs commissions ayant pour tâche l'examen et la proposition de certaines solutions à des affaires controversées entre le gouvernement tunisien et son homologue français. Ainsi, en 1878, et à la demande du premier ministre tunisien – concernant la demande de la compagnie française *Bône-Guelma*, qui avait déjà obtenu des concessions afin de construire un prolongement ferroviaire unissant la Tunisie à l'Algérie – Santillana fut membre

---

828 G. Levi Della Vida date cette nomination à l'âge de seize ans, ce qui n'est pas le cas de J. Ganiage par exemple, qui la fixe à dix-huit ans. J. GANIAGE, *op. cit.*, pp. 484 et 538 et s.

829 Or, Anna Baldinetti, en se basant sur des documents conservés à l'Archivio storico-diplomatico del Ministero degli Affari Esteri (A.S.M.A.E) de Rome ainsi que *Les origines* de Jean Ganiage, précise que c'est plutôt en octobre 1873 que le jeune David devint secrétaire; « une charge à laquelle s'ajoute en 1875 celle de second interprète du Bey », l'interprète titulaire du Bey « étant un autre italien, Pasquale Vincenzo Carletti. *« Nell'aprile 1872 Mosè Santillana, padre di David, fu eletto membro del « Consiglio d'Amministrazione della Commissione Finanziaria Internazionale », istituita nel luglio 1869 in seguito alla disastrosa politica finanziaria attuata dal ministro Moustapha Khaznadar. Della commissione facevano parte tunisini, francesi, italiani e anglo-maltesi. Nell'ottobre 1873 il giovane David divenne Segretario della Commissione, incarico al quale nel 1875 aggiunse quello di secondo interprete del Bey »*, in: *« Relazione a Mohammed Khaznadar del 26 gennaio 1878 », (La relazione è conservata, in: A.S.M.A.E, AG, 233).* Voir: Anna BALDINETTI, *David SANTILLANA L'uomo e il giurista – Scritti inediti 1878/1920* –, Istituto per l'Oriente C.A.NALLINO, Università degli studi di Roma « Tor Vergata » Quaderni di diritto musulmano e dei paesi islamici, Roma, 1995, p. 1.

830 « ...où furent publiés, sous son impulsion et son contrôle, de nombreux ouvrages tels que Muwatta' di Malik Ibn Anas, Diwān du šayh Qabādū, etc. ». Anna BALDINETTI, « David SANTILLANA et Odoardo MAGGIORANI...», *op. cit.*, p. 72 et note 7; *R.S.O.*, 1913, T. V, p. 367.

831 À tel point qu'il épousa Elena sa fille.

832 « Maggiorani et Santillana ont surtout été les protagonistes des principales affaires de l'époque: l'Affaire de Sidi-Tabet, l'affaire Emilik et l'affaire Samama. C'est justement à la suite de l'Affaire de Sidi-Tabet, que Santillana dut quitter, à la demande du Gouvernement français, les missions qu'il assurait auprès du Bey ». Anna BALDINETTI, « David SANTILLANA et Odoardo MAGGIORANI.. », *op. cit.*, p. 73.

de la commission qui exprima à ce propos un avis favorable[833]. De même, la Société Raffaele Rubattino lui confia la négociation pour l'achat du chemin de fer reliant Tunis, le port de la Goulette et La Marsa, à la Société anglaise qui en était propriétaire[834]. Santillana commença en février 1880 à Londres, les négociations en faveur de la dite société. L'acquisition du chemin de fer, telle qu'elle ressort clairement de la correspondance de Santillana, était plus qu'une simple action commerciale; elle avait une signification clairement politique. Dans une lettre de présentation à l'ambassadeur à Londres, *Cairoli* écrivait: « [...] Santillana personne très distinguée, qui prépare depuis plusieurs mois son opération à R. gouvernement avec un admirable zèle [...] Votre Excellence voudrait être courtois avec chaque direction majeure d'assistance qui lui facilitera la charge délicate qui lui est confiée »[835].

Santillana réussit, après de longues procédures, à obtenir l'annulation de la deuxième vente à la France devant les Tribunaux anglais[836]. Et bien que sa fonction au sein de la Commission Internationale des Finances Tunisiennes lui ait permis de côtoyer le Bey, qui l'a nommé son deuxième traducteur, étant donné qu'il maîtrisait aussi bien l'arabe écrit que parlé, il a été forcé de quitter le pays, expulsé par les autorités françaises[837].

833 Anna BALDINETTI, *David SANTILLANA L'uomo e il giurista*, *op. cit.*, p. 1.

834 C'est l'un des derniers projets économiques de l'Angleterre en Tunisie.

835 L. Di CARIOLI a Menabrea, Roma, 20-4-1880, *A.S.M.A.E*, AG 233. Cité par Anna BALDINETTI, *Ibid.*, p. 10. En outre, à peu près un mois après, l'ambassadeur italien à Londres Menabrea, demanda au ministre des instructions à propos de l'affaire Rubattino, il affirma: « Le mieux serait de donner plein pouvoir à M. Santillana qui me prie de recommander vivement à V.E », T. di Menabrea a Cairoli, Londra, 3-6-1880, in: *A.S.M.A.E*, AG 233.

836 Dans ses lettres inédites qu'Anna Baldinetti a eu soin de regrouper, on peut observer sensiblement aussi bien la méthode que les multiples tentatives que Santillana a dû faire dans cette affaire. Ainsi, sa lettre au Signor Commendatore en date du 8 mars 1880, atteste de ses efforts: « J'aurais perdu mon temps inutilement si j'avais chargé la discussion du point ci-dessus et, j'ai préféré attaquer la position de front. La réponse de la société décidera l'hésitation de cette négociation, qui jusqu'à maintenant n'était plus des plus faciles. Dans tous les cas, vous pouvez compter..que je fais et je ferai tout ce qui est dans mon pouvoir pour obtenir « l'intention » », *Ibid.*, p. 16.

837 Nous ne disposons que de très peu de renseignements et de documents historiques sur ce point, et aussi sur le rôle de Santillana lors de la rivalité historique entre le protectorat français et l'importante communauté italienne de la Régence. Or, dans l'une de ses correspondances de Londres, il n'hésite pas à critiquer le Ministère italien, et à montrer son dévouement à l'Italie et à son prestige: « [...] Maintenant, il nous reste à nous montrer digne de l'intérêt qui s'attache à notre cause [...] en Angleterre: chaque hésitation de notre part nous ferait perdre non seulement la splendide victoire morale que nous avons hier, dans la sévère appréciation donnée par Malins au cours de la conduite de la compagnie mais aussi l'objet principal de cette fatigante compagnie: *on ne fait point d'omelette sans casser des œufs* [en français dans la lettre] et, quand on veut faire de la politique, il faut le payer; les Anglais qui sont un modèle d'esprit pratique en tout, nous donnent l'exemple ici même, l'avantage là sera immense, combien graves les conséquences morales pour le prestige italien en Tunisie et ailleurs [...] le gouvernement italien l'a repoussé [...] pour ne pas « subir » un sacrifice

IV. Activité académique

Quant à sa formation académique, Santillana a commencé ses études à Londres[838]. Il s'est préparé pour le concours de l'administration (*Civil service*) et celui de la diplomatie, projet qu'il a dû abandonner à cause de douloureuses circonstances familiales[839]. Par ailleurs, ses études juridiques ne commenceront que le 22 octobre 1879[840] à la Faculté de Droit de l'Université de Rome, où il obtiendra sa maîtrise. Il était « un étudiant singulier qui manifesta une maturité extraordinaire dans la doctrine juridique et la pratique des affaires »[841].

Santillana avait déjà accompli des missions délicates à Londres, puisqu'il s'était lié d'amitié avec l'ambassadeur Menabrea et le secrétaire général du Ministère des Affaires Étrangères Italien, Malvano. Ainsi, et avant même de terminer ses études universitaires, il a été nommé conseiller technique du Collège de la Défense du célèbre *Ourabi Pacha*, l'officiel égyptien promoteur des mouvements révolutionnaires de 1881-1882. Durant son séjour à Rome, Santillana a obtenu la nationalité italienne. Il n'a pas hésité, d'ailleurs, à faire preuve de son ancien dévouement pour l'Italie à travers sa participation aux négociations du traité de commerce italo-anglais, ainsi que dans d'autres occasions[842]. Par la suite, il a exercé longtemps[843] le métier d'avocat à Rome et à Florence (jusqu'à 1896)[844].

---

d'à peu près 200.000 francs par an, pour une entreprise qui représente des intérêts politiques, commerciaux et moraux importants. L'effet ici sera déplorable, et moi le premier je n'hésiterais pas à condamner avec une grande énergie, un ministère qui n'avait pas le courage de prendre une responsabilité que moi, j'assume vingt fois, si je comptais quelque chose de plus que zéro en Italie ». Traduction personnelle de l'italien. David SANTILLANA da Signor Commendatore, Londra 4 maggio 1880, Anna BALDINETTI, *Ibid.*, p. 17.

838 G. LEVI DELLA VIDA, in: *Enciclopedia Italiana, op. cit.*, p. 787.

839 De retour à Tunis, il dut se consacrer à la réorganisation de quelques affaires domestiques et à l'éducation de ses nombreux petits frères. G. Levi Della Vida ne précise pas de quelles affaires il s'agissait.

840 « *Santillana era infatti studente di giuriprudenza all Università di Roma, dove si era iscritto il 22 ottobre 1879* ». Anna BALDINETTI, *David Santillana, op. cit.*, p. 14.

841 G. LEVI DELLA VIDA, *Enciclopedia, op. cit.*, p. 787.

842 Aussi, Ses correspondances durant l'affaire Rubattino nous montrent parfaitement son attachement à l'Italie. Une correspondance du 27 février 1880 en est témoin: « […] J'attends avec impatience réelle le moment de « retourner voir les étoiles » parce qu' à Londres on ne les voit pas » *(« Aspetto con impazienza vera il momento di « tornare a rivedere le stelle », perché a Londra non si vedono »)*, in: David SANTILLANA da Signor Commendatore, Londra 27 febbraio 1880.

843 Voir la lettre de Santillana adressée à Renault, Florence, 6 février 1890, *A.G.T.*, SH, 111b / 11; G. LEVI DELLA VIDA, *Encyclopedia, op.cit.*, p. 787.

844 Phase sur laquelle Levi Della Vida a fait le commentaire suivant: « […] rien n'aurait pu faire penser que l'actif et expert professionnel cachait au fond de son âme la doctrine et l'enthousiasme d'un dévoué serviteur de la science ». Traduction personnelle de l'italien. G. LEVI DELLA VIDA, « Necrologia », *op. cit.*, p. 454.

La formation romaniste de Santillana était remarquable et son attachement au droit romain en témoigne[845]. Quoi qu'il en soit, il est certain qu'il était à l'époque très réputé en Italie aussi, tant il est vrai que le journaliste italien De Francesco, lorsqu'il donnait des suggestions afin de « faire valoir la légitime influence italienne en Tunisie », qui connaissait quelques difficultés à cause des prétentions françaises, conseillait au Comte Maffei, Secrétaire Général du Ministère des Affaires Étrangères, de consulter David Santillana *« giovane per anni, ma maturo per senno »*[846].

À Rome, et grâce au travail effectué à Tunis, il a pu mener une vie retirée dédiée à ses recherches, jusqu'à ce que le gouvernement ainsi que ses amis l'incitent à se rendre au Caire l'hiver 1910-1911 pour donner un cours d'histoire de la philosophie à l'Université égyptienne[847]. Santillana a pu démontrer encore une fois sa maîtrise de la langue arabe et sa connaissance aussi bien de la philosophie arabe que de ses antécédents grecs et syriens. Toutefois, sa santé fragile l'a poussé à abandonner sa mission en Égypte. Mais il n'a pas pu se soustraire à l'enseignement du droit musulman à la Faculté de Droit de l'Université de Rome, où il a été titulaire de chaire entre 1913 et 1923. L'actualité de cette discipline était devenue très grande pour l'Italie coloniale. Il est à rappeler qu'en 1915 Bertolini, premier ministre des Colonies confia à Ignazio Guidi et

---

845 Ainsi, dans l'une de ses correspondances de Londres, il mentionna à la fin: «Je n'ai pas le temps pour ajouter d'autre chose, excepté la prière d'être rappelé le plus vite possible pour étudier le titre des obligations, dans le Digeste, au lieu de l'appliquer ici ! et à quelles conditions! Le commandeur Ressmann continue toujours « à me gâter » (en français dans sa lettre), et lui aussi attend avec impatience le moment de dire adieu à Londres ». *(Non ho tempo di aggiungere altro, fuorché la preghiera di essere richiamato al più presto a studiare il titolo de Obligationibus, nel Digesto, invece di applicarlo qui! e a quali condizioni! Il commendatore Ressmann continua sempre à me gâter, ed anche lui fa voti pel momento di dare un addio a Londra), Ibidem.*

846 (Jeune quant à l'âge, mais mature quant au bon sens). Lettre de De Francesco à Maffei, Rome 18-11-1880, in: Archivio Storico-Diplomatico del Ministero degli Affari Estrei (Rome), Archivi di Gabinetto (1861-1887), 233. Cité par Anna BALDINETTI, « David SANTILLANA et Odoardo MAGGIORANI.. », *op. cit.*, p. 73.

847 « Cette Université, créée sur initiative privée, fut inaugurée en décembre 1908. Au cours de ses deux premières années d'existence, l'action des orientalistes italiens y fut prépondérante. Un cours général d'histoire et de littérature arabe fut confiée, la première année, à l'italien Ignazio Guidi, seul européen à professer en langue arabe. L'année suivante, à Ignazio Guidi succéda Carlo Alfonso Nallino, auquel se joignirent bientôt Gerardo Meloni et David Santillana. Ces personnalités ne se limitèrent pas à enseigner; elles contribuèrent activement à l'organisation de la nouvelle institution, en fonction de motivations non seulement scientifiques mais aussi politiques. Déjà, avant l'ouverture de l'Université, l'avocat italien Ugo Lusena Bey, professeur de droit et de procédure civile à l'école de droit du Khédive, qui, tout comme Gaston Maspero, était l'un des rares Européens membres du Conseil Général de l'Université égyptienne, avait collaboré à l'élaboration des règlements et des statuts de l'Université ». Anna BALDINETTI, « Orientalisme et politique italienne en Égypte et en Libye », Article paru dans: *Correspondances-Bulletin scientifiques de l'I.R.M.C*, 1996, pp. 2-3.

à David Santillana la traduction en italien, publiée en 1919, du *Mukhtasar* de Khalil Ibn Ishaq, un classique du droit musulman. En décembre 1914, sur proposition de Giacomo Agnesa, directeur général des affaires politiques du Ministère de l'Économie, une Commission pour l'étude des questions islamiques d'intérêt colonial fut instituée. Elle avait pour tâche d'effectuer, dans l'intérêt de l'administration coloniale, des études sur des questions islamiques et d'émettre des avis sur des décrets et des règlements comportant des dispositions en matière islamique. Trois arabisants faisaient partie de la Commission: Leone Caetani, Carlo Alfonso Nallino et David Santillana. Les deux derniers cités furent, par la suite, membres de la VIIème section de la Commission de l'après-guerre, chargée des questions coloniales, et furent consultés par le Ministère: Nallino pour les études de toponymie de la Libye et Santillana sur des questions relatives aux biens senoussis en Cyrénaïque et aux dispositions gouvernementales concernant la Tripolitaine et la Cyrénaïque[848].

V. Les œuvres de Santillana

À suivre Levi Della Vida, *l'exposition systématique que Santillana n'a pas réalisée ni dans l'Avant-projet*[849] ni dans sa traduction de Khalil, prend forme dans les *Istituzioni di diritto musulmano malichita con riguardo anche al sistema sciafiita*, (Vol. I)[850]. Ce livre résume ses cours de droit musulman professé à l'Université de Rome durant la période signalée. Cette œuvre constitue « l'adieu suprême de l'auteur »[851]. En effet, Santillana se trouvait dans l'impossibilité de voir sortir son deuxième volume des *Istituzioni* et ce pour plusieurs raisons, dont la plus importante est le grave affaiblissement de sa vue[852]. Il s'est acheminé lentement vers la mort à travers une douloureuse période d'inaction forcée. De surcroît, Santillana

848 « Orientalisme et politique italienne en Égypte et en Libye », *op. cit.*, pp. 1-2. Étant postérieure à la codification du COC, la traduction de Santillana n'a pu en être la source. G. H. Bousquet pense que ce qu'ont réalisé Guidi et Santillana « est un chef-d'œuvre, *aere perennius* [...] il ne serait pas possible de faire mieux à l'avenir. [...] Tant que des savants étudieront Khalil, il y aurait lieu pour eux de recourir à la version italienne ». G.-H. Bousquet, « Un chef-d'œuvre de l'orientalisme italien: la traduction de Khalil par Guidi et Santillana », in: *R.S.O.*, 1962, Vol. XXXVII, p. 254.

849 Il n'est pas sans importance de remarquer, au regard de nos intérêts, le caractère doctrinal que Levi Della Vida assigne à l'Avant-projet, quoiqu'il y souligne son défaut de systématisation.

850 Ce volume est consacré à: *La comunità musulmana e il suo capo – Fonti del diritto e loro ermeneutica – La legge nello spazio e nel tempo – Le persone – La famiglia – I diritti reali*) Anonima Romana Editoriale, Istituto per l'Oriente, Roma, 1926, (375 p).

851 LEVI DELLA VIDA, « Necrologia », *op. cit.*, p. 457.

852 La dégradation rapide de son état de santé fragile n'a pu qu'être aggravée par la mort prématurée de sa femme.

a dû renoncer pour des raisons de santé à un travail qu'il avait tant désiré, et qui consistait à tracer un aperçu historique du mouvement et développement du droit musulman. Ce qui peut aussi être dû au fait que sa méthode a été marquée par une originalité et une méfiance conceptuelle à l'égard de ce droit. C'est ce qui explique qu'il ne voulait pas faire un traité qui suivît à la lettre l'ordre des livres juridiques arabes, mais plutôt ordonner la matière selon ce qui lui semblait le développement logique des principes du droit musulman, même si un tel développement n'a pas été indiqué dans la théorie islamique des sources du droit « usûl ».

En réalité, le peu que Santillana nous a laissé ne traduit guère une théorisation d'ensemble relative aux problèmes juridiques profonds que pose le droit musulman. Le fait que plusieurs travaux de Santillana soient restés au stade préparatoire nous met devant la difficulté de déterminer avec précision la logique des solutions qu'il aurait pu donner aux problèmes des origines et du développement du droit musulman. On peut enfin compléter l'énumération des publications de Santillana avec ce qui suit: recension intitulée « *La doctrine musulmane de l'abus des droits*, par Mahmud Fathy »[853] ; « *Kitâb aïna al'insân. Ta'lif Tantâwi Jawhari bi'madrassati al'mou'allimina* »[854] ; « *Gli Ebrei a Firenze nell'età del Rinascimento*, par Umberto Cassuto »[855] ; un bref article publié dans le journal *Unità*, dans lequel Santillana critique les autorités italiennes qui, à cause de leur conception erronée du droit public musulman, avaient consenti à quelques clauses du traité de Ouchy (septembre 1912) avec la Turquie qui diminuaient la souveraineté de l'Italie sur la Libye ; et pour terminer, un fragment du premier volume des *Istituzioni* paru – avant la publication du livre – sous l'intitulé « *Il concetto di califfato e di sovranità nel diritto musulmano* »[856].

L'œuvre de Santillana est qualifiée par Levi Della Vida comme la plus innovatrice de l'époque. Son collègue résume en ces termes les traits majeurs de ses qualités intellectuelles et la valeur scientifique de son parcours: « Précisément puisque adressée plus à l'information qu'à la construction, puisque fondée sur une connaissance complète et très exacte des matériaux, [...] son œuvre est de celles qui défient impunément le temps, et pour beaucoup d'années elle constituera l'indispensable fondement de toute recherche ultérieure, le guide précieux et irremplaçable de quiconque voudra s'initier à l'étude du

[853] *R.S.O.*, 1916-1918, Vol. VII, Fasc. Terzo (1917), pp. 756-768.

[854] *R.S.O.*, 1911-1912, Vol. IV, Anno IV, Fasc. Terzo (1911), pp. 762-777.

[855] *R.S.O.*, 1919-1921, Vol. VIII, Fasc. Primo (1919), pp. 189-199.

[856] *O.M.*, gennaio-dicembre 1924, Anno IV, Sezione Culturale, pp. 339-350. Il convient de noter que Levi Della Vida s'est trompé d'année (1921) dans sa « Necrologia ».

droit islamique »[857]. En ce qui concerne sa personnalité, on peut signaler le grand penchant que Santillana éprouvait pour la philosophie. Il s'était bel et bien formé en autodidacte, aboutissant à une si vaste culture dont Levi Della Vida a pu dire: « Un mystère demeure et demeurera toujours, la manière dont il put acquérir de si multiples et si solides connaissances, qui allaient des sciences exactes aux littératures internationales, de la maîtrise parfaite des langues classiques à la familiarité avec les plus actuelles questions économiques, politiques, sociales »[858].Or, le champ de recherche qui surtout lui tenait au cœur était la mystique musulmane et ses relations avec la mystique grecque et chrétienne[859].

Ce processus a été critiqué surtout par l'allemand Bergsträßer, dans sa recension qui reprocha à Santillana l'interprétation romaine du droit musulman. De son côté, et bien qu'il mentionne son manque de compétence scientifique pour juger ces critiques, Levi Della Vida n'hésite pas à affirmer que la méthode de Santillana puise sa raison d'être, voire répond à sa profonde compréhension du caractère du droit musulman: « Une conviction qui remonte à la préparation de l'avant-projet tunisien et fondée sur une connaissance des sources dont aucun de ses critiques ne pouvait se vanter et une culture juridique générale et une habitude non commune à la méditation systématique »[860].

À juste titre, Bespr.v.G.Bergsträßer, relève dans sa critique des *Istituzioni di diritto musulmano malichita con riguardo anche al sistema sciafiita*, des problématiques méthodiques majeures. Car la manière dont l'auteur (Santillana) présente le *fikh* est forcément idéalisée et rationalisée dans ce que Bergsträßer appelle: « une manière de droit romain ». De ce fait, le droit musulman perd sa forme caractéristique *»eigentümlichen Denkform«* [861]. Et l'auteur de la critique d'ajouter un argument fondé sur une distinction conceptuelle de base. Car il ne faut pas perdre de vue que les jurisconsultes musulmans considèrent le droit mu-

857 G. LEVI DELLA VIDA, « Necrologia », *op. cit.*, 459.

858 *Ibid.*, p. 460.

859 Santillana avait entamé d'autres projets qui n'ont pas vu le jour: une histoire de l'église, une histoire du droit romain, un lexique de vocabulaire arabe.

860 G. LEVI DELLA VIDA, « Necrologia », *op. cit.*, p. 458.

861 *« Was uns vorgeführt wird, ist ein seiner eigentümlichen Denkform weitgehend entkleidetes, stark idealisiertes und rationalisiertes, und zwar in römisch-rechtlichem Sinn rationalisiertes islamisches Recht, fast eine interpretatio Romana des fiqh. Bezeichnend ist schon die kurz skizzierte Stoffanordnung »*, « Santillana, David: Istituzioni di diritto musulmano malichita con riguardo anche al sistema sciafiita. Vol. I. Rom: anonima Romana editoriale 1926. (XVI, 375 S.) 4°. Istituto per l'Oriente. 36 Lire. Bespr. V. G. BERGSTRÄßER, München, in: *Orientalistische Literaturzeitung*, Monatsschrift für die Wissenschaft vom ganzen Orient und seinen Beziehungen zu den Angrenzenden Kulturkreisen, Zweiunddreissigster Jahrgang, Verlag der J. C. Hinrichs'schen Buchhandlung, Leipzig, 1929, pp. 277-282. Pour le passage ci-dessus cité, voir: p. 279.

sulman comme un droit d'origine divine, quoiqu'ils aient su faire de ses règles un corpus d'un droit éminemment social. Or, il est dangereux de procéder à une argumentation similaire à celle utilisée par Santillana dans « la totalité » de son livre. Des arguments qui ont l'air d'être islamiques, mais qui sont, en réalité, profondément « européanisés »[862]. De ce fait, estime Bergsträβer, la question relative à la relation entre le droit romain et le *fiḳh*, n'a pas été traitée scientifiquement. Certes, on peut voir des parallélismes entre non seulement les expressions latines et musulmanes, mais aussi leurs contenus[863]. Toutefois, le livre de Santillana est sans critique méthodique.

C'est cette personnalité complexe d'un juriste, à la fois de formation juridique issue de la tradition romaine, et arabisant, bien averti des particularités tunisiennes, sans oublier sa passion pour la philosophie et l'histoire, qui a marqué la codification du COC.

---

862 « *[...] Das gerade ist das Gefährliche an solchen Ableitungen, wie sie sich im ganzen Buch verstreut finden, daß sie islamisch zu sein glauben, während sie im Grund europäisch sind daß sie also unbewußt und daher ohne kritische und methodische kontrolle europäisieren* », *Ibidem*.

863 « *was die Heranziehung des römischen Rechts anlangt, so liegt mir nichts ferner, als leugnen zu wollen, daß für eine fruchtbare Erforschung des fiqh ein gründliches Studium des römischen Rechts unerläßliche Voraussetzung ist. Daß die erste Frucht solchen Studiums das freudige Staunen ist, wie schön sich islamrechtliche Dinge mit weit auch inhaltlich die Parallelen gehen, weiß ich aus eigener Erfahrung* », *Ibid.*, p. 280.

Annexe 3

Travail de législation musulmane

Le Résident Gal arrête les dispositions suivantes.

1° Une codification complète ~~par le Gouvt~~ ~~a l'usage des~~ ~~sera établie pour être~~ sera établie par les soins du Secrétariat Gal du Gouvt tunisien pour être appliquée aux indigènes musulmans par le Tribunal de l'Ouzara et les tribunaux indigènes ~~de province~~ séculiers de province

2° Elle comprendra

a) Le code civil en laissant de côté toutes les matières qui relèvent du statut personnel et qui sont de la compétence du Chara, et le régime de la propriété foncière qui continuera à fonctionner dans les conditions actuelles de la législation musulmane et de la loi foncière.

b) Le code de commerce

c) Le code de procédure civil et commercial

d) Le code pénal

e) Le code d'instruction criminel

~~f) De étendre ce qui peut être fait pour la police rurale et forestière~~

2° Les codes devront être établis sur le type des codes français correspondants, en apportant à ceux-ci les simplifications et les perfectionnements qui seraient désirables même en France et celles que comporte la situation de la Tunisie.

3° Les codes ne devront rien comprendre qui ~~ne soit islamique~~ ce dernier ne puisse être mis en accord avec le droit musulman. Cette condition n'est pas limitative ainsi que le prouve l'examen des codes ottomans et Egyptien qui ont adopté tous les principes de notre législation et ont été déclarés par les autorités religieuses conformes au droit islamique.

4°. Il y aura lieu également de veiller ~~sur~~ à ce que les divergences qui existeront entre les codes indigènes ~~tunisiens~~ et les codes français ne soient pas de nature à ~~?~~ empêcher ~~nos pays~~ ~~les français~~ d'étendre éventuellement ceux-ci pour les premiers aux français et aux Européens établis dans la Régence.

5°) Le travail sera fait par 3
une commission composée de
Le Secrétaire g^al du G^t Tunisien président
M Berge directeur des Services judiciaires du G^t Tunisien
M. Pasion secrétaire g^al adjoint
M. Anterrieu.
Deux membres indigènes ~~appart~~ connus
pour leur science juridique et appartenant
l'un au rite Malekite et l'autre au rite
Hanéfite. Des propositions seront faites au R^t G^al
pour leur désignation par le Secrétaire g^al du G^t
Tunisien.

Un ~~secrétaire~~ interprète que choisira la commission

6° La ~~commission~~ et subsidiairement un membre français commencera son tra-
vail par une étude de la Réforme légis-
lative dans l'Empire Ottoman et en Egypte
et établira un projet de codification

~~Dès que ce projet sera établi pour un des~~
~~codes, il Ce projet~~

7° Le projet sera ensuite étudié en commis-
sion plénière avec les membres musulmans
du point de vue de l'islamisation. Il sera
inutile pour commencer cette étude d'attendre
que le projet de rédaction de tous les codes soient

terminés. Dès qu'il sera prêt pour un des codes, Code civil par exemple, on le soumettra à l'étude de la commission complète plénière.

8°. La rédaction définitive de chaque code arrêtée par la commission plénière sera ensuite soumise à l'examen d'un conseil de jurisconsultes indigènes présidé par le cheikh el islam, dans des conditions qui feront l'objet de propositions de la part de la commission. Devant ce conseil, les membres indigènes de la Commission seront chargés de présenter et de défendre le projet de la Commission. Il y a donc intérêt à ce que ces membres soient choisis parmi des jurisconsultes ayant de la science et de l'autorité.

9° Le président de la commission remettra au Président Gl tous les trois mois, à partir du 1er Juin 1897 et pour la première fois à cette date, un rapport au sujet de l'avancement des trav. de la Commission.

Annexe 4

Résidence Générale
de la
République Française
à Tunis

…CTION DES AFFAIRES POLITIQUES

SERVICES de la TUNISIE

Nº 502

Codification des Lois musulmanes

Tunis, le 9 Octobre 1901

Noté au Ministre 18 octobre

DIRECTION POLITIQUE
SÉRIE P … 29 DOSSIER 1

Monsieur le Ministre ,

Dès les premières années de notre installation en Tunisie l'attention du Gouvernement du Protectorat a été appelée sur l'utilité que présenterait une codification générale des lois musulmanes qui régissent les rapports des indigènes entre eux et dont l'application est remise aux tribunaux du Chara et de l'ouzara .

Dans la Régence, comme dans tous les pays de l'islam, le droit civil et le droit pénal découlent du Coran et de la tradition qui rapporte les actions et les paroles du Prophète . L'interprétation de ces sources a été entreprise dans les premiers siècles de l'Hégire par de grands jurisconsultes, qui, de l'ensemble confus du livre sacré, de la sounah --

…Excellence
…sieur Delcassé ,

(tradition) et des Hadits (récits) ont cherché à extraire de vastes corps de législation et qui ont ainsi fondé les divers rites musulmans, rites aujourd'hui réduits à quatre principaux, dont deux seulement, le rite hanafite et le rite malékite, sont pratiqués en Tunisie. Les ouvrages des fondateurs de chaque rite se présentaient seulement comme des commentaires interprétatifs des sources sacrées. Ils ont été à leur tour l'objet de nombreux commentaires sur lesquels se sont greffés d'innombrables traités spéciaux, et c'est l'ensemble de ces ouvrages, commentaires et traités qui forme à la fois la législation et la jurisprudence particulières à chaque rite. Il n'existe donc dans le droit musulman primitif rien qui ressemble à ce que nous appelons un code, c'est-à-dire un résumé, par règles claires et précises, des principes essentiels du droit.

Cette situation n'est pas sans présenter de sérieux inconvénients, qui n'ont pas échappé aux musulmans eux-mêmes. D'une part, elle laisse subsister une grande incertitude sur les limites qui séparent le droit proprement dit de la jurisprudence ; si l'on est d'accord, entre commentateurs, sur un certain nombre de principes, on ne l'est pas sur tous, et encore moins sur leurs conséquences, en sorte que tel magistrat jugera que telle règle est ou n'est pas douteuse suivant l'autorité qu'il accordera à tel commentateur qui aura ou n'aura pas admis cette règle.

En second lieu, l'étude d'une législation dont les linéaments généraux, enfouis sous l'abondance des

004

commentaires, sont des plus difficiles à discerner, exige une attention soutenue, un esprit pénétrant et un travail assidu. Aussi la connaissance en est elle réservée à une élite et le nombre de ceux qui peuvent prétendre à la posséder est extrêmement restreint. Même les personnes les plus intéressées à être renseignées sur les dispositions du droit civil et pénal, se trouvent dans l'impossibilité de se rendre compte de la législation sous laquelle elles sont appelées à contracter. Non seulement la lecture des commentateurs est aride et rebutante, mais comme les commentaires comprenaient à l'origine - toute la législation civile, pénale et administrative et comme l'évolution sociale et politique des pays — d'Islam a partout amené les gouvernements musulmans à édicter des lois précises de police, de sécurité, d'administration, des parties entières de ces commentaires ont été, en fait, remplacées par une législation laïque, en sorte qu'il faut savoir discerner dans un ouvrage de jurisprudence, à côté des dispositions qui peuvent être contredites par d'autres commentaires, celles qui, quoique enseignées et étudiées dans les universités musulmanes, n'en sont pas moins pratiquement tombées en désuétude depuis des siècles.

Enfin, dans les pays ou, comme en Tunisie, vivent côte à côte des population islamiques et européennes, l'absence de codification et la forme des commentaires donnent aux européens l'impression que le droit coranique est quelque chose de très différent du droit des peuples chrétiens; quelque chose - d'incompréhensible et je dirai presque de barbare . Or cette barbarie n'existe que dans la forme extérieure. Ramené aux formules ordinaires de nos codes, le droit musulman, non seulement ne s'en écarte guère, mais même, présente fréquemment des affinités remarquables avec la législation civile issue du droit romain .

L'utilité d'une codification du droit s'est fait sentir depuis longtemps dans bien des pays d'Islam . Au I8 me siècle, la Compagnie anglaise des Indes y a pourvu, pour ses administrés musulmans, en donnant force de loi à un recueil de décisions hanéfites, les "Consultations" de Kadhy Khan . En Turquie, Aly Pacha, de retour du congrès de Paris, constitua, en I856, une Commission chargée de codifier le droit hanéfite ; la Medjella, promulguée en 1875, est le fruit des travaux de cette Commission. Bien que ne présentant pas la rigoureuse ordonnance de nos codes, la "Medjella" constitue déjà un ouvrage beaucoup plus pratique que les commentaires ordinaires du droit musulman; elle ne traite, d'ailleurs, que des obligations .

En Egypte, c'est toute une législation civile et pénale qui a été promulguée pour les tribunaux indigènes, sans parler du grand travail de codification préparé pour les tribunaux mixtes et soumis à l'approbation des Puissances .

En Tunisie même, un premier essai de codification a

suivi de près la promulgation du pacte fondamental; ce code est extrêmement insuffisant à tous les points de vue . L'idée a été reprise par le Général Khéréddine en 1875 . Ces tentatives ont abouti à la rédaction du texte inséré dans le recueil de --- M. Bompard, sous les dates des 26 Avril 1861 - 13 Avril 1874 et la rubrique "Droit civil et pénal Tunisien" : ce texte n'a jamais eu effectivement force de loi . Plusieurs de ses dispositions n'ont même pas été l'objet d'un commencement de mise à exécution . D'autres ont bien été appliquées, mais seulement parce qu'elles étaient considérées comme résumant les usages existants . L'ordre des matières, la rédaction, et parfois les règles elles mêmes y laissent beuacoup à désirer .

Lorsque, sous l'impulsion de la Résidence Générale, les premières réformes eurent été introduites dans l'organisation de la justice indigène, les fonctionnaires français chargés de la surveillance et du contrôle de cette justice sentirent aussitôt la nécessité d'introduire quelque ordre et quelque méthode dans la législation qu'appliquaient les tribunaux dont on leur confiait la direction . La question fut examinée une première fois par le Secrétariat Général en 1890; elle fit l'objet d'un nouvel examen en 1895, et fut définitivement reprise en 1896, après la réorganisation judiciaire qui aboutit à la création des tribunaux régionaux .

La codification des lois musulmanes, au moins

en ce qui concerne les matières de la compétence de l'Ouzara, était, en effet, le corollaire indispensable de la décentralisation de la justice séculière . Le Tribunal de l'Ouzara connait des affaire pénales et des affaires civiles autres que celles touchant au statut personnel et immobilier, c'est à dire des matières sur lesquelles le droit musulman est le moins précis ou a subi le plus de variations ou de déformations . Déjà l'absence de toute codification y rendait l'administration de la justice assez difficile, mais ces inconvénients apparurent avec plus d'évidence encore lorsqu'il fut question d'établir des tribunaux régionaux; faute de codes précis,il était en effet à prévoir tout d'abord que l'on ne pourrait pas maintenir entre ces diverses juridictions l'unité de jurisprudence; d'autre part,il était assez difficile de s'assurer de la réalité des connaissances professionnelles des magistrats,puisqu'on leur demandait de statuer sur des matières dont les règles,éparses au milieu des innombrables commentaires, ne formaient pas un corps compacte et ne présentaient même qu'une fixité très relative .

C'est dans ces circonstances que M. Millet, par décision du 6 Septembre 1896, constitua une Commission de codification des lois de l'Ouzara, Commission présidée par le Secrétaire Général du Gouvernement et composée du Secrétaire Général Adjoint, du Directeur des Services judiciaires et du Président du Tribunal

003

Mixte . Cette Commission s'adjoignit bientôt un jurisconsulte distingué, M. Santillana, qui, né en Tunisie, y ayant habité pendant de longues années, familier avec la langue arabe, très versé dans le droit musulman, était en mesure de rendre les plus utiles services .

Les premières séances furent consacrées à la discussion du programme à suivre : la Commission après mur examen décida, comme présentant le plus d'urgence, d'entreprendre tout d'abord sous la rubrique de "Code Civil et Commercial", la codification du droit des obligations, réservant pour une étude ultérieure la procédure civile, le droit pénal et la procédure criminelle .

Après avoir longuement discuté les principes à suivre dans la rédaction de ces divers travaux, la Commission chargea M. Santillana de préparer et de lui soumettre un avant projet de Code Civil et Commercial . Cet avant projet, dont Votre Excellence trouvera ci-joint un exemplaire, fut prêt vers la fin de l'année 1897 . La Commission l'examina et le discuta article par article pendant le courant de l'année 1898 . Sur ses observations et corrections M. Santillana établit un projet complet, également ci-annexé, qui, avec la conférence des commentateurs musulmans, du droit romain et des principaux codes européens, constitue un travail juridique de la plus grande valeur et une source précieuse de renseignements. Le texte ainsi arrêté fut tout d'abord communiqué au Président du Tribunal de Tunis. Puis il fut traduit et soumis à l'examen d'une Commission de six jurisconsultes --- musulmans pris parmi les membres du Chara et les professeurs de la Grande Mosquée, et présidée par le Cheikh-Ul-Islam. Cette Commission se réunit à la fin de juin 1900 et poursuivit ses séances jusqu'au mois de juillet 1901. Le texte arabe du Code y fut minutieusement discuté et modifié sur nombre de points. Aujourd'hui, les dites modifications sont presque toutes arrêtées, le service compétent du Gouvernement Tunisien s'occupe d'en collationner avec soin les textes arabe et français, et si Votre Excellence n'y avait pas d'objection la publication pourrait en être entreprise dès maintenant par la promulgation de la première partie, contenant la théorie générale des obligations. La seconde partie, qui traite des divers contrats, serait publiée peu de temps après, en une ou deux fois, suivant l'état d'avancement du travail de collation des textes et les nécessités de l'impression.

En poursuivant cet important travail, la Commission de codification s'est efforcée principalement de faire une œuvre utile et pratique. Elle a donc cherché tout d'abord, en ce qui concerne la théorie générale des -

obligations et surtout en ce qui concerne les dispositions relatives aux divers contrats, notamment les contrats spéciaux à la Tunisie, enzel, khamessa, etc ..., à établir une rédaction aussi claire que possible, des diverses règles du droit musulman et de la coutume tunisienne . Mais il est arrivé fréquemment que sur tel point déterminé la coutume ou la jurisprudence ne fussent pas bien arrêtées, soit que l'on se trouvât en présence d'usages variant de région à région, soit qu'il s'agît de points de doctrine où les deux rites malékite et hanafite n'étaient pas d'accord, soit même qu'il y eût divergence d'appréciation entre certains docteurs d'un même rite . En pareil cas, la loi donne au Souverain, chef religieux du pays, c'est à dire au Bey, le droit absolu de se prononcer pour l'une des interprétations et de lui donner la sanction légale et officielle . Le Gouvernement a usé de cette faculté pour faire prévaloir les interprétations qui se rapprochaient le plus des législations européennes, et surtout du droit français . La conférence des textes qui se trouve en marge du second projet a été, à cet égard, d'une utilité inappréciable . Elle a permis de rattacher en particulier au droit romain une quantité -- considérable de dispositions, et, dans un très grand nombre de cas, d'adopter les règles des codes européens les plus récents, de ceux que l'on considère comme le dernier état du droit moderne. De telle sorte que la codification des lois musulmanes, en ce qui concerne les obligations, aboutit à pourvoir la Tunisie d'une législation qui, approuvée par les jurisconsultes tunisiens les plus orthodoxes, se rapproche beaucoup de la législation française et constitue entre cette législation et le vieil esprit coranique un véritable trait d'union. Je n'ai pas besoin d'insister sur les résultats pratiques d'une semblables constatation. La publication du travail dont je viens d'entretenir Votre Excellence peut, en effet, démontrer d'une manière tangible que si la société musulmane se distingue de la société européenne par bien des points, elle s'en rapproche sur d'autres et que sur le terrain pratique des affaires l'accord doit pouvoir s'établir, puisque les règles qui président à la passation des contrats ordinaires de la vie courante sont à peu près --- semblables.

C'est pourquoi le Gouvernement Tunisien serait heureux d'être autorisé à procéder à la publication de ces textes importants au fur et à mesure de leur achèvement. J'ai l'honneur de

008

recommander sa requête à la plus bienveillante attention de Votre Excellence et je Lui serais reconnaissant de vouloit bien l'examiner avec tout l'intérêt qu'elle mérite ./.

Veuillez agréer, Monsieur le Ministre , les assurances de ma respectueuse considération .

Annexe 5

COMMISSION DE CODIFICATION DU DROIT PENAL

Procès-verbal de la séance du mercredi 7 mai 1911

La séance est ouverte à 3 heures, sous la présidente de M. ROY. – M. FLEURY, empêché, est excusé.

Conformément au désir de la Commission, M. MOUSSARD a préparé un texte nouveau où il a cherché à réunir sous une forme plus concise les dispositions de l'avant-projet relatives à la corruption des fonctionnaires publics ou assimilés (art. 102 à 112).

M. DUMAS précise qu'il y aurait lieu de grouper dans un premier paragraphe tous les éléments constitutifs de l'infraction, puis de consacrer un 2e paragraphe au cas où – circonstance aggravante – le fonctionnaire public aurait provoqué lui-même des offres ou promesses ou la remise de dons ou présents; un 3e paragraphe, enfin, prononcerait une peine atténuée contre le fonctionnaire coupable d'avoir simplement accepté un don ou présent en récompense d'une action ou d'une inaction rentrant dans l'ordre de ses devoirs professionnels.

La Commission ayant adopté la manière de voir de M. DUMAS, M. MOUSSARD donne lecture de son contre-projet dont le texte est arrêté comme suit :

" Art. 102, § 1er. – Tout fonctionnaire public ou assimilé qui, soit personnellement, soit par intermédiaire, pour lui-même ou pour autrui, aura agréé des offres ou promesses ou reçu des dons ou présents pour faire un acte de sa fonction même juste, mais non sujet à salaire, sera puni de l'emprisonnement pendant cinq ans et d'une amende double de la valeur des promesses agréées ou des choses reçues, sans que ladite amende soit inférieure à 200 frs. La présente disposition est applicable à tout fonctionnaire public ou assimilé qui, dans les mêmes conditions, se sera abstenu de faire un acte qui rentrait dans l'ordre de ses devoirs.

" § 2. – Si le fonctionnaire a provoqué des offres ou promesses ou la remise de dons ou présents, l'emprisonnement sera porté à dix ans au plus, et l'amende ne sera pas inférieure à 500 frs."

M. GUYOT ne veut pas revenir sur une discussion close à la dernière séance et à laquelle il regrette de n'avoir pu prendre part. Il tient cependant à mettre la Commission en garde contre les inconvénients qui résulteraient d'une trop grande compression des dispositions de l'avant-projet. Des textes trop concis et trop abstraits ne seront pas compris et ne pourront être sainement appliqués par des magistrats indigènes. Les difficultés qu'il a constatées au moment de l'entrée en vigueur du Code de procédure civile jus-

- 3 -

tifient son opinion. Mieux vaut adopter des textes où le juge retrouvera facilement les éléments de l'espèce qui se présente à lui, que des formules générales desquelles il serait dangereux de l'autoriser à déduire des conséquences.

M. DUMAS n'ignore pas que les juristes comme les magistrats indigènes ne sont pas accoutumés à nos formes de droit, et lorsqu'il propose ou adopte un texte du projet, il se préoccupe avant tout, comme du reste la Commission tout entière, des dispositions d'esprit de ceux qui seront chargés de l'appliquer. S'il repousse des formules trop savantes qui désarmeraient le magistrat indigène, il combat aussi la trop grande dispersion des textes qui serait de nature à gêner ou à égarer ce même magistrat. Pour lui, le Code pénal français est un excellent modèle lorsqu'il s'agit de préciser une infraction. Mais le Code n'a pas tout prévu, aussi ne faut-il pas manquer de profiter de l'expérience dont le législateur de 1810 se serait inspiré lui-même.

Me GUEYDAN se range à cet avis. Le futur Code pénal tunisien ne doit pas être un code-commentaire, procédant par voie d'espèces. Il doit suivre les principes communs à toutes les législations, mais les compléter par les améliorations dont la jurisprudence a indiqué la nécessité.

M. DUMAS constate que c'est bien dans cet esprit que le chapitre de la corruption est remanié. Le texte nouveau précise d'abord les éléments constitutifs de la corruption, il prévoit ensuite, grâce aux indications données par l'avant-projet, la circonstance aggravante de la provocation et le cas de la récompense qui évoque moins l'idée de corruption que celle d'un manque de dignité de la part du fonctionnaire incriminé, et qui appelle par conséquent une répression moins lourde.

Cette opinion est partagée par la Commission qui arrête comme suit le paragraphe 3 de l'article 102 relatif à la récompense :

" Si le fonctionnaire public ou assimilé a accepté des dons ou présents en récompense de ce qu'il a fait ou de ce qu'il n'a pas fait, il sera puni de l'emprisonnement pendant un an au plus et d'une amende double de la chose reçue et qui ne pourra être inférieure à 100 frs. "

Enfin, l'article se termine par ces mots : " Dans tous les cas de corruption, les choses données ou reçues seront confisquées au profit de l'Etat. "

M. MOUSSARD juge inutile de prévoir le cas où une personne a servi d'intermédiaire dans un acte de corruption. L'intermédiaire n'est en effet qu'un complice par aide ou assistance, passible, aux termes de l'article 33, des mêmes peines que le principal coupable.

La Commission se range à cet avis.

- 5 -

M. ROY dit que d'après l'article 93 du Code égyptien, le corrupteur ou l'intermédiaire qui dénonce à l'autorité un fait de corruption est exempt de toute peine. Y a-t-il intérêt à retenir cette disposition?

La Commission décide de revenir sur cette suggestion après la discussion des articles 111 et 112 de l'avant-projet.

M. MOUSSARD a complété son contre-projet par des dispositions analogues à celles des articles 181, 182 et 183 du Code pénal français et adoptées par la Commission en ces termes :

" Si le fonctionnaire public est un juge qui, à l'occasion d'une infraction susceptible d'entraîner pour son auteur la peine des travaux forcés à perpétuité ou la peine de mort, s'est laissé corrompre soit en faveur soit au profit de l'inculpé, il sera puni de la peine des travaux forcés à temps. Si par l'effet de la corruption, il est intervenu une peine supérieure à celle des travaux forcés à temps, cette peine, quelle qu'elle soit, sera appliquée au juge coupable de la corruption. "

M. GUYOT signale que l'article 107 de l'avant-projet prévoit une peine pour tout fonctionnaire de l'ordre judiciaire saisi d'une procédure et qui demande à une partie un don ou une promesse. Il ne trouve aucune disposition de ce genre dans le contre-projet adopté.

M. MOUSSARD ne voit là qu'un cas de provocation prévu au § 3 de l'article 103.

M. GUYOT répond qu'il n'en sera pas toujours ainsi; et par exemple si le magistrat soutient qu'il a voulu contracter simplement un emprunt vis-à-vis du justiciable.

M. DUMAS estime qu'en cette hypothèse il y a peut-être lieu à une répression disciplinaire, le magistrat ayant manqué de tact et de dignité, mais il n'y a place pour aucune infraction, à moins que la partie publique ne prouve que cet emprunt dissimule un acte de corruption.

MM. ROY et GUYOT craignent que cette provocation ne soit pratiquement impossible à prouver. " Ainsi, dit M. ROY, il sera très facile aux intéressés d'antidater un prêt fictif; il est vrai que, même en supposant un prêt antérieur au procès, le juge est répréhensible, car il avait le devoir strict de se récuser.

M. DUMAS maintient que la disposition de l'article 10[illegible] est très grave et risque d'atteindre des magistrats honnêtes, mais momentanément gênés. Du reste, le texte relatif à la provocation lui semble suffisant en toute hypothèse.

Ce qui est à ses yeux punissable, c'est le fait, pour un fonctionnaire, de ne pas se récuser dans une affaire où sont impliquées des personnes de qui il est le débiteur. Il y a donc lieu en ce cas de faire au magistrat une obligation de se récuser et de sanctionner cette obligation par une pénalité sérieuse.

Les CADIS partagent cet avis : le magistrat qui ne se récuserait pas dans ces conditions doit être considéré comme coupable de corruption.

M. DUMAS propose alors le texte suivant, qui est adopté :

" Tout juge qui, en dehors des cas prévus à l'article 102, aura manqué de se récuser après avoir reçu ouvertement ou d'une manière déguisée, d'une personne partie dans une instance pendante devant lui, des objets, valeurs ou sommes quelconques, sera puni de l'emprisonnement pendant un an au plus. "

M. DUMAS signale que l'article 177 du Code pénal français prévoit, en dehors de la corruption proprement dite, le trafic d'influences.

M. ROY dit qu'il y a lieu, en effet, de réprimer ce genre d'abus extrêmement fréquent dans le monde indigène. Mais le trafic d'influences n'est, à son avis, qu'une escroquerie d'un genre spécial, d'ailleurs prévue à l'article 132 de l'avant-projet. En conséquence, il propose de remettre à plus tard l'examen de la proposition de M. DUMAS.

Adopté.

Les articles 111 et 112 sont votés sans modifications autres que :

A l'article 111, la suppression des mots : " agent ou préposé " : en effet, cette personne rentrant dans la définition de l'article 99;

A l'article 112, le remplacement de l'expression : " les auteurs de ces tentatives " par les mots " leurs auteurs ".

Sur la demande de Me GUEYDAN, M. ROY donne ~~kaxkaxa~~ de nouveau lecture de l'article 93 in fine du Code égyptien, aux termes duquel le corrupteur ou l'intermédiaire qui dénonce ou avoue à l'autorité un acte de corruption est exempt de toute peine.

Me GUEYDAN se défend de vouloir encourager la dénonciation; il approuve néanmoins le principe de cette disposition qui, en favorisant la dénonciation d'un acte de corruption, réserve le seul moyen d'arriver, en cette matière, à la manifestation de la vérité.

M. DUMAS estime qu'il est des cas où la corruption peut être établie par témoignages ou preuves écrites; le plus souvent, cependant, c'est le délateur qui détiendra cette preuve; aussi ne voit-il que des avantages dans une disposition qui assurerait l'impunité à celui qui apporterait la preuve d'un acte de corruption dont il serait l'auteur ou même le complice.

M. DEJEAN demande à connaître l'opinion des CADIS.

- 9 -

Le CADI HANEFITE craint que, le plus souvent, les fonctionnaires ne soient victimes d'un piège tendu pour leur porter préjudice.

Pour Si MOHAMMED EL KASSAR, le dénonciateur ne doit bénéficier de l'impunité que s'il révèle spontanément la corruption, avec preuves à l'appui, à l'autorité. Si l'autorité a été mise au courant des faits de corruption par une autre voie, l'impunité ne se comprendrait plus.

MM. DUMAS et DEJEAN partagent cette opinion; si le dénonciateur de prétendus faits de corruption n'apporte pas de preuve ou, du moins, de commencement de preuve, on se trouve en présence d'une simple dénonciation calomnieuse qu'il y aura lieu de prévoir au moment de la discussion de l'article 306.

La Commission se range à cet avis et adopte le texte suivant :

" Est absous le corrupteur ou l'intermédiaire qui dénonce ou avoue le fait de corruption et, en même temps, en rapporte ou en facilite la preuve. "

La séance est levée à 6 heures et la suite de la discussion renvoyée au mercredi 14 mai à 3 heures de l'après-midi./.

Annexe 6

Art. 400

Ibn Nadjim, ii, p. 43 et note 3.

La remise faite par le délégataire au débiteur délégué est-elle valable, quoique ce dernier refuse de l'accepter? (Question controversée, ibid. et note 2.)

Art. 400

La remise de l'obligation n'a aucun effet lorsque le débiteur refuse expressément de l'accepter. Il ne peut refuser:

1° lorsqu'il l'a déjà acceptée;

2° lorsqu'elle a été donnée à la suite d'un accord intervenu entre le créancier et lui.

Non potest liberalitas nolenti adquiri : Digeste, XXXIX, 5, 19 § 2.

Art. 401

Malékites :

Tout avantage fait à un héritier, en dehors de sa réserve légitime, est prohibé, ainsi le legs : argument *Koran*, iv, 37; cf. *Tohfat* d'Ibn Acem, vers. 1380 et note 1290; vers. 1399, 1415; la vente : ibid., 839.

De même que la reconnaissance de dette : ib., 1400... mais cette dernière peut être validée, lorsque la cause en est exprimée et non sujette à contestation : ibid., 1406.

Hanéfites :

Morched-el-Hairan, 241; cf. *Medjella*, 73; Ibn Nadjim, ii, 26.

Mais il y a un moyen ingénieux d'éluder la loi : c'est de donner à la libération la forme d'un aveu; ainsi est valable la déclaration suivante faite par le malade : « Je déclare qu'un tel ne me doit rien. » Ibid.

Art. 401

Est nulle la remise faite par un malade directement ou sous toute autre forme, pendant sa dernière maladie, à l'un de ses héritiers, de tout ou partie de ce qui lui est dû par ce dernier ; mais elle peut être validée :

1° si les autres héritiers la ratifient;

2° lorsqu'elle a une cause exprimée et dont on justifie l'existence.

cf. Zeys, Droit musulman, II, n. 432.

Art. 402

Morched-el-Hairan, 242.

Hamaoui sur Ibn Nadjim, ii, 123, note 5.

Tohfat d'Ibn Acem, vers. 838 (même règle en cas de vente).

Art. 402

La remise accordée par un malade à un tiers pendant sa dernière maladie est valable jusqu'à concurrence du tiers de ce qui reste dans la succession après le paiement des dettes.

— 11 —

ART. 21

La promesse de récompense peut être révoquée tant que le fait prévu n'a pas été accompli, mais elle peut donner lieu à une indemnité équitable lorsque la révocation survient après l'exécution commencée.

La révocation n'est valable que si elle est faite en la même forme que la promesse, ou si elle a été personnellement notifiée à l'autre partie. Celui qui a fixé un délai pour l'accomplissement du fait prévu est présumé avoir renoncé au droit de révoquer sa promesse jusqu'à l'expiration du délai.

658 all. — TOULLIER, VI, 30. — DEMOLOMBE, XXIV, 65. — LAURENT, XV, 470. — SAVIGNY, Oblig. II, 90, sq. — WINDSCHEID, § 308.

ART. 21

ZARKANI, VII, 64; TOUATI, Manuel des notaires, p. 143 (traduction française). L'offre ne peut plus être retirée par le promettant dès qu'il y a eu commencement d'exécution. La récompense n'est due, d'après les malékites, que si le fait a été accompli entièrement, de la manière prévue par l'auteur de la récompense (BENNANI, VII, 60; ZARKANI, ibid). Cependant si le promettant peut utiliser l'ouvrage déjà accompli, il est tenu de payer celui qui l'a fait en proportion de son travail, (ibid.) et pour plus de détails : ZEYS, Droit musulman, II, n° 595.

ART. 22

Si plusieurs personnes ont accompli en même temps le fait prévu par la promesse de récompense, le prix ou récompense promis est partagé entre eux. Si elles l'ont accompli en des temps divers, la récompense appartient au premier en date ; si elles l'ont accompli chacune pour une part, la récompense est partagée dans la même proportion ; si le prix ou récompense ne peut se partager, ou ne peut être donné qu'à un seul, d'après les termes de la promesse, la décision est remise à la voie du sort.

cf. 659 all. et ZEYS. Droit musulman, II, n. 596.

ART. 22

Comparez TOUATI, Manuel des notaires, 143 (traduction française); ZARKANI, VII, 63-64 ; BENNANI, VII, 64.

ART. 23

Dans les obligations unilatérales, les engagements sont obligatoires dès qu'ils sont parvenus à la connaissance de la partie envers laquelle ils sont pris.

39 C. com. it. — cf. 1103 fr.

ART. 23

HAMAOUI sur IBN NADJIM, I, 271, 272. Ainsi, la renonciation n'a pas besoin d'être acceptée par l'autre partie : HAMAOUI, ib., II, p. 8, note 1; p. 43, note 5.

Annexe 7

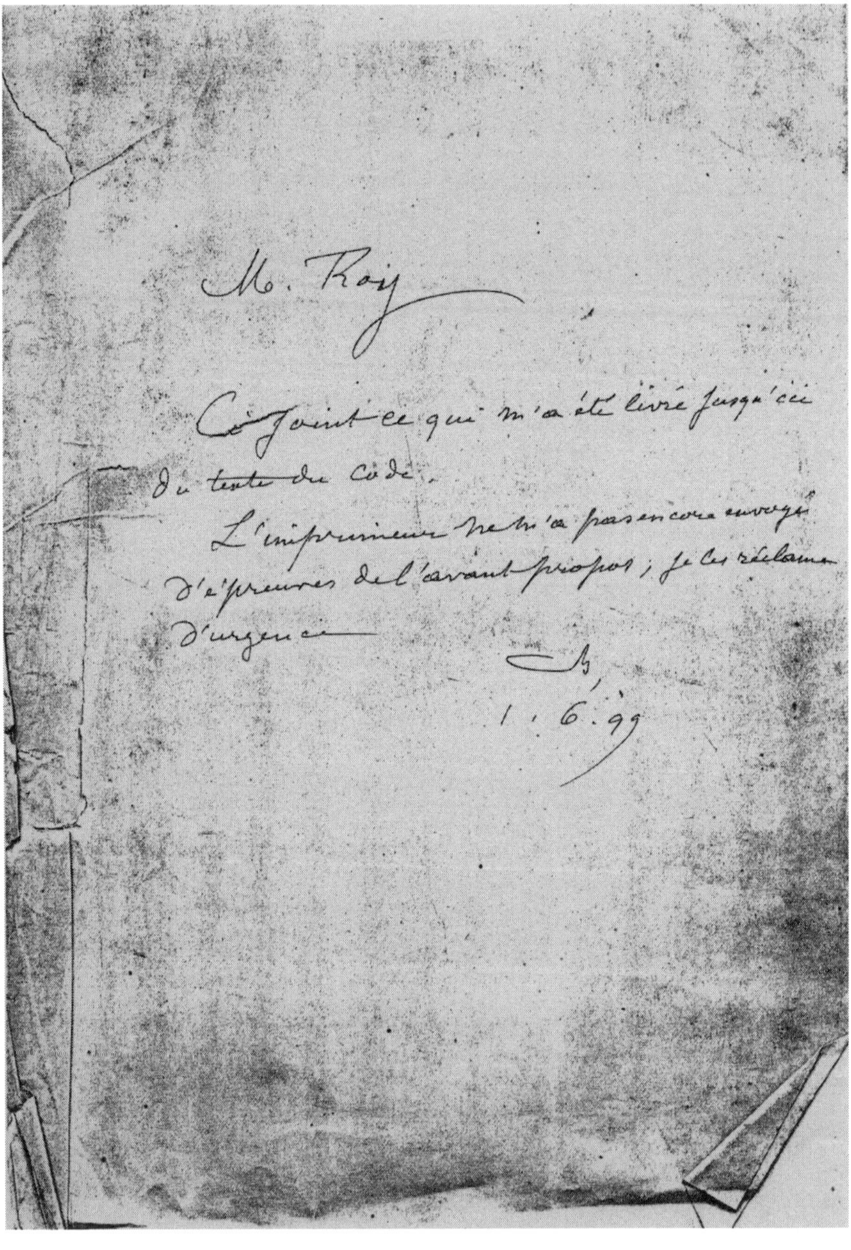

M. Roy

Ci-joint ce qui m'a été livré jusqu'ici du texte du Code.

L'imprimeur ne m'a pas encore envoyé d'épreuves de l'avant-propos ; je les réclame d'urgence

1. 6. 99

SOURCES

EN LANGUE FRANÇAISE

AUBRY, Charles & RAU, frédéric Charles: *Cours de droit civil français d'après l'ouvrage allemand de C. S. ZACHARÆ*, Cosse, Marchal & Billard, 4ème éd., Paris, 1869-1897., 8 Vol.

BAUDRY-LACANTINERIE: *Précis de droit civil contenant dans une première partie l'exposé des principes et dans une deuxième les questions de détail et les controverses*, Imprimerie Codoret, Bordeaux – Paris, 1859, 3. Vol.

CODE ET NOVELLES DE JUSTINIEN. NOVELLES DE L'EMPÉREUR LÉON: Traduction faite par l'édition d'Elzévirs, revue par D. Godefroy, et qui avec la traduction des Institutes et celle du Digeste de M. Hulot, complète la traduction de tout le Droit romain, avec le texte latin à côté, Chez Rondonneau, Éditeur, Paris, 1806, 4 Vol.

DELAMARRE & LE POITEVIN: *Traité théorique et pratique de droit commercial, Nouvelle édition comprenant dans un ordre nouveau l'ouvrage publié sous le titre: Du contrat de commission ou des obligations conventionnelles en matière de commerce*, Charles Hingray, librairie – Éditeur, 1861, 5. Vol.

DEMOLOMBE, Jean-Charles-Florent: *Cours de Code Napoléon. Traité des contrats ou des obligations conventionnelles en général*, Imprimerie générale Durand et Pedone Lauriel Libraires – Hachette Cie Libraires, Cosse, Marchal et Billard, Paris, 1877-1879, 31. Vol.

DURANTON, Alexandre: *Traité des contrats et des obligations en général suivant le Code civil*, Charles Hingray, Librairie – Éditeur, Paris, 1819-1820, 14 Vol.

ETTOUATI, Mohamed Elbachir: *Recueil de notions de droit musulman (rite malékite et rite hanafite) et d'actes notariés: judiciaires et extrajudiciaires*, Traduit par Jules ABRIBAT, F. Charvet. Imprimerie judiciaire – Imprimerie française, B. Borrel, Tunis, 1896.

FUSIER-HERMANN: *Répertoire général alphabétique du droit français*, publié sous la direction de F. H., Paris, 1872.

HOUDAS, O. & MARTEL, F.: *Traité de Droit musulman. La « Tohfat d'IBN ACEM », Texte arabe avec traduction française. Commentaire juridique et notes philologiques*, Gavault T. Saint, Alger, 1882.

LAROMBIÈRE, Léon: *Théorie et pratique des obligations ou commentaire des titres III et IV. Livre III du Code Napoléon*, Paris, 1885, 7 Vol.

LAURENT, François: *Principes de droit civil français*, Bruylant Christophe et Cie Éditeurs, Bruxelles, A. Maresquaine, Paris, 1878, 33 Vol.

Les cinquante Livres du Digeste ou des Pandectes de l'Empéreur Justinien: Traduits en français par Feu M. Hulot [...] pour les quarante-quatre premiers Livres, et pour les six derniers par M. Berthelot, Chez Behmer et Lamort, Imprimeurs-Libraires, à Metz, Chez Rondonneau, à Paris, 1805, 7 Vol.

Les Institutes de l'Empéreur Justinien: Traduites en Français par M. Hulot, et suivies d'une table générale des Titres du Digeste et des Institutes par ordre alphabétique tant en français qu'en latin, avec renvoi au volume et à la page de l'édition in 4°, Chez Behmer, Lamort, à Metz, chez Rondonneau, à Paris, 1806, 2 Vol.

Lyon-Caen: *Traité de droit commercial*, Auguste Durand, Paris, 1889-1899, 8 Vol.

Marcadé, Victor: *Explication théorique et pratique du Code Napoléon contenant l'analyse critique des auteurs et de la jurisprudence et un traité résumé après le commentaire de chaque titre*, Delamotte, 6ème édition, Paris, 1866-1882, 13 Vol.

Merlin, Philippe-Antoine: *Recueil alphabétique des questions de droit qui se présentent le plus fréquemment devant les tribunaux*, Garnery, 5ème édition, Paris, 1828, 18 Vol.

Pardessus, Jean-Marie: *Cours de droit commercial*, (éd. non indiquée)5ème éd., Paris, 1841, 6 Vol.

Perron, M.: *Précis de jurisprudence musulmane ou principes de législations musulmanes civile et religieuse selon le rite malékite. Par* Khalil Ibn Ishak, *exploration scientifique de l'Algérie pendant les années 1840-1841-1842*, publié par ordre du gouvernement et avec le concours d'une commission Académique, Imprimerie National, Paris, 1848-1854, 7 Vol.

Pothier: *Traité des obligations*, publié par A. F. Masson, Librairie De l'œuvre de Sant-Paul, Paris, 1883.

Ruben de Couder, J.: *Dictionnaire de droit commercial industriel et maritime*, Garnier Frères, A. Maresq Ainé, Paris, 6ème éd., 1881.

Savigny, Charles Frédéric de: *Le droit des obligations*, Traduit de l'allemand accompagné de notes par C. Gerardin et Paul Jozon, 2ème éd. revue, corrigée et augmentée, ernest Thorin, Éditeurs, Paris, 1873.

Seignette: *Code Musulman par Khalil*, Imprimerie L. Aroler, Constantine, Alger, 1878.

Toullier, Charles-Bonaventure-Marie: *Le droit civil français suivant l'ordre du Code, éd. B. Warreée*, oncle, Librairie de la Cour Royale au Palais de Justice, 3ème éd., entièrement conforme à la seconde, Paris, 1821/1834, 15 Vol.

Troplong, Raymond-Théodore: *Droit civil expliqué*, éd. Adm. Joun. Des notaires et des avocats, Paris, 1833-1835, 28 Vol.

ZEYS, E: *Traité de droit musulman algérien (École malékite)*, Alger- Imprimeur. Librairie de l'Académie, Alger, 1886, 2 Vol.

VAN DEN BERG, L. W. C.: *Principes du Droit musulman selon les rites d'Abou Hanîfah et de Châfi'î*, Traduit du hollandais avec l'autorisation de l'auteur par R. De France De Tersant, Typographie Adolphe Jourdan, Alger, 1896.

EN LANGUE ALLEMANDE

GOLDSCHMIDT, Ludwig: *Kritische Erörterungen zum Entwurf eines Bürgerlichen Gesetzbuchs für das Deutsche Reich*, Erstes Heft: Die formalen Mängel des Entwurfs, Duncker & Humblot, Leipzig, 1889.

WINDSCHEID, Bernhard: *Lehrbuch des Pandektenrechts*, M. Rütten & Loening, 7ème éd., Frankfurt, 1891.

EN LANGUE ITALIENNE

GIORGI, Giorgio: *Teoria delle Obbligazioni nel diritto moderno italiano – Esposta con la scorta della Dottrina e della Giurisprudenza*, Vol. VIII: *Estinzione delle obbligazioni (Continuazione e fine) – Compensazione – Confusione – Perdita della cosa dovuta – Azioni rescissorie – Prescrizione*, settima Edizione, Casa Editrice Libraria « Fratelli Cammelli », Firenze, 1911.

VIVANTE, Cesare: *Tratatto di diritto commerciale*, Vol. II, Parte II. *Le Merci E i Titoli di credito*, Fratelli Bocca Editori; Torino, 1896.

WINDSCHEID, Bernardo: *Diritto delle Pandette*, Traduzione dei professori Carlo FADDA e Paolo Emilio BENSA con note e riferimenti al Diritto Civile Italiano, Vol. I-II, Nuova ristampa stereotipa, Unione Tipografico – Editrice Torinese, Torino, 1925.

EN LANGUE ARABE

AL-FATÂWÂ AL-HINDIYA: *almoussammât bil'Fatâwâ al'âlamkiria wa bi-hâmichihi fatâwâ* Ķâđhi Kĥân *wahouwa al'imâm Fakĥreddine Ibn Mansour al-awzaħbađhi al-ħanafi, wawađha'a lahou fahrastan min Kachfi Ađhounoun*, tab'a thânia bilmatba'a al-koubrâ al-amiriya biboulâķ Misr al-maħmiya, Égypte, 1888, 4 Vol.

AL-FILALI ASSIJILMÂSSI, a-charif al-housni [...] Ibn Mohamed Ibn Abdeljalil: *Kitâb Fatħ Al-Jalil Assamad fi Charħi Attakmil wal'Mou'tamad almouchtahir bi-kitâb Al-Amaliyat Al'âmmâ*, tab'â oulâ fi matba'at addawla attounissiya al-maħroussa, 1ère éd., 1873.

AL-GHAZALI, Abou Ħâmid Mohamed: *Kitâb Iħyâ' 'Ouloum addine*, al-matba'a al-azharia al-misriya, Égypte, 1904, 4 Vol.

AL-ĶORAFI, Chiħâb Addine Abi Al'abbas Ibn Idriss: *Charħ tanķiħ alfoussoul wa bihâmichihi charħou'hou li' Ibn Jalloul Al Ķaïrawani al mâliki*, al-matba'a attounissiya rue Souķ al-blât, Tunis, non daté.

AL-ZARĶANI, Abdelbâķi: *Charħ Az-zarkani 'alâ Moukĥtassar Al-Imâm al-jalil abi Ađhiâ' Sidi Khalil wa bihâmichihi [...] Imâm almouħaķiķin [...] al-Cheïkĥ Mohamed* AL-BANNANI, matba'at Mohamed Afandi Moustapha allati bijiwari al-ķotbi addardir min Misr al-ķâhira, Le Caire, 1894, 8 Vol.

CHARĦ AL-MADJELLA: Dar iħyâ' attourath al'arabi, Sans date.

IBN FARĦOUN, Bourhân addine Abi Al'wafâ Ibrahim Ibn al'Imâm Chams addine Abi- abdellah: *Kitâb Tabsirat al-Ħoukkam fi Oussoul al'Aķđhia wa Manâhij Al'Aħkâm wa bihâmichihi Kitâb Al'aķd al'mounađhim lil-ħoukkam fima yajri baïna aïdihim mina al'ouķoudi wal'aħkâm ta'lif Al-Cheïkĥ* Abi Mohamed Abdellah Ibn Salmoun, matba'a al-bahiya al-moujâwira lilķotb addardir bi Misr al-maħmia, idârat Mohamed Moustapha Afandi wa charikouhou Ahmed Alħalabi, 1890.

IBN NADJIM, al-misri al-ħanafi Zine El'âbidine (al-mouchtahir bi): *Kitâb Al-Achbâh wa'Nađhâ'r ma'a Charħihi Ğhamz 'ouyoun Al'bassâ'r lil* ĦAMAOUI *fi al-massâ'il al'fiķhia 'alâ al-mađhhab al-ħanafia*, dar attibâ'a al'âmira, Sans date (date de son achat 1780), 2 Vol.

ARCHIVES

CORRESPONDANCE DE M. ROY DU 1.6.1899, *Archives diplomatiques de Nantes*, Ministère des Affaires Étrangères, Tunisie, 1er versement, art. n° 1252.

FATWÂ FI MOUÂFAKATI 'AHD AL-AMÂN LI AL-CHARI'Â AL-ISLÂMIYA: *Archives Nationales Tunisiennes*, Dossier. 403, carton 118.

FEUILLE DE RENSEIGNEMENT À M. LE RÉSIDENT GÉNÉRAL du 19. 4. 1900, signé par M. Roy, *Centre des Archives diplomatiques de Nantes*, Ministère des Affaires Étrangères. *C.A.D.N.*, Fonds: Tunisie – 1er versement, n° 319, Dossier S.

LE CODE TUNISIEN DE PROCÉDURES CIVILES (Georges Guinle & Cie), 1911, *Archives diplomatiques de Nantes*, Ministère des Affaires Étrangères, Tunisie,1er versement, n° 1252, s. 2190.

LE CODE PÉNAL TUNISIEN, Imprimerie française B. Borrel, Tunis, 1913, *Archives diplomatiques de Nantes*, Ministère des Affaires Étrangères, Tunisie, 1er versement, n° 1252.

MANUSCRIT: TRAVAIL DE LÉGISLATION MUSULMANE, *Archives diplomatiques de Nantes*, Ministère des Affaires Étrangères. *C.A.D.N.*, Fonds: Tunisie – Premier versement, n° 1252, s. 2190.

RAPPORT AU NOM DE GEORGES BENOIT, envoyé au ministre des Affaires Étrangères, déclassé en date du 9 octobre 1901, Archives du Ministère des Affaires Étrangères, Quai d'Orsay, Nouvelles séries. La Tunisie 1881-1992, Bob. 151, C. 218.

LISTE DES DOCUMENTS DISPARUS: **1-** Projet du Code civil et commercial tunisien de 1899 (version française), dossier 517, carton 142; **2-** Traduction arabe du Code commercial à partir de l'article 1835, dossier 518, carton 142; **3-** Code de commerce et minutes de commentaires en langue arabe, dossier 519, carton 142; **4-** Minute au crayon du Projet civil et commercial tunisien, dossier 520, carton 142; **5-** Observations de Cheikh El Islam à propos de plusieurs articles du Code Kheïreddine, dossier 521, carton 142; **6-** Traduction arabe intégrale de l'Avant-projet de 1899, dossier 522, carton 142; Copie française du Projet de Santillana (1961 articles seulement), Dossier 523, carton 142.

MINUTES DE LA COMMISSION DES CODIFICATIONS, Dossier 515, Carton 141.

NOTE CIRCULAIRE DU PREMIER MINISTRE AUX PRÉSIDENTS DES TRIBUNAUX RÉGIONAUX, S.D, n° 4241 du 31 décembre 1906, , Série 6, Carton 12, Dossier 43.

PACTE FONDAMENTAL. Copie originale, Dossier 403, Carton 118.

PROCÉS-VERBAUX DE LA COMMISSION DE CODIFICATION du 20 *đhi al-ķâda* 1274 h., Dossier. F, n° 1.

CODES, PROJETS DE LOIS

AVANT-PROJET: Travaux de la Commission de Codification des Lois tunisiennes. Fasc. I. Code civil et commercial tunisien. Avant-projet discuté et adopté au rapport de M. D. Santillana, Imprimerie générale, J. Picard et Cie, Tunis, 1899.

CODE ANNOTÉ DE LA TUNISIE: *Recueil de tous les documents composants la législation écrite de ce pays au 1er janvier 1900* par Paul Zeys. Avec une préface de Maurice Bompart, Imprinerie Berger-Levrault et Cie, Nancy, 1901.

CODE CIVIL ALLEMAND: Promulgué le 18 août 1896, entré en vigueur le 1er janvier 1900, suivi de la loi d'introduction du 18 août 1896 ainsi que de la loi du 17 avril 1899 relative à l'exécution du Code civil en Alsace-Lorraine, Traduction de l'office de Législation étrangère et de droit international, L.G.D.J., Nouveau tirage, Paris, 1929.

CODE CIVIL ALLEMAND: Promulgué le 8 août 1896, entré en vigueur le 1er février 1900, Introduction de Rymond Saleilles, Imprimé par ordre du gouvernement à l'imprimerie nationale, Paris, 1906.

CODE CIVIL ET CRIMINEL DU ROYAUME TUNISIEN: Traduction de l'arabe, Imprimerie de Dagand, Bone, 1860.

CODE CIVIL ALLEMAND ET LOI D'INTRODUCTION: Promulgués le 18 août 1896 pour entrer en vigueur le 1er janvier 1900, Traduits et annotés par O. De Meulenaere, Chevalier- Marescq et Cie Éditeurs, Paris, 1897.

CODE TUNISIEN DES OBLIGATIONS ET DES CONTRATS. Avec les décrets du Bey du 15 décembre 1906 et du 30 Juin 1907, accompagné d'observations critiques de Émile Larcher, Typographie Adolphe Jourdan, Alger, 1907.

LE CODE CIVIL ITALIEN ET LE CODE NAPOLÉON: Étude de législation comparée par M.H.T. Huc, Traduction complète du code civil italien. Annotée d'une conférence de ses articles avec l'ancien code sarde et le code Napoléon par M. Joseph Orsier, Cotillon, Librairie du conseil d'État, 1868.

PROJET PRÉLIMINAIRE DE CODE CIVIL ET COMMERCIAL TUNISIEN: Soumis à la Commission de codification des Lois tunisiennes par M. D. Santillana membre de la Commission, Imprimerie générale J. Picard et Cie, Tunis, 1897.

PROTECTORAT FRANÇAIS-GOUVERNEMENT TUNISIEN. CODE TUNISIEN DES OBLIGTIONS ET DES CONTRATS, G. Vendal, Éditeurs, Tunis, 1906.

RECUEIL DE LOIS, DÉCRETS, ORDONNANCES, ARRÊTÉS ET CIRCULAIRES DU GRAND MAÎTRE DE RÈGLEMENTS DU CONSEIL DE L'UNIVERSITÉ, DÉCISIONS DES FACULTÉS… concernant l'enseignement du droit: publié par ordre du ministre de l'instruction publique, Grand Maître de l'Université, Paris, 1838.

RECUEIL DE LOIS, DÉCRETS, ORDONNANCES CONCERNANT L'ENSEIGNEMENT DU DROIT: publié par ordre du ministre de l'instruction publique, Grand Maître de l'université, Imprimerie Royale, Paris, 1838.

BIBLIOGRAPHIE

ABDEL-MOULA, Mahmoud: *L'Université Zaytounienne et la Société tunisienne*, ouvrage publié avec le coucours du Centre de la Recherche scientifique, Tunis, 1971.

ABDESSLEM, Ahmed: *Ibn Abi-Đhiaf, Ħayâtouhou wa manzilatouhou wa mountakĥabâtoun min athârihi*, éd. Addar al- 'Arabia lilkitâb, Tunis, 1984.

ABDESSLEM, Ahmed: *Mawâķif islâħia fi tounis ķabla al– ħimâya*, S.T.D, Tunis, 1987.

ABOU TALEB, Soufi Hassan: *Baïna Achari'â al'islâmiya wa alķânoun arroumâni*, Maktabat annahđha Misr' bilfijâla, Silsilat dirassât islâmiya, Le Caire, non daté.

ABOU TALEB, Soufi Hassan: « La Shari'a islamique et le droit positif dans les pays arabes: Histoire et perspectives », in: *Politiques législatives. Égypte, Tunisie, Algérie, Maroc*, Dossier du CEDEJ, Le Caire, 1994, pp. 137-156.

AGUILERA PLEGUEZUELO, José: « Un tratado de procedimiento aplicado en Al-Andalus », in: *Awraq. Revista editada por el Instituto Hispano-Arabe de Cultura*, Madrid, 1982-83, n° 5-6, pp. 103-109.

AL-CHÂFI', Mohamed Ibn Idriss: *Al'Rissâla. Les fondements du droit musulman*, (Traduction de l'arabe) Sindbad-Actes sud, Paris, 1997.

AL-ĦÂĐHIRA: *Journal hebdomadaire politique et littéraire: N° 204*, (14ème année), 3 juillet 1900, p3; *N° 207*, du 31 juillet 1900, p. 1/ colonne 4; *N° 216*, du 4 septembre 1900; *N° 219*, du 11 septembre 1900, p. 1; du 22 décembre 1908, p1/colonne 4 et p2/colonne 1 .

AL-ĦAFNAOUI, Abdelmajid et ABDEL'ÂL, Mohamed 'oukacha: *Târikĥ annouđhoum al-ijtimâ'iya wal-ķânouniya wal-ķânoun arroumâni*, Nachr al-dâr al-jâmi'iya, Beyrouth, 1991.

ALLIOT, Michel: « L'acculturation juridique », in: Ethnologie coloniale, Encyclopédie de la Pléiade, Gallimard, Paris 1968, pp. 1180-1205.

AL'MÂLĶI, Mohamed: *Mouħâđharât fi char'ħ al-ķânoun al-madani attounissi*, Imprimerie officielle de la République tunisienne, Tunis, 1991.

AL'MÂLĶI, Mohamed: *Explication du code des obligations et des contrats par Jean Dubla - 1948*, Traduction, CERP, Faculté de droit et des sciences économiques de Tunis, 1986.

AL-SANHOURI, Abdelrazzak: *Massâdir al'ħaķ fi al-fiķh al-islâmi. Dirâssa Mouķârana bil-fiķh al-ğharbi*, Ma'had addirâssât al'arabia al'âlia, Jâmi'at addoual al'arabia, Le Caire, 1953.

'AMÂÏRIA, Ħafnâwi: « Fatwâ Ahmed Bel-kĥouja fi al-Siâssa al-islâmiya wa'tassâmouħ addini », in: *M.T.M*, août 1992, n°65-66, pp. 256-261.

AMOR, Abdelfettah: « La Constitution tunisienne de 1861 », in: *Servir. Revue tunisienne du service publique*, 1994-1995, n° 15-16, pp. 51-69.

AMSELEK, Paul: « Brèves réflexions sur la notion de « sources du droit » », in: *A.P.D.*, 1982, T XXVII. *« Sources » du droit*, pp. 251-258.

AMSELEK, Paul: « L'interprétation actuelle de la réflexion philosophique par le droit », in: *DROITS* 1986/4. *Crises dans le droit*, pp. 123-135.

AMSELEK, Paul: « Norme et loi », in: *A.P.D.*, 1980, T. XXV. *La loi*, pp. 89-108.

AMSELEK, Paul et GREGORCZYK, Christophe (publié sous la direction de): *Controverse autour de l'ontologie du droit*, P.U.F., Paris, 1989.

ANDERSON, J. N. D: « Le droit comme force sociale dans la culture et dans l'histoire de l'Islam », in: *IBLA*, 1959, T. XXII, pp. 29-54.

ANKUM: « La codification justinienne était-elle une véritable codification? », in: *Liber amicorum*, J.Gilissen, Anvers, 1984, pp. 1-23.

APPLETON, Charles: « Le culte des Ancêtres source permanente du droit en Asie, et du droit ancien à Rome » , in: *Recueil d'Études sur les sources du droit en l'honneur de François Gény, T. I: Aspects historiques et philosophiques*, Sirey, Paris, 1935, pp. 11-22.

ARKOUN, Mohammed: « Réflexions sur la notion de « raison islamique » », in: *A.S.S.R.*, 1987, 63-1, pp. 125-132.

ARNAUD, André-Jean: *Essai d'analyse structurale du code civil français. La règle du jeu dans la paix bourgeoise*, L.G.D.J, Bibliothèque de philosophie du droit sous la direction de Ch. Eisenmann, H. Batiffol, M. Villey, Vol. XVI, Paris, 1973.

ARNAUD, André-Jean: *Les juristes face à la société du XIXème siècle à nos jours*, P.U.F, Collection SUP, 1ère éd., 1975.

ARNAUD, André-Jean: *Pour une pensée juridique européenne*, P.U.F. « Les voies du droit », Paris, 1991.

ARNAUD, André-Jean: *Les Origines doctrinales du Code civil français*, L.G.D.J, Paris, 1969.

ARNAUD, André-Jean: « Le médium et le savant. Signification politique de l'interprétation juridique », in: *A.P.D.*, 1972, T. XVII, pp. 165-181.

ARNOULET, F.: « La pénétration intellectuelle en Tunisie avant le protectorat », in: *R.A.*, 1954, Vol. 9B, pp. 82-140.

ASSMANN, Heinz-Dieter; BRÜGGEMEIER, Gert; SETHE Rolf (Hrsg.): *Different Legal Cultures – Convergence of Legal Reasoning*, Nomos Verlagsgesellschaft, Baden-Baden, 2001.

ATIAS, Christian: *Épistémologie du droit*, Dalloz, 1ère éd., Paris, 2002.

ATIAS, Christian: « Réflexions sur les méthodes de la science du droit (Exemples de droit des biens) », in: *Dalloz*, 1983 – I, Chron. XXVI, pp. 145-149.

ATIAS, Christian: « Normatif et non normatif dans la législation récente du droit privé », in: *R.R.J.*, 1982-1, pp. 219-224.

ATIAS, Christian: « Une crise de légitimité seconde », in: *DROITS*, 1986/4. *Crises dans le droit*, pp. 21-33.

ATIAS, Christian: « La controverse de l'enseignement du droit », in: *A.H.F.D.S.J.*, 1985, n°2 *« Les méthodes de l'enseignement du droit »*, pp. 107-123.

ATIAS, Christian: « La mission de la doctrine universitaire en droit privé », in: *J.C.P.*, 1980-II, 2999.

ATIAS, Christian: « Hypothèses sur la doctrine en droit commercial (1898-1947-1975) », in: *Études dédiées à René Roblot. Aspects actuels du droit commercial français*, L.G.D.J., Paris, 1984, pp. 29-45.

AUBERT, Jean Luc: *Introduction au droit*, Armand Colin, 5ème éd., Paris, 1992.

BABER, Johanson: « La découverte des choses qui parlent. La législation de la torture judiciaire en droit musulman (XIIIè-XIVè siècles) », in: *Enquête*, 1998, n°7, pp. 175-202.

BACH HAMBA, A.: « Les israélites tunisiens », in: *Bibliothèque du Tunisien, Organe des intérêts indigènes*, Société anonyme de l'imprimerie rapide, Tunis, 1909, pp. 48-94.

BACH, Louis: *Droit civil. Introduction générale à l'étude du droit: Les personnes, La famille, Les biens, Les obligations*, Sirey, 13ème éd., Paris, 1999, T. I.

BACZKO, B. : *Une éducation pour la démocratie.* Textes et projet de l'époque révolutionnaire, Garnier, Paris, 1982.

BÄHR, Otto: « Entwurf eines Bürgerlichen Gesetzbuchs für das deutsche Reich », in: *Kritische Vierteljahresschrift für Gesetzgebung und Rechtswissenschaft*, Bd. XXX, 1888, pp 321-414 et 481-570.

BÄHR, Otto: « Über Irrungen im Contrahiren », in: *Jahrbücher für die Dogmatik heutigen Römischen und deutschen Privatrechts*, 1875, Bd. XIV, pp 393-427.

BÄHR, Otto: Commentaire sur « Entwurf eines Bürgerlichen Gesetzbuchs für das deutsche Reich », in: *Kritische Vierteljahresschrift für Gesetzgebung und Rechtswissenschaft*, Bd. XXX, 1888, pp. 321-414 et 481-570.

BALDINETTI, Anna: *David SANTILLANA, L'uomo e il giurista 1855/1931. Scritti inediti 1878/1920*, Istituto per l'Oriente C. A. NALLINO, Università degli Studi di Roma « Tor Vergata », Quaderni di diritto Musulmano e dei paesi islamici, Roma, 1995.

BALDINETTI, Anna: « David SANTILLANA et Odoardo MAGGIORANI au service du Bey », in: *R.H.M.*, Mai 1999, n° 93-94, pp. 71-75.

BALDINETTI, Anna: « Orientalisme et politique italienne en Egypte et en Libye», in. *Correpondances-Bulletin scientifique de L'I.R.M.C.*, 1996, pp. 1-8.

Bastit, Michel: « Suggestions sur les origines philosophiques de l'acte juridique », in: *DROITS*, 1988/7. *L'acte juridique*, pp. 11-19.

Bastit, Michel: « La loi », in: A.P.D., 1990, T.XXXV. *Vocabulaire fondamental du droit*, Sirey, pp. 211-220.

Batiffol, Henri: « La responsabilité de la doctrine dans la création du droit », in: *R.R.J. Doit prospectif*, 1981-2, pp. 175-184.

Becane, Jean Claude & Couderc, Michel: *La loi*, Dalloz, Paris, 1994.

Bechillon, Denys (de): « Sur la conception de la hiérarchie des normes. Anatomie d'une représentation », in: *R.I.E.J.*, 1994, n°32, pp. 81-127.

Bekker, Ernst Immanuel: « System und Sprache des Entwurfs eines Bürgerlichen Gesetzbuchs für das Deutsche Reich », in: *Beiträge zur Erläuterung und Beurteilung des Entwurfs eines Bürgerlichen Gesetzbuchs für das deutsche Reich*, Zweites Helft, J. Guttentag, Berlin und Leipzig, 1888, pp. 1-86.

Belaïd, Sadok: *Islam et droit. Une nouvelle lecture des versets prescriptifs du Coran*, Centre de publication universitaire, Tunis, 2000.

Bel- Khodja, Mohamed: *Tarikĥ Ma'âlim Attawħid fi al-ķadimi wal-jadid*, Préface de Jilani Bel-hadj Yahyâ et Hamadi Sahli, Dâr Al-ğharb al-islâmi, 2ème éd., Beyrouth, 1985.

Bel- Khodja, Mohamed: « Le Cheikh el Islam à Tunis ». Rapport in: *Congrès de l'Afrique du Nord du 6 au 10 octobre 1908 à Tunis*, T. II, pp. 405-414.

Bel-Khouja, Mahmoud: « Safħâ min târikĥ tounis », in: *Al-Madrassâ al-Sâdiķia – Chams al-Islam*, 1356 h./1937, n° 2, pp. 98-102.

Ben Achour Derouiche, Sana: *Aux sources du droit moderne tunisien: La législation tunisienne en période coloniale*, Thèse pour le doctorat d'État, Faculté de sciences juridiques, politiques et sociales de Tunis, 1996.

Ben Achour Derouiche, Sana et Mechri, Farouk: Rapport sur les travaux de l'Association Henri Capitant: *La circulation du modèle juridique français. Journée franco-italienne*, 1993, T. XLIV, Litec, Paris, pp. 283-300.

Ben Achour, Mohamed El'Aziz: *Catégories de la société tunisoise dans la deuxième moitié du XIXème siècle*, Préface de Dominique Chevallier, Institut National d'Archéologie et d'Art, Tunis, 1989.

Ben Achour, Mohamed El'Aziz: *Les Ulémas à Tunis aux XVIII et XIX*ème *siècles*, Thèse de doctorat de 3ème cycle (Histoire), Université de Paris – Sorbonne, Paris IV, 1977.

Ben Achour, Mohamed Alfâđhil: *Tarâjim el-a'lâm*, Al-dâr al-tounissiya li'nachr, Tunis, 1970.

Ben Achour, Mohamed Alfâđhil: « Al-Cheïkĥ Salem Bou Ħajeb », in: *Athouravâ*, 1944, mai, n° 5, pp. 42-47.

BEN ACHOUR, Mohamed Alfâđhil: « Al'allâma Arra'îs Al-Cheïkĥ Mustapha Rađhouan », in: *R.Z.*, 1955, pp. 88-95.

BEN AMMOU, Nadhir: « La doctrine tunisienne de droit privé de l'aube du XXè à la veille du XXIè siècle », in: *L'apport du XXème siècle au Droit privé tunisien. Actes du colloque tenu les 23-24-25 avril 1998*, Collection forum des juristes-n° 8, Faculté de droit et des sciences politiques de Tunis, Tunis, 2000, pp. 65-137.

BEN H'SSIN, Mohamed el Kĥéđher: « Ħayât-al-Omma », in: *Assa'âda al-ođhmâ*, n°166, (*Rabie al-awal* 1322), pp. 81-82.

BENDITT, Theodore: *Law as Rule and Principle: Problems of legal philosophy*, Hassocks, Sussex: Harvester Press, 1978.

BENICHOU, P.: *Le temps des prophètes*, éd. Gallimard, Paris, 1977.

BERGE, François: *Gouvernement tunisien/Protectorat français (direction générale de l'enseignement), Conférences sur les administrations tunisiennes à l'hôtel des sociétés françaises à Tunis*, 2ème éd., Revue et mise à jour en 1902, Imprimerie française, Sousse, 1902.

BERGE, François: « De l'organisation judiciaire de la Tunisie ». in: *Conférences sur les administrations tunisiennes à l'hôtel des sociétés françaises à Tunis*, 2ème éd., revue et mise à jour en 1902, Imprimerie française-Rue Jules Ferry, Sousse, 1902.

BERGE, PADOUX, ANTERRIEU: *Conférences sur les administrations tunisiennes à l'hôtel des sociétés françaises à Tunis*, 2ème éd., revue et mise à jour en 1902, Imprimerie française-Rue Jules Ferry, Sousse, 1902.

BERGE, S.: « La justice en Tunisie », in: Congrés de l'Afrique du Nord tenu à Paris du 6 au 10 octobre, T. II: Questions indigènes, publié par M. CH. Depincé au siège du Comité d'organisation du Congrés, Paris, 1909, pp. 291-328.

BERGEL, Jean-Louis: « La loi du juge. Dialogue ou duel », in: *Études offertes à Pierre KAYSER*, Presses universitaires d'Aix-Marseille, 1979, T. I, pp. 21-41.

BERGER-VACHON, Victor: « Contribution à l'étude de la responsabilité civile délictuelle en droit musulman », in: *Mélanges juridiques dédiés à M. Le professeur Sugiyama*, Association Japonaise des juristes de langue française, Maison Franco-Japonaise, Tokyo, 1940.

BERGSTRÄßER, Bespr.V.G.: « Santillana David, *Istituzioni di diritto musulmano malichita con riguardo anche al sistema sciafiita.* Vol I. Rom: anonima Romana Editionale 1926 (XVI, 375 s.) 4°. Istituto per l'Oriente. Bespr.v.G.Bergsträßer, Müchen », in: *Orientalistische Literaturzeitung. Monatsschrift für die Wissenschaft vom ganzen Orient und seinen Beziehungen zu den angrenzenden Kulturkreisen*,

Zweiunddreißigster Jahrgang, Verlag der J.C. Hinrichs'schen Buchhandlung, Leipzig, 1929, pp 277-282.

Beseler, Georg: *Volksrecht und Juristenrecht*, Weidmann'sche Buchhandlung, Leipzig, 1843.

Biographie Universelle Michaud Ancienne et Moderne: éd. Paris: chez Madame C. Desplaces & Leipzig: librairie de F.A. Brockhaus, 1811-1828, T. XXXXV; T. XXXII; T. XXXVIII.

Björne, Lars: Deutsche Rechtssysteme im XVIII. und XIX. Jahrhundert, Verlag Rolf Gremer, Ebelsbach, 1984.

Bonnecase, J.: *La pensée juridique française de 1804 à l'heure présente. Ses variations et ses traits essentiels*, éd. Dalmas, Bordeaux, 1933, T. I.

Bono, Salvatore: « Islam et politique coloniale en Libye », in: *M.R.*, 1988, Vol. 13-1-2, pp. 70-74.

Bontems, C: « Une technique jurisprudentielle de pénétration du droit matrimonial français en Algérie: L'option de législation », in: *R.A.S.J.P.*, décembre 1978, Vol. XV, pp. 37-51.

Borrmans, Maurice: « Droit, foi et raison en Islam », in: *Horizons Maghrébines*, 1994, n° 25/26, pp. 37-47.

Botiveau, Bernard: *Loi islamique et droit dans les sociétés arabes*, Préface de Jacques Berque, Karthala-Iremam, Paris, 1993.

Botiveau, Bernard: « Remarques sur les conditions d'une anthropologie du droit », in: Égypte/M.A., 1996, n° 25, pp. 25-37.

Bouche, Denise: *Histoire de la colonisation française*, Fayard, Paris, 1996.

Bourdieu, Pierre: « La force du droit. Éléments pour une sociologie du champ juridique », in: *A.R.S.S.*, 1986, n° 64/*De quel droit?*, pp. 3-19.

Bourdieu, Pierre: « Habitus, code et codification », in: *A.R.S.S.*, 1986, n° 64/ *De quel droit?*, pp. 40-44.

Bourdieu, Pierre: « Sociologues de la croyance et croyances de sociologues », in: *A.S.S.R.*, 1987, 63-1, pp. 155-161.

Bouretz, Pierre: « Droit », in: *Dictionnaire d'éthique et de philosophie morale* sous la direction de Monique Canto-Sperber, P.U.F., 2ème éd. Corrigée, Paris, 1997, pp. 439-452.

Bouretz, Pierre ; Finkielkraut, Alain ; Joinet, Louis ; Leben, Charles ; Lochak, Daniel ; Varaut, Jean-Marc: « Table ronde sur la prescription », in: *DROITS*, 2000/31. *Prescription et imprescriptibilité*, pp. 41-77.

Bourjon, François: Le droit commun de la France et la coutume de Paris réduits en principes, éd. Orangé et Rouy, Paris, 1747.

Bousquet, George-Henri: *Classique de l'islamologie*, La maison des livres, Alger, 1948.

Bousquet, George-Henri: « L'exploration juridique de l'Algérie et de l'Afrique du Nord (Droit musulman) », in: *B.E.A.*, mai-juillet 1947, n°33, pp. 99-105.

Bousquet, George-Henri: « Théorie du fiqh et réalités sociologiques « La circoncision » », in: *IBLA*, novembre-décembre 1948, n°40, pp. 206-207.

Bousquet, George-Henri: « Un chef-d'oeuvre de l'orientalisme italien: la traduction de Khalil par Guidi et Santillana », in: *R.S.O.*, 1962, Vol XXXVII, pp. 251-255.

Bousquet, George-Henri: « Dans quelle mesure l'enseignement dogmatique a-t-il pu entraver l'évolution des institutions économiques et sociales de l'Islam? », in: *IBLA*, pp. 185-193.

Bousquet, George-Henri: « Le mystère de la formation et des origines du fiqh », in: *R.A.T & M de lég. & de JSP*, 1947, pp. 67-81.

Boutmy, E.: « Les rapports et les limites des études juridiques et des études politiques », in: *R.E.*, 1889, T. XVII, pp. 193-206.

Bouzbhiba, Mohamed Ben Ibrahim: *Ħarakat Taḳnin al-fiḳh bilbilâd attounissiya (1857-1965)*, Thèse de doctorat, Al'ma'had Al-a'lâ li-oussoul addine (Section fiḳh), Tunis, 1999-2000.

Bribant, Guy: « La Commission supérieure de codification », in: *La codification.* Ouvrage collectif sous la direction de B. Beignier, Dalloz, Paris, 1996, pp. 97-105.

Brown, Leon Carl: « The Islamic Reformist Mouvement in North Africa », in: *J.M.A.S.*, 1964, T. II, pp. 55-63.

Brown, Nathan: « Shar'ia and state in the modern muslim Middle East », in: *Middle East studies*, Cambridge University Press, Printed in the United States of America, 1997, pp. 359-376.

Brunschwig, Henri: *Mythes et réalités de l'impérialisme colonial français (1871-1914)*, éd. Armand Colin, Paris, 1960.

Brunschwig, Robert: « Justice religieuse et justice laïque dans la Tunisie des Deys et des Beys, jusqu'au milieu du XIXème siècle », in: *S.I.*, 1965, Vol XXIII, pp 27-70. Repris dans son ouvrage: Études d'islamologie, T. II, pp. 219-269.

Bufnoir: *Propriété et contrat. Théorie des modes d'acquisition des droits réels et des sources des obligations.* Leçons recueillies par Bartin, Descamps, Deslandres, Pillet, Saleilles, Timbal, éd. Rousseau, Paris, 1900.

Cabrillac, Rémy: *Introduction générale au droit privé*, Droit, Eyrolles Université, Paris, 1993.

Cabrillac, Rémy: « Le Code civil à la fin du XXème siècle », in: *Le Droit privé français à la fin du XXème siècle. Études offertes à Pierre Catala*, Litec, Paris, 2001, pp. 73-82.

CABRILLAC, Rémy: *Les codifications*, P.U.F., « Droit, éthique, société », 1ère éd., Paris, 2002.

CANO ÁVILA, Pedro: « El contrato de compraventa con derecho de opción (bay‘ al-jiyār) y con derecho de recuperación (ṯunyā), según el jurista granadino Ibn Salmūn (siglo XIV) », in: *Actas XVI Congreso UEAI – Consejo superior de Investigaciones Científicas - Union Européenne d'Arabisants et d'Islamisants*, Concepción Vázquez de Benito, Miguel Ángel Manzano Rodríguez (Editores), Salamanca, 1995, pp. 89-99.

CANO ÁVILA, Pedro: « Sobre algunos maestros y contemporanes del Granadino Abū L-Qāsim IBN SALMŪN », in: *Miscelanea de Estudios árabes y hebraicos*, Universidad de Granada, Vol. XXXVII, Fasc. I, 1988, pp. 37-55.

CARBASSE, Jean-Marie: *Introduction historique au droit*, P.U.F., 1ère éd., Paris, 1998.

CARBASSE, Jean-Marie: « Coutume, temps, interprétation », in: *DROITS*, 1999/30. *Temps, interprétation et droit*, pp. 15-28.

CARBASSE, Jean-Marie: « Contribution à l'étude du processus coutumier: La coutume de droit privé jusqu'à la Révolution », in: *DROITS*, 1986/3. *La coutume*, pp. 25-37.

CARBONNIER, Jean: *Droit civil. Introduction*, P.U.F, 27ème éd., Paris, 2002.

CARBONNIER, Jean: *Tendances actuelles de l'art législatif en France. Essais sur les lois*, Répertoires du Notariat défrénois, 2ème éd., Paris, 1995.

CARBONNIER, Jean: *Flexible droit. Pour une sociologie du droit sans rigueur*, L.G.D.J., 10ème éd., Paris, 2001.

CARBONNIER, Jean: *Sociologie juridique*, P.U.F., 2ère éd., Paris, 2004.

CARBONNIER, Jean: « De quelques actes manqués en législation », in: *Le Droit français à la fin du XXème siècle, Études offertes à Pierre Catala*, Litec, Paris, 2001, pp. 3-20.

CARBONNIER, Jean: « Le Code Napoléon en tant que phénomène sociologique », in: *R.R.J.*, 1981-3, pp. 327-336.

CARBONNIER, Jean: « Le Code civil des français a-t-il changé la société européenne? Programme pour une recherche sociologique sur l'influence du Code de 1804 », in: *Dalloz*, 1975, *Chron.*, pp. 171-174.

CARBONNIER, Jean: Entretien avec le Doyen Jean Carbonnier: « Sociologie juridique et crise du droit », in: *DROITS*, 1986/4. *Crises dans le droit*, pp. 65-73.

CARBONNIER, Jean: « La sociologie juridique en quête de ses frontières », in: *Sociologia del Diritto*, A. Giuffrè Editore, Milano, 1974 – I, pp. 15-18.

CARBONNIER, Jean: « La religion, fondement du droit? », in: *A.P.D.*, 1994, T. XXXVIII. Droit et religion, pp. 17-21.

CARTY, Anthony: « L'impact de Dworkin sur la philosophie du droit anglo-américaine », in: *R.S.*, 1986, n°2, pp. 7-14.
CATALANO, Pierangelo: « Résistance des traditions, pluralité des ordres et rencontre des systèmes juridiques dans l'aire méditerranéenne », in: *R.B.*, 1981, n° 6, pp. 7-19.
CAYLA, Olivier: *De la bioéthique au biodroit*, L.G.D.J., Paris, 1994.
CAYLA, Olivier: « La théorie de la signification de l'acte dans la pensée normativiste », in: *DROITS*, 1988/7. *L'acte juridique*, pp. 59-73.
CAYLA, Olivier: « Bioéthique ou biodroit ? », in : *DROITS*, 1991/13, pp. 3-18.
CHAF'Î, Housni: *La protection des incapables. Étude comparative du droit musulman classique et des législations modernes des pays islamiques*, Thèse de doctorat, Paris, 1965.
CHAMMAM, Mahmoud: *Khoulassât târikh al'kadhâ' bitounis*, Al-Wâfa, Tunis, 1992.
CHAMAMA, Nassime: « De la naturalisation française des Israélites tunisiens et l'accroissement de l'extension de juridiction des tribunaux français », in: *Congrés de l'Afrique du Nord*, 1908, T. II, pp. 356-377.
CHAMBOREDON, Anthony: « La « texture ouverte » d'un code européen du droit des contrats », *Extrait du Journal du Droit International*, éd. du Jurisclasseur, 128ème année, 2001, n°1, pp. 5-46.
CHAMBOREDON, Anthony et SCHMIDT, U. Christoph: « Pour la création d'un « Institut européen du Droit ». Entre une unification législative ou non législative, l'émergence d'une science juridique transnationale en Europe », in: *R.I.C.D.*, 2001, n°3, pp. 685-708.
CHARBONNEAU, Simon: « Norme juridique et norme technique », in: *A.P.D.*, 1983, T. XXVIII. *Philosophie pénale*, pp. 283-291.
CHARFEDDINE, Mohamed Kamel: « Esquisse sur la méthode normative retenue dans l'élaboration du Code tunisien des obligations et des contrats », in: *R.I.D.C.*, 1996, n°2, pp. 421-442.
CHARFEDDINE, Mohamed Kamel: « Codes civils ou Code civil ? Réflexion sur une éventuelle recodification », in : *L'apport du XXème siècle au droit privé tunisien. Actes du colloque tenu les 23, 24 et 25 avril 1998*, Collection forum des juristes – n°8, Faculté de droit et des sciences politiques de Tunis, Tunis, 2000.
CHARFI, Abdelmajid: « *Iǧtihad et iǧma'*. Au-delà des malentendus », in: *Annuaire de l'Afrique du Nord*, 1994, XXXIII, pp. 13-24.
CHARFI, Mohamed: *Introduction à l'étude du droit*, Cérès éditions, 3ème édition revue et augmentée, Tunis, 2001.

CHARNAY, Jean-Paul: « Amplitude sociale et logique de la règle musulmane », in: *La règle de droit*. Travaux du Centre national de recherches de logique, Établissements Émile Bruylant, Bruxelles, 1971, pp. 142-158.

CHATER, Khelifa: « Islam et réformes politiques dans la Tunisie du XIXème siècle », in: *R.M.*, 1988, Vol. 13.1-2, pp. 77-83.

CHEHATA, Chafik: *Études de droit musulman*, P.U.F., Paris, 1971.

CHEVALIER, Jean et BACH Louis: *Introduction à l'étude du droit*, Sirey, 13ème éd., Paris, 1998, T. I.

COING, Helmut: « Trois formes historiques d'interprétation du droit. Glossateurs, pandectistes, école de l'exégèse », in: *R.H.D.fr. étr.*, 1970, pp. 531-543.

COING, Helmut: « La méthode sociologique dans les études d'histoire du droit en Allemagne », in: *Colloque organisé à Strasbourg en novembre 1956*, (éditeur non indiqué), pp. 109-120.

COING, Helmut: « Der juristische Systembegriff bei Rudolf von Ihering », in: *Philosophie und Rechtswissenschaft. Zum Problem ihrer Beziehung im XIX Jahrhundert*, hrsg. von. J. Blühdorn und J. Ritter, Vittorio Klostermann, Frankfurt am Main, 1969, pp. 149-171.

COING, Helmut: « Savignys rechtspolitische und methodische Anschauungen in ihrer Bedeutung für die gegenwärtige deutsche Rechtswissenschaft », in: *Gesammelte Aufsätze zu Rechtsgeschichte, Rechtsphilosophie und Zivilrecht*, Bd. 1, hrsg., Vittorio Klostermann, Frankfurt am Main, 1982, pp. 178-190.

COING, Helmut: « Allgemeine Züge der Privatrechtlichen Gesetzgebung im 19. Jahrhundert », *Sonderdruck aus Handbuch der Quellen und Literatur der neueren Europäischen Privatrechtsgeschichte. Dritter Band. Das 19. Jahrhundert, Erster Teilband Gesetzgebung zum Allgemeinen Privatrecht, Veröffentlichung des Max-Planck-Instituts für Europäische Rechtsgeschichte*, C.H. Beck'sche Verlagsbuchhandlung, München, 1982, pp. 3-16.

COING, Helmut: « Zur Rezeption römischen Rechts in Deutschland », in: *Acta iuridica*, 1970, XVII, pp. 126-145.

COING, Helmut: « Experiencia con una codificacion: el Codigo civil Aleman de 1900 », *Separato de la Revista de Historia del Derecho* 9, Buenos Airos, 1981, pp. 159-179.

COLLINET, Paul: « Le rôle des juges dans la formation du droit romain classique », in: *Recueil d'Études sur les sources du droit en l'honneur de François Gény*, T. I: *Aspects historiques et philosophiques*, Sirey, Paris, 1935, pp. 23-31.

COMBEZ, Valéry: *La doctrine en droit français et en Common Law (Étude comparative)*, Thèse pour l'obtention du doctorat en droit privé, Université Jean Moulin, Lyon III, 1995.

CONERMANN, Stephan (Hrsg.): *Die schwere Geburt von Staaten. Verfassungen und Rechtskulturen in modernen asiatischen Gesellschaften*, Bonner Asienstudien. Herausgegeben von Stephan Conermann, Bd. 1, EB-Verlag, Hamburg, 2007.

COOK, Charles: *The american codification mouvement: A study of antebellum legal reform*, Green wood Press, London, 1981.

COOK, Michael: *Early Muslim dogma: a source critical study*, Cambridge University Press, London, New York, 1981.

CORNIL, Georges: « Les codes modernes et le droit romain », in: *R.D.I.L.*, 1912, pp. 34-49.

CORNU, Gérard: « Regard d'un civiliste », in: Le Droit privé français à la fin du XXème siécle. Études offertes à Pierre Catala, Litec, Paris, 2001, pp. 21-23.

CORNU, Gérard: *Droit civil. Introduction: les personnes, les biens*, éd. Montchrétien, 10ème éd., Paris, 2001.

COULSON, Noël J.: *Histoire du droit islamique*, Traduit de l'anglais par Dominique Anvar, P.U.F, 1ère éd., Paris, 1995.

CROME, Carl: « Les similitudes du code civil français », in: *Le livre du centenaire du code civil: 1804-1904*, éd. Rousseau, Paris, T. II, 1904, pp. 591-623.

CROME, Carl: *Allgemeiner Teil der modernen französischen Privatrechtswissenschaft*, J. Benscheimer, Mannheim, 1892.

CROME, Carl: Systems des deutschen Bürgerlichen Rechts, Erster Band: Einleitung und Allgemeiner Teil, Tübingen und Leipzig, J.C.B. Mohr, 1900.

DABIN, Jean: « François Gény, le savant », in: *Le Centenaire du doyen François Gény. Recueil des conférences prononcées les 26 et 27 octobre 1962*, Dalloz, 1963, pp. 13-37.

DAVID, René: « La jurisprudence », in: *R.R.J.*, 1985 – 3. *Études consacrées aux sources du droit*, pp. 775-845.

DAVID, René: « Indications générales concernant le thème: La doctrine, source d'unification internationale du droit », in: *R.R.J.*, 1985-3, pp. 846-858.

DE FELIPE, Elena, RODRIGUEZ, Fernando: « La producción intelectual Mālikī a través de Al-Dībāŷ Al-Mudhab de IBN FARḤŪN », in: Estudios Onomástico-Biográficos de Al-Andalus, Instituto de Filología. Departamento de Estudios Árabes, Editados por Manuela Marín, 1988, pp. 419-427.

DEGUERGUE, Maryse: « Jurisprudence », in: *DROITS*, 201/34. *Mots de la justice*, pp. 95-103.

DELLA VIDA, Levi: « Necrologia », in: *R.S.O.*, Pubblicata a cura dei Professori della Scuola Orinetale nelle R. Università di Roma, Vol. XII, Fasc. IV, 1931, pp. 453-461.

DEL VECCHIO, Giorgio: « Les bases du droit comparé et les principes généraux du droit », in: *R.I.D.C.*, 1960, n°3, pp. 493-499.

DEMEERSMAN, André: Aspects de la société tunisienne d'après Ibn Abî L-Dhiaf, éd. Ibla, Tunis, 1996.

DEMEERSMAN, André: « Recherches tunisiennnes sur le mâlikisme ifrîqiyen », in: *IBLA*, 1963/1, n°101, pp. 1-12.

DEMEERSMAN, André: « Aspect humain des réformes de Kheïreddine en Tunisie », in: *IBLA*, n°80,1957, pp. 317-350.

DEMEERSMAN, André: « Doctrine de Kheïreddine en matière de politique extérieure », in: *IBLA*, 1958, n°81, pp. 13-29.

DEMEERSMAN, André: « Au berceau des premières réformes démocratiques en Tunisie », in: *IBLA*, 1958, n° 77, pp. 1-12.

DEMEERSMAN, André: « Un grand témoin des premières idées modernisantes en Tunisie », in: *IBLA*, 1956, n°76, pp. 273-349.

DEOM, Diane: « En guise de conclusion. vers une éthique de la doctrine », in: *La doctrine une source en droit. Annales de droit de Louvain*, 1997, pp. 57-72.

DESCHAMP, Hubert: *Les méthodes coloniales de la France du XVIème siècle à nos jours*, A. Colin, (Collection Armand Colin, Section d'histoire et scien.écon.), Paris, 1953.

DESSEN, Anna: *Travail préparatoire au reclassement des archives du protectorat français en Tunisie (1881-1956) conservées aux Archives diplomatiques de Nantes*, Mémoire de maîtrise Mécadocte-option archivistiques, Université de Haute Alsace, 1994.

DEUTSCHE JURISTEN AUS FÜNF JAHRHUNDERTEN: *Eine biographische Einführung in die Geschichte der Rechtswissenschaft*, Gerd Kleinheyer und Jan Schöder, unter Mitarbeit von Erwin Forster, Hagen Hof und Bernhard Pahlmann, 2., neubearbeitete und erweiterte Auflage, C.F. Müller Juristischer Verlag, Heidelberg, 1983.

DICTIONNAIRE DE BIOGRAPHIE FRANÇAISE: sous la direction de M. Prevost et Roman D'amat, Librairie Letouzey et Ané, Paris, 1948, T. IV; 1965, T. X, T. XXVIII.

DICTIONNAIRE DE BIOGRAPHIE FRANÇAISE: Librairie Letouzey et Ané, Paris, 1951, T.V

DICTIONNAIRE ENCYCLOPÉDIQUE DE THÉORIE ET DE SOCIOLOGIE DU DROIT: 2ème éd. corrigée et augmentée sous la direction d'André Jean Arnaud, L.G.D.J., Paris 1993.

DICTIONNAIRE FRANÇAIS/TURC: avec la prononciation figurée par N. Mallouf, Maisonneuve et Cie, Librairies éditeurs pour les langues orientales, étrangères et comparées, seconde éd., Paris, 1856.

DOMAT, Jean: *Les lois civiles dans leur ordre naturel*, Jean Baptiste Coignard, Paris, 1695.

DOZY: Suppl. Aux Dictionnaires arabes, Maisonneuve, Paris 1881, T. I.

DRIOUECH, Mohamed: *Oussoul ķânoun al-iltizâmât wa al'ouķoud. Baĥth fi al oussoul al-fiķhia wa'ttârikĥia*, Manchourât silsilat al-ma'rifa al-ķânouniya , Rabat, 1996.

DRIOUECH, Ahmed: «Texte de la présentation de sa thèse: *Oussoul ķânoun al-iltizâmât wa al'ouķoud* », in: *R.M.D.E.*, 1993, pp. 9-27.

DRIOUX, Joseph: « L'origine du projet code civil pour l'empire d'Allemagne », in: *B.S.L.C.*, 1889, n°1, janvier, T. XVIII, pp. 74-101.

DU CAURROY: « Notice nécrologique sur M. Jourdan», in: *Thémis*, T. VIII, 1ère partie, pp. 154- 157.

DUBOUCHET, Paul: *La pensée juridique avant et après le Code civil*, L'Hermès, 3ème éd., Paris, 1994.

DUBOUCHET, Paul: « Herméneutique et théorie normative du droit », in: *R.R.J.*, 1995, n° 3, pp. 189-206.

DUBOUCHET, Paul: « L'éloge de l'exégèse et la science du droit », in: *R.R.J.*, 1986-2, pp. 209-254.

DUFOUR, Alfred: « Théorie et pratique de la recherche et de l'enseignement. La conception de l'Université de Savigny », in: *DROITS*, 1994/20, pp. 43-53.

DUPEYROUX, Olivier: « La doctrine française et le problème de la jurisprudence source de droit », in: *Mélanges dédiés à Gabriel Marty*, 1978, pp. 463-475.

DUPIN, M.: *Lettres sur la profession d'avocat*, chez B. Warée, oncle, libraire de la Cour Royale au Palais de Justice, Paris, 1832, 2 T.

DURAND, Paul: « La connaissance du phénomène juridique et les tâches de la doctrine moderne du droit privé », in: *Dalloz*, Chron. XV, 1956, pp. 73-76.

DURKHEIM, Émile: Compte rendu du livre de Lambert : *La fonction du droit civil comparé*, in: *L'Année Sociologique*, 1904, Vol. 7, pp. 374-379.

DUXBURY, Neil: « Law and Prediction in Realist Jurisprudence », in: *Archiv für Rechts- und Sozialphilosophie*, Vol. 87, 2001/3. Quartal, Heft. 3, pp. 402-418.

DWORKIN, Ronald: *Law's Empire*, Cambridge M.A., The Belknap Press of Harvard University, London, 1986.

ECK, Ernst: *Zur Feier des Gedächtnisses von B. Windscheid und R. v. Ihering*, Vortrag gehalten in der Juristischen Gesellschaft zu Berlin am 17. Dezember 1892, Carl Heymanns Verlag, Berlin, 1893.

El Baz, Salim Rostom: « Rapportde présentation et d'analyse de la Madjella », in: *Charh al'Madjella*, Dar iħyâ' attourath al'arabi, Sans date.

El Kâssâni, 'Alâ'addine abi Bakr Ibn Mass'oud: *Badâi' assanâi' fi tartib acharâi'*, Dar al kitâb al'arabi, 1ère éd., Beyrouth, 1910.

El Mounjid, Salaheddine: *Al-mountaķâ min dirâssât al-moustachriķin*, Matba'ât lajnat atta'lif wa-tarjama wa-nachr, Le Caire, 1955, T. I.

El Sanhoury, Abdel-Razzak: « Le droit musulman comme élément de refonte du Code civil égyptien », in: *Introduction à l'étude du droit comparé. Recueil d'Études en l'honneur d'Edouard Lambert*, Troisième partie: Le droit comparé comme science juridique moderne – Quatrième partie: Le droit comparé comme science internationale moderne, L.G.D.J., Paris, 1938, pp. 621-643.

El-Hintati, Najmeddine: « Mouħâwala li-nachr'al-mađh'hab al-ħanbalibi-ifriķia ħawâlaï mountassaf al-ķarn III/IX », in: *IBLA*, 1994, T. 57, n° 173, pp. 91-106.

El-Hintati, Najmeddine: « Tatawour Mawķif oulamâ al-mâlikia mina al-kĥawđhi fi al massâ'il al kalâmiya wa tabannihim lil'aķida al-ach'ariya », in: *IBLA*, 1992, T. 55, n° 170, pp. 297-322.

Eliade, Mircea, Couliano, Ioan avec la collaboration de H. S. Wiesner: *Dictionnaire des religions*, Plon, Paris, 1990.

Ellul, J.: *Histoire des institutions-Le Moyen Age*, P.U.F., 1962, T. III.

El-Madani, Hédi: « Tarjamat Mohamed Baïram arrabâ' », in: *R.J.L.*, mars 1972, pp. 17-26.

Enciclopedia del Diritto: Vol. XXXI, Giuffrè Editore, Milano, 1931-1981.

Encyclopedia Universalis: France S.A., 2002, Corpus: V ; XIV ; XVI ; XVIII ; XVV.

Encyclopédie de l'Islam: Dictionnaire géographique, ethnologique et biographique des peuples musulmans publié avec le concours des principaux orientalistes (M. Th. Houtsma, A. Wensinck, E. Levi-Provençal, T. W. Arnold et W. Heffening), Librairie et imprimerie E.S.Brill & Auguste Picard éditeur, Paris, 1927, 2 T.

Encyclopédie de l'Islam: Établie avec le concours des principaux orientalistes, sous le patronage de l'Union Académique Internationale E.J.Brill, Maisonneuve & Larose. S.A., Nouvelle édition, Paris, 1978.

Esmein, A.: *Cours élémentaire d'histoire du droit français à l'usage des étudiants en droit de première année*, Librairie du recueil général des lois et des arrêts et du journal du palais, L. Larose et Forcel Editeurs, Paris, 1892.

Esmein: « Rapport du conseil supérieur de l'instruction publique sur la réforme de l'agrégation », in: *R.E.S.*, 1896, 2ème sem., pp. 243-257.

ESSAI DE CODIFICATION DU DROIT MUSULMAN ALGÉRIEN, (Auteur non indiqué), in: *R.A.T.M de Lég & de JSP*, 1903, pp. 1-11.

ESSNOUSSI, Mohamed: *Moussâmarat al-đharif bi ħosni at'ârif*, Révision et commentaire de Chadli Annaïfar, éd. Dar Bouslama, Tunis, 1983, T. I.

ESSOUISSI BEN YOUNES, Mohamed: *Al-Ftawâ Attounissiya fi al'ķarn Arrâba'a'char al-hijri. Jama'an wa taħķiķan wa dirâssatan limâ nouchira bi-tounis*, Thèse pour l'obtention du doctorat, Université Zeytounienne de la Chari'â et des origines du fiķh, Section du fiķh et de siyassâ chari'yâ, Tunis, 1986, T. I.

EWALD, François: *Naissance du Code civil. La raison du législateur. An VIII- an XII – 1800-1804*, Travaux préparatoires du Code civil rassemblés par P.A.. Fenet. Extraits choisis et présentés sous la direction de François Ewald par Florence Bellivier, Laurence Boudouard, Hugues Fulchiron, Joseph Goy, Michel Guenaire, Jean-Claude Monier, Marie-France Renoux-Zagamé, Irène Théry, Brigitte Trillat, Flammarion, Paris, 1989.

FAKRY, Majid: *Phylosophy, Dogma and the impact of greek thought in islam*, Aldershot U.K., Brookfield – Variorum (Variorum collected studies series), 1994.

FASSO, Guido: *Histoire de la philosophie du droit XIXème et XXème siecle.* Traduit de l'italien par Catherine ROUFFET, L.G.D.J., Bibliothèque de Philosophie de droit, Vol. XX, Paris, 1976.

FEERSTA, Robert: *Legal scholarship and doctrines of private law. 13th, 18th centuries*, Aldershot, Variorum, Brookfield, 1996.

FENET, P. Antoine: *Recueil complet des travaux préparatoires du Code civil*, Paris, 1827.

FERRAND, Frédérique: *Droit privé allemand*, Dalloz, Paris, 1997.

FILALI MEKNASSI, Rachid: « Transformations sociales et mutations juridiques au Maroc », in: *Politiques législatives. Égypte, Tunisie, Algérie, Maroc*, Dossier du CEDEJ, Le Caire, 1994, pp. 59-78.

FLEURY, Laurent: *Max Weber*, P.U.F., Coll. « Que sais-je? », Paris, 2001.

FOUCAULT, Michel: *La Volonté de savoir*, Gallimard, Paris, 1976.

FOUSSARD, Dominique: « Le juge et la doctrine, regard d'un avocat au conseil », in: *DROITS*, 1994/20. *Doctrine et recherche en droit*, pp. 133-142.

FROMONT, Michel et RIEG, Alfred: *Introduction au droit allemand (République fédérale)*, Cujas, Paris, 1977, T.I: Les fondements, T II: Les obligations, T III: Droit privé.

FRYDMAN, Benoît: « Exégèse et philologie. Un cas d'herméneutique comparé », in: *R.I.E.J.*, 1994 – 33, pp. 59-83.

GADAMER, Hans-Georg: *Vérité et Méthode. Les grandes lignes d'une herméneutique philosophique*, Seuil, Paris, 1996.

GALSTON, William: « Expressive liberty, moral pluralism, political pluralism: three sources of liberal theory », in: William and Mary Law Review, 1999, Vol. 40, pp. 769-778.

GANIAGE, Jean: *Les origines du Protectorat français en Tunisie (1861-1881)*, P.U.F, 1959.

GANIAGE, Jean: « La crise des finances tunisiennes et l'ascension des juifs de Tunis (1860-1880) », in: *R.A.*, 1955, T. 96, pp 153-173.

GARCÍA VILLEGAS, Mauricio: « Efficacité symbolique et pouvoir social du droit », in: *R.I.E.J.*, 1995-34, pp. 155-178.

GARDET, Louis: *Introduction à la théologie musulmane*, Vrin, Paris, 1948.

GARDET, Louis: *La cité musulmane: vie sociale et politique*, Vrin, 3ème éd. augmentée, Paris, 1969.

GARDET, Louis: *L'Islam, religion et communauté*, éd. Desclée de Brouwer, éd. revue et corrigée, Paris, 1967.

GARDIE, Jean-Louis: « De quelques malentendus entre Hegel et les jurisconsultes », in: Hegel et la philosophie du droit, E. Weil, K.H. Ilting, E. Fleischmann, B. Bourgeois, J. L. Gardies, Ouvrage collectif, P.U.F, 1ère éd., Paris, 1979.

GARDIE, Jean-Louis: « La structure logique de la loi », in: *A.P.D.*, 1974, T. XIX, pp. 109-121.

GATTI-MONTAIN, Jacqueline: « Le droit et son enseignement: un demi-siècle de réflexions », in: *DROITS*, 1986/4 *Crises dans le droit*, pp. 109-122.

GAUDEMET, Eugène: « L'œuvre de Gény en méthodologie juridique et en philosophie du droit », in: *Recueil d' Études sur les sources du droit en l'honneur de François Gény*, T. II. Les sources générales des systèmes juridiques actuels, Sirey, Paris, 1935, pp. 5-15.

GAUDEMET, Jean: *Les naissances du droit. Le temps, le pouvoir et la science au service du droit*, Montchrestien, Paris, 1997.

GAUDEMET, Jean: *Droit privé romain*, Monchrestien, 2ème éd., Paris, 2000.

GAUDEMET, Jean: « Codes, collections, compilations, les leçons de l'histoire, de Grégorius à Jean Chappus », in: *DROITS*, 1996/24. La codification – 1: *Les leçons de l'Histoire de Gregorius à Jean Chappus*, pp. 3-16.

GAUDEMET, Jean: « La codification, ses formes et ses fins », in: *R.J.P.I.C.*, XVIIIème Congrès de l'I.D.E.F., Louisiane 3-9 novembre 1985: *La codification et l'évolution du droit*, pp. 239-260.

GAUDEMET, Jean: « Aubry et Rau », in: *R.T.D.Civ.*, 1923, T. XXI, pp. 5-100.

GAUDEMET, Jean: « L'influence des droits savants (romain et canonique) sur les textes de droit coutumier en Occident avant le XVIème siècle », in: *Studi Sassaresi*, V, 1981, pp. 477-490

GAUDEMET, Jean: « Les modalités de réception du droit romain à la lumière de l'histoire comparative », in: *Estratto da: La nuove frontiae del Diritto e il Problema dell' Unificazione*, T. I, Atti del Congreso internazionale organizzato dalla Facolta di Guirisprudenza dell' Università di Bari (Bari ,2-6 aprile 1975), pp. 411-450.

GAUDEMET, Jean: « Observations générales sur l'influence du droit romain en France », in: *Romanitas*, 1965, pp. 102-129.

GAUDIANI, Dominique et THIAUCOURT, Paul: *La Tunisie. Législation, Gouvernement, Administration*, avec une préface de M. G. Alapetite, Librairie administrative Paul Dupont, Paris, 1910.

GENY, François: « La technique législative dans la codification civile moderne. (A propos du centenaire du code civil) », in: *Le Code civil 1804-1904. Le livre du centenaire publié par la société d'études législatives*, Rousseau, Paris, T. II, 1904, pp. 989-1038.

GÉNY, François: *Méthode d'interprétation et sources en droit privé positif. Essai critique*, 2ème éd. Revue et mise au courant, L.G.D.J., Paris, 1954, 2 T.

GÉNY, François: *Science et Technique en droit privé positif. Nouvelle contribution à la critique de la méthode juridique*, Sirey, Paris, 1921.

GEPHART, Werner: *Recht als Kultur. Kultursoziologische Studien zum Recht.* Studien zur europäischen Rechtsgeschichte. Veröffentlichungen des Max Planck Instituts für Europäische Rechtsgeschichte, Band 209, (Vittorio Klostermann) 2006.

GEPHART, Werner: *Gesellschaftstheorie und Recht. Das Recht im soziologischen Diskurs der Moderne*, Suhrkamp, Frankfurt am Main, 1993.

GÉRARD, Henri: « De la nature juridique du Protectorat », in: *R.A.T & M de lég. et de JSP*, 1893, pp. 215-229.

GIERKE, Otto: *Der Entwurf eines bürgerlichen Gesetzbuchs und das deutsche Recht*, Duncker & Humblot, Leipzig, 1889.

GIERKE, Otto: *Die soziale Aufgabe des Privatrechts*, Vittorio Klostermann, Frankfurt am Main, 1948.

GIRARD, Paul Frédéric: *Manuel élémentaire de Droit romain*, 8ème éd. Revue et mise à jour par Félix Senn, Librairie Arthur Rousseau et Cie, Paris, 1929.

GIRARDET, R.: *Le nationalisme français 1871-1914*, éd. Armand Colin, 2ème éd., Paris, 1966.

GIRAULT, Arthur: *Principes de colonisation et de législation coloniale*, Sirey, 6ème éd. révisée par Louis Milliot, Paris, 1936.

GLASSON: « Le centenaire des écoles de droit », in: *R.I.E.*, 1905, pp. 212-333-416.

Gleizal, J. J.: « Doctrine juridique et critique du droit », in: *Léviathan*, 1980, n° 6-7, pp. 70-93.

Goldschmidt, Ludwig: « Die Codification des Deutschen Bürgerlichen und Handelrechts », in: *Zeitschrift für das gesammte Handelrecht*, 1875, pp. 134-171.

Goldschmidt, Ludwig: « Über Plan und Methode für die Aufstellung des Entwurfs eines Deutschen bürgerlichen Gesetzbuchs », in: *Vermischte Schriften von Ludwig Goldschmidt*, Ester Bd. J. Guttentag, Berlin, 1901, pp 513-533.

Goldziher, Ignace: *Le dogme et la loi de l'Islam*, Librairie orientaliste Paul Geuthner, Paris, 1958.

Goldziher, Ignaz: *Vorlesungen über den Islam* (Religionswissenschaftliche Bibliothek, hg. von Wilhelm Streitberg und Richard Wünsch, Band 1), Carl Winter, Heidelberg,1910.

Goldziher, Ignaz: « Die Religion des Islams », in: *Lehmann, Edu[ard] u. a., Die Orientalischen Religionen* (Die Kultur der Gegenwart, hg. von Paul Hinneberg, Teil I, Abt. III, 1). – Berlin, Leipzig: B.G. Teubner 1906, pp. 87-135.

Gouron, A.: « Remarques sur les influences italiennes dans la pratique juridique du Midi de la France », in: *Atti Convegro I Glossatori*, Paris, 1974, pp. 71-83.

Gouron, A.: « La science juridique française aux XIème et XIIème siècles », in: *I.R.M.A.E.*, I, 4 d, pp. 28-35.

Gratti-Montain, Jacqueline: « Le droit et son enseignement: un demi-siècle de réflexions », in: *DROITS*, 1986/4. *Crises dans le droit*, pp. 111-122.

Grande Dizionario Enciclopedico: Fondato da Pietro Fedele, Unione Tipografico, Editrice Torinese. Carso Rafeallo, Torino, 1991, Quatra edizione, Vol. XVIII.

Green, Arnold: « The Tunisian Ulama and the Establishment of the French Protectorate, 1881-1892 », in: *R.H.M.*, 1974, n° 1 – janvier, pp. 14-25.

Green, Arnold: *Al'oulamâ attounissiyoun (1873/1915). The Tunisian Ulama*, Traduction en arabe de Hafnaoui 'Amaïria et Asma M'alâ, éd. Beït El Hikma et Dar Sahnoun li'nachr wa'tawzi', 1ère éd., Tunis, 1995.

Gridel, J. P.: *Notions fondamentales du droit français. Introduction – Méthodologies – Synthèse*, Dalloz, Paris, 1992.

Grimm, Dieter: « Methode als Machtfaktor », in: *Europäisches Rechtsdenken in Geschichte und Gegenwart, Festschrift, für Helmut Coing zum 70 Geburtstag*, Bd. 1, hrsg. von Norbert Horn, C.H. Beck, München, 1982, pp. 469-492.

Grunebaum-Ballin, Paul: « Comment Bonaparte, Premier Concul, fonda le premier organisme français d'étude des Législations Étrangères et du droit comparé », in: *R.I.D.C.*, avril-juin 1953, n°2, pp. 16-267-273.

GRZEGORCZYK, Christophe: « L'acte juridique dans la perspective de la philosophie du droit », in: *DROITS*, 1988/7. *L'acte juridique*, pp. 47-57.

GRZEGORCZYK, Christophe: « Évaluation critique du paradigme systémique dans la science du droit », in: *A.P.D.*, 1986, T. XXXI. *Le système juridique*, pp. 281-301.

GUASTINI, Ricardo: « Interprétation et description de normes », in: *Interprétation et droit*, Volume publié sous la direction de Paul Amselek, Bruylant, Bruxelles, Presses Universitaires d'Aix-Marseilles, 1995, pp. 89-101.

GUASTINI, Ricardo: « Théorie et ontologie du droit chez Dworkin », in: *R.S.*, 1986, n°2, pp. 15-22.

GUELLATY, Hassen: « La justice tunisienne », in: *Bibliothèque du Tunisien. Organe des intérêts indigènes*, Société anonyme de l'imprimerie rapide, Tunis, 1909, pp. 10-32.

GUELLOUZ, E. ; MASMOUDI, A. et SMIDA, M.: *Histoire de la Tunisie. Les temps modernes*, éd. Société Tunisienne de diffusion, Tunis, 1983.

GUILLOUARD, L.: Introduction à C. Bufnoir, Propriété et contrat, Théorie des modes d'acquisition des droits réels et des sources des obligations, leçons recueillies par Bartin, Descamps, Deslandres, Pillet, Saleilles, Timbal, éd. Rousseau, Paris, 1900.

HABERMAS, Jürgen: Faktizität und Geltung. Beiträge zur Diskurstheorie des Rechts und des demokratischen Rechtsstaats, Suhrkamp, Frankfurt am Main, 1992.

HABERMAS, Jürgen: *Le Discours philosophique de la Modernité*, Traduction de Ch. Bouchindhomme et R. Rochlitz, Gallimard, Paris, 1988.

HABERMAS, Jürgen: *Théorie de l'agir communicationnel*, Traduction J. L. Schlegel, Fayard, Paris, 1987, Vol. II.

HABERMAS, Jürgen: *Morale et communication*, Traduction Christian Bouchindhomme, Flammarion, Paris, 1999.

HABERMAS, Jürgen: « Three normative models of Democracy », in: *Constallations*, 1994, Vol. I, n° 1, pp. 1-10.

HABA, Enrique: « Logique et idéologie dans la théorie des « sources » », in: *A.P.D.*, 1982, T. XXVII, pp. 235-244.

HABA, Enrique: « Études en allemand sur les rapports entre droit et langue », in: *A.P.D.*, 1974, T. XIX, pp. 255-289.

HACHEM, Mohamed Larbi: « Le Code des obligations et des Contrats: Cent ans de solitude ? », in : *Mélanges en l'honneur de Mohamed CHARFI*, Centre de publication universitaire, Tunis, 2001, pp. 231-242.

HAGGENMACHER, Peter: « Coutume », in: *A.P.D.*, 1990, T. XXXV. *Vocabulaire fondamental du droit*, pp. 27-41.

HALPERIN, Jean-Louis: *Histoire du droit privé français depuis 1804*, P.U.F., 1ère éd., Paris, 1996.

HAMIDULLAH, muhammad: *Le Saint Coran*, Traduction, éditions Maison Enno, Paris, 1986.

HART, Herbert Lionel Adolphus: *The concept of Law*, Clarendon Press, Oxford, 1988.

HART, Herbert L. A.: « La moralité du droit », in: *DROITS*, 1994/19. *Droit et mœurs*, pp. 105-123.

HARTEMANN, Luc: *Droit civil. Introduction générale*, éd. L'Hermès, 2ème éd., Paris, 1998.

HEGEL, F.: *Principes de la philosophie du droit*, Traduction inédite et présentation par Jean-Louis Vieillard-Baron, Flammarion, Paris, 1999.

HEINIMANN: *Nomos and Physis*, Verlag Friedrich Reinhardt AG, Basel, 1965.

HEISE, Georg Arnold: *Grundriss eines Systems des gemeinen Zivilrechts zum Behuf von Pandekten Vorlesungen*, éd. de 1807, Woher. U. Winter, Heidelberg, 1819.

HERBERGER, Maximilian: *Dogmatik. Zur Geschichte von Begriff und Methode in Medizin und Jurisprudenz*, Iusommune, Vittorio Klostermann, Sondercheft 12, Frankfurt am Main, 1981.

HERMES, Siegfried: Soziales Handeln und Struktur der Herrschaft. Max Webers verstehende historische Soziologie am Beispiel des Patrimonialismus, Berlin, Duncker und Humblot, 2003.

HÉRON, Jacques: « Réflexions sur l'acte juridique et le contrat à partir du droit judiciaire privé », in: *DROITS*, 1988/ 7 *L'acte juridique*, pp. 85-94.

HOUDAS, O. et BASSET, René: *Mission scientifique en Tunisie (1882)*, Imprimerie de l'Association ouvrière, P. Fontana et Cie, Alger, 1884.

HOUIN, R.: « La technique de la réforme des codes français de droit privé », in: *R.I.D.C.*, 1956, n° 1, pp. 9-38.

HUGO, Gustav: Lehrbuch des Naturrechts, als einer Philosophie des positiven Rechts, Mylius, Berlin, 1819.

HUNTIGTON, Samuel P.: *Le choc des civilisations,* Traduit de l'anglais par Jean-Luc Fidel et Geneviève Joublain, Patrice Jorland, Jean-Jacques Pédussaud, éd. Odile Jacob, Paris, 2007.

HUSSON, Léon: « Analyse critique de la méthode de l'exégèse », in: *A.P.D.*, 1972, TXVII, pp 115-133.

HUSSON, Léon: « L'infrastructure du raisonnement juridique », in: *Études de logique juridique*, publié par CH. Perlman, Travaux du Centre national de recherche de logique, Vol. V, Bruxelles, 1973, pp. 14-29.

HUSSON, Léon: « Examen critique des assises doctrinales de la méthode de l'exégèse », in: *R.T.C.Civ.*, 1976, n° 3, pp. 431-454.

IBN ABI-ĐHIAF, Ahmed: *Ithâf ahl azzamân fi ma'rifati akĥbâri moulouki tounis wa'âhd al'amân*, révisé par Ahmed Touwili, éd. S.T.D, 2ème éd., Tunis, 1989, VIII. T.

IBN KĤALDOUN, Abdel'raĥmân: *Al-Muqaddima*, Traduction de V. Monteil, Beyrouth, 1968, T. III.

IBN MANĐHOUR, Jamal Eddine: *Lissân al'Arab*, Dar Sâdir li'attibâ'a wa annachr, Beyrouth, 1968.

IHERING, Rudolf von: *L'esprit du droit romain dans les diverses phases de son développement*, Traduit sur la 3ème édition avec l'autorisation de l'auteur par O. De Meulenaere, éd. A. Marescq, Paris, 1877, T. I.

IHERING, Rudolf von: Geist des römischen Rechts auf den verschiedenen Stufen seiner Entwicklung, Theil 1, 3 Aufl. – Leipzig: Breit Kopf & Hartel, 1873.

IHERING, Rudolf von: « Unsere Aufgabe », in: Jahrbücher für die Dogmatik des heutigen römischen und deutschen Privatrechts, 1857, Bd I, pp. 1-53.

ISSALYS, Pierre: « La rédaction législative et la réception de la technique française », in: *Droit québécois et Droit français, Communauté – Autonomie – Concordance*, éd. Yvons Blaising, Québec, 1993, pp. 120-189.

JACOB, Robert: « La décision judiciaire dans la perspective de l'histoire comparée », in: *Le juge et le jugement dans les traditions juridiques européennes. Actes du colloque international des 16-18 septembre 1993. Centres d'études d'Histoire juridique.* Institut des Hautes Études sur la justice, L.G.D.J., (droit et société) sous la direction de Robert Jacob, Paris, 1996, pp. 397-416.

JAEGER, W.: « Éloge de la loi », in: *Bulletin de l'Ass. G. Budé*, 1948, n°8, pp. 5-42.

JAHEL, Sélim: « Droit des affaires et religion », in: *R.I.D.C.*, 2001, n° 4, pp. 879-910.

JAYME, Erik (Hrsg.): *Kulturelle Identität und Internationales Privatrecht*, C. F. Müller Verlag, Heidelberg, 2003.

JESTAZ, Philippe: « Les sources du droit: le déplacement d'un pôle à un autre », in: *R.T.D. Civ.*, 1996, n°2, pp. 299-312.

JESTAZ, Philippe: « Les frontières du droit et de la morale », in: *R.R.J.*, 1983/2, pp. 334-353.

JOSEPH, Robert: *Traité du contrat de louage selon les règles tant du for de la conscience, que du for extérieur*, Debure, Paris, 1771.

JOSSERAND: *Cours de droit civil positif français*, Librairie du Recueil sirey, 2ème éd., Paris, 1932, T. I.

JOUANJAN, Olivier: « Science juridique et codification en Allemagne (1850-1900) », in: *DROITS*, 1998/27. *La codification – 3*, pp. 65-86.

JULIEN, Charles-André: « Colons français et Jeunes Tunisiens (1882-1912) », in: *R.F.d'his. d'Outre-mer*, Hommage à Robert Delavignette, 1967, T. LIV, n°194 à 197, pp. 87-120.

JURISTEN. EIN BIOGRAPHISCHES LEXIKON VON DER ANTIKE BIS ZUM 20. JARHUNDERT: Herausgegeben von Michael STOLLEIS, Verlag C.H.Beck, München, 1995.

KANT, Emmanuel: *Métaphysique des mœurs II. Doctrine de la vertu*, Traduction, présentation, bibliographie et chronologie par Alain Renault, GF-Flammarion, Paris, 1994.

KANT, Emmanuel: *Critique de la raison pratique*, P.U.F., Paris, 2000.

KALINOWSKI, Georges: « Loi juridique et loi logique. Contribution à la sémantique de la loi juridique », in: *A.P.D.*, 1980, T. XXV. *La loi*, pp. 123-135.

KALINOWSKI, Georges: « Une mise en question de la logique des normes », in: *A.P.D.*, 1974, T. XIX, pp. 345-365.

KERCHOVE, Michel (van de) et OST, François: *Le système juridique entre ordre et désordre*, P.U.F., Paris, 1988.

KHEÏREDDINE, Ahmed: *Aḳwam al- massâlik fi mâ'rifati aḥwal al-mamâlik*, Préface et révision Moncef Chanoufi, éd. Acharika al'wataniya li'ttarjama w'attaḥḳiḳ w'addirâssât Beït al-Ḥikma, 1ère éd., Tunis, 1972, T. I.

KIEFNER, Hans: « Der Einfluß Kants auf Theorie und Praxis des Zivilrechts im 19. Jahrhundert », in: *Philosophie und Rechtswissenschaft, Studien zur Philosophie und Litteratur des 19 Jahrhundert*, III, hrsg. von J. Blühdorn und J. Ritter, Vittorio Klostermann, Frankfurt am Main, 1969, pp. 3-25.

KOHLER, Joseph: « Technik der Gesetzgebung », in: *AcP*, 1905, pp. 345-375.

KOSCHAKER, Paul: *Europa und das römische Recht*, C. H. Beck, München, 4 Aufl., 1966.

KOURILSKY, Chantal; RÀCZ, Attica and SCHÄFFER, Heinz (edited by): *The Sources of Comparative Law. A Comparative Empirical Study. National systems of law*, the European Coordination Centre for research and documentation in Social Sciences, Akadémia Kiadó, Budapest; 1982.

KRYSTUFEK, Zdnek: « La querelle entre Savigny et Thibaut et son influence sur la pensée juridique européenne », in: R.H.D.fr.étr., 1966, pp. 59-75.

KRAÏM, Mustapha: *La Tunisie précoloniale*, S.T.D., Tunis, 1979.

KRAWIETZ, Werner, RIECHERS Gert und Klaus VEDDELER (Hrsg.): Konvergenz oder Konfrontation? Transformationen kultureller Identität in den Rechtssystemen an der Schwelle zum 21. Jahrhundert, 29. Band, Duncker & Humblot, Berlin, 1998.

LABOULAYE, Edouard: *Essai sur la vie et les doctrines de Frédéric Charles Savigny*, éd. Durant libraire et Joubert Libraire, Paris-Leipzig, 1842.

La circulation du modèle français. Journées franco-italiennes: Travaux de l'Association Henri Capitant, T. XLIV, Litec, Paris, 1993.

La codification: Actes du colloque organisé le 27 et 28 octobre 1995 par l'ordre des avocats du barreau de Toulouse et l'Institut d'études judiciaires de la Faculté de droit de Toulouse, Dalloz, Paris, 1996.

Lacroix, M.: *Étude d'une des sources de l'engagement sur soi-même à créancier indéterminé*, Thèse pour le doctorat, Librairie nouvelle de droit et de jurisprudence Arthur Rousseau Éditeur, Paris, 1903.

Ladjili-Mouchette, Jeanne: *Histoire de la Méditerranée. Droit romain-Droit musulman.* Avec les préfaces de Pierangelo Catalano et Mohamed Talbi, Imprimerie officielle de la République tunisienne, Tunis, 1990.

La doctrine juridique: Ouvrage collectif, Présentation d'Yves Poirmeur et Alain Bernard, P.U.F., Paris, 1993.

La doctrine: Une source du droit en question: Actes du séminaire tenu à Louvain-La-Neuve, le 30 septembre 1996, Annales de droit de Louvain, Bruylant, Bruxelles, 1997.

Lafon, Jacques: « L'Empire ottoman et les codes occidentaux », in: *DROITS*, 1998/26. *La codification – 2*, pp. 51-69.

La force du droit: Panorama du débat contemporain, sous la direction de Pierre Bouretz, Esprit, Paris, 1996.

Laghmani, Slim: « Droit musulman et droit positif: Le cas tunisien », in: *Politiques législatives. Égypte, Tunisie, Algérie, Maroc*, Dossier du CEDEJ, Le Caire, 1994, pp. 157-163.

Lagrange, Eugène (de): « Le législateur tunisien et ses interprètes », in: *R.T.D.*, 1968, pp. 11-24.

Lagressaye, Jean Berthe (de)et Laborde, Lacostem: *Introduction générale à l'étude du droit*, Recueil Sirey, Paris, 1947.

La Gressaye, Berthe (de): « Un conflit doctrinal à la Faculté de droit de Bordeaux: Bonnecase contre Duguit », in: *Mélanges de droit, d'histoire et d'économie offerts à Marcel Laborde-Lacoste*, Éditions Bière, Bordeaux, 1963, pp. 53-62.

La Gressaye, Berthe (de): « L'influence de la France sur le droit allemand », in: Annales de la Faculté de droit et des Sciences Économiques de l'Université de Bordeaux – Revue juridique et économique du Sud-Ouest, 1960, n° 3-4, pp. 59-84.

La Jonkaire, Charles (de): *Le rôle de la protection française vis-à-vis de la justice religieuse*, Imp. Lucien Wolf-éd., Rouen, Étude non datée (22 p).

Lamarnière (de): *Éléments de méthodologie juridique* (Préface par Georges Vedel), Librairie du journal des notaires et des avocats, Paris, 1976.

LAMBERT, Edouard: *La fonction du droit civil comparé. Études de droit commun législatif ou de droit civil comparé*. Première série: Le régime successoral, V. Giard et E. Brière, Paris, 1903, T. I: Les conceptions étroites ou unilatérales.

LAMBOTTE, Christian: *Technique législative et codification. Notes et exemples*. Préface de Paul Tapie, éd. E.Story-Scientia, Bruxelles, 1989.

LANDSBERG, Ernest und STINTZING, Roderich von: *Geschichte der Deutschen Rechtswissenschaft*, Abt. 3, Halbb 2, 2, Neudruch der Ausgabe München, 1910, Aalen, Scientia, 1978.

LANE: *One Thousand and one nights*, Murray, London, 1859, T. III.

LARCHER, Émile: « Code tunisien des obligations et des contrats. Avec les décrets du Bey du 15 décembre 1906 et du 30 juin 1907 accompagné d'observations critiques », in: R.*A.M.T de Lég. et JSP*, 1907, pp. 193-199.

LA RÈGLE DE DROIT: Travaux du Centre national de recherches de logique. Études publiées par Ch. Perelman, Établissement Émile Brylant, Bruxelles, 1971.

LARENZ, K.: *Allgemeiner Teil des bürgerlichen Rechts*, C.H.Beck, 7ème éd., München, 1989.

LARROUMET, Christian: *Droit civil. Introduction à l'étude du droit privé*, Economica, 3ème éd., Paris, 1998.

LA SCIENCE DE LA LÉGISLATION: Travaux du centre de philosophie du droit, Avant-propos de Paul Amselek, P.U.F., Paris, 1994.

LASSERRE-KIESOW, Valérie: *La technique législative. Étude sur les Codes civils français et allemand*, Préface de Michel Pédamon, L.G.D.J., Paris, 2002.

LASSERRE-KIESOW, Valérie: « La compréhensibilité des lois à l'aube du XXIème siècle », in: *Dalloz*, 4 avril 2002, Chron., pp. 1157-1160.

LASSERRE-KIESOW, Valérie: « La codification en Allemagne au XVIIIè siècle. Réflexions sur la codification d'hier et d'aujourd'hui », in: *A.P.D.*, T. XXXXII. *L'argent et le droit*, 1998, pp. 215-231.

LASSERRE-KIESOW, Valérie et LUZEAUX, Didier: « Le droit civil allemand dans la science juridique française. Plaidoyer pour une meilleure connaissance », in: *Eine deutsch-französische Rechtswissenschaft? (Une science juridique franco-allemande?). Kritische Bilanz und Perspektiven eines kulturellen Dialogs. Bilan critique et perspectives d'un dialogue culturel*, Nomos Verlagsgesellschaft, Baden, 1999, pp. 163-181.

LA THÉMIS OU BIBLIOTHÈQUE DU JURISCONSULTE par une réunion de Magistrats, de Professeurs et d'Avocats, Baudoin Frères Imprimeurs-Libraires, Paris, de 1819: T. I, II, II, IV, V, VI, VII, VIII et 1914.

LA TUNISIE: Histoire et description, éd. Berger-Levrault & Cie, Paris-Nancy, 1896, T. III.

LEADER, Sheldon: « Le juge, la politique et la neutralité. À propos des travaux de Dworkin », in. *R.S.*, 1986, n°2, pp. 23-40.

LEART, P. et SOURIOUX, J. L.: « L'euphémisme dans la législation récente », in: *Dalloz*, 1983, Chron. XXXIX, pp. 221-222.

LE BERRE, Hugues: « La jurisprudence et le temps », in: DROITS, 1999/30. *Temps, interprétation et droit*, pp. 71-87.

LE BRAS, Gabriel: « la doctrine, source des collections canoniques », in: Recueil d'Études sur les sources du droit en l'honneur de François Gény, T. I: Aspects historiques et philosophiques, Sirey, Paris, 1935, pp. 69-76.

LEE, Keekok: *The positivist science of Law. Lecture in Philosophy of Law,* University of Manchester, Brookfield, UT, Hong Kong Averbury series in philosophy, 1989.

LE FAIT ET LE DROIT: Études de logique juridique, Bruylant, Bruxelles, 1961.

LE NINIVIN, Dominique: « Les discordances de la codification par décret », in: *J.C.P.*, 1980, I, 2982.

LENOIR, Remi: « Groupes de pression et groupes consensuels. Contribution à une analyse de la formation du droit », in: *A.R.S.S.*, 1986, n° 64/*De quel droit?*, pp. 30-39.

LEQUETTE, Yves: « Quelques remarques à propos du projet de code civil européen de M. von Bar », in: *Recueil Dalloz*, 25 juillet 2002, n° 28, Chron., pp. 2202-2214.

LERMINIER, Eugène: *Introduction générale à l'histoire du droit*, Charmerot-Libraire-Éditeur. Alex-Gobelet, Libraire, 2ème éd., Paris, 1835.

LEVY-BRUHL, H.: *La sociologie du droit*, P.U.F, « Que sais-je? », 7ème éd., 1961.

LEVY, Jean- Philippe: « La pénétration du droit savant dans les coutumiers angevins et bretons au Moyen –Age », in: *Tijdschrift voor Rechtgeschiedenis*, 1957, XXV, pp. 2-53.

LEVY, Jean- Philippe: « La pénétration du droit romain dans le droit français de l'Ancien régime (esquisse générale) », in: *Mélanges en hommage à Jean Gaudemet –Nonagesimo anno-*, P.U.F., Paris, 1978, pp. 475-499.

LEVY, Jean- Philippe: « La pénétration du droit privé savant dans le « Vieux coustumier de Poitou » », in: *Mélanges P. Petot*, Paris, 1958, pp 371-383.

LIARD: *L'enseignement supérieur en France 1789-1889*, Armand Colin et Cie Éditeurs, Paris, 1888. T. I.

LING, D. Wight L.: *Tunisia from Protectorate to Republic*, Indiana University Press, Bloomington and London, 1967.

LOMBARDI, Vallauri L.: « Jurisprudence », in: *A.P.D.*, 1990, T. XXXV. *Vocabulaire fondamental du droit*, pp. 191-209.

LUHMANN, Niklas: *Das Recht der Gesellschaft*, Suhrkamp, Frankfurt am Main, 1993.

LUHMANN, Niklas: *A sociological theory of law*. From german by Elizabeth King and Martin Albrow, Martin Allu. W., London, Boston – Melbourne, Routledge and Kegan Paul, 1985.

LYON-CAEN, G.: « A propos de quelques ouvrages de doctrine », in: *R.D.S.*, 1978, pp. 291-311.

MACINTYRE, Alasdair: *Quelle justice ? Quelle rationalité ?* Traduit de l'anglais par Michèle Vignaux D'hollande, Léviathan – P.U.F., Paris, 1993.

MACNAIR, Michael R.T: « Juge et jugement dans les juridictions anglaises d'*equity* au début des Temps mdernes », in: *Le juge et le jugement dans les traditions juridiques européennes. Actes du colloque international des 16-18 septembre 1993. Centres d'études d'Histoire juridique*. Institut des Hautes Études sur la justice, L.G.D.J., (droit et société) sous la direction de Robert Jacob, Paris, 1996, pp. 137-154.

MADER, Luzius: *L'évaluation législative. Pour une analyse empirique*, Payot, Lausanne, 1985.

MADER, Luzius: « La législation: Objet d'une science en devenir? », in: *La science de la législation. Travaux du Centre de philosophie du droit (4 avril 1987)*, Travaux de recherches de l'Université de droit, d'Economie et de sciences sociales de Paris, Avant-propos de Paul Amselek, Imp. J. Beutier, P.U.F., 1ère éd., 1998, pp. 9-20.

MAGDELAIN, A.: *Jus Imperium auctoritas-Études de droit romain*, Economica. Études juridiques comparatives, Paris, 1991.

MAGNIN, J. G.: « L'eau de Zaghouan, texte du Cheîkh Mohamed Bayram », in: *IBLA*, 1957, pp. 95-98.

MAKDISSI, Georges: *Religion, Law and learning in classical Islam*, Gower house, Hampshire, Brookfield, Variorum, 1991.

MAKĤLOUF, Mohamed: *Chajarat Annour Azakiâ fi tabaḳât al'mâlikiya*, Almatba'â assalafiya wa maktabatouhâ, Le Caire, 1349 h. (dar al-kitâb al'arabi, Beyrouth, non daté).

MALAURIE, Philippe et AYNES, Laurent: *Droit civil. Introduction générale* par Philippe Malaurie, Cujas, 2ème éd., Paris, 1994-1995.

MALAURIE, Philippe: Rapport français, in: *Travaux de l'Association Henri Capitant, Les réactions de doctrine à la création de droit par les juges (Journées italiennes)*, T. XXXI, 1980, pp. 81-95.

MALAURIE, Philippe: « Les antinomies des règles et de leurs fondements », in: *Le Droit privé français à la fin du XXème siècle, Études offertes à Pierre Catala*, Litec, Paris, 2001, pp. 25-31.

MALAURIE, Philippe: Rapport de synthèse, in: *La codification*, Ouvrage collectif publié sous la direction de B. Beignier, Dalloz, Paris, 1996, pp. 197-208.

MALAURIE, Philippe: « Le droit civil français des contrats à la fin du XXème siècle », in: *Mélanges Michel Cabrillac*, Litec, Paris, pp. 187-203.

MALAURIE, Philippe: « Un droit privé pour l'Union européenne? », in: *La vie judiciaire*, 2682, 7-9-1997, pp. 2-10.

MALAURIE, Philippe: « L'effet pervers des lois », in: *Droit civil, procédure, linguistique juridique. Écrits en hommage à Gérard CORNU*, Textes réunis et publiés par Jan Beauchard et Pierre Couvrat, P.U.F., Paris, 1994, pp. 309-316.

MALINVAUD, Philippe: *Introduction à l'étude du droit*, Litec (coll. Jurisclasseur Manuels), 9ème éd., Paris, 2002.

MARTIN-LEBIGRE, Arlette: « Juger dans la France moderne », in: *Le juge et le jugement dans les traditions juridiques européennes. Actes du colloque international des 16-18 septembre 1993. Centres d'études d'Histoire juridique*. Institut des Hautes Études sur la justice, L.G.D.J., (droit et société) sous la direction de Robert Jacob, Paris, 1996, pp. 155-165.

MASSON, D.: *Monothéisme Coranique et monothéisme biblique*, D.D.B, Paris, 1976.

MAY, G.: *Introduction à la science du droit*, Girard de la Brière, Paris, 1920.

MAYDA, Jara: *Geny's method after 60 years: a critical introduction*, West Publishing Co, Louisiana state law institute, 1963.

MAZZACANI, Aldo: « Pandettistica », in: *Enciclopedia del Diritto*, *Ordine-Parte XXXI*, Giuffrè Editore, Milano, 1931-1981, pp. 592-607.

MELKEVIK, Bjarne: « Transformation du droit: le point de vue du modèle communicationnel », in: *Aux frontières du juridique. Études interdisciplinaires sur les transformations du droit* (J. C. Belley et P. Issalys), Geptud, Université Laval, Québec, 1992, pp. 111-135.

MELKEVIK, Bjarne: « Habermas et l'État de droit », in: *L'amour des Lois. La crise de la loi moderne dans les sociétés démocratiques*, les presses de l'Université Laval-L'Harmattan, 1996, pp. 363-387.

MELLOULI, Slaheddine: « Contribution à l'étude des sources: La jurisprudence, source de la loi », in: *R.T.D.*, 1995, pp. 189-200.

MELLOULI, Slaheddine: « Les troubles anormaux de voisinage entre la loi et la jurisprudence », in: *R.T.D.*, 1984, pp. 175-188.

MÉMOIRE POUR SERVIR À L'EXTENSION DE LA JUSTICE FRANÇAISE EN TUNISIE: Cattan, Gaudiani, Lefèvre, Scemama, Molco, Coulon, Berge, Pelmas, Imprimerie rapide (Louis Nicolas & Cie), Tunis, 1898.

MERTEN, Detlef: « Sources of Law In the Federal Republic of Germany », in: *The sources of Law. A comparative empirical study. National systems of sources of Law*, Edited by Chantal Kourilsky, Attila Rácz and Heinz Schäffer for the

European Coordination Centre for research and documentation in Social Sciences, akadémiai Kiadó, Budapest, 1982, pp. 61-89.

MEYNIAL, E.: « Remarques sur le rôle joué par la doctrine et la jurisprudence dans l'œuvre d'unification du droit en France depuis la rédaction des coutumes jusqu'à la Révolution en particulier dans la succession aux propres », in: *Congrés International de Droit comparé, Paris du 31 juillet au 4 août 1900*, Paris, 1907, pp. 328-357.

MEYNIAL, E.: « Les recueils d'arrêts et les arrêtistes », in: *Le Code civil. 1804-1904. Le livre du centenaire*, publié par la Société d'études législatives, Paris, T. I , pp. 175-213.

MEYNIAL, E.: « La déclaration de volonté », in: *R.T.D.Civ.*, 1902-1, pp. 545-573.

MEZGHANI, Ridha: « La codification en Tunisie », in: *R.J.P.I.C.* La codification et l'évolution du droit – XVIIIème siècle. Congrés de l'I.D.E.F., Louisiane 3-9 novembre 1985-1986, pp. 451-472.

MIAILLE, Michel: *Une introduction critique au droit*, Maspéro, Paris, 1982.

MICHEL, Jacques Henri: *La gratuité en droit romain*, Institut de sociologie de l'U.L.B., Bruxelles, 1962.

MICHEL, Jacques Henri: « Quelques observations sur le concept de code synthétique » in: *Code et Constitution. Mélange Historique Liber amicorum John Gilissen Kluwer*, Rechtswetenschappen, Antwerpen, 1983, pp. 275-281.

MICHEL, Jacques Henri: « Trois expériences romaines de formalisation empirique », *Le nombre et le texte. Hommage à Étienne Évrard*, in: *R.I.S.S.H.*, 1988, T. XXIV, pp. 277-284.

MICHEL, Jacques Henri: « Brèves observations sur quelques limites épistémologiques de la science romaine du droit », in: *Mélanges de droit romain d'histoire ancienne. Hommage à la mémoire de André Magdelain*, éd. Panthéon-Assas, Paris, 1998, pp. 305-315.

MICHEL, Jacques Henri: « Du neuf sur Gaius? », in: *R.I.D.A.*, 1991, T. XXXVIII, pp. 175-217.

MILLE ET UNE NUITS: éd. Macnaghte, Calcutta, 1839, T. III.

MINCKE, M: « Practical and propositional knowledge as the basis of european legal education », in: *Le droit commun de l'Europe et l'avenir de l'enseignement juridique* – Sous la direction de B. WITTE & C. FORDER, Kluwer, 1992, pp. 285-304.

MOATTI, Claudia: « Le sens de l'histoire dans l'interprétation juridique romaine », in: *DROITS*, 1999/30. *Temps, interprétation et droit*, pp. 3-14.

MÖHLER, Franz: Pandektenrepetitorium nach den Lehrbüchern von Puchta, von Vangerow und Arndts, Verlag Bärensprung, Schwerin, 1860.

MONEGER, Joël: « Biographique du code des obligations et des contrats. De la réception à l'assimilation d'un code étranger dans l'ordre juridique marocain ». Journées d'études sur P.O.C et société soixante dix ans après 20-21 avril 1984, Casablanca, in: *R.M.D.E.P.*, 1984, n°7, pp. 15-65.

MONIER, Raymond: *Manuel élémentaire de droit romain*, T. I: Introduction historique, les sources, la procédure, les personnes, les droits réels, les successions, 6ème éd. revue et complétée, Éditions Domat Montchrestien, Paris, 1947, Réimpression de la 6ème éd. Scientia Verlag, Aalen, 1970.

MONTESQUIEU, Charles de Secondat, baron de la Brède et de: *Œuvres complètes*, Seuil, Paris, 1964.

MONTESQUIEU, Charles de Secondat, baron de la Brède et de: *Esprit des lois*, éd. Belles lettres, Paris, 1950-1961, T. IV.

MONTHOLON (de): *Récit de la captivité de l'empereur Napoléon*, éd. non indiquée, Vol. I.

MORAND, Marcel: *Étude sur la nature juridique du Habous*, Typographie Adolphe Jourdan, Alger, 1904.

MOREAU: « Les opinions diverses du corps enseignant sur la réforme de la science en droit », in: *R.I.E.*, 1889, T. XVIII, 2ème sem. pp. 350-404.

MOREL, André: *Précis de droit civil musulman. Commentaire du Code tunisien, annotations critiques*, Typographie Adolphe Jourdan, Alger, 1911.

MOULY, Christian: « Crise des introductions au droit », in: *DROITS*, 1986/4 *Crises dans le droit*, pp. 99-107.

MUSSET, Jacqueline: « Un célèbre Jurisconsulte caennais du XIXème siècle: de la société des Antiquaires de Normandie », in: *R.H.F.D.*, 1987, pp. 237-246.

MZALI, M. S. et PIGNON, Jean: *Khéredine, homme d'État: Mémoires*, Maison tunisienne de l'édition, Tunis, 1971.

NELKEN, David: (Edited by) *Comparing Legal Cultures*, Dartmouth Publishing Company, USA, 1997.

NOLL, Peter: *Gesetzgebungslehre*, Reinbek, 1973.

NORMAN SOLOMON, Rabbi: « Codification of Law », in: *M.R.*, 1988, Vol. 13, 1-2, pp. 109-115.

NOUIRA BEN D'IYA, Asma: Moufti Al-Joumhouriyâ fi Tounis. Al-Mouassassa wal Wadhifa, Cérès Éditions, Tunis, 2001.

OLIVIER, G.: Essai sur l'art de la législation suivi d'un plan abrégé du Code civil, éd. non indiquée, Paris, 1810.

OPPETIT, Bruno: *Essai sur la codification*, P.U.F. « Droit, éthique, société », 1ère éd., Paris, 1998.

Oppetit, Bruno: « De la codification », in: *La codification*, Ouvrage collectif sous la direction de B. Beignier, Dalloz, Paris, 1996, pp. 7-18.

Oppetit, Bruno: « L'avenir de la codification », in: *DROITS*, 1996/24. *La codification – 1*, pp. 73-81.

Oppetit, Bruno: « Sur la coutume en droit privé », in: *DROITS*, 1986/3. *La coutume*, pp. 39-50.

Oppetit, Bruno: « L'hypothèse du déclin du droit », in: *DROITS*, 1986/4. *Crises dans le droit*, pp. 9-20.

Ortolan, E. Bonnier: *Mémoire pour servir à l'extension de la justice française en Tunisie*, éd. Louis N. & Cie, Tunis, 1898.

Ortolan, E. Bonnier: *Observations sur le mémoire pour servir à l'extension de la justice française en Tunisie*, Imprimerie du commerce H. Bonhour, Tunis, 1899.

Ost, François: « L'amour de la loi parfaite », in: *L'amour des lois. Crise de la loi moderne dans les sociétés démocratiques*, Les presses de l'Université Laval – L'Harmattan, 1996, pp. 53-77.

Otetelisanu, Alexandre: « Les conceptions de M. E. Lambert sur le droit comparé », in: *Introduction à l'étude du droit comparé, Recueil d'Études en l'honneur d'Edouard Lambert, Première partie: Les aspects, les fonctions et les sources du droit comparé – Deuxième Partie: Instruments d'études du droit comparé*, L.G.D.J., Paris, 1938, pp. 38-46.

Ourliac, Paul et Malafosse, J. de: *Droit romain et Ancien droit. Les obligations*, P.U.F., Paris, 1957.

Ourliac, P.: « De quelques problèmes concernant la renaissance du droit romain au Moyen Âge », in: *R.S.H.D.*, écrit, VI, 1967, pp. 39-53.

Pédamon, Michel: « Le centenaire du B.G.B », in: *Dalloz*, 1997, Chron., pp. 107-110.

Perrin, Jean-François: « Possibilités et limites d'une science de la législation », in: *La science de la législation. Travaux du Centre de philosophie du droit (avril 1987)*, Travaux de recherches de l'Université de droit, d'économie et de sciences sociales de Paris, I. Beutier, P.U.F., 1ère éd., Paris, 1998, pp. 21-36.

Perrot, Annick: « La doctrine et l'hypothèse du déclin du droit », in: *La Doctrine juridique*, ouvrage collectif, P.U.F., 1993, pp. 181-209.

Pic, P: « Contribution du droit musulman aux progrès du Droit comparé », in: *R.A.T&M de Lég. & de JSP.*, 1904, pp. 241-249.

Pillet: « Simples observations touchant l'enseignement du droit international privé en France », in: *R.E.S.*, 1880, pp. 390-425.

Platon: *Les Lois*, éd. De Places, Paris, 1951, T. VIII.

Pontois: *Les odeurs de Tunis*, éd. Albert Savoine, Paris, 1889.

PORTALIS, Frédéric: *Essai sur l'utilité de la codification*, Joubert, Paris, 1844.

PRUVOST, Lucie: *Droit et religion en Islam. I. Sources-Institutions politiques*, Centre d'Études Diocésain, Alger, 1981.

PUCHTA, Georg Friedrich: *Cursus der Institutionen*, Leipzig, 1841, Bd. I.

QUALLADA, William Sulayman: « Lecture du Code civil égyptien », in: *Dossier du CEDEJ : Politiques législatives Égypte, Tunisie, Algérie, Maroc, Le Caire*, 1994, pp. 35-43.

RADIN, Max: « La censure des coutumes », in: *Recueil d'Études sur les sources du droit en l'honneur de François Gény* T. I: *Aspects historiques et philosophiques*, Sirey, Paris, 1935, pp. 89-99.

RANIERI, Filippo: « Styles judiciaires dans l'histoire européenne: modèles divergents ou traditions communes? », in: *Le juge et le jugement dans les traditions juridiques européennes. Actes du colloque international des 16-18 septembre 1993. Centres d'études d'Histoire juridique*. Institut des Hautes Études sur la justice, L.G.D.J., (droit et société) sous la direction de Robert Jacob, Paris, 1996, pp. 181-195.

RAYMOND, André: « La France, la Grande Bretagne et le problème des réformes à Tunis 1855- 1857, » in: *Études maghrébines. Mélanges Charles André Julien*, P.U.F., Paris, 1964, pp. 137-164.

REBER, Bernard et SÈVE, René : « Avant-propos » : *Le Pluralisme*, in: *A.P.D.*, T. 49, Dalloz, Paris, 2006.

REDISSI, Hamadi: *Les politiques en Islam. Le Prophète, le Roi et le Savant*, L'Harmattan – Histoire et Perspectives Méditerranéennes, Paris, 1998.

REDISSI, Hamadi: *L'exception islamique*, Seuil, Paris, 2004.

REDISSI, Hamadi et BEN ABID, Slaheddine: « L'affaire Samia, ou le drame d'être « autre ». Commentaire d'une décision de justice », in: *J.I.B.*, 1995, Vol. 6, n° 2, pp. 153-159.

RÉMY, Philippe: « La recodification civile », in: *DROITS*, 1998/26. La codification – 2, pp. 3-18.

RÉMY, Philippe: « Éloge de l'exégèse », in: *R.R.J.*, 1982, n°2, pp. 254-262.

RÉMY, Philippe: «Le rôle de l'exégèse dans l'enseignement du droit au XIX ème siècle », in: *A.H.F.D.S.J.*, 1985, n°2 « Les méthodes de l'enseignement du droit, » pp. 91-105.

RÉMY, Philippe: « Préfaces de Troplong. Préface aux préfaces », in: *R.H.F.D.*, 1997, n° 18, pp. 161-188.

RIALS, Stéphane: « Quelles crises? Quel droit? », in: *DROITS*, 1986/4. *Crises dans le droit*, pp. 3-7.

RICŒUR, PAUL: *Le juste . I*, Éditions Esprit, Paris, 1995.

RICŒUR, Paul: « Le problème de la liberté de l'interprète en herméneutique générale et en herméneutique juridique », in: *Interprétation et droit*, Volume publié sous la direction de Paul Amselek, Bruyant et Presses Universitaires d'Aix-Marseilles, Bruxelles, 1995, pp. 177-188.

RIPERT, Georges: *La règle morale dans les obligations civiles*, L.G.D.J., 2ème éd., Paris, 1927.

RIPERT, Georges: *Les forces créatrices du droit*, L.G.D.J., Paris, 1955.

RIPERT, Georges: *Aspects juridiques du capitalisme moderne*, L.G.D.J., Paris, 1946.

ROBELIN, Jean: *La petite fabrique du droit*, éd. Kime, Collection « Philosophie-Épistémologie », Paris, 1994.

ROBINSON, O. F: The sources of Roman law: Problems and methods for ancient historians, Routledge, London-New York, 1997.

ROGUIN, Ernest: *Observations sur la codification des lois civiles*, Recueil publié par la Faculté de droit de Lausanne à l'occasion de l'exposition nationale, Imprimerie Ch. Viret-genton, Lausanne, 1896.

ROLLAND, Norbert: *Anthropologie juridique*, éd. P.U.F, Coll. « Que sais-je? », 1ère éd., Paris, 1990.

ROLLAND, Norbert: *Aux confins du droit. Anthropologie juridique de la modernité*, éd. Odile Jacob, Paris, 1991.

ROSSI, Pellegrino: *Traité de droit pénal*, éd. Cans & Cie, Méline, Bruxelles, 1850.

ROUSSEAU, Jean-Jacques: *Œuvres complètes*, Pléiade, Paris, 1964, T. III.

ROUSSEAU, Jean-Jacques: *Du Contrat social, précédé de Discours sur l'économie politique et de Du contrat social* – Première version et suivie de *Fragments politiques*. Texte établi, présenté et annoté par Robert Derathé, Gallimard – folio, Paris, 2005.

ROUSSET, Gustave: « De la lettre des lois ou de la codification et de la rédaction rationnelle des lois », in: *R.C.L.J.*, 1857, T. X., pp. 319-353; 1857, T. XI, pp. 159-188; 1858, T. XII, pp. 439-469; 1858, T. XIII, pp. 235-284.

RÜCKERT, Joachim: *Fälle und Fallen in der neueren Methodik des Zivilrechts seit Savigny*, unter Mitarbeit von Frank Laudenklos, Michael Rohls und Wilhelm Wolf, Nomos Verlagsgesellschaft, Baden-Baden, 1997.

SACCO, R.: *La comparaison juridique au service de la connaissance du droit*, éd. Economica, « Études juridiques comparatives », Paris, 1991.

SAKRANI, Raja: *Sources doctrinales du Code des obligations et des contrats tunisien*, Thèse pour obtenir le grade de docteut de l'Université de Paris II (Panthéon-Assas), 2003.

SAKRANI, Raja: *Atta'çil al-fiḳi li ḳânoun al-amwâl*, Mémoire pour l'obtention du DEA, Faculté de Droit et des Sciences politiques de Tunis, 1999.

SALEILLES, Raymond: *Introduction à l'étude du droit civil allemand*, Librairie Cotillon F. Pichon éditeurs, Paris, 1904.

SALEILLES, Raymond: *De la déclaration de volonté. Contribution à l'étude de l'acte juridique dans le Code civil allemand (art. 116 à 144)*, Pichon, Paris, 1901.

SALEILLES, Raymond: « Le code civil et la méthode historique », in: *Le Code civil 1804-1904. Le Livre du centenaire*, publié par la société d'études législatives, T. I, pp. 97-129.

SALVATORE, Armando: « Beyond Orientalisme? Max Weber and the displacements of « Essentialism » in the study of Islam », in: *ARABICA*, 1996, T. XLIII, Fasc. 3, pp. 457-485.

SAMUEL, Geoffry: « Entre les mots et les choses: les raisonnements et les méthodes en tant que sources du droit », in: *R.I.D.C.*, 1995, n° 2, pp. 509-526.

SANTILLANA, David: *Istituzioni di diritto musulmano malichita con riguardo anche al sistema sciafiita.* Vol. I: *La comunità musulmana e il suo capo- Fonti del diritto e loro ermeneutica – La legge nello spazio e nel tempo – Le persone – La famiglia – diritti reali*, Istituo per l'Oriente, Anonima Romana Editoriale, Roma, 1926.

SANTILLANA, David: *Istituzioni di Diritto musulmano malichita con riguardo anche al sistema sciafiita.* Vol. II: *Teoria generale delle obligazioni – Le singole obbligazioni – El diritto ereditario – Il diritto giudiziario – Indici*, Pubblicazioni dell'Istituto per l'Oriente, Via Lucrezio, Roma, 1938.

SANTILLANA, David: « Il concetto di Califfato e di sovranità nel diritto musulmano », in: *O.M.*, *Rivista mensile d'informazioni e di studi*, Anno IV, gennaio – dicembre 1924, Anno IV, Sezione Culturali, pp. 339-350.

SANTILLANA, David: « La doctrine musulmane de l'abus des droits par Mahmoud Fathy. Introduction par E. Lambert Lyon, H. Georg, Paris, P. Geuthner », in: *R.S.O.*, Vol. VII, Fasc. Terzo, 1917, pp. 756-768.

SANTILLANA, David: « *Kitâb aïn al'inssân. Ta'lif Tantâwi Jawhari bi'madrassati al'mou'allimin, Matba'at al'ma'ârif*, Cairo, 1911 », in: *R.S.O.*, Vol. IV, Anno IV, Fasc. Terzo, 1911-1912, pp. 762-773.

SANTILLANA, David: « Gli ebrei a Firenze nell'età del Rinascimento, per Umberto Cassuto, libero docente di Ebraico, 1918 », in: *R.S.O.*, Vol. VIII, Fasc. Primo, 1919-1921, pp. 189-199.

SANTILLANA, David: *Al-maḏhâhib al-younaniya al-falsafia fi al'âlam al-islâmi*, Dâr anna'hdha al-arabiya li-ttibâ' wa'nacher, Beyrout, 1981 (232 p). Ce cours publié pour la première fois en 1981 par l'égyptien Mohamed Jalel Charaf sous titré: Les courants philosophiques grecs dans le monde musulman. C'est la publication du manuscrit laissé par D. Santillana et du micro film n° 299, conservés dans la bibliothèque « Maison des livres » du Caire.

SARFATTI, Mario: « Le droit comparé dans son essence et dans son application » (traduit par Pierre Garraud), in: *Introduction à l'étude du droit comparé, Recueil d'études en l'honneur d'Edouard Lambert, Première Partie: Les aspects, les fonctions et les sources du droit comparé – Deuxième Partie: Instruments d'Études du droit comparé*, L.G.D.J., Paris, 1938, pp. 61-65.

SAVATIER, René: *Les métamorphoses économiques et sociales du droit civil aujourd'hui*, Panorama des mutations, 1ère série, Dalloz, 3ème éd., 1964.

SAVATIER, René: *L'art de faire les lois. Bonaparte et le Code civil*, Dalloz, Paris, 1927.

SAVATIER, René: « L'inflation législative et l'indigestion du corps social », in: *Dalloz*, 1977, Chron., pp. 43-48.

SAVATIER, René: « Destin du Code civil français », in: *R.I.D.C.*, 1954, n°4, pp. 637-664.

SAVIGNY, Friedrich Karl von: *Traité de droit romain*, traduit de l'allemand par M. Charles Guenoux, Firmin Didot Frères, Librairies, Imprimerie de l'Institut, Paris, 1840, T.I.

SAVIGNY, Friedrich Karl von: *Histoire du droit romain, au Moyen-Âge*, Traduite de l'allemand sur la dernière édition et précédée d'une notice sur la vie et les écrits de l'auteur, par M. Charles Guenoux, Charles Hingray Éditeurs, Paris, 1839, T. I et IV.

SAVIGNY, Friedrich Karl von: *Le droit des obligations*, Traduit de l'allemand et accompagné de notes par C. Gérardin et Paul Jozon, 2ème éd. Revue, corrigée et augmentée, Ernest Thorin, Éditeurs, Paris, 1873.

SAVIGNY, Friedrich Karl von: *Vom Beruf unsrer Zeit für Gesetzgebung und Rechtswissenschaft*, Mohr und Zimmer, Heidelberg, 1814.

SAVIGNY, Friedrich Karl von: Das Obligationenrecht als Teil des heutigen Römichen Rechts, Bd, I – II, Berlin, 1851.

SAVVAS, Pacha: *Étude sur la théorie du droit musulman.* Deuxième partie: La méthode législative de l'Islam, Marchal et Billard Éditeurs, Paris, 1898.

SCHACHT, Joseph: *Introduction au droit musulman*, Traduit de l'anglais par Paul Kempf et Abdel Magid Turki, Éditions Maisonneuve et Larose, 2ème éd., Paris, 1983.

SCHACHT, Joseph: « Problems of modern islamic legislation », in: *S.I.*, 1960, pp. 99-129.

SCHAEFFER, Eugène: « De l'importation de codes à la fin du 19ème siècle et au début du 20ème siècle et de leur réception », in: *R.J.P.I.C.*, « La codification, et l'évolution du droit », XVIIIème congrès de l'I.D.E.F., Louisiane 3-9 novembre 1985, pp. 261-390.

SCHAVER, P.: *Playing by the rules*, Clarendon press, London, 1992.

SCHLOSSER, Hans: *Grundzüge der neueren Privatrechtsgeschichte*, UTB/ C.F. Müller, 7ème éd, Heidelberg, 1993.

SCHLUCHTER, Wolfgang (Hrsg.): *Max Webers Sicht des Islams. Interpretation und Kritik*, Frankfurt am Main: Suhrkamp Verlag, 1987.

SCHMIDT, Folke: « The German approach to law Comments on the system of the bürgerliches Gesetzbuch», in: *S.S.L.*, 1965, Vol. IX, pp. 131-158.

SCHMOECKEL, Mathias; RÜCKERT, Joachim; ZIMMERMANN, Reinhard (Hrsg): *Historisch-kritischer Kommentar zum BGB*, Bd. I, Allgemeiner Teil - § 240, Mohr Siebeck, 2003.

SCHTTRAMNIELSEN, Erik: Erstaetmingslaren i Islamisk Ret (La théorie des dommages-intérêts en droit musulman), Thèse de doctorat, Université de Copenhague, 1944. Extrait intitulé: « Le droit romain et le droit musulman », in: *IBLA*, 1948, n°36, pp. 5-6.

SEDLÁČEK, Jaromír: « L'œuvre de François Gény et la science du droit pure », in: *Recueil d'Études sur les sources du droit en l'honneur de François Gény, T. I. Aspects historiques et philosophiques*, Sirey, Paris, 1935, pp. 277-295.

SEGUY, Jean: « Rationalisation, Modernité et avenir de la religion chez Max Weber », in: *A.S.S.R.*, 1986, n° 61-1, pp. 127-136.

SÉRIAUX, Alain: « Réflexions sur le pouvoir normatif de le coutume en droit canonique », in: *DROITS*, 1986/3. *La coutume*, pp. 63-73.

SÉRIAUX, Alain: « Pouvoir scientifique, savoir juridique », in: *DROITS*, 1991/13. *Biologie, personne et droit*, pp. 61-66.

SEURAT, François: « La théorie économique de la responsabilité et le positivisme juridique », in: *DROITS*, 1986/4 *Crises dans le droit*, pp. 137-147.

SÈVE, René: « Système et Code », in: *A.P.D.*, T. XXXI, 1986, pp. 77-84.

SÈVE, René: « L'ontologie moderne et la loi », in: *A.P.D.*, 1980, T. XXV. *La loi*, pp. 191-210.

SHORTER ENCYCLOPEDIA OF ISLAM: ed. on behalf of the Royal Nertherland's academy by H.A.R. Gibb and J.H. Kramers-Leiden- New York, Brill, 1991.

SHRÖDER, Jan: « Das Verhältnis von Rechtsdogmatik und Gesetzgebung in der neuzeitlichen Rechtsgeschichte (am Beispiel des Privatrechts) », in: *O. Behrends-W. Henckel, Gesetzgebung und Dogmatik*, Göttingen. Vandenhoek & Ruprecht, pp. 231-254.

SMAJA, M.: « Extension de la nationalité française aux tunisiens » in: *Congrès de l'Afrique du Nord*, 1908 (éditeur non indiqué), pp. 374-377.

SMIDA, Mongi: *Khéredine: Ministre réformateur*, Maison tunisienne de l'édition, Tunis, 1971.

SOLAL, Alfred Cohen: *L'application des lois françaises en Tunisie. Contribution à l'étude des sources de la législation tunisienne*, éd. Saliba & Cie, Imprimerie éditeur, Tunis, 1934.

SONNENBERGER, H. J.: « Der Ruf unserer Zeit nach einer europäischen Ordnung des Zivilrechts », in: Juristenzeitung, 1998, 53, pp. 980-996.

SOULMAGNON, Georges: *La loi tunisienne du 1er juillet 1885 sur la propriété immobilière et le régime des livres fonciers*, Sirey, Paris, 1933.

SOURDEL, Dominique: « Droit musulman et codification », in: *DROITS*, 1998/26. *La codification* – 2, pp. 33-50.

SOURIOUX, Jean- Louis: « « Sources du droit » en droit privé », in: *A.P.D.*, 1982, T. XXVII. *« Sources » du droit*, pp. 33-41.

SOURIOUX, Jean-Louis et LERAT, Pierre: *Le langage du droit*, P.U.F., Paris, 1975.

SOYER, Jean-Claude: « Pélerinage aux sources du droit privé », in: *Le Droit privé français à la fin du XXème siècle. Études offertes à Pierre Catala*, Litec, Paris, 2001, pp. 33-39.

SPINOZA: *Traité Théologico-politique*, Présentation, traduction et notes de Charles Appuhn, Flammarion, Paris, 2002.

SPITZ, Jean-Fabien: « L'amour des lois chez Rousseau », in: *L'amour des Lois. La crise de la loi moderne dans les sociétés démocratiques*, Les presses de l'Université Laval-L'Harmattan, 1996, pp. 103-112.

SPITZ, Jean-Fabien: « Doctrine de la justice », in: *DROITS*, 2001/34. *Mots de la justice*, pp. 3-14.

STELMACHOWSKI, A.: Rapport polonais, in: *Travaux de l'Association Henri Capitant. Le rôle de la pratique dans la formation du droit – Journées suisses*, 1983, T.XXXIV, pp. 141-148.

STIBER, Miloslab: « Le juge pénal comme législateur », in: *Recueil d'Études sur les sources du droit en l'honneur de François Gény*, T. III: *Les sources des divers branches du droit*, Sirey, Paris, pp. 257-266.

STORIA D'ITALIA: Annali 11 gli Ebrei in Italia, Giulio Einaudi Editore, s.p.a, Torino, 1997

SUEL, Marc: « Les premières codifications à droit constant, 1901-1948 », in: *DROITS*, 1998/26. *La codification – 2*, pp. 19-32.

TALBI, Mohamed: « Les contacts culturels entre l'Ifrīqiya Hafside (1230-1569) et le Sultanat Nasride d'Espagne (1232-1492) », *Actas del Il Colloquio Hispano-Tunecino de Esrtudios Historicos (Madrid/Barcelona, mayo de 1972)*, Instituto Hispano-Arabe de Cultura, Madrid, 1973, pp. 63-90.

TALBI, Mohamed: « Kairouan et le Malikisme espagnol », in: *Études d'Histoire ifriquienne et de civilisation musulmane médiévale*, Publications de l'Université de Tunis, 1982, pp. 295-318.

TALLON, Denis: « Grandeur et décadence du Code civil français », in: *Mélanges offerts à Marcel Fontaine*, Larcier, Paris, pp. 279-294.

TARDE, Gabriel: *Les transformations du droit. Étude sociologique*, Berg International Éditeurs « Histoire des idées », Paris, 1994.

TEDESCHI, Guido: « Le centenaire de la Medjellé », in: *R.I.D.C.*, 1969, pp. 125-133.

TERRÉ, François: *Introduction générale au droit*, Dalloz, 5ème éd., Paris, 2000.

TERRÉ, François: « Lettres à un jeune juriste », in: *Le Droit privé français à la fin du XXème siècle. Études offertes à Pierre CATALA*, Litec, Paris, 2001, pp. 989-1002.

TERRÉ, François: « La « crise de la loi » », in: *A.P.D.*, 1980, T. XXV, pp. 17-28.

THEZARD, Léopold: *De l'influence des travaux de Pothier et du chancelier d'Aguesseau, sur le droit civil moderne*, Auguste Durant Librairie – Editeur, Paris, 1866.

THIBAUT, Anton Friedrich Justus: *Über den Code Napoléon und dessen Einführung in Deutschland*, Mauke, Hannover, 1814.

THIBAUT, Anton Friedrich Justus: Theorie der logischen Auslegung des Römischen Rechts, bey Johann Friedrich Hammerich, Altona, 1806.

THIBAUT, Anton Friedrich Justus: « Über den Einfluss der Philosophie auf die Auslegung der positiven Gesetze », in: *Versuche über einzelne Teile des Rechts*, Jena, 1817, Bd. II.

THIEME, H.: « Le rôle des « doctores legum » dans la société de l'Allemagne du XVI éme siècle », in: *Recueil de Mémoires et travaux des anciens pays de droit écrit*, T. VI, 1967, pp. 45-48.

THIREAU, Jean-Louis: « La doctrine civiliste avant le Code civil », in: *La Doctrine juridique*, ouvrage collectif, P.U.F., Paris, 1996, pp. 13-51.

THIREAU, Jean-Louis: « Le jurisconsulte », in: *DROITS*, 1994/20. *Doctrine et recherche en droit*, 1994, pp. 21-30.

THOMANN, Marcel: « Influence du philosophe allemand Christian Wolff (1679-1754) sur « l'Encyclopédie » et la pensée politique et juridique du XVIIIème siècle français », in: *A.P.D.*, 1968, T. XIII, pp. 233-248.

THOMAS, Yan: « Une intervention de la romanistique allemande: l'acte de transfert abstrait », in: DROITS, 1988/7. L'acte juridique, pp. 37-46.

THUILLIER, Guy: « Probabilisme et art de juger », in: *DROITS*, 2001/34. *Mots de la justice*, pp. 39-40.

TLILI, Béchir: *Culture idéologique et penseurs tunisiens dans la première moitié du XIXe siècle*, Thèse de doctorat de Lettres, Faculté des lettres et des sciences humaines, Université de Nice, 1970.

Treizième rapport annuel de la Commission supérieure de codification: Les éditions des journaux officiels, Paris, 2002.

Troper, Michel: « Du fondement de la coutume à la coutume comme fondement », in: *DROITS*, 1986/3 *La coutume*, pp. 11-24.

Tunc, andré: « Coutume et Common Law », in: *DROITS*, 1986/3 *La coutume*, pp. 51-61.

Tunc, andré: « Sortir du néolithique (Recherche et enseignement dans les facultés de Droit) », in: *Dalloz*, 1957, Chron., pp. 71-78.

Turgeon: « L'enseignement des Facultés de droit de 1789 à 1889 », in: *Rev.Int. Ens.*, 1890, T. XIX, pp. 273-291.

Turner, Bryan Stanley: *Weber and Islam. A critical study*, Routledge and Kegan Paul, (International library of sociology), London, Boston 1974.

Valensi, Lucette: *Le Maghreb avant la prise d'Alger. Questions d'histoire*, Flammarion, Paris, 1969.

Valensi, Lucette: *Les Princes et les Savants dans la société tunisienne du XVIIIè et XIXè siècles. E.H.E.S.S.*, décembre 1999 (en collaboration avec S. Bargawi de l'Université de Mannouba -Tunis).

Vallindas, Petros: « Considérations de science législative sur la codification, spécialement en droit privé », in: *R.I.D.C.*, 1956, n°1, pp. 28-38.

Van Hove, A.: « Sources et règles d'interprétation en droit canonique » in: *Recueil d'Études sur les sources du droit, en l'honneur de françois GÉNY, T. I: Aspects historiques et philosophiques*, Sirey, Paris 1935, pp. 77-87.

Vanderlinden, Jacques: « Contribution en forme de mascaret à une théorie des sources du droit au départ d'une source délicieuse », in: *R.T.D.Civ.*, 1995, n° 1, Janvier-Mars, pp. 69-84.

Vanderlinden, Jacques: *Le concept de Code en Europe occidentale du XIIIème au XIXème siècles. Essai de définition*, Éditions de l'Institut de sociologie de l'Université libre de Bruxelles, Bruxelles, 1967.

Vaneerde: *Ethnologie coloniale: L'européen et l'indigène*, éd. du Monde Nouveau, Paris, 1927.

Vaneerde: *Recherche de légistique comparée*, Springer, Berlin, Heidelberg, New York, Londres, Paris, Tokyo, 1988.

Ventre-Denis, Madeleine: *Les sciences sociales et la Faculté de droit de Paris sous la Restauration: Un texte précurseur, l'ordonnance du 24 mars 1819*, éd. Aux Amateurs de livre, Paris, 1985.

Vesey-FitzGerald, S.G: « Le droit Anglo-Musulman », in: *R.I.D.C.*, avril-juin 1954, n°2, pp. 250-263.

Viandier, Alain: *Recherches de légistique comparée*, springer, Berlin, Heidelberg, New York, Londres, Paris, Tokyo, 1988.

VIANDIER, Alain: « La crise de la technique législative », in: *DROITS*, 1986/4. *Crises dans le droit*, pp. 75-80.

VIANDIER, Alain: « Observations sur le style de la loi », in: *R.R.J.*, 1987-3, pp. 847-855.

VILLEY, Michel: *Recherches sur la littérature didactique du droit romain*, Monchrestien, Paris, 1945.

VISSCHER, Fernand (de): « La jurisprudence romaine et la notion de « l'auctoritas » », in: *Recueil d'Études sur les sources du droit en l'honneur de François Gény*, T. I: *Aspects historiques et philosophiques,* Sirey, Paris, 1935, pp. 32-41.

VIVANTE, Cesare: *Tratatto di diritto commerciale*, Vol. II, Parte II. *Le Merci E i Titoli di credito*, Fratelli Bocca Editori; Torino, 1896.

VOCABULAIRE JURIDIQUE. Association Henri Capitant: publié sous la direction de Gérard Cornu, P.U.F, 7ème éd. Revue et augmentée, Paris, 1998; éd. Quadrige, 3ème éd., Paris, 2002.

VULLIERME, J. L.: « Les anastomoses du droit (spéculation sur les sources du droit) », in: *A.P.D.*, 1982, T. XXVII. « *Sources » du droit*, pp. 5-21.

WEBER, Felix: « Koordination der Gesetzgebung im Hinblick auf Gesetzestechnik und Gesetzesredaktion », in: *Zeitschrift für schweizerisches Recht*, Neue Folge, Bd 69, 1950, pp. 251-309.

WEBER, Max: *Sociologie du droit*, Préface de Philippe Raynaud. Introduction et traduction de Jacques Grosclaude, P.U.F., 1ère éd., Paris, 1986.

WEBER, Max: *Économie et société- 2*, Plon, Paris, 1995.

WEBER, Max: « 'Römisches' und 'deutsches' Recht », in: MWG I/ 4, 1. Halbband, pp. 526-534 (paru en 1896).

WEBER, Max: *Wirtschaft und Gesellschaft. Grundriß der verstehenden Soziologie*. Fünfte, revidierte Auflage, besorgt von Johannes Winckelmann. Tübingen: J. C. B. Mohr (Paul Siebeck) 1985.

WEINBERGER, Ota: « Syntaktische und semantische Probleme der Gesetzgebung », in: *Methodik der Gesetzgebung. Legistische Richtlinien in Theorie und Praxis*, Springer-Verlag, Wien, New York, 1982, pp. 169-183.

WIEACKER, Franz: *Das Sozialmodell der klassischen Privatrechtsgesetzbücher und die Entwicklumg der modernen Gesellschaft*, Karlsruche C. F., Müller, 1953.

WIEACKER, Franz: *Privatrechtsgeschichte*, Vandenhoeck & Ruprecht, Göttingen, 1952.

WIEACKER, Franz: *Privatrechtsgeschichte der Neuzeit*, Vandenhoeck & Ruprecht, Göttingen, 1996.

WIJFFELS, Alain: « Le juge et le jugement dans la tradition du *ius commune* européen », in: *Le juge et le jugement dans les traditions juridiques européennes. Actes du colloque international des 16-18 septembre 1993. Centres d'études d'Histoire juri-*

dique. Institut des Hautes Études sur la justice, L.G.D.J., (droit et société) sous la direction de Robert Jacob, Paris, 1996, pp. 167-179.

WINDSCHEID, Bernhard: Zur Lehre des Code Napoleon von der Ungültigkeit der Rechtsgeschäfte, Julius Buddeus, Düsseldorf, 1847.

WINDSCHEID, Bernhard: « Die Geschichtliche Schule in der Rechtswissenschaft », in: *B. Windscheid, Gesammelte Reden und Abhandlungen*, P. Gertmann, Duncker et Humblot, Leipzig, 1904.

WINDSCHEID, Bernhard: « Die indirekte Vermögensleistung », in: *Festgabe der Leipziger Juristenfakultät für Otto Müller zum 14. Mai 1892*, Verlag von Veit & Comp., Leipzig, 1892, pp. 3-26.

WINDSCHEID, Bernhard e MUTHER, Theodor: *Polemica intorno All'« Actio »*, Prima traduzione italiana a cura di Ernst Heintz e di Giovanni Pugliese; Sansoni; Firenzi; 1954.

WINDSCHEID, Bernardo: *Diritto delle Pandette*, Traduzione dei professori Carlo FADDA e Paolo Emilio BENSA con note e riferimenti al Diritto Civile Italiano, Vol. I-II, Nuova ristampa stereotipa, Unione Tipografico – Editrice Torinese, Torino, 1925.

WITZ, Claude: *Le Droit allemand*, Dalloz « Connaissance du droit », Paris, 2001.

WINDSCHEID, Bernhard: *Droit privé allemand. 1. Actes juridiques, droits subjectifs. BGB, Partie générale. Loi sur les conditions générales d'affaires*, Litec, Paris, 1992.

WITZ, Claude: « La nouvelle jeunesse du BGB insufflée par la réforme du droit des obligations », in: *Recueil Dalloz*, 28 novembre 2002, n° 42, pp. 3156-3161.

WR'OBLEWSKI, J.: « La jurisprudence et la doctrine juridique en tant que sources du droit », in: *Rapports polonais présentés au neuvième congrès international de droit comparé*, Wroclaw, Ossolineum, 1974, pp. 45-56.

ZAJTAY, Imre: « La réception des Droits Étrangers et le droit comparé », in: *R.I.D.C.*, octobre-décembre 1957, n°4, pp. 686-713.

ZAOUECHE, A.: « Les israélites et la justice », in: *Bibliothèque du Tunisien. Organe des intérêts indigènes*, Société anonyme de l'imprimerie rapide, Tunis, 1909, pp. 33-47.

ZENATI, Frédéric: *La jurisprudence*, Coll. Méthodes du droit, Dalloz, Paris, 1991.

ZINE, Mohamed: « Centenaire de la codification en Tunisie. Le code des obligations et des contrats », in: *La codification*. Ouvrage collectif sous la direction de B. Beignier, Dalloz, Paris, 1996, pp. 187-195.

ZMERLI, M. S.: *Figures tunisiennes: Les successeurs*, éd. M.T.E., Tunis, 1967.

ZMERLI, M. S.: *Figures tunisiennes: Les Précurseurs*, éd. Bouslama, Tunis, 1956.

Index

Titel der Reihe „Bonner Islamstudien" (BIS)

Stephan Conermann (Hg.)

Die *Bonner Islamstudien (BIS)* ist die 2003 neu begründete Nachfolgereihe der früheren *Bonner Orientalistischen Studien.* In dieser Schriftenreihe der Bonner Islamwissenschaft erscheinen exzellente Qualifikationsschriften ebenso wie größere Abhandlungen und Monographien renommierter Orientalisten. Darüber hinaus soll mit den BIS auch ein Forum für neue Fragestellungen, Themenfelder und Methoden innerhalb der Orientalistik entstehen. Besondere Schwerpunkte möchten dabei die Ansätze der Alltagsgeschichte, Historischen Anthropologie, Mikro-Historie, Frauen- und Geschlechterforschung und Kulturgeschichte sein.

Mohammed Nekroumi
Bd. 1: Interrogation, Polarité et Argumentation
Vers une Théorie Structurale et Énonciative de la Modalité en Arabe Classique
231 S., kart.; ISBN 978-3-936912-02-9

Bekim Agai
Bd. 2: Zwischen Netzwerk und Diskurs
Das Bildungsnetzwerk um Fethullah Gülen (geb. 1938): Die flexible Umsetzung modernen islamischen Gedankenguts
396 S., kart.; 2. Aufl.; ISBN 978-3-936912-10-4

Ralf Elger
Bd. 3: Muṣṭafā al-Bakrī
Zur Selbstdarstellung eines syrischen Gelehrten, Sufis und Dichters des 18. Jahrhunderts
225 S., kart.; ISBN 978-3-936912-11-1

Stephan Conermann, Syrinx von Hees (Hg.)
Bd. 4: Islamwissenschaft als Kulturwissenschaft I
Historische Anthropologie – Ansätze und Möglichkeiten
382 S., kart.; ISBN 978-3-936912-12-8

Nader Purnaqcheband
Bd. 5: Strategien der Kontingenzbewältigung
Der Mogulherrscher Humāyūn (r. 1530-1540 und 1555-1556) dargestellt in der „Taẕkirat al-Wāqiʿāt" seines Leibdieners Jauhar Āftābčī (mit kommentierter Übersetzung des Textes)
312 S., kart.; ISBN 978-3-936912-13-5

Caspar Hillebrand
Bd. 6: Evliyāʾ Čelebī auf der Krim
Ein Reisebericht aus den Jahren 1665 und 1666
ca. 300 S., kart.; ISBN 978-3-936912-14-2

Mohammed Nekroumi, Jan Meise (Hg.)
Bd. 7: Modern Controversies in Qur'ānic Studies
226 S., kart.; ISBN 978-3-936912-15-9

Stephan Conermann
Bd. 8: Die Šibāniden
Forschungsstand und Aufgaben für die Zukunft
ca. 300 S., kart.; ISBN 978-3-936912-16-6

Piotr Szlanta
Bd. 9: Die deutsche Persienpolitik und die russisch-britische Rivalität 1906 bis 1914
274 S., kart.; ISBN 978-3-936912-18-0

Mehmet Öcal
Bd. 10: Die türkische Außen- und Sicherheitspolitik nach dem Ende des Ost-West-Konflikts (1990-2001)
447 S., kart.; ISBN 978-3-936912-21-0

Stephan Conermann, Marie-Christine Heinze (Hg.)
Bd. 11: Bonner Islamwissenschaftler stellen sich vor
383 S., kart.; ISBN 978-3-936912-22-7

Heike Franke
Bd. 12: Akbar und Ǧahāngīr
Untersuchungen zur politischen und religiösen Legitimation in Text und Bild
Mit zahlreichen Miniaturen in Farbe
369 S., kart.; ISBN 978-3-936912-34-0

Malik Sharif
Bd. 13: „Imperial Norms and Local Realities, The Ottoman Municipal Laws and the Minicipality of Beirut (1860-1908)
ca. 350 S., kart.; ISBN 978-3-936912-37-1

Otfried Weintritt
Bd. 14: Arabische Geschichtsschreibung in den arabischen Provinzen des Osmanischen Reiches (16.-18. Jahrhundert)
250 S., kart.; ISBN 978-3-936912-74-6

Raja Sakrani
Bd. 15: Au croisement des cultures de droit occidentale et musulmane
Le pluralisme juridique dans le code tunisien des obligations et des contrats
321 S., kart.; ISBN 978-3-936912-77-7

Tonia Schüller
Bd. 16: Muṣṭafā Kāmil (1874-1908) – Redner, Poltiker, Journalist
ca. 350 S., kart.; ISBN 978-3-936912-94-4

Titel der Reihe „Bonner Asienstudien" (BAS)

Stephan Conermann (Hg.)

Die 1998/99 durchgeführten Strukturreformen in der Philosophischen Fakultät der Rheinischen Friedrich-Wilhelms-Universität Bonn führten 2005 zur Gründung des Instituts für Orient- und Asienwissenschaften (IOA). Trotz der methodisch sehr unterschiedlichen Traditionen der einzelnen asienkundlichen Fächer wächst dieser Verbund seitdem immer weiter zu einem eng verzahnten Mosaik von Lehr- und Forschungsrichtungen zusammen, was sich nicht zuletzt in der gemeinschaftlichen Einführung der neuen BA/MA-Studiengänge zum Wintersemester 2004/05 manifestiert. Zunehmend wird das Institut für Orient- und Asienwissenschaften auch als einer der wissenschaftlich herausragenden Schwerpunkte der Universität Bonn insgesamt genannt und hat etwa 2200 eingeschriebene Studierende. Getreu der in manchen asiatischen Ländern gern verwendeten Maxime vom Ideal der „Einheit in Vielfalt" setzt sich das IOA aus den zehn Fachdisziplinen Islamwissenschaft, Indologie, Tibetkunde, Mongolistik, Sinologie, Japanologie (mit Forschungsstelle Modernes Japan), Orientalische Kunstgeschichte, Religionswissenschaft, Orientalische Sprachen (Übersetzen) sowie Südostasienwissenschaft zusammen. Die Reihe „Bonner Asienstudien" bildet das Publikationsforum für die interdisziplinären Forschungen und die gemeinsam erarbeiteten wissenschaftlichen Projekte des Institutes.

Stephan Conermann, Wolfram Schaffar (Hg.)
Bd. 1: Die schwere Geburt von Staaten
Verfassungen und Rechtskulturen in modernen asiatischen Gesellschaften
430 S., Geb.; ISBN 978-3-936912-54-8

Stephan Conermann (Hg.)
Bd. 2: Asien heute: Konflikte ohne Ende...
267 S., Geb.; ISBN 978-3-936912-55-5

Stephan Conermann (Hg.)
Bd. 3: Die multikulturelle Gesellschaft in der Sackgasse? Europäische, amerikanische und asiatische Perspektiven
ca. 350 S., Geb.; ISBN 978-3-936912-56-2

Stephan Conermann, Bernd Kuzmits, Conrad Schetter (Hg.)
Bd. 4: Asiatische Grenzen? Grenzregionen und grenzübergreifende Interaktionen in Asien
ca. 350 S., Geb.; ISBN 978-3-936912-57-9

Günther Distelrath, Hans Dieter Ölschleger, Heinz Werner Wessler (Hg.)
Bd. 5: Zur Konstruktion kollektiver Identitäten in Asien
203 S., Geb.; ISBN 978-3-936912-62-3

Tobias Delfs
Bd. 6: Hindu-Nationalismus und europäischer Faschismus: Vergleich, Transfer und Beziehungsgeschichte
230 S., Geb.; ISBN 978-3-936912-63-0

Marion Frenger, Martina Müller-Wiener (Hg.)
Bd. 7: Von Gibraltar bis zum Ganges: Studien zur islamischen Kunstgeschichte in memoriam Christian Ewert
U.a. mit zahlreichen farbigen Bildtafeln
ca. 300 S., Geb.; ISBN 978-3-936912-70-7

Günther Distelrath (Hg.):
Bd. 8/I: Referate des 13. Deutschsprachigen Japanologentages I) Kultur- und Sprachwissenschaft
U.a. mit zahlreichen farbigen Bildtafeln
ca. 350 S., Geb.; ISBN 978-3-86893-006-1

Günther Distelrath (Hg.):
Bd. 8/II: Referate des 13. Deutschsprachigen Japanologentages. II) Sozial-, Geschichts- und Rechtswissenschaft.
U.a. mit zahlreichen farbigen Bildtafeln
ca. 350 S., Geb.; ISBN 978-3-86893-007-8

Titel der Reihe „Bonner islamwissenschaftliche Hefte" (BiH)

Stephan Conermann (Hg.)

Die Reihe *„Bonner islamwissenschaftliche Hefte"* versteht sich als die kleine Schwester der bereits etablierten *„Bonner Islamstudien"*. Sie soll der Ort sein, an dem nicht nur arrivierte Forscher kleinere Studien und Abhandlungen veröffentlichen können, sondern an dem auch sehr gute Bachelor-, Master und Magisterarbeiten oder drei, vier thematisch zusammenhängende Aufsätze dem Fachpublikum zur Verfügung und zur Diskussion gestellt werden sollen.

Marie-Christine Heinze
Heft 1: Weiblichkeit und öffentlicher Raum im Jemen
70 S., kart., DIN A-4 Heft;
ISBN 978-3-936912-51-7

Wassilios Klein
Heft 2: Ludwig Nix († 1904)
Privatdozent für semitische Sprachen in Bonn, nebst einem Faksimile seiner Habilitationsschrift „Die südarabische Sage" und einem Vorwort von Stephan Conermann
120 S., kart., DIN A-4 Heft;
ISBN 978-3-936912-60-9

Florian Remien
Heft 3: Muslime in Europa: Westlicher Staat und islamische Identität
Untersuchung zu Ansätzen von Yūsuf al-Qaraḍāwī, Tariq Ramadan und Charles Taylor
70 S., kart., DIN A-4 Heft;
ISBN 978-3-936912-61-6

Werner Schmucker, Stephan Conermann
Heft 4: Vermischte Schriften: Koran, Šāh-nāme, Exil und Viktor Klemperer
56 S., kart., DIN A-4 Heft;
ISBN 978-3-936912-49-4

Florian Broschk
Heft 5: Gottes Gesetz zwischen Elfenbeinturm und Außenpolitik
Schiitisches Völkerrecht in der islamischen Republik Iran
69 S., kart., DIN A-4,
ISBN 978-3-936912-66-1

Anja Erbel
Heft 6: Unser Blut für Ḥusain!
Zur politischen Instrumentalisierung religiöser Symbolik in zeitgenössischen schiitischen Reden und Predigten im Libanon
81 S., kart., DIN A-4,
ISBN 978-3-936912-67-8

Esther Meininghaus
Heft 7: Mūsā aṣ-Ṣadr – schiitischer Geistlicher oder libanesischer Realpolitiker?
Das politische Erwachen der Schiiten im Libanon
105 S., kart., DIN A-4,
ISBN 978-3-936912-68-5

Veruschka Wagner
Heft 8: Türkische Erinnerungsorte anhand von fünf ausgewählten Beispielen
62 S., kart., DIN A-4,
ISBN 978-3-936912-75-3

Hacer Topaktaç
Heft 9: Ein Osmane in Polen
ca. 70 S., kart., DIN A-4,
ISBN 978-3-936912-76-0

Inse Böhmig
Heft 10: Zivilgesellschaft und Demokratisierung in Jordanien: Anspruch und Wirklichkeit
89 S., kart., DIN A-4,
ISBN 978-3-936912-86-9

Torsten Wollina
Heft 11: Das Tagebuch des Ismāʿīl al-Maḥāsinī – Zum Verfasser und einigen Aspekten des Inhalts
57 S., kart., DIN A-4,
ISBN 978-3-936912-89-0

Björn Bentlage
Heft 12: Protest im Anzug – Der Ägyptische Richterclub und der Konflikt mit dem Justizministerium, 2000-2007
73 S., kart., DIN A-4,
ISBN 978-3-936912-93-7

Sedighe Ghadiri
Heft 13: Muḥammad Ḥusayn Faḍlallāh – Schiitischer Gelehrter oder politischer Führer?
63 S., kart., DIN A-4,
ISBN 978-3-936912-95-1

Suad Shumareye
Heft 14: Der Kampf Ḥasan al-Bannās (st. 1949) zur Wiederherstellung des islamischen Systems. Untersucht anhand dreier kleiner Schriften
ca. 70 S., kart., DIN A-4,
ISBN 978-3-86893-005-4

Titel der Reihe
„Narratio Aliena?“
Studien zu erzähltheoretischen Aspekten nicht-abendländischer Texte
Stephan Conermann (Hg.)

Der Fokus dieser Reihe liegt auf der Herausarbeitung und Analyse narrativer Strukturen in nicht-abendländischen, in der Regel ‚vormodernen' Texten. Ein Text stellt dabei erst einmal eine sprachliche Einheit dar, die durch verschiedene Eigenschaften der Textualität charakterisiert wird. Dadurch wird eine Texttiefenstruktur erkennbar, die auf eine kommunikative Situation, eine thematische Entfaltung und eine Kommunikationsabsicht schließen lässt. Die von uns in den Vordergrund der Betrachtung gerückten nicht-abendländischen Texte werden nicht auf ihre Faktizität, ihre philologischen Feinheiten oder ihre ereignisgeschichtlichen Aussagen hin untersucht, sondern es wird den Fragen nachgegangen, wie die Erzähltechniken der Quellen aussehen und was wir aus den Texten mittels der narrativen Strukturen über die „mentalen (emotionalen und kognitiven, unbewußten und bewußten) Operationen, durch die die Erfahrung von Zeit im Medium der Erinnerung zu Orientierungen der Lebenspraxis verarbeitet wird", erfahren können. Die Spannbreite des von uns untersuchten Materials reicht von chinesischen, japanischen, mongolischen, ägyptischen und tibetischen bis zu sanskritischen, aramäischen, hebräischen, arabischen, persischen, hethitischen und oralen Texten. Die Reihe spiegelt den interdisziplinären Ansatz des gleichnamigen Bonner Forums (www.narratio-aliena.de) wider, zu dem sich 2008 Fachvertreter aus der Altamerikanistik, Ägyptologie, Indologie, Islamwissenschaft, Japanologie, Mongolistik, Religionswissenschaft, Sinologie und Tibetologie zusammengeschlossen haben.

Stephan Conermann, Amr ElHawary (Hg.)
Bd. 1: Was sind Genres? Nicht-abendländische Kategorisierungen von Gattungen
ca. 300 S., Geb.; ISBN 978-3-936912-96-8

Stephan Conermann, Christian Schwermann (Hg.)
Bd. 2: Modi des Erzählens in nicht-abendländischen Texten
ca. 350 S., Geb.; ISBN 978-3-86893-000-9

Amr ElHawary (Hg.),
Bd. 3: Wenn Götter und Propheten reden – Erzählen für die Ewigkeit
ca. 350 S., Geb.; ISBN 978-3-86893-003-0

Stephan Conermann, (Hg.),
Bd. 4: Kompilation – ein kreatives Mittel zur Generierung neuer Werke in der Vormoderne?
ca. 350 S., Geb.; ISBN 978-3-86893-004-7

ebv Hamburg

EB-Verlag, Dr. Brandt | Moorweg 25 | 22869 Hamburg-Schenefeld

Tel.: 040 / 4905180 | Fax: 040 / 40195233
Mail: post@ebverlag.de | Internet: www.ebverlag.de